Gerhard Hufnagl, Martin Schatke, Franz K. Spengler, Ursula Steudle M. A.
Mitarbeit: Sascha Golitschek

Sprachpraxis

Ein Deutschbuch für berufliche Schulen

10. Auflage, 1. korrigierter Nachdruck 2013

Bestellnummer 0358

Bildungsverlag EINS

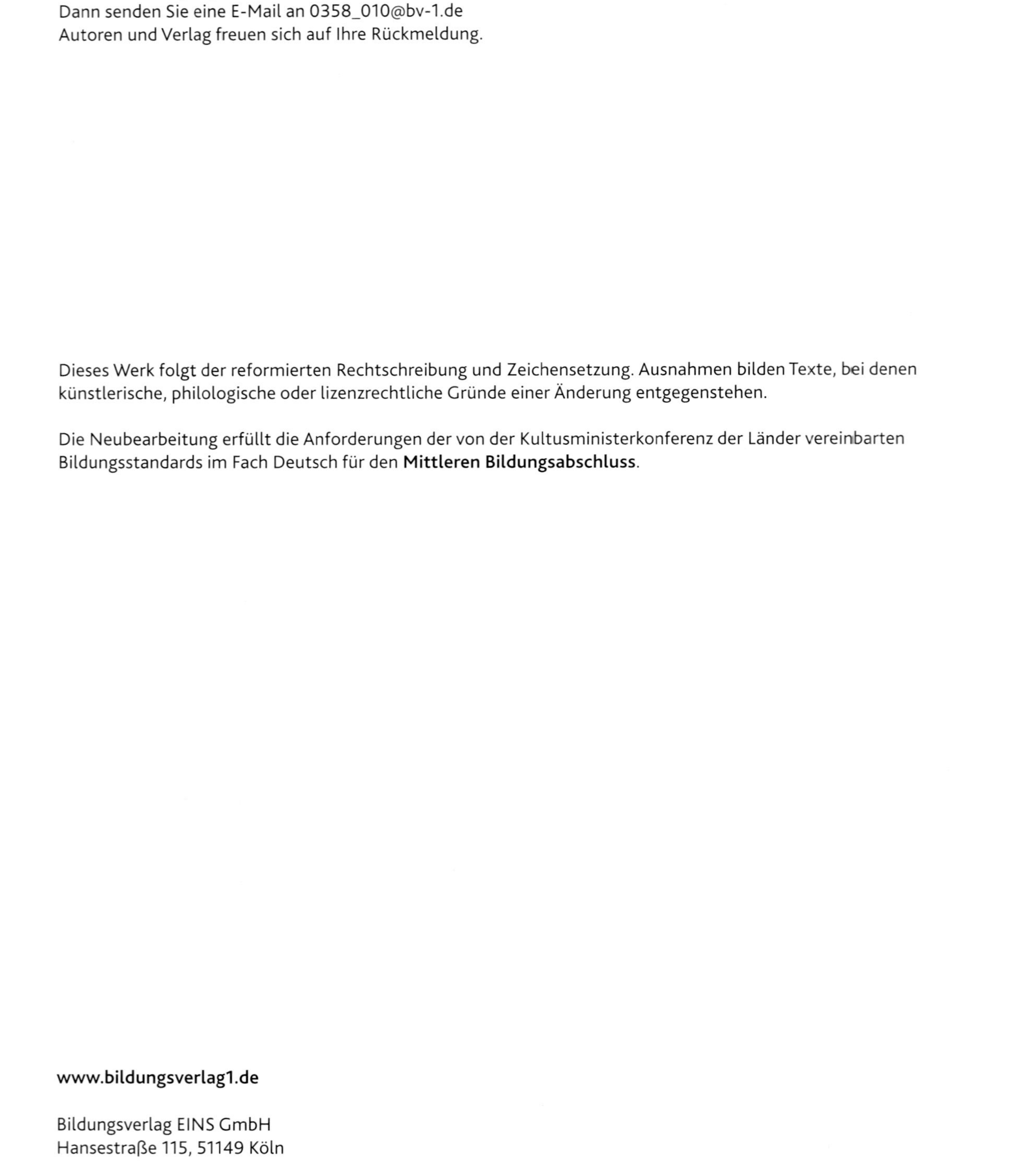

Haben Sie Anregungen oder Kritikpunkte zu diesem Produkt?
Dann senden Sie eine E-Mail an 0358_010@bv-1.de
Autoren und Verlag freuen sich auf Ihre Rückmeldung.

Dieses Werk folgt der reformierten Rechtschreibung und Zeichensetzung. Ausnahmen bilden Texte, bei denen künstlerische, philologische oder lizenzrechtliche Gründe einer Änderung entgegenstehen.

Die Neubearbeitung erfüllt die Anforderungen der von der Kultusministerkonferenz der Länder vereinbarten Bildungsstandards im Fach Deutsch für den **Mittleren Bildungsabschluss**.

www.bildungsverlag1.de

Bildungsverlag EINS GmbH
Hansestraße 115, 51149 Köln

ISBN 978-3-8242-**0358**-1

Hinweise zur Benutzung des Lehrbuchs

Jedes Kapitel des Buches bietet einen mehrteiligen Informations- und Textteil, an den sich Leitfragen und Aufgaben anschließen. So kann ein Thema in übersichtlichen Lernschritten bearbeitet werden. Dabei ist es möglich, Abschnitte auszuwählen und Inhalte zu differenzieren, die der jeweiligen Lerngruppe entsprechen.
Dieses Auswahlprinzip und nicht die lückenlose Bearbeitung der Kapitel entspricht der Absicht des Buches, verschiedene Wege anzubieten, um die Lernziele zu erreichen.

Im Eingangskapitel werden **Lern- und Arbeitstechniken** vorgestellt und eingeübt, die die Methodenkompetenz der Schülerinnen und Schüler stärken und erweitern sollen. Diese Kenntnisse und Fähigkeiten können auch dem Lernfeldunterricht nützlich sein.
Die Teile 1, 2, 3 entsprechen dem Lehrplan für die drei Klassenstufen der Berufsschule. Bei kürzerer Ausbildungszeit ermöglicht das Lehrbuch durch seinen übersichtlichen Aufbau auch eine andere Stoffverteilung.

Die Leitfragen und Aufgaben

1 *Die Leitfragen und Aufgaben enthalten Anregungen und Vorschläge, wie ein Thema bearbeitet werden kann. Sie sind so formuliert, dass sich verschiedene Arbeitsformen abwechseln: Unterrichtsgespräche und Diskussionen sind ebenso möglich wie Einzel-, Partner- und Gruppenarbeit, Rollenspiele und Projekte.*

2 *Auch bei den Leitfragen und Aufgaben kann eine Auswahl sinnvoll sein.*

Definitionen, Erläuterungen und Erklärungen sind durch einen besonderen farblichen Hintergrund erkennbar.

Arbeitsplanung

Die Merkmale der einzelnen schriftlichen Arbeitsformen sind als Arbeitsplanung zusammengefasst. Dadurch werden Wiederholungen und die Vorbereitung auf Klassenarbeiten und die Prüfung erleichtert. Schülerinnen und Schüler können so das Wesentliche auf einen Blick erfassen.

Ergänzende Hinweise und Hilfestellungen sind in dem besonderen Feld zu finden.

Tipp

Grammatik, Rechtschreibung und Zeichensetzung

Ein Anhang bietet Regeln und Übungen zur Vertiefung der vorhandenen Kenntnisse. Abhängig von den Kenntnissen der Schüler können sie im Unterricht oder eigenständig bearbeitet werden.

Literatur in Themenkreisen

Das Lehrbuch enthält ein Literaturangebot, das in Themenkreisen geordnet ist und die Schülerinnen und Schüler zur erweiterten Beschäftigung mit Literatur anregen soll.
Vorangestellt wurde eine Anleitung für eigenes **kreatives Schreiben**, die alle für die Abschlussprüfung wichtigen Formen umfasst.

Hinweise auf die **Themen der Abschlussprüfung** finden Sie auf S. 300. Die Prüfungsaufgaben selbst dürfen nicht abgedruckt werden. Wenn Sie anhand ähnlicher Aufgaben üben wollen, finden Sie dort Hinweise auf vergleichbare Aufgabenstellungen im Buch.

BuchPlusWeb ist ein neues Online-Angebot des Verlages. Der Kauf des Buches berechtigt Sie, ergänzende Unterrichts- und Zusatzmaterialien zu nutzen, z. B. Arbeitsblätter, Lösungshilfen und Aktualisierungen. Da Schülerinnen und Schüler in der Regel nicht ins Buch schreiben dürfen, wurden insbesondere Seiten mit umfangreichen Übertragungs- und Schreibaufträgen abgelegt. Diese können von der Homepage des Verlages als PDF-Datei heruntergeladen, ausgedruckt und als Arbeitsblätter verwendet werden.
Sie finden dieses Zusatzangebot auf der Homepage des Verlages www.bildungsverlag1.de/buchplusweb. Geben Sie dann den auf der inneren Umschlagseite angegebenen Zugangscode ein.

Inhaltsverzeichnis

Teil 2

Teil 3

Sprachliche Grundlagen

Kreativ schreiben

Literatur in Themenkreisen

Lern- und Arbeitstechniken

1 Das Lernen lernen

1.1 Lern- und Arbeitstechniken in der Berufsschule

Die moderne Arbeitswelt ist dadurch gekennzeichnet, dass sie in schneller Folge Veränderungen mit sich bringt. Was heute als neuester Stand der Technik gilt, ist übermorgen bereits überholt. Bedingt durch den ständigen Wandel, reichen die heute erlernten beruflichen Kenntnisse schon in naher Zukunft nicht mehr aus. Es gibt einige Berufe, in denen die **„Halbwertszeit" des Wissens** nur noch zwei Jahre beträgt. Wer in seinem Beruf Schritt halten will, muss deshalb sein Wissen auf den neuesten Stand bringen, was **lebenslanges Lernen** bedeutet.
Ständige Fort- und Weiterbildung kennzeichnet die gute Facharbeiterin bzw. den guten Facharbeiter. In Schule und Betrieb werden immer wieder neue Lernformen eingesetzt. Learning by Doing, Training on the Job, E-Learning – das sind Anforderungen, die Sie Ihr Leben lang begleiten werden.
Weil Lernen für das berufliche Weiterkommen so wichtig ist, will die Berufsschule Ihre Fähigkeit vertiefen, erfolgreich zu lernen und neues Wissen aufzunehmen.

1.2 Einflüsse auf den Lernerfolg

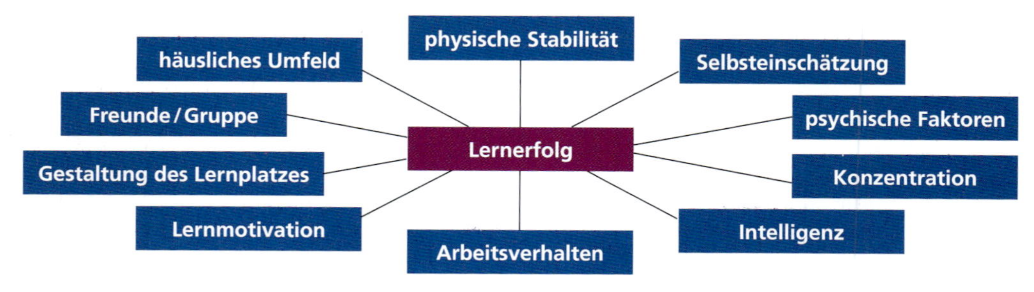

1 *Wählen Sie drei Einflüsse aus und beschreiben Sie, inwiefern sie den Lernerfolg positiv oder negativ beeinflussen.*

2 *Welche Einflüsse wirken sich auf Ihren Lernerfolg positiv aus?*

3 *Was sollten Sie verändern, um Ihren Lernerfolg zu optimieren?*

1.3 Stärken und Schwächen der persönlichen Lern- und Arbeitstechniken

Fragebogen zur persönlichen Arbeitstechnik

Dieses Gebiet bereitet mir Schwierigkeiten	sehr große	große	ziemliche	einige	keine
schnell zu lesen und trotzdem zu wissen, was in dem Text steht					
einen Artikel in einer Fachzeitschrift oder ein Kapitel in einem Sachbuch wirklich zu verstehen					
zu behalten, was ich gelesen oder gelernt habe					
mit dem Lernen dann anzufangen, wenn ich es mir vorgenommen habe					
bei meinen Schularbeiten nicht abgelenkt zu werden					
meine Hefte und Bücher so zu ordnen, dass ich schnell alles finde, was ich brauche					
im Unterricht zuzuhören und nicht anderen Gedanken nachzuhängen					
Informationen im Internet zu finden, Bibliotheken oder Nachschlagewerke zu benutzen					
meine Hefte übersichtlich zu führen					
Tabellen und grafische Darstellungen zu verstehen					
in einer Diskussion meine Meinung zu sagen					
vor einer Gruppe frei zu sprechen oder etwas zu präsentieren					
meine Gedanken schriftlich auszudrücken					
Fragen zu stellen, wenn ich etwas nicht verstanden habe					
vor einer Prüfung zu wissen, was ich lernen soll					
während einer Prüfung ruhig zu bleiben					
während einer Prüfung die Zeit richtig einzuteilen					
mit anderen zusammenzuarbeiten					

Schraeder-Naef: Schüler lernen Lernen, S. 43–44

1. *Prüfen Sie selbstkritisch Ihre Stärken und Schwächen in den Lern- und Arbeitstechniken.*
2. *Überlegen und besprechen Sie in Partnerarbeit, wie Sie Ihre Schwächen verbessern können.*
3. *Wo machen Ihnen die Schule, Ihr Ausbildungsbetrieb oder die Industrie- und Handelskammer bzw. Handwerkskammer zusätzliche Angebote, um Ihre Lernfähigkeiten zu verbessern?*

Tipp

In diesem Lehrbuch finden Sie eine Vielzahl von Übungen, mit denen Sie trainieren können, sich Informationen zu erarbeiten, diese zu verstehen und sie an andere weiterzugeben.

Diesen Fragebogen finden Sie auch unter BuchPlusWeb.

1.4 Welcher Lerntyp bin ich?

Das **Gedächtnis** hat entscheidende Bedeutung für das Lernen und den Lernerfolg. In diesen Speicher gelangen die einzelnen Informationen durch unser **Interesse an der Sache** und durch unsere **Aufmerksamkeit**. Die Informationen gelangen zuerst in das Kurzzeitgedächtnis. Wenn wir sie nicht durch **Wiederholung, Verknüpfung** bzw. **Übung** ins Langzeitgedächtnis bringen, können wir uns bald nicht mehr an sie erinnern. Erst dort können wir die Informationen, z.B. den Lernstoff, behalten.

Der Zugang zum Gedächtnis erfolgt über **drei „Lernwege"**: über das **Auge** (visueller Lerntyp → V), über das **Ohr** (auditiver Lerntyp → A) und über das **Tun**, die Bewegung (motorischer Lerntyp → M). Diese Lernwege sind nicht bei allen Menschen gleich stark ausgeprägt, viele Menschen sind Mischtypen.

1 Kreuzen Sie auf einem Blatt an, welche Aussagen für Sie am meisten zutreffen.

1.	Ich spreche lieber mit Menschen, als ihnen zu schreiben.	A	
2.	Ich „male" gerne während des Unterrichts.	V	
3.	Beim Lesen lese ich „in Gedanken" laut.	A	
4.	Ich rede gern.	A	
5.	Ich gestikuliere viel beim Reden.	M	
6.	Ich bin ruhig und rede nicht viel.	V	
7.	Es fällt mit schwer, beim Lernen still zu sitzen.	M	
8.	Ich mag Skizzen, Grafiken und bildliche Darstellungen.	V	
9.	Ich vergesse die Namen, aber an Gesichter erinnere ich mich gut.	V	
10.	Ich mag es, Dinge anzufassen und auszuprobieren.	M	
11.	Manchmal „höre" ich die Person noch längere Zeit, nachdem sie mir ein Problem erklärt hat.	A	
12.	Ich mache immer wieder Pausen beim Lernen.	M	
13.	Am liebsten lerne ich mit anderen zusammen.	A	
14.	Am liebsten lerne ich alleine.	V	
15.	Erlebtes kann ich mir besser merken als das, was ich gehört habe.	M	
16.	An Ereignisse und Gegenstände, die ich selbst gesehen habe, erinnere ich mich besser, als wenn ich nur davon gehört habe.	V	
17.	Was ich im Büro oder in der Werkstatt selbst getan habe, vergesse ich nicht so schnell.	M	
18.	Was mir mein Lehrer oder Ausbilder erklärt, kann ich gut behalten.	A	

Diesen Fragebogen finden Sie auch unter BuchPlusWeb.

2 Zählen Sie Ihre Kreuze aus nach A, V und M. Welchem Lerntyp gehören Sie überwiegend an?

3 Lesen Sie zuerst die Hinweise für den Lerntyp (s. S. 11), dem Sie in erster Linie angehören.

4 Prüfen Sie, welche der Lerntipps Sie bereits angewandt haben.

5 Entscheiden Sie, welche Lernwege Sie in Zukunft ausprobieren wollen.

Lerntipps für Lerntypen

Auditiver Lerntyp

Wenn Sie überwiegend A-Antworten angekreuzt haben, gehören Sie zum auditiven Lerntyp: **Sie lernen besser beim Hören**.

- Machen Sie von Ihren Notizen eine Tonaufzeichnung (Handy) und hören Sie sich diese mehrmals an.
- Sprechen Sie beim konzentrierten Lernen Wichtiges leise vor sich hin.
- Wenn Sie sich Fachtexte einprägen wollen, sollten Sie diese laut lesen.
- Wenn Sie mit Freunden zusammen lernen, erklären Sie einander den Lernstoff und fragen Sie sich gegenseitig ab.

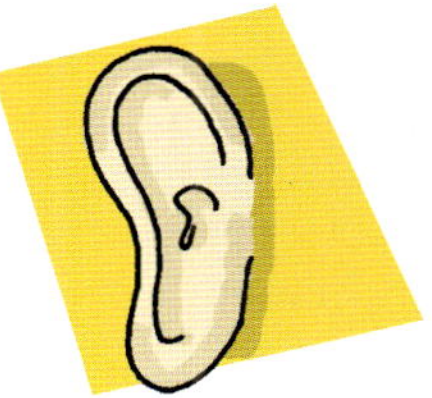

Visueller Lerntyp

Wenn Sie überwiegend V-Antworten angekreuzt haben, gehören Sie zum visuellen Lerntyp: **Sie lernen besser, wenn Sie etwas sehen.**

- Es hilft Ihnen, wenn Sie einen Textmarker oder Farbstifte benutzen und sich Stichworte aufschreiben. So können Sie sich besser an wichtige Punkte erinnern.
- Sie sollten oft Grafiken, Schaubilder oder Tabellen benutzen – wenn in den Unterrichtsunterlagen oder im Fachbuch keine enthalten sind, zeichnen Sie selbst welche.
- Im Unterricht sollten Sie möglichst ganz vorne sitzen, damit Sie nicht abgelenkt werden.

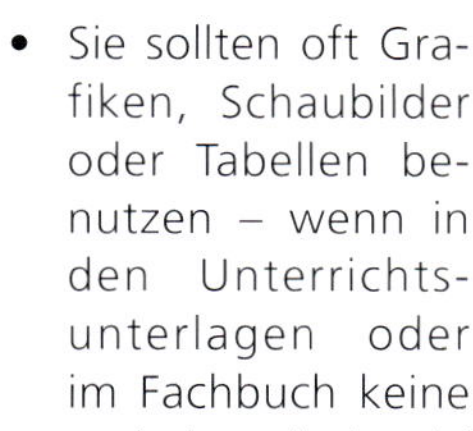

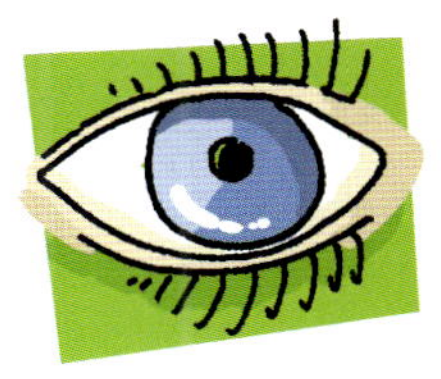

Motorischer Lerntyp

Wenn Sie überwiegend M-Antworten angekreuzt haben, gehören Sie zum motorischen Lerntyp: **Sie lernen besser, wenn Sie beim Lernen aktiv sind, wenn Sie etwas tun**.

- Schreiben Sie sich Stichwörter oder Formeln auf, auch mehrfach. Helfen Sie mit, z. B. beim Aufbau eines Versuchs.
- Stehen Sie beim Lernen häufiger auf und bewegen Sie sich.
- Setzen Sie wichtigen Lernstoff in Bewegungen um, indem Sie ihn z. B. szenisch darstellen oder mithilfe von Hand- oder Körperbewegungen „nachzeichnen".
- Wenn Sie sich auf Klassenarbeiten vorbereiten, machen Sie kurze Pausen, stehen Sie auf und gehen Sie im Zimmer auf und ab.

6 *Lesen Sie die Hinweise für die anderen Lerntypen durch. Mit welchen Hinweisen haben Sie bereits gute Erfahrungen gemacht?*

7 *Diskutieren Sie mit Ihren Mitschülerinnen und Mitschülern über die Vor- und Nachteile des Lernens in Gruppen.*

Tipp

Vorbereitung auf Klassenarbeiten

- Notieren Sie sich die Termine für die Klassenarbeiten in Ihrem Kalender.
- Planen Sie zwei bis drei Gelegenheiten für die Vorbereitung einer Klassenarbeit ein.
- Lernen Sie nicht erst am letzten Abend vor dem Klassenarbeitstermin.
- Kontrollieren Sie Ihre Zeit beim Lernen für die einzelnen Aufgaben.
- Gehen Sie ausgeruht und zuversichtlich an die gestellten Aufgaben heran.

1.5 Ein Lerntagebuch führen

„Für mein Lernen bin ich selbst der Experte!"

Das Lerntagebuch ist dem Tagebuch verwandt: Persönliche Erfahrungen, besondere Erlebnisse und Gedanken, die nicht vergessen werden sollen, können Sie hier festhalten. Allerdings ist der Blick vorzugsweise auf das Lernen ausgerichtet. Im Lerntagebuch wird alles aufgeschrieben, gezeichnet, gemalt, mit Fotos belegt, was Sie selbst für bemerkenswert halten. Das Lerntagebuch dient dazu, sich einen Überblick über den eigenen Lernprozess zu verschaffen. Jeder lernt anders, darum schreiben Sie das Lerntagebuch für sich selbst!

Wenn Sie nicht wissen, wie Sie beginnen sollen, können Ihnen die folgenden Fragen helfen:

- Was haben Sie Neues erfahren?
- Was interessierte Sie besonders?
- Welche Vorgehensweise war erfolgreich?
- Woran möchten Sie weiterarbeiten?
- Wie war das Lernklima?
- Was hat Sie gestört oder besonders gefreut?

1 *Vereinbaren Sie mit Ihrer Lehrerin/Ihrem Lehrer, in welchem Fach Sie für welche Zeitspanne ein Lerntagebuch führen.*

2 *Wählen Sie eine Form des Lerntagebuchs, die für Sie passt:*
- *Wer gern einen zusammenhängenden Text schreibt, nimmt ein dickeres Heft, schreibt ähnlich wie im unten stehenden ersten Beispiel.*
- *Wer wenig Zeit hat, legt sich am besten ein Formblatt an, kopiert es und heftet die Blätter in einen Ordner, so wie im zweiten Beispiel.*

3 *Führen Sie wie vereinbart Ihr Lerntagebuch. Sprechen Sie mit einer Person Ihres Vertrauens über die dabei gemachten Erfahrungen.*

Beispiel 1

Datum:
Stunde/Tag/Woche:
Fach/Projekt/Thema:
Neu war für mich heute ...
Besonders interessant fand ich heute ...
Vielleicht/bestimmt braucht man das, um ...
Mir hat nicht gefallen, dass ...
Ich habe mich gefreut, als ...
Besonders gut ist es mir heute gelungen, ...
Nicht verstanden habe ich, ...
Um das besser zu verstehen, will ich ...
Verbessern möchte ich ...
Dazu brauche ich die Hilfe von ...

Beispiel 2

Beispiel für ein standardisiertes Lerntagebuch:

Datum:	
Was ich heute gelernt habe:	Was ich nicht verstanden habe:
Womit ich sehr zufrieden bin:	Was ich anders machen möchte:

Tipp

Wichtig ist, dass Sie das Lerntagebuch regelmäßig führen. Nur so können Sie verfolgen, was Sie gelernt haben, wie Sie lernen und was Sie darüber hinaus noch lernen wollen.
Lesen Sie immer wieder in Ihrem Lerntagebuch! Setzen Sie sich Ziele, um Ihr Lernen zu optimieren. Überlegen Sie sich auch, wie Sie die Ziele erreichen können.
Sprechen Sie mit einer Person Ihres Vertrauens (Lehrerin/Lehrer oder Mitschülerin/Mitschüler) über Ihr Lerntagebuch. Das bringt Sie auf Ideen, was Sie noch tun können, um Ihr Lernen zu optimieren.

2

Ein Portfolio anlegen

Schon im 18. Jahrhundert haben Künstler und Architekten ein „Portfolio" bei sich gehabt, wenn sie sich um einen Auftrag beworben haben. „Portfolio" kommt aus dem Italienischen und heißt so viel wie „tragbare Blätter". Jeder Lernende kann für sich ein Portfolio erarbeiten.
Welche **Inhalte** Ihre persönliche Sammelmappe enthalten soll, das hängt vom Zweck des Portfolios ab.
In diesem Fall dient es der Reflexion der eigenen Fortschritte. Der Blick wird grundsätzlich auf die gut gelungenen Leistungen, Arbeiten und Projekte gerichtet.

Mit Portfolios verfolgt man das Ziel, sich und Außenstehenden Einblick in die Arbeitsweise, die Interessenschwerpunkte und die Leistungsfähigkeit eines Lernenden zu geben. Solche Portfolios können von der Lehrerin/vom Lehrer bei der Notengebung einbezogen oder bei einem Vorstellungsgespräch gezeigt werden.

Ein Lernportfolio dokumentiert den eigenen Lernprozess.
Es beantwortet die folgenden Fragen: Wann habe ich ein bestimmtes Thema mit gutem Erfolg gelernt? Welche Lernmethoden, Lernwege oder Hilfsmittel habe ich dabei erfolgreich eingesetzt? Was nehme ich mir als Nächstes vor?
Das Lernportfolio enthält alles, was für den Lernprozess wichtig ist, und zeigt, was man kann und wie es gelernt worden ist. Es kann folgende Dokumente enthalten: Hausarbeiten, Lösungen von Aufgaben, Tests, Klassenarbeiten, Projektergebnisse, Tagebucheinträge, Tagesberichte, Protokolle, Zeichnungen, Fotos.

Ein **Leistungs- oder Beurteilungsportfolio** kann z. B. darstellen, was eine Schülerin/ein Schüler im Lernfeldunterricht (Fachtheorie und Fachpraxis) oder in einem bestimmten Unterrichtsfach gelernt hat, in welchen Bereichen sie/er besondere Fähigkeiten gezeigt hat und wo sie/er noch Verbesserungsmöglichkeiten hat.

Ein **Präsentationsportfolio** enthält die „Highlights", die besten Arbeiten und all das, was die Schülerin/der Schüler als „Aushängeschild" für ihre/seine Qualitäten zeigen möchte, was ihr/ihm wichtig ist und was sie/er besonders gut gemacht hat. Es präsentiert sozusagen die „Meisterstücke".
Das Portfolio eines Betriebs z. B. wird besondere Leistungen, hervorragende Produkte und Informationen über gut gelungene Auftragsarbeiten enthalten. Es kann auch die Entwicklung der Firma von ihren Anfängen bis zur Gegenwart dokumentieren und dabei besondere Entwicklungsphasen herausstellen (s. „Den Ausbildungsbetrieb vorstellen", S. 62 und „Bewerbungsportfolio", S. 188).

Hinweise zum Anlegen eines Portfolios

Klären Sie für sich selbst den Zweck des Portfolios eindeutig. Wenn Sie Ihre Kenntnisse z. B. in der Beherrschung eines PC-Programmes darstellen wollen, müssen Sie andere Unterlagen sammeln und vorlegen, als wenn Sie z. B. Ihre Kreativität oder Ihr soziales Engagement dokumentieren wollen.

Arbeitsschritte	Hinweise
1. Festlegen des Zwecks	Der Zweck des Portfolios bestimmt die Sammlung und Auswahl der Dokumente.
2. Sammeln von möglichen Inhalten **(Collection)**	Es kommt alles infrage, was erkennen lässt, dass Sie über besondere Fähigkeiten, Kenntnisse, Erfahrungen verfügen.
3. Auswählen der Dokumente **(Selection)**	Das Portfolio zeigt nur die „Meisterstücke" – keine lückenlose Häufung von mehr oder weniger gelungenen Beispielen. Weniger ist oft mehr!
4. Reflexion der Erfahrungen **(Reflection)**	Zu jedem Dokument gehört die Reflexion, die deutlich macht, welche besonderen Erfahrungen, Erkenntnisse oder Lernerfolge damit verbunden sind. In ein Portfolio gehört auch, welche neuen Ziele angestrebt werden.

Kommentieren Sie Ihre **Auswahl** so, dass deutlich wird, welche Bedeutung die Auswahl für Sie hat:

- Schreiben Sie einige Sätze zu jedem Dokument.
- Berichten Sie darüber, weshalb etwas besondere Freude gemacht hat oder ein voller Erfolg war.

Zur **Reflexion** gehören Antworten auf die folgenden Fragen:

- Worin liegt die besondere Bedeutung dieses Dokuments oder Projekts?
- Warum ist es Ihnen so wichtig?
- Führen Sie an, was Sie noch interessant finden und was Sie noch wissen oder lernen möchten.

Beispiele

Sie legen eine Kurzpräsentation in Ihrem Portfolio ab, die Sie mit einer Klassenkameradin erarbeitet haben. Dazu notieren Sie:
„Das Besondere an dieser Arbeit ist, dass es uns gelungen ist, schwierige Inhalte anschaulich in der Präsentation darzustellen. Es war ein Erlebnis, dass alle Zuhörer diese Darstellung gelungen fanden. Ich habe mich in der Teamarbeit bewährt, weil ich gute Ideen eingebracht habe."

Sie haben eine völlig unverständliche Bedienungsanleitung in eine gut verständliche und anschauliche umgeschrieben. Dazu notieren Sie:
„Wenn ein Kunde meine Bedienungsanleitung liest, wird er keine Schwierigkeiten mehr haben, sein Gerät zu bedienen. Auch die Fotos sind passend. Darauf bin ich stolz."

Name: Datum:
Titel des Dokuments:
Entstehungsdatum:
Bedeutung:
Dieses Beispiel soll zeigen ...
Wie es entstanden ist ...
Was ich dabei gelernt habe ...
Wo ich noch Verbesserungsmöglichkeiten sehe ...
Was ich mir danach vorgenommen habe: ...

1 Entwerfen Sie ein Titelblatt und ein Inhaltsverzeichnis für Ihr Portfolio.

3

Mindmaps erstellen

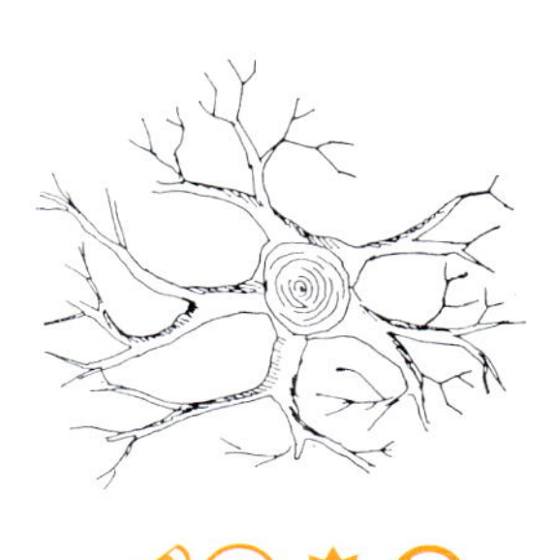

Wie oft wurden Sie schon aufgefordert, eine Gliederung zu entwerfen oder einen Plan zu machen! Wenn Sie dann Ihren Gedanken freien Lauf lassen, fallen Ihnen viele Dinge gleichzeitig ein. Wir denken nicht immer logisch und unsere Ideen kommen oft nicht nacheinander, sondern parallel oder ungeordnet.

Mindmapping ist eine Arbeitstechnik für alle, die schneller und strukturierter arbeiten wollen. Sie bietet aber gleichzeitig eine offene Struktur, in der auch unerwartete Einfälle untergebracht werden können. Durch Visualisierung wird das Auge angesprochen: Bilder, Symbole, Zeichnungen sind erwünscht. Sie helfen unserem Erinnerungsvermögen auf die Sprünge.

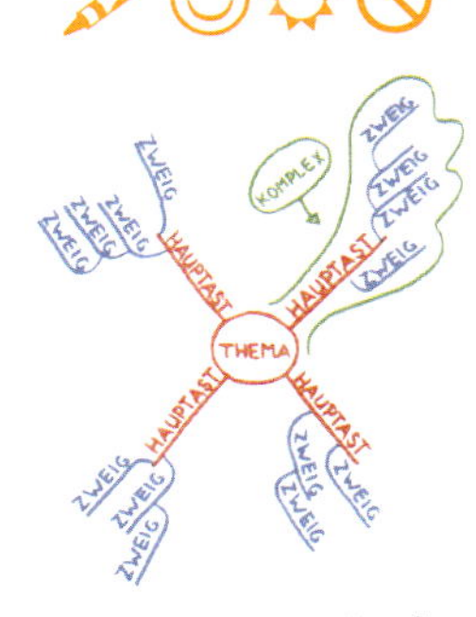

Erstellt man eine Mindmap von Hand, sind der Kreativität keine Grenzen gesetzt: Farben, Schriftgrößen und Bilder lassen ein buntes Strukturbild entstehen. Auch mit dem PC lassen sich übersichtliche und anschauliche Mindmaps anfertigen. Die Software wird z. T. kostenlos im Internet angeboten. Fragen Sie in Ihrer Schule nach, ob es eine Schullizenz gibt.

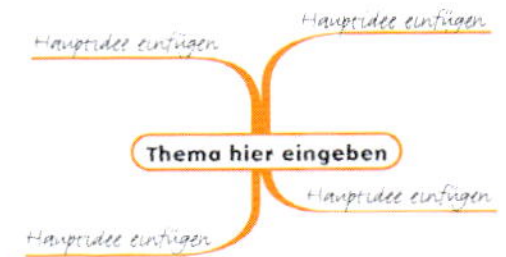

Der nachstehenden Mindmap können Sie alle grundlegenden Informationen über die Arbeitstechnik entnehmen:

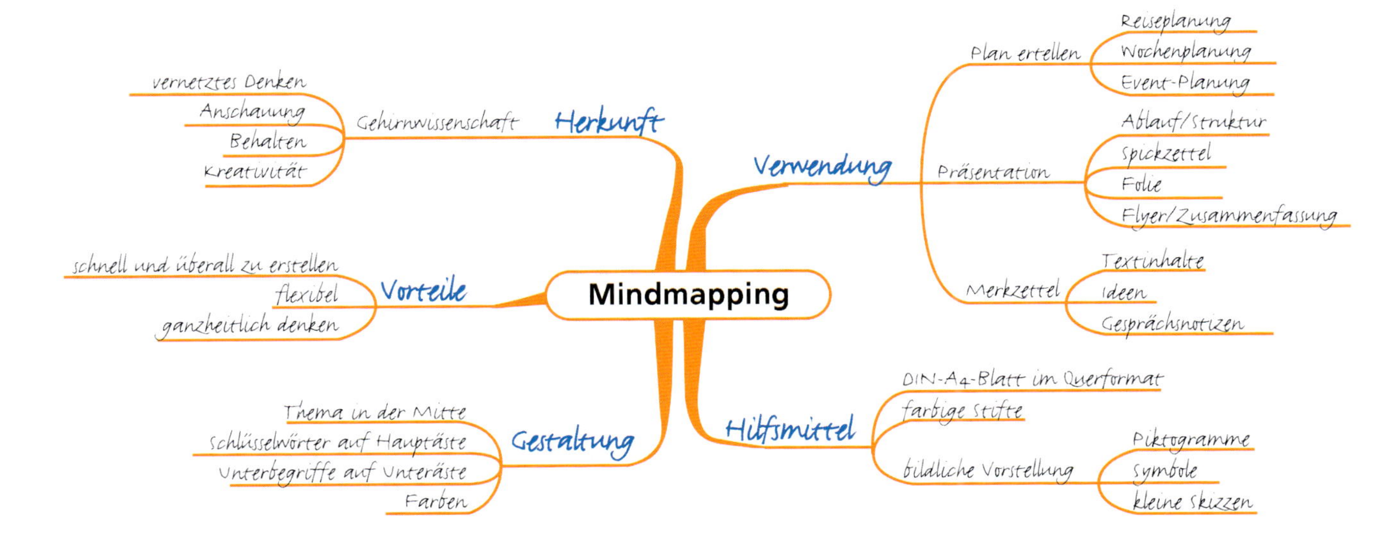

1 *Fassen Sie die Informationen über das Mindmapping in einem kurzen Text zusammen.*

2 *Halten Sie mithilfe der Mindmap einen informierenden Kurzvortrag vor der Klasse. Nennen Sie zunächst das Thema, dann die fünf Hauptpunkte, danach führen Sie jeden der Punkte aus. Formulieren Sie einen abschließenden Schlusssatz.*

3 *Üben Sie die Arbeitstechnik des Mindmapping mit Texten, zum Beispiel bei der Erstellung einer Inhaltsangabe (S. 90 f., 96 f.).*

Arbeitsplanung 3.1 Mindmap

Hilfsmittel	Nehmen Sie ein DIN-A4-Blatt im Querformat und bunte Stifte; lassen Sie Ihrer Phantasie freien Lauf.
Thema	Platzieren Sie das Thema in die Mitte des Blattes; schreiben Sie in gut leserlicher Druckschrift.
Gesichtspunkte / Unterpunkte	Zeichnen Sie nun von der Mitte ausgehend Äste; darauf schreiben Sie die Hauptpunkte. Diese Äste können Sie dick und in verschiedenen Farben zeichnen.
Details	An die Äste fügen Sie dünnere Zweige an. Darauf notieren Sie – immer noch gut lesbar – Ihre Einfälle zu jedem der Schlüsselbegriffe auf den Ästen.
Ausgestalten	Fügen Sie Bilder, Symbole, Piktogramme und kleine Skizzen hinzu. Dadurch können Sie sich Ihre Mindmap besser einprägen.

Thema

Übungen zum Mindmapping:

1 *Planen Sie die bevorstehende Woche mithilfe einer Mindmap.*

2 *Sie wollen ein Klassenfest organisieren. An was muss gedacht werden, damit alles klappt? Planen Sie mithilfe einer Mindmap.*

3 *Sie sollen Ihrer Klasse eine/Ihre Firma vorstellen. Entwerfen Sie eine Mindmap, die alle wesentlichen Fakten enthält.*

4 *Sie bereiten sich auf ein Vorstellungsgespräch vor. Fertigen Sie eine Mindmap über sich selbst an. (Name und Herkunft, Schulausbildung, berufliche Ziele, Interessen, Hobbys, soziale Aktivitäten)*

5 *Fertigen Sie eine Mindmap zu einem Thema aus der Wirtschaftskunde an, z. B. Arbeitsschutzvorschriften, Sozialversicherungen, Kündigungsschutzgesetz. Halten Sie mithilfe Ihrer Mindmap einen Kurzvortrag vor der Klasse.*

Weitere Beispiele zum Üben finden Sie unter BuchPlusWeb.

Tipp

Anschauliche Beispiele und gute Anleitungen finden Sie auch im Internet z. B. unter folgenden Adressen:
www.mindmap.de; www.mindmanager.de; www.mindmapping-seminare.de; www.mindfinder.de

4

Mit anderen zusammenarbeiten

4.1 Teamarbeit im Betrieb

Teamarbeit in der Schule ist eine Vorbereitung auf eine zukünftige berufliche Tätigkeit. Viele Betriebe gehen von Einzelarbeit zu Teamarbeit über. Dabei werden betriebliche Aufgaben, z. B. die Herstellung oder der Vertrieb eines Produktes oder das Anbieten einer Dienstleistung von Gruppen übernommen, denen von der Betriebsleitung ein hohes Maß an Selbstständigkeit, Entscheidungsfreiheit und Verantwortung übertragen wird.
An die Stelle der Über- und Unterordnung (Hierarchie) im Betrieb tritt die Zusammenarbeit (Kooperation) der Mitarbeiter, um deren Erfahrungen und Wissen mehr als bisher zu nutzen.

Bei der Teamarbeit besprechen die Gruppenmitglieder untereinander das Problem, diskutieren miteinander über Lösungsmöglichkeiten und setzen diese selbstständig und eigenverantwortlich um.
Betriebe, die Teamarbeit praktizieren, verfolgen damit vier Hauptziele: Zunahme der Arbeitszufriedenheit, Verbesserung der Zusammenarbeit, Senkung der Kosten, Erhöhung der Produktivität.
Wenn Sie später einmal in einer betrieblichen Gruppe mitarbeiten, werden besondere Anforderungen an Sie gestellt. Neben den schon immer wichtigen fachlichen Fertigkeiten und Kenntnissen (Fachkompetenz), wird jetzt auch **Teamfähigkeit** verlangt: Sie müssen durch sprachliche und soziale Fähigkeiten für die Zusammenarbeit mit anderen geeignet sein.
In der Gruppe müssen Sie z. B. mündlich über einen Sachverhalt informieren, einen eigenen Verbesserungsvorschlag begründen, diskutieren und die Gegenargumente anderer anhören, Kritik üben oder zu einem Problem Stellung nehmen. Konstruktive Mitarbeit in der Gruppe setzt soziale Fähigkeiten (Sozialkompetenz) voraus wie Rücksichtnahme, Toleranz, Kompromiss- und Einsatzbereitschaft. Fach- und Sozialkompetenz gehören zu den sogenannten **Schlüsselqualifikationen**, weil sie den Arbeitnehmern den Zugang zur modernen Berufswelt erschließen.

1 Warum stellt Gruppenarbeit höhere Anforderungen an Ihr mündliches Ausdrucksvermögen?

2 Berichten Sie von Ihren Erfahrungen, die Sie beim Arbeiten in Gruppen gemacht haben.

3 Nach der Einführung von Gruppenarbeit stellten Betriebe fest, dass die Fehlzeiten deutlich geringer wurden. Wie erklären Sie sich diese Veränderung?

Mischung entscheidet

1 Der Anteil Älterer an den Mitarbeiterinnen und Mitarbeitern deutscher Unternehmen nimmt seit Jahren stetig zu und wird weiter steigen.
5 Untersuchungen zeigen: Ältere sind erheblich leistungsfähiger, wenn sie in Teams mit jüngeren Kolleginnen und Kollegen zusammenarbeiten, ihr Arbeitsplatz altersgerecht ausgestattet ist und die Tätigkeiten ihre Stärken berücksichtigen. Arbeiten Ältere im Team mit jungen Kol- 10 legen, führt dies auch beim Nachwuchs zu einer verbesserten Leistung, da diese verstärkt von der Berufserfahrung der älteren Kollegen profitieren.

Pressemitteilung des Zentrums für Europäische Wirtschaftsforschung (ZEW)

4 Diskutieren Sie über Ihre Erfahrungen in der Zusammenarbeit mit Älteren.

5 Nehmen Sie Stellung zur Behauptung: Die Erfahrung älterer Mitarbeiter ist unverzichtbar.

4.2 Gruppenarbeit in der Berufsschule

Um Ihre Teamfähigkeit zu stärken, sollten Sie in der Berufsschule möglichst viele Gelegenheiten nutzen, mit anderen zusammenzuarbeiten. Bei der Zusammenarbeit in kleinen Gruppen mit je vier bis sechs Mitgliedern besteht für den Einzelnen die Gelegenheit, sich zu beteiligen. Zurückhaltende Schülerinnen und Schüler können ihre Scheu verlieren und so die Chance nutzen, ihre Kommunikationsfähigkeit zu trainieren. Wer sich in der Schule an der Gruppenarbeit beteiligt, trainiert dabei die gleichen Fähigkeiten, die auch für die betriebliche Gruppenarbeit wichtig sind. Dabei spielt es keine Rolle, dass die Inhalte und Aufgabenstellungen der Gruppenarbeit in der Schule naturgemäß anders sind als im Betrieb. Auch die **Gesprächsregeln** (s. S. 64) gelten in Betrieb und Schule gleichermaßen.

Mitglieder einer Arbeitsgruppe sollten Folgendes können:

- mit anderen diskutieren
- aktiv zuhören
- konstruktiv kritisieren
- Stellung nehmen
- selbstständig arbeiten
- Verantwortung übernehmen
- Ergebnisse festhalten
- Ergebnisse präsentieren

(Das Lehrbuch enthält zu all diesen Arbeitsbereichen ausführliche Informationen.
Mithilfe des Stichwortverzeichnisses lassen sich die entsprechenden Seiten schnell auffinden.)

Die Gruppenbildung

Nicht freundschaftliche Beziehungen oder besondere Sympathie sind für die Zusammensetzung einer Gruppe entscheidend, sondern vielmehr, dass jeder zur Lösung einer bestimmten Sachaufgabe etwas beitragen kann. Die Unterschiedlichkeit der Kentnisse, Charaktere und Fähigkeiten macht die Arbeit fruchtbar. Man spricht hier von Synergieeffekten.

1. *Sprechen Sie in der Klasse über günstige und ungünstige Anordnungen von Tischen und Stühlen für erfolgreiche Gruppenarbeit.*
2. *Welche persönlichen Stärken können Sie in eine Arbeitsgruppe einbringen?*
3. *Wo liegen Ihre Schwächen? Was können Sie tun, um diese zu beheben?*
4. *Wo liegen die Vorteile/Nachteile, wenn Sie häufig mit denselben Mitschülerinnen/Mitschülern zusammenarbeiten?*

4.3 Gruppenarbeit

Arbeitsplanung

Form der Aufgabenstellung

- **arbeitsgleiche Aufgabenstellung:** Alle Gruppen erhalten dieselbe Aufgabe.
  - Die Ergebnisse sind gut vergleichbar, Unterschiede sind leicht zu erkennen, Fehlendes ist schnell zu ergänzen.
  - Ähnlicher Wissensstand der Mitglieder aller Gruppen, alle können deshalb in der anschließenden Diskussion mitreden.
- **arbeitsteilige Aufgabenstellung:** Jede Gruppe erhält einen anderen Teil einer umfangreichen Gesamtaufgabe (z. B. die Untersuchung eines Werbetextes wie auf S. 156 f.).
  - Die Gruppenmitglieder müssen genau und gründlich arbeiten, damit sie zu „Experten" für das jeweilige Teilgebiet werden.
  - Die Ergebnisse ergänzen sich und ergeben die Gesamtlösung.
  - Die anderen Gruppen können das eigene Ergebnis nur indirekt kontrollieren.
  - Die Präsentation der Ergebnisse ist mit den anderen Gruppen abzustimmen.

Zeitvorgabe

Die Gruppe muss die Zeitvorgabe für die Gruppenarbeit beachten. Alle Gruppen haben sich an die Zeitvorgabe zu halten, sonst wird das Gesamtergebnis blockiert.

Arbeitsaufteilung in der Gruppe

Die Gruppenmitglieder einigen sich, wer eine bestimmte Aufgabe übernimmt. Beispiele dafür:
- Wer ist Zeitwächter?
- Wer protokolliert den Ablauf der Arbeit (Protokoll s. S. 79 ff.)?
- Wer dokumentiert die Ergebnisse der Gruppenarbeit?
- Wer präsentiert die Ergebnisse vor der Klasse?

Vorstellen der Arbeitsergebnisse

Die von einer Gruppe erarbeiteten gemeinsamen Ergebnisse müssen häufig anderen Gruppen oder der Klasse vorgestellt werden.
- Einigen Sie sich darauf, in welcher Form Ihr Gruppenergebnis vorgestellt werden soll.
- Entwerfen Sie gemeinsam die Bestandteile/Unterlagen für die Vorstellung.
- Stellen Sie die Arbeitsergebnisse möglichst in Partnerarbeit oder als Gruppe vor.

1 *Erläutern Sie, welche **Gesprächsregeln** bei der Arbeit in einer Gruppe besonders wichtig sind (s. S. 64). Informieren Sie sich auch auf S. 202 über die Aufgaben eines Diskussionsteilnehmers. Beschreiben Sie mit einem Beispiel, wie sich der Verstoß gegen eine dieser Regeln auswirkt.*

2 *Aus welchen Gründen würden die meisten Menschen am liebsten in einer Freundschaftsgruppe arbeiten?*

Tipp

Ihre Fähigkeit, mit anderen gut zusammenzuarbeiten, können Sie auch in der **Partnerarbeit** üben. Dazu wird die Klasse in sogenannte Tandems mit je zwei Schülerinnen oder Schülern aufgeteilt, die im Klassenzimmer direkt vor-, hinter- oder nebeneinandersitzen. Ein solches „Tandem" sollte immer wieder neu zusammengesetzt werden, denn der Umgang mit unterschiedlichen Partnerinnen und Partnern ist eine gute Vorübung dafür, dass Sie in einer Gruppe mitreden können. Alle Aufgaben des Lehrbuchs können Sie in Partnerarbeit durchführen.

4.4 Kriterien für Teamfähigkeit

Mit „Teamfähigkeit" wird die Bereitschaft und die Fähigkeit einer Person bezeichnet, mit den Mitgliedern einer Gruppe ziel- und aufgabenorientiert zusammenzuarbeiten. Damit die Zusammenarbeit in einem Team gut funktioniert und erfolgreich ist, müssen die Mitglieder des Teams zueinanderpassen und bereit sein, ihre individuellen Fähigkeiten und Kenntnisse in die Gruppe einzubringen. In vielen Betrieben ist die Teamfähigkeit ein Teil der Mitarbeiterbeurteilung. In der Berufsschule kann sie in die Note für „Projektkompetenz" einfließen.

Folgende Kriterien werden immer wieder als Indikatoren für die Teamfähigkeit genannt:

- Sie/er ist bereit, von anderen zu lernen.
- Sie/er ist bereit und in der Lage, anderen zuzuhören.
- Sie/er stellt eigene Interessen zurück, wenn die Ziele des Teams dies erfordern.

- Sie/er bringt eigenes Wissen und Erfahrungen in das Team ein.
- Sie/er tauscht wichtige Informationen im Team aus.
- Sie/er macht Vorschläge zur Aufgabenverteilung.
- Sie/er ist bereit, Aufgaben zu übernehmen.
- Sie/er schätzt die Ideen der Teammitglieder.
- Sie/er erkennt die Leistungen anderer an.
- Sie/er strebt einvernehmliche Lösungen an.
- Sie/er bittet andere Teammitglieder um Hilfe.
- Sie/er bietet anderen im Team Hilfe an.
- Sie/er stimmt sich mit dem Team ab.
- Sie/er hält die abgesprochenen Aufgabenverteilungen und Termine ein.

1 *Welche der genannten Kriterien sind Ihrer Erfahrung nach nicht so wichtig?*

2 *Nennen Sie die fünf Kriterien, die Ihrer Meinung nach wichtig sind.*

3 *Vergleichen Sie Ihr Ergebnis mit dem einer Mitschülerin/eines Mitschülers. Einigen Sie sich auf sechs Kriterien.*

4 *Bilden Sie eine Gruppe mit vier bis sechs Schülerinnen/Schülern. Einigen Sie sich in der Gruppe auf sechs Kriterien.*

5 *Entwickeln Sie in der Gruppe einen Bewertungsbogen, mit dessen Hilfe beurteilt werden kann, wie teamfähig eine Mitarbeiterin/ein Mitarbeiter ist.*

6 *Stellen Sie als Gruppe den Bewertungsbogen der Klasse vor. Vergleichen Sie die Lösungen der verschiedenen Gruppen und diskutieren Sie über deren Vor- und Nachteile.*

7 *Bewerten Sie selbstkritisch Ihre eigene Teamfähigkeit. Wo liegen Ihre Stärken? Was sollten Sie tun, um sich noch zu verbessern?*

8 *Nutzen Sie den Bewertungsbogen, um sich gegenseitig ein Feedback (s. S. 43) zur Teamfähigkeit zu geben.*

5 Texte überarbeiten

5.1 Mit der Textlupe arbeiten

Ob Erzählung, Inhaltsangabe oder Geschäftsbrief: Kein Text ist nach der ersten Niederschrift bereits perfekt. Es bedeutet mühevolle Arbeit, den Entwurf inhaltlich und sprachlich zu verbessern. Die Methode „Textlupe" bietet Ihnen die Möglichkeit, sich mit Mitschülerinnen und Mitschülern über Ihre Textentwürfe auszutauschen und dadurch Anregungen, Tipps, aber auch Kritik einzuholen. Dadurch helfen Sie sich gegenseitig bei der Überarbeitung, können Ihre Stärken einbringen und sich bei Ihren Schwächen helfen lassen. Trotz der Hilfe anderer schreiben Sie aber mit dieser Methode Ihren eigenen Text.

Vorgehensweise:

1. Bildung von Kleingruppen (maximal vier Schülerinnen und Schüler)
2. Lesezeit vereinbaren (je nach Textlänge zwischen fünf und 15 Minuten)
3. Jeder gibt seinen Textentwurf im Uhrzeigersinn an ein Mitglied der Gruppe.
4. Lesen der Textentwürfe
5. Machen Sie auf einem Rückmeldeblatt (der Textlupe) positive Anmerkungen sowie Verbesserungsvorschläge, z. B. zu Aufbau, Sprache, Schreibstil, Inhalt des Textentwurfes. Kurze Kommentare zu Rechtschreib-, Zeichensetzungs- und Grammatikfehlern sind genauso wichtig, aber bitte stets nur auf der Textlupe.
6. Nach Ende der vereinbarten Lesezeit wird der Textentwurf an das nächste Gruppenmitglied weitergereicht. Die Textlupe wird an den jeweiligen Verfasser des Textes gegeben. Niemand darf seinen eigenen Textentwurf kommentieren.
7. Nach einem kompletten Durchgang lesen alle die Textlupen, die sie zu ihrem Entwurf bekommen haben, und überarbeiten den eigenen Textentwurf. Es bleibt jedem selbst überlassen, welche Anmerkungen und Vorschläge er aufgreift.

Beispiel

Textlupe zum Text:

____

Verfasser des Textes:

____

Gelungen finde ich:

Nicht verstanden habe ich:

Verändert werden könnte:

Textlupe von (Name):

____

1 Bearbeiten Sie einen Textentwurf (z. B. eine Inhaltsangabe, s. S. 93, 97) mithilfe der obigen Textlupe.

2 Diskutieren Sie anschließend in Ihrer Kleingruppe Vor- und Nachteile dieser Methode.

3 Entwickeln Sie selbst Textlupen, mit denen man im Beruf häufig vorkommende Textarten (z. B. Geschäftsbrief, Arbeitsanleitung) untersuchen kann. Überlegen Sie sich geeignete Untersuchungskriterien.

Vorschläge für Textlupen können Sie unter BuchPlusWeb herunterladen.

5.2 Schreibkonferenz

Im Unterschied zur Textlupe (siehe vorige Seite) steht bei einer Schreibkonferenz das gemeinsame Gespräch über einen Textentwurf im Vordergrund. Ziel ist es, sich mit Mitschülerinnen und Mitschülern über Aufbau, Inhalt und Sprache eines noch nicht überarbeiteten Textes auszutauschen und Ratschläge aufzugreifen.

Vorgehensweise:

1. **Konferenzbildung:**
   Der Verfasser eines Textentwurfes wählt drei bis vier Schülerinnen und Schüler als „Konferenzmitglieder" aus. Von diesen übernimmt eine/-r die Rolle als moderierender „Konferenzleiter"; dies darf nicht der Verfasser sein. Die Konferenzmitglieder legen die Dauer der Konferenz fest, der Konferenzleiter achtet auf die Einhaltung der Zeit.
2. **Lesephase:**
   Der Verfasser liest seinen Textentwurf vor, die Konferenzmitglieder hören aufmerksam zu.
3. **Besprechungsphase:**
   - Jedes Konferenzmitglied kommentiert den Textentwurf.
   - Der Entwurf wird als Kopie (wenden Sie sich bitte an Ihre Lehrerin/Ihren Lehrer) an jedes Konferenzmitglied ausgeteilt.
   - Alle lesen den Text und machen sich Notizen.
   - Der Entwurf wird systematisch besprochen, z. B. zuerst der Inhalt, danach der Schreibstil, dann Rechtschreibung, Zeichensetzung und Grammatik.
   - Der Verfasser notiert fortlaufend Anmerkungen sowie Verbesserungsvorschläge.
4. **Überarbeitungsphase:**
   Der Textentwurf wird vom Verfasser überarbeitet. Es bleibt ihm überlassen, welche Anmerkungen und Vorschläge er aufgreift.
5. **Präsentationsphase:**
   Der überarbeitete Textentwurf wird der Schreibkonferenz/Klasse vorgelesen.

1 *Führen Sie eine Schreibkonferenz durch und besprechen Sie einen Textentwurf (z. B. einen Geschäftsbrief, s. S. 146, eine Mängelrüge, s. S. 142 oder die Fortsetzung einer Geschichte, s. S. 255).*

2 *„Textlupe" (siehe vorige Seite) oder „Schreibkonferenz"? Begründen Sie, welche Methode Ihnen besser gefällt.*

Tipp

Wenn Sie in Ihrer Klasse zum ersten Mal eine Schreibkonferenz einüben, dann beschränken Sie sich auf kurze Textentwürfe. Diese sollten handschriftlich nicht länger als eine Seite sein.

5.3 Texte verständlicher machen

Die Führungskräfte von Großbetrieben wunderten sich lange Zeit, wie wenig Informationen die Mitarbeiterinnen und Mitarbeiter wirklich erreichen. Sie beauftragten das Institut für Kommunikation in Hamburg damit, nach Erklärungen dafür zu suchen. Friedemann Schulz von Thun und seine Mitarbeiter fanden heraus, dass vier **Verständlichmacher** für Verstehen und Behalten besonders wichtig sind:

Die vier Verständlichmacher	
Einfachheit, d. h. • geläufige Wörter • Fremdwörter werden übersetzt • Fachausdrücke werden erklärt • klare, kurze Sätze	**Gliederung und Ordnung,** d. h. • im Satz kommt Wichtiges zuerst • der rote Faden ist deutlich • übersichtliche Gestaltung (Absätze, Überschriften) • Wichtiges wird hervorgehoben (durch Schriftart, Schriftmerkmale, Betonung)
Kürze und Prägnanz, d. h. • präzise Ausdrucksweise • so ausführlich wie nötig • so kurz wie möglich	**Anschaulichkeit,** d. h. • den Leser/Zuhörer direkt ansprechen • an bekannte Erfahrungen anknüpfen • durch Beispiele, Vergleiche und Metaphern verbildlichen • durch Fragen zum Nachdenken anregen

Um die Verständlichkeit von Texten zu bewerten, werden hier folgende Zeichen verwendet:
++ für „sehr gut"; + für „gut"; – für „weniger gut"; – – für „nicht gut".

1 *Der folgende Text erhielt die unten stehende Bewertung:*
„Ein außergewöhnlicher Härtefall liegt vor, wenn der Bewerber nicht ausgewählt worden ist und die Nichtaufnahme für ihn mit Nachteilen verbunden wäre, die bei Anlegen eines strengen Maßstabes über das Maß der mit der Nichtaufnahme üblicherweise verbundenen Nachteile erheblich hinausgehen." (Aus: Verordnung über die Fachschule für Technik)

Einfachheit	Gliederung und Ordnung	Kürze und Prägnanz	Anschaulichkeit
– –	–	+	– –

2 *Begründen Sie die Bewertung im Einzelnen.*

3 *Welche Merkmale hat ein Text, der folgendermaßen bewertet wurde?*

Einfachheit	Gliederung und Ordnung	Kürze und Prägnanz	Anschaulichkeit
+ +	–	– –	+

Sie wissen nun, wie Verständlichkeit erreicht wird. Das folgende Beispiel zeigt, wie ein komplizierter Text in einen verständlichen umformuliert werden kann.

Beispiele

In Anbetracht Ihres Schreibens mit der Aussage, dass Sie mit der letzten Aufsatzzensur, die ich Ihrem Sohn gegeben habe, nicht einverstanden sind, möchte ich Ihnen folgenden Vorschlag unterbreiten: Um eine befriedigende Klärung dieser Angelegenheit zu erreichen, würde ich es begrüßen, wenn wir uns zu einem persönlichen oder telefonischen Gespräch zusammenfinden könnten.

Sie haben mir geschrieben, dass Sie mit der letzten Aufsatzzensur Ihres Sohnes nicht einverstanden sind. Ich würde gerne mit Ihnen persönlich darüber sprechen.

4 *Bewerten Sie die Verständlichkeit des folgenden Textes aus dem Beschluss eines Gerichtes so, wie es in den Beispielen auf S. 23 gezeigt wurde. Vergleichen Sie Ihre Bewertung mit denen Ihrer Mitschülerinnen und Mitschüler.*

Leitsatz aus dem Beschluss des Oberverwaltungsgerichts Lüneburg vom 26.01.2010 zur Ordnungsstrafe wegen einer scherzhaften Amokdrohung:

„Es ist im Rahmen des der Schule einzuräumenden pädagogischen Ermessens nicht zu beanstanden, wenn sie einen Schüler an eine andere Schule derselben Schulform überweist, der für die – von ihm nur scherzhaft gemeinte – Einstellung einer Amoklauf-Ankündigung im Chatbereich StudiVZ/Buschfunk mitverantwortlich ist; denn es ist anderen Schülern deutlich vor Augen zu führen, dass selbst eine nur scherzhaft gemeinte Ankündigung eines Amoklaufes nicht ohne gravierende ordnungsrechtliche Maßnahmen bleiben wird, da eine Ankündigung eines Amoklaufs selbst als Scherz nicht hinnehmbar ist."

Oberverwaltungsgericht (OVG) Lüneburg

5 *Fassen Sie die Kerninformationen des Textes in eigene Worte. Formulieren Sie dazu einfache Sätze. Bringen Sie die Sätze in eine sinnvolle Reihenfolge. Überarbeiten Sie Ihren Text nun stilistisch.*

6 *Tauschen Sie nun Ihren Text mit dem eines Mitschülers. Bewerten Sie gegenseitig die Verständlichkeit nach den auf S. 23 dargestellten Kriterien.*

7 *Verfassen Sie eine Bedienungsanleitung für einen Bedienungsvorgang am PC oder einem Handy oder einem anderen elektronischen Gerät. Tauschen Sie Ihren Text mit dem Text einer Mitschülerin oder eines Mitschülers und nehmen Sie gegenseitig eine Bewertung der Verständlichkeit vor. Begründen Sie anschließend gegenüber Ihrer Partnerin/Ihrem Partner Ihre Bewertung. Lesen Sie gut bewertete Textbeispiele in der Klasse vor.*

6

In Projekten arbeiten

Viele Aufgaben in Betrieben müssen heute fachübergreifend gelöst werden. Besondere Entwicklungsaufgaben oder Auftragsbearbeitungen werden daher in Form von Projekten geplant und durchgeführt. Ziel von Projektarbeit sind kürzere Kommunikationswege, höhere Flexibilität, kürzere Entscheidungswege, schnelleres Erkennen von Problemen und natürlich eine höhere Produktivität.

Für umfangreichere Projekte werden immer wieder Mitarbeiter aus den Organisationsstrukturen herausgelöst oder befristet eingestellt.

Projekte zeichnen sich durch folgende Merkmale aus:

- klare Zielvorgabe
- zeitliche Begrenzung
- finanzielle Begrenzung
- personelle Begrenzung
- Neuartigkeit
- Vielschichtigkeit der Aufgabe
- spezielle Organisationsform
- Nachvollziehbarkeit durch Dokumentation

Man kann **vier Phasen eines Projekts** unterscheiden:

1. Projektauftrag
Definition
Ziele
Auftraggeber
Projektleiter

2. Planung
Arbeitspakete
Meilensteine
Zuständigkeiten
Zeit

3. Umsetzung
Durchführung
Planung
Aktualisierung
Information

4. Abschluss
Abschlussbericht
Abnahme
Bewertung
Dokumentation

Mit der **Definition des Projekts** ist eine klare Aufgabenstellung gemeint. Es geht darum, präzise zu formulieren, was am Ende des Projekts erreicht sein soll. Auch Auftraggeber und zuständiger Projektleiter müssen genannt werden.

Die **Planungsphase** ist von entscheidender Bedeutung: Arbeitsschritte und Teilaufgaben (Arbeitspakete, Meilensteine und Termine) werden festgelegt und die jeweiligen Verantwortlichen benannt. Die Teilnehmer am Projekt werden als Projektgruppe zusammengestellt.

In der **Umsetzungsphase** findet die Durchführung des Projekts statt. Jeder erfüllt die Aufträge, für die er zuständig ist. In dieser Phase ist die kontinuierliche Verständigung im Team notwendig. Insbesondere wenn etwas nicht so läuft, wie es geplant wurde, ist eine neue Absprache nötig.

Der **Abschluss des Projekts** bedeutet: Der Auftrag ist erfüllt, das Ziel erreicht. Der Auftraggeber erhält die Ergebnisse. Akzeptiert er die Leistung, ist das Projekt beendet. Für das Projektteam ist es wichtig, abschließend Bilanz zu ziehen: Was ist gut gelaufen, was können wir noch verbessern („Feedback" s. S. 43)?

Was ist ein Projekt? Der Begriff „Projekt" ist kein anderes Wort für „Vorhaben" oder „Aufgabe". Es gibt eine genaue Definition, die in der DIN 69901 festgelegt ist: Ein Projekt ist demnach ein Vorhaben, das im Wesentlichen durch die Einmaligkeit der Bedingungen gekennzeichnet ist: ▶ Zielvorgabe ▶ zeitliche, finanzielle, personale Begrenzungen ▶ Abgrenzung gegenüber anderen Vorhaben ▶ projektspezifische Organisation

1 Wodurch unterscheiden sich Projektarbeit und Gruppenarbeit? Nennen Sie Beispiele für beide Formen der Zusammenarbeit.

Im folgenden Beispiel wird anhand einer schulischen Problemstellung die Arbeit an einem Projekt geübt.

6.1 Projektauftrag

1. *Bilden Sie Gruppen zu fünf bis sechs Mitgliedern. Formulieren Sie ein Projektziel, das der aktuellen Situation Ihrer Klasse oder Gruppe entspricht.*
2. *Legen Sie ein Formular für den Projektauftrag an und füllen Sie es aus.*

Projektauftrag: (Hier wird das Thema des Projekts genannt.) **Datum:**
Beispiel: *Wir organisieren einen gemeinsamen Ausstellungsbesuch.*

Projektleiter: (Hier steht der Name des Leiters, der für die Organisation des Teams zuständig ist.)
Beispiel: *Name des Klassensprechers*

Zielsetzung: (Hier steht die genaue Zielangabe.)
Beispiel: *Die Klasse 1M3 besucht gemeinsam eine Kunstausstellung.*

Aufgabenstellung: (Hier steht, was im Einzelnen getan werden soll.)
Beispiel:
Auswahl der Ausstellung
Festlegung des Besuchstermins
Genehmigung durch Schulleitung und Abstimmung mit den Fachlehrern
Klärung der organisatorischen Rahmenbedingungen

Zu erarbeitende Ergebnisse: (Hier steht, was beim Abschluss des Projekts vorliegen soll.)
Beispiel: *Teilnehmer, Termin- und Zeitplanung, Ablauf/Programm (z. B. Führung), An- und Abfahrt, Begleitpersonen, Unterrichtsverlegung*

Ressourcen: (Hier steht, was zur Erfüllung des Auftrags gebraucht wird.)
Beispiel: *verfügbare Zeit, Kostenübernahme für Eintritt, Führung, Fahrtkosten*

Randbedingungen: (Hier steht, worauf besonders geachtet werden muss.)
Beispiel: *Treffpunkt, Aufsicht, Heimfahrt*

Termine, Meilensteine: (Hier wird festgelegt, bis wann was erarbeitet werden muss.)
Beispiele:
Projektdurchführung: .. . .. .20..
Abschluss der Planung: ...
Information/Genehmigung der Schulleitung: ...
Klärung der organisatorischen Bedingungen: ...
Programm: ...

Auftraggeber:
Beispiel:
Name der Klasse/des Lehrers

Projektleiter:
Name/Unterschrift des Klassensprechers

Ein Formular für den Projektauftrag finden Sie unter BuchPlusWeb.

6.2 Projektplanung

1 *Klären Sie im Einzelnen, was geschehen muss, um das Ziel des von Ihnen gewählten Projekts zu erreichen. Welche Aufgabenstellungen ergeben sich?*

Sie können dazu eine Mehrkartenfrage durchführen und eine Themenliste erstellen („Moderation“, s. S. 197 f.).

2 *Zur Themenliste führen Sie eine Mehrpunktfrage durch (z. B.: „Welche Themen sollen zuerst bearbeitet werden?“). Für diesen Arbeitsschritt bereiten Sie ein Plakat nach folgendem Muster vor:*

Die Themen mit den meisten Punkten sind die Grundlage für die Bestimmung von „Arbeitspaketen“ (Teilaufgaben). Sie werden in eine Übersicht eingetragen.

Themenliste / Aufgabenstellungen

Thema / Problem	Punkte	Rang

3 *Fertigen Sie für Ihr Projekt eine Übersicht über die Arbeitspakete auf einer Metaplantafel an:*

Was	Wer	Bis wann	Wen informieren	Ressourcen

Bei jedem Projekt gibt es einige Arbeitspakete und Termine, die für das Gelingen sehr wichtig sind. Sie werden als **Meilensteine** bezeichnet. Zu solchen Terminen werden Besprechungen geplant, damit alle am Projekt Beteiligten über den Fortgang informiert sind und Störungen bzw. nicht eingehaltene Planungsschritte das Gesamtprojekt nicht gefährden.

Auf einem Plakat werden auf einer **Zeitleiste** die Meilensteine, die Termine der geplanten Projektbesprechungen und die vorgesehenen Abschlusstermine für die Arbeitspakete eingetragen. So kann jeder Beteiligte mit einem Blick feststellen, in welcher Phase sich das Projekt befindet.

Zeitleiste Projektplanung: Besuch einer Kunstausstellung

19. KW	20. KW	21. KW	22. KW	23. KW	24. KW	25. KW	26. KW	27. KW	28. KW[1]
1. Termin	Pfingstferien		2. Termin			3. Termin		**Besuch**	4. Termin

Projektauftrag
Projektleiter
Arbeitspakete
Meilensteine

Berichte der Zuständigen
Genehmigung durch die Schulleitung
Termin vereinbaren

Begleitperson klären
Unterrichtsverlegung planen
An- und Abfahrt organisieren

Nachbesprechung
Projektdokumentation

4 *Zeichnen Sie für Ihr Projekt eine Zeitleiste mit den Meilensteinen.*

[1] *Kalenderwoche*

6.3 Projektaufträge ausführen

Je genauer die Planung, desto besser können nun die einzelnen Arbeitspakete abgearbeitet werden. Jedes Teammitglied weiß, was zu tun ist und bis wann es seine Aufgabe erfüllt haben muss. Für Absprachen untereinander ist jeder selbst zuständig. Tauchen unerwartet Probleme auf, muss die Planung entsprechend aktualisiert und müssen alle Betroffenen informiert werden. Mithilfe einer Tabelle kann die Umsetzung genau kontrolliert werden:

Arbeitspaket	Tage / Wochen	Datum / Woche	IST	SOLL
Nr. 1	2			
Nr. 2	4			

1 *Legen Sie eine Tabelle nach oben abgedrucktem Muster an und tragen Sie den geplanten Zeitaufwand für Ihr Projekt ein.*

6.4 Projekt abschließen

Wenn der Projektauftrag erfüllt und das Ziel erreicht ist, muss ein **Abschlussbericht** erstellt werden. Er enthält die wesentlichen Bestandteile des Projekts und eine Bilanz, z. B. Ziele, Beteiligte, Ablauf, Besonderheiten / Probleme, Aufwand / Ressourcen, Abnahme. Protokolle, Rechnungen, Datenblätter, Zeichnungen werden ggf. als Anlage beigeheftet. Der Bericht wird dem Auftraggeber übergeben.
Der Abschluss eines Projekts kann auch als Präsentation durchgeführt werden (s. S. 34 ff.). Das Projekt gilt damit als abgenommen und die Projektgruppe wird aufgelöst.

1 *Wie wurden bisher Projekte abgeschlossen, die Sie kennengelernt haben?*

2 *Führen Sie ein Feedback (s. S. 43) durch, damit jeder aus der Gruppe sagen kann, wie er den Arbeitsprozess erlebt hat. Dafür eignen sich eine Einpunktfrage und ein Blitzlicht (s. S. 198).*

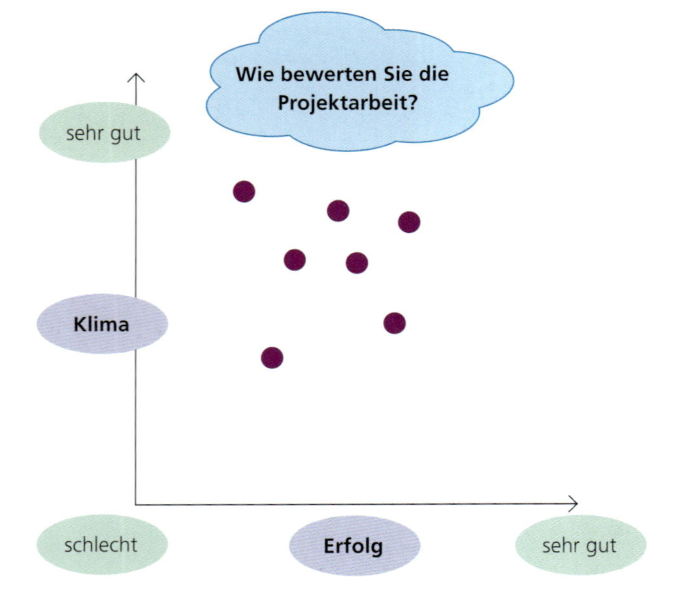

Und dann ist es Zeit, den Erfolg zu feiern!

6.5 Projektdokumentation erstellen

Für jedes Projekt ist eine kontinuierliche **Dokumentation** wichtig. Die Projektdokumentation sollte nach den vier Phasen des Projekts geordnet werden, sodass ein guter Überblick über den Verlauf des Projekts vermittelt wird.

Wesentliche Bestandteile der Projektdokumentation sind

- der ausformulierte Projektauftrag,
- die Projektskizze,
- (Ergebnis-)Protokolle der Sitzungen, möglichst in standardisierter Form,
- erarbeitete Unterlagen wie Zeichnungen, Grafiken, Tabellen, Datenblätter,
- die zur Visualisierung verwendeten Materialien (z. B. Folien, Mindmaps, Fotos),
- der abschließende Projektbericht.

Aus der Projektdokumentation muss auch hervorgehen, wer am Projekt mitgewirkt hat, in welchem Zeitraum die einzelnen Personen mitgearbeitet und welche konkreten Aufgaben sie übernommen haben. Es muss erkennbar sein, welche Probleme bei der Projektarbeit aufgetreten sind und wie diese gelöst bzw. überwunden wurden.
Der abschließende Projektbericht muss den Verantwortlichen vorgelegt und von ihnen genehmigt werden.

1 *Erstellen Sie ein Inhaltsverzeichnis für eine Projektdokumentation. Nutzen Sie dabei die Ergebnisse der Aufgaben, die Sie in den einzelnen Projektphasen gelöst haben.*

2 *Vergleichen Sie Ihr Ergebnis mit dem Ihrer Mitschülerinnen und Mitschüler.*

3 *Einigen Sie sich auf ein Inhaltsverzeichnis für eine Projektdokumentation.*

4 *Sammeln Sie Vorschläge, wie die Projektdokumentation äußerlich gestaltet sein sollte.*

Tipp

Eine Projektdokumentation oder ein Teil davon kann bei einer späteren Bewerbung als Nachweis der eigenen Fähigkeiten dienen.

6.6 Projekt präsentieren

Wenn Projekte im Betrieb abgeschlossen sind, werden sie dem Auftraggeber präsentiert. Das ist häufig eine große Sache, an der mehrere Mitarbeiter mitwirken.
In der Berufsschule werden Projekte vor einer Klasse, vor einer Prüfungskommission, vielleicht auch beim Elternabend präsentiert. Dabei sind die Regeln der Präsentation zu beachten (s. S. 34 ff.). Die entscheidenden und interessanten Fragen bei der Projektpräsentation sind:

- Wie lautete das Ziel des Projekts?
- Welche Wege boten sich an, um an das Ziel zu kommen?
- Welche Probleme stellten sich bei der Bearbeitung des Projekts?
- Wo lag die Lösung der Probleme?
- Wurde das Ziel erreicht?
- Was hat das Projekt dem Betrieb/den Teilnehmern gebracht?
- Woran könnte man weiterarbeiten?

Arbeitsplanung 6.7 In Projekten arbeiten

Lernziele

Sie können
- den Ablauf und die Phasen eines Projekts beschreiben,
- ein Projektziel formulieren und einen Projektauftrag ausfüllen,
- die Meilensteine eines Projekts festlegen und eine Zeitleiste für eine Projektplanung erstellen,
- eine Projektdokumentation erstellen,
- ein kleines Projekt selbstständig planen und durchführen.

Beachten Sie die vier Phasen eines Projekts:

Aufgabenstellung

1. **Projektauftrag**
   - die Ziele des Projekts präzise definieren
   - den Auftraggeber und den Projektleiter nennen
   - die zeitlichen, personellen und finanziellen Bedingungen beschreiben
   - einen Projektauftrag ausfüllen
2. **Planung**
   - Zuständigkeiten verteilen
   - Arbeitspakete zusammenstellen
   - Meilensteine setzen
   - eine Zeitleiste erstellen
3. **Umsetzung**
   - kontinuierlich alle am Projekt Beteiligten verständigen
   - bei Störungen und Problemen alle informieren und einbeziehen
   - alle Besprechungen, Ereignisse, Veränderungen dokumentieren
4. **Abschluss**
   - die Projektdokumentation und den Abschlussbericht erstellen
   - das Projekt dem Auftraggeber präsentieren
   - ein Feedback über die Projektarbeit geben
   - das Projekt mit einer Abschlussveranstaltung beenden

Die folgenden Themen eignen sich für ein Projekt in Ihrer Klasse:

- Wir bereiten eine Klassenfahrt vor.
- Wir führen einen „Gesundheitstag" durch.
- Wir laden eine Schriftstellerin/einen Schriftsteller zu uns in die Schule/Klasse ein.
- Unser Klassenraum soll schöner werden.
- Unsere Schule soll sauberer werden.
- Wir gestalten ein Schulfest/Abschlussfest.
- Wir schreiben eine Schülerzeitung/Abschlusszeitung.
- Wir führen einen Tag „soziales Engagement für andere" durch.

7
Referat halten

Wenn Sie ein Referat halten, wollen Sie die Zuhörerinnen und Zuhörer über einen Sachverhalt, einen Gegenstand oder eine Person umfassend informieren. Als Thema eines Referats eignet sich deshalb jeder Stoff, der bei einer bestimmten Zuhörergruppe auf Interesse stößt. Ein schriftlich ausgearbeitetes Referat wird als **Facharbeit** bezeichnet. Da diese nicht vorgetragen, sondern gelesen wird, können Sie Fachausdrücke und komplexe Sätze verwenden.

Susanne und Kerstin, 18 Jahre, beim Referat vor ihrer Klasse
Sie wählten das Thema „Erzählperspektiven". In Absprache mit dem Lehrer stellten sie die unten stehenden Überlegungen bei der Vorbereitung des Referats an:

1. *Wird das Thema in dem Zuhörerkreis Interesse finden?*
2. *Ist es besser, einen Gesamtüberblick zu geben oder nur einen begrenzten Ausschnitt zu behandeln?*
3. *Welchen Umfang sollte das Referat haben? Wie lange darf es dauern?*
4. *Wie ist die Zuhörergruppe zusammengesetzt? („Adressatenbezug": Sind es Laien oder Fachleute? Welche Vorkenntnisse sind vorhanden? Welches Niveau ist angemessen?)*
5. *Wie gliedern wir das Referat? Welche Überschriften passen zu den einzelnen Abschnitten?*
6. *Welche Inhalte sollen die Zuhörer auf jeden Fall behalten können?*
7. *Tragen wir das Referat frei mit einem Stichwortzettel vor oder benutzen wir ein ausgearbeitetes Manuskript, in dem Stichwörter markiert sind?*

1 *Haben Sie bereits Gelegenheit gehabt, ein Referat zu halten? Berichten Sie kurz über das Thema und über Ihre Erfahrungen.*

2 *Beschreiben Sie Situationen, in denen Sie in Ihrem Berufsleben kurze oder längere Referate zu hören bekamen. Zu welchem Zweck wurden sie gehalten?*
Was erleichterte oder erschwerte Ihnen das Zuhören?

3 *Notieren Sie stichwortartig drei Vorschläge, wie Sie als Referent[1] vermeiden, Ihre Zuhörer zu langweilen. Bilden Sie Kleingruppen und stellen Sie ein Ranking der fünf besten Ideen auf. Jede Kleingruppe präsentiert ihre Ergebnisse auf einer Metaplantafel (s. S. 35). Erstellen Sie anschließend ein Ranking der fünf besten Vorschläge der ganzen Klasse.*

7.1 Vorausgehende Überlegungen

- Welche Erwartungen haben die Zuhörer/-innen (bzw. Leser/-innen)?
- Was ist im Hinblick auf die Zusammensetzung und den Kenntnisstand der Zuhörer zu berücksichtigen (Adressatenbezug)?
- Welchen Umfang soll das Referat bzw. die Facharbeit haben?
- Wie viel Zeit steht zur Verfügung?

Umfangreiches Referat Die Zuhörer/-innen erhalten ausführliche Informationen über ein umfangreiches Wissensgebiet oder ein Gesamtthema.	***Die Sozialversicherung*** • geschichtl. Entwicklung • die einzelnen Pflichtversicherungen • Probleme heute und in der Zukunft	**Zeit:** bis zu 60 Min.
Mittellanges Referat Die Zuhörer/-innen erhalten detaillierte Informationen über einen Sachverhalt oder über einen Ausschnitt aus einem Gesamtthema.	***Die gesetzliche Krankenversicherung*** • Träger – Beiträge • Leistungen	**Zeit:** bis zu 30 Min.
Kurzreferat Die Zuhörer/-innen erhalten eine kurze Information oder einen Überblick oder es wird ihnen ein einzelner Sachverhalt erklärt.	***Das Krankengeld***	**Zeit:** bis zu 15 Min.

Entscheiden Sie, welcher Umfang Ihnen für Referate zu den folgenden Themen angemessen erscheint. Was lässt sich daraus schließen, wenn es in Ihrer Klasse unterschiedliche Auffassungen darüber gibt?

Das Arbeitslosengeld – Die Kommanditgesellschaft – Hände weg von Drogen – Das Arbeitszeugnis (vgl. S. 192 ff.) – Unfallverhütung in unserem Betrieb – Der Zweite Weltkrieg – Der Beginn des Zweiten Weltkriegs – Erfolgreich ein Vorstellungsgespräch führen (vgl. S. 190 f.) – Vorstellung eines Berufs (vgl. S. 129) – Präsentation eines Produkts (vgl. S. 63) – Heinrich Böll, ein großer deutscher Dichter – „Der Richter und sein Henker", ein lesenswertes Buch von Friedrich Dürrenmatt

[1] *jemand, der ein Referat hält*

7.2 Referat — Arbeitsplanung

Lernziele

Sie können
- ein Referat planen und Informationen zu einem Thema gezielt sammeln, ordnen und auswerten,
- ein Referat ausarbeiten, gliedern und organisieren,
- vor Zuhörer/-innen anschaulich über ein Thema referieren.

So gehen Sie vor:

Arbeitsschritte
1. Vorüberlegungen: Thema untersuchen und eingrenzen
2. Informationssuche: Material beschaffen, auswählen und auswerten
3. Ausarbeitung: übersichtliche Gliederung planen, wichtige Stichworte auf Vortragskarten notieren, Handout[1] schreiben
4. Organisatorisches: Anschauungsmaterial beschaffen, evtl. Raum und Medien vorbereiten, Handout vervielfältigen

Dabei sollten Sie beachten:

Inhalt und Aufbau

Einleitung
- Begrüßung der Zuhörer/-innen
- Hinführung zum Thema durch interessanten Aufhänger: z.B. Zitat, aktueller Bezug, Gegenstand, Musik, Grafik oder Schaubild auf Folien
- Gliederung des Referats (z.B. auf Folie) vorstellen

Hauptteil
- Informationen sachlich, mit Beispielen und optisch anschaulich präsentieren (s. S. 34ff.), z.B. mit Folien (s. S. 39), Powerpoint-Präsentation (s. S. 40), Dias, Tafel, Flipchart etc.
- keine Abschweifungen in Nebenthemen
- auf Gliederungspunkte eingehen (z.B. „Ich komme zu einem weiteren Problem ..." / „Zum Schluss will ich ...")

Schluss
- Hinweis auf ungelöste Probleme, Ausblick oder kritisches Fazit
- Nachfragen der Zuhörer/-innen
- Dank für Aufmerksamkeit
- Austeilen des Handouts

Sprache
- leicht verständliche Sätze formulieren
- laut, deutlich und flüssig sprechen
- notwendige Fachbegriffe/Fremdwörter erklären

Tipp
- Gehen Sie auf Bezüge zum Arbeits- oder Unterrichtsstoff ein, wenn sich diese ergeben.
- Tragen Sie frei vor und halten Sie Blickkontakt mit den Zuhörer/-innen.
- Beachten Sie den zeitlichen Rahmen.
- Bitten Sie einen Ihnen vertrauten Zuhörer nach dem Referat um ein Feedback (s. S. 43).

---

[1] *Handzettel mit Zusammenfassung der wichtigsten Informationen*

8

Wirkungsvoll präsentieren

Präsentationen spielen im Berufsleben eine wichtige Rolle. Zunehmend wird von Auszubildenden erwartet, dass sie selbst Präsentationen erstellen können.

Wird ein Referat (s. S. 31 ff.) angekündigt, so stellt sich das Publikum auf einen sachlichen Wortvortrag ein. Von einer Präsentation aber erwarten die Zuhörer Lebendigkeit, Anschaulichkeit und Überzeugungskraft. Visuelle Hilfsmittel sollen dazu beitragen, dass das Publikum sich angesprochen fühlt. Der Inhalt wird anschaulich dargestellt und kann dadurch auch besser behalten werden. Bei der Vorbereitung einer Präsentation steht die Frage im Mittelpunkt: Wie muss ich meine Sachinhalte aufbereiten, damit sie wirklich gut beim Zuhörer ankommen?

Es gibt viele Anlässe für Präsentationen:

Produkte (s. S. 63) beim Kunden, auf einer Messe, Dienstleistungen, neue Ideen, neue Arbeitsverfahren, Planungen, ein Sachverhalt (s. S. 126), Ergebnisse einer Arbeitsgruppe (s. S. 18), die eigene Person (s. S. 60 f.), der eigene Betrieb (s. S. 62)

Das Publikum schenkt Ihnen seine Zeit. Zu Recht erwartet es, dass Sie sich gut vorbereitet haben. Was alles bedacht werden muss, können Sie der Mindmap entnehmen:

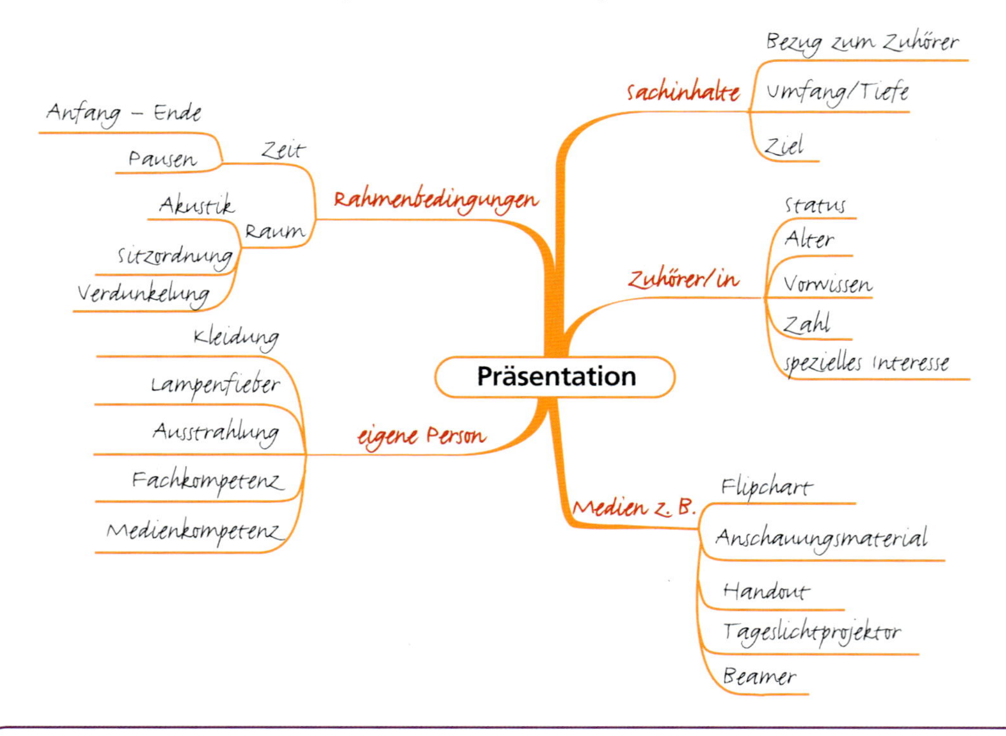

1 *Werten Sie die Mindmap aus.*

2 *Wo liegen für Sie die besonderen Schwierigkeiten bei der Gestaltung einer Präsentation?*

3 *Worauf werden Sie bei Ihrer nächsten Präsentation besonders achten?*

8.1 Hilfsmittel zur Visualisierung bei einer Präsentation

Medium		Merkmale	Hinweise
Schultafel		klassisches Mittel zur Veranschaulichung mit sehr großer Schreibfläche	Sie kann vorab beschriftet und dann aufgeklappt werden.
Whiteboard		weißgrundige Tafel, vielfarbige Spezialstifte, Abwischen ohne Wasser	Sie nimmt nicht so viel Platz ein, wirkt leicht und ist häufig mobil.
Flipchart		„Blatt-Tafel" mit Papierbogen, meist DIN A1. Man kann zurückblättern, Blätter aushängen und aufbewahren.	Es ist sehr flexibel, bietet aber wenig Platz, nur ein Blatt ist sichtbar.
Pinnwand (Metaplan-tafel)		Haftfläche für farbige Kärtchen, Scheiben u. a. mit Beschriftung, Symbolen, Schaubildern	Sie ermöglicht eine anschauliche Gestaltung, Umgruppierungen und Entwicklung.
Beamer / PC		Projektion von Fotos, Folien, Videos, Schaubildern, die auf einem PC gespeichert sind, Powerpoint oder andere Präsentationsprogramme können eingesetzt werden.	Die Bedienung muss vorher geübt werden. Eine Kopie der Präsentation auf CD sollte immer vorhanden sein.
Tageslicht-projektor		Großflächige Darstellung von Schaubildern und Texten auf Folie	Folien müssen gut lesbar (große Schrift) und übersichtlich sein (wenig Text).
Video-rekorder / DVD-Player		Vorführung von realistischen Handlungsabläufen, Filmberichte vom Ort des Geschehens	Die Bedienung muss vorher geübt werden. Bewegte Bilder sind lebendig und anschaulich.
Anschauungs-material		Vorführung eines Originalexemplars oder einer Modellausführung	Werden Originale gezeigt, wirkt das besonders überzeugend.
Smartboard		Interaktive Tafel: Projektion des PC-Bildschirminhalts auf die Tafeloberfläche	Die Bedienung muss vorher geübt werden. Einträge per Hand oder Stift
Dokumenten-kamera oder **Visualizer**		Eine Kamera nimmt eine Vorlage auf, welche mittels Beamer auf eine weiße Fläche projiziert wird.	Dreidimensionale Gegenstände können projiziert werden. Der Anschluss an den PC ist möglich.

1 *Aus welchen Gründen ist bei einer Präsentation die visuelle Gestaltung wichtig?*

2 *Welche Auswirkungen hat es, wenn zu viele Hilfsmittel eingesetzt werden?*

3 *Jedes bei einer Präsentation eingesetzte Medium hat Vor- und Nachteile. Wählen Sie zwei Medien aus und beschreiben Sie deren Vor- und Nachteile.*

4 *Mit welchem Medium haben Sie noch wenig oder keine Erfahrung? Lassen Sie sich von einem Experten in der Klasse beraten.*

8.2 Ablauf einer Präsentation

Im Folgenden wird der Ablauf einer Präsentation detailliert dargestellt. Halten Sie sich bei Ihren Übungen daran, dann werden Ihre Präsentationen wirkungsvoll sein. Wenn Sie dann mehr Übung und Erfahrung haben, können Sie dieses Ablaufschema variieren.

1. Begrüßen

Der Anfang prägt!
Das Ende haftet!

Es ist peinlich, wenn schon bei der Begrüßung Fehler unterlaufen. Wählen Sie die richtige Anrede in der richtigen Reihenfolge!
Überlegen Sie genau,

- in welcher Reihenfolge die Personen begrüßt werden müssen (Hierarchie, Titel, Frau/Mann),
- wie die Namen ausgesprochen werden,
- ob Sie duzen oder siezen.

Stellen Sie sich und ggf. auch Ihren **Präsentationspartner** vor, nennen Sie z. B. Name, Berufsausbildung, Betrieb, Aufgabenstellung.

2. Hinführen und Thema nennen

Die Zuhörer sollen aufs Thema eingestimmt und motiviert werden, sich damit zu beschäftigen. Holen Sie die Zuhörer ab, sorgen Sie dafür, dass sie Ihr Thema als für sich wichtig erkennen.
Dann sind sie motiviert. Jetzt kann´s losgehen!

Tipps zur Formulierung:

„Die Erfahrung haben sicher manche von Ihnen auch schon gemacht ..."
„Das Problem kennen Sie sicher auch ..."
„Wer schon einmal ... erlebt hat, weiß ..."
„Immer wieder hören wir, dass ..."
„In der Öffentlichkeit wird oft diskutiert ..."
„Das ist heute mein Thema: ..."
„Damit beschäftigen wir uns jetzt: ..."

3. Übersicht über den Ablauf

Für die Zuhörer ist es wichtig zu wissen, was sie erwartet und worauf sie sich einstellen können. Für die Zuhörer und für Sie als Referierenden ist es hilfreich, wenn die Gliederungspunkte visualisiert sind, z. B. auf einer Folie oder einer Pinnwand.

Tipps zur Formulierung:

„Drei Gesichtspunkte sind mir besonders wichtig: ..."
„Ich habe mein Referat in vier Punkte eingeteilt: ..."
„In drei Schritten erläutere ich ..."
„Meine Präsentation besteht aus 1. ... 2. ... 3. ..."

4. Hauptteil

Die angekündigten Abschnitte werden nun ausgeführt.
Die Zuhörer sind dankbar, wenn Sie ihnen immer wieder helfen, die Orientierung zu behalten und die Zusammenhänge zu erkennen.
Lassen Sie ihnen genügend Zeit, damit sie die Visualisierungen auch betrachten und darüber nachdenken können. Denken Sie daran, dass Ihre Zuhörer die eingesetzten Schaubilder oder Folien noch nicht gesehen haben. Um auf einer Folie oder der Projektionswand etwas zu zeigen, verwenden Sie nicht die Finger, sondern ein Hilfsmittel, z. B. einen Bleistift, einen Zeigestab oder einen Laserpointer.

Tipps zur Formulierung:

„Wir haben also jetzt gesehen, wie ..."
„Jetzt komme ich zum nächsten Punkt ..."
„Besonders wichtig ist, ..."
„Ich sage Ihnen im Folgenden, wie ..."
„Sie haben sicher bemerkt, ..."

5. Schluss: Zusammenfassen und danken

„Das war's." – „Ich bin am Ende." – „Das ist alles." – „Ich bin fertig." Mit solchen Verlegenheitssätzen teilen Sie den Zuhörern mit, wie erleichtert Sie sind, dass Sie nun das Schlimmste überstanden haben. Das ist kein Schluss, der Zuhörer nochmals aufhorchen lässt und ihnen im Gedächtnis bleibt.
Je nach Thema eignet sich ein **Ausblick**, ein **Appell**, eine offene **Frage** oder eine prägnante **Zusammenfassung**. Besonders gut wirkt es, wenn die Gedanken aus der Hinführung wieder aufgegriffen werden!
Achtung: Rennen Sie nicht gleich fort, wenn Sie Ihre Präsentation beendet haben!

Tipps zur Formulierung:

„Wir haben also nun gehört ..."
„In Zukunft werden wir sicherlich ..."
„Noch offen ist die Frage, ob ..."
„Wenn Sie künftig vor die Frage gestellt sind, ob ..."
„Wenn Ihnen also das Thema ... begegnet, wissen Sie nun genau ..."
„Für Ihre Aufmerksamkeit bedanke ich mich."

First tell them, what you are going to tell them, then tell them, and finally tell them, what you've told them.

6. Handout / Flyer

Hilfreich ist es, wenn die Zuhörer eine kurze Zusammenfassung der Grundgedanken oder Ergebnisse der Präsentation erhalten. Ein DIN-A4-Blatt sollte die wichtigsten Fakten wiedergeben. Eine ansprechende Gestaltung trägt dazu bei, dass die Präsentation bei den Zuhörern in guter Erinnerung bleibt. Weisen Sie Ihre Zuhörer am Anfang der Präsentation darauf hin, dass Sie am Ende eine kurze Zusammenfassung austeilen werden. Teilen Sie diese aber erst aus, wenn Sie Ihre Präsentation beendet haben.

1 Wählen Sie aus den folgenden Themen eines aus:
- *a Der Kündigungsschutz in Deutschland*
- *b Ein neues Handy – Gebrauchsgegenstand oder Hightech-Produkt?*
- *c E-Learning – eine neue Form des Lernens*

2 Beschaffen Sie sich die wichtigsten Informationen zu Ihrem Thema. Stellen Sie sich nun eine bestimmte Gruppe vor, der Sie die Informationen weitergeben möchten.

3 Formulieren Sie nun Sätze
- *a zur Begrüßung*
- *b zur Hinführung*
- *c zur Themennennung (auf Folie schreiben) und*
- *d notieren Sie drei Punkte zum Hauptteil (auf Folie schreiben)*
- *e formulieren Sie den Schluss und*
- *f den Dank.*

4 Wählen Sie vier bis fünf Mitschülerinnen/Mitschüler aus, mit denen Sie sich gut verstehen. Tragen Sie nun Ihre Kurzpräsentation vor, evtl. in einem anderen Raum. Lassen Sie sich anschließend von Ihren Zuhörern ein Feedback (s. S. 43) geben.

„Sprich, damit ich dich sehe."
Sokrates

8.3 Mit der Aufregung umgehen

Sie haben nun alles gut vorbereitet. Jetzt steht Ihr Auftritt bevor. Die Nervosität steigt, vielleicht machen sich Angstgefühle oder Übelkeit bemerkbar, das Gedächtnis droht auszusetzen. Die tieferen **Ursachen der Aufregung** liegen

- in der seelischen Verfassung vor dem „großen Auftritt" und
- in der Chemie unseres Körpers.

Die Angst alles zu vergessen, sich zu blamieren und vor aller Augen zu versagen, löst Alarm im Körper aus. Er produziert große Mengen Adrenalin. Jeder hat das bei sich selbst erlebt und bei anderen beobachtet: Die Hände schwitzen, das Herz klopft, der Mund wird trocken, man bekommt „weiche Knie", ist „wie gelähmt". Jetzt kontrolliert die Angst den Menschen, er beginnt zu stottern, hat einen Blackout und verliert den Faden. Die Muskulatur verkrampft sich, manche reden zu schnell, als wollten sie möglichst bald fertig werden und wieder an ihren Platz verschwinden. Andere zappeln herum oder halten sich verkrampft am Tisch fest.

Die Aufregung ist ganz normal. Fast jeder erlebt sie. Der Körper reagiert auf die ungewohnte Situation. Dagegen können wir nichts machen, wir können die Reaktionen nicht wegreden, sondern müssen sie akzeptieren. Aber durch gute Vorbereitung und häufiges Üben können wir uns weiterentwickeln und lernen, mit dem Lampenfieber zurechtzukommen.

Gehen Sie davon aus, dass die Zuhörer Ihnen wohlgesonnen sind und aufmerksam und neugierig auf Ihre Präsentation warten.

Sprache und Körpersprache

Kleidung, Stimme, Ausdrucksweise, Körpersprache spielen eine wichtige Rolle beim Auftreten vor einer Gruppe. **Kleiden** Sie sich der Situation entsprechend, lassen Sie sich von jemandem beraten, der sich auskennt. **Sprechen** Sie in angemessener Lautstärke, langsam und deutlich, testen Sie vorher, wie Ihre Stimme im Raum klingt. Achten Sie auf Ihre **Haltung:** Stellen Sie sich frei in den Raum, sodass Sie sowohl guten Blickkontakt zu den Zuhörern haben als auch alle Medien gut bedienen können. Lassen Sie die Arme hängen, stehen Sie gut und fest mit beiden Füßen auf dem Boden. Das ist Ihre Ausgangsstellung. So können Ihre Hände in Aktion treten, z. B. wenn Sie etwas Wichtiges zu sagen haben und es „mit Händen und Füßen" betonen wollen.

Tipp

Tipps für den Umgang mit „Lampenfieber"

Die folgenden Tipps können Ihnen helfen, das Lampenfieber zu überwinden:

- viel laut lesen und die eigene Stimme kennenlernen
- Zuhörer nicht als Gegner, sondern als neugierige Freunde betrachten
- Kontakt zu den Zuhörern halten und ihnen etwas mitteilen wollen: „Ich will euch etwas Interessantes berichten!"
- Blick auf eine wohlwollende Person richten
- kurze Sprechpausen machen
- Erinnerung an Erfolgserlebnisse pflegen (Angstfantasien umpolen)
- Ziele realistisch stecken (kein Perfektionismus!)
- Hilfsmittel für die Visualisierung vorbereiten (Kärtchen, Plakate, Folien)
- bewusst, ruhig und tief ausatmen
- lockerer, guter Stand auf beiden Füßen: „Hier stehe ich gut!"
- Selbstsuggestion: „Ich muss reden. Ich will reden. Ich kann reden."

8.4 Folien gestalten

Bei Präsentationen in Schule und Betrieb werden häufig Folien eingesetzt. Wenn wenig Zeit zur Verfügung steht, werden sie handschriftlich angefertigt.

Folien handschriftlich gestalten

1 *Welche Mängel sind Ihnen bei den Folien anderer schon aufgefallen?*

2 *Bewerten Sie die nebenstehende Folie. Was halten Sie für gelungen? Welche formalen Mittel werden eingesetzt?*

3 *Welche Farben eignen sich Ihrer Meinung nach für die Schrift auf der Folie?*

4 *Entwerfen Sie eine Folie auf einem Blatt Papier zum Thema „Ausbildungsvertrag“ oder zu einem aktuellen Thema aus Gemeinschafts- oder Wirtschaftskunde.*

5 *Vergleichen Sie Ihren Entwurf mit dem einer Mitschülerin / eines Mitschülers. Geben Sie sich gegenseitig Tipps zur Verbesserung.*

Bedeutung des Handys für Jugendliche

Verbreitung:
- 12–19-Jährige: 99 %

Wichtigste Nutzung:
- simsen
- telefonieren
- im Internet surfen
- fotografieren
- MMS

Vertragsarten:
- Jüngere vorzugsweise Prepaidkarten
- Ältere vermehrt Zwei-Jahres-Vertrag

Kosten:
- Höhe der Kosten steigt mit zunehmendem Alter
- Kostenfallen:
  - ungewollte Abos
  - Herunterladen aus dem Internet
  - Gespräche aus dem Ausland

Folien mit dem Computer erstellen

Textverarbeitungsprogramme ermöglichen den Benutzern eine Vielfalt an Gestaltungsmitteln für Folien.

Zeichen...
Aufzählungen und Nummerierung...
Ausrichtung
Zeilenabstand...
Groß-/Kleinschreibung...
Schriftarten ersetzen...
Folienlayout...
Folien-Farbskala...
Hintergrund...
Entwurfsvorlage übernehmen...
Farben und Linien...
Platzhalter...

6 *Welche der links abgebildeten Schaltflächen haben Sie schon häufig benutzt? Welche sind Ihnen nicht bekannt?*

7 *Welche grafischen Gestaltungsmittel können Sie zudem noch einsetzen (s. unter „Einfügen“ Menü „Grafik“ bzw. untere Menüleiste des Textverarbeitungsdokuments).*

8 *Welche Möglichkeiten der Textgestaltung halten Sie für besonders wichtig? Welche halten Sie für überflüssig?*

8.5 Präsentationen mit dem PC erstellen

Mithilfe moderner Software kann man anschauliche Präsentationen erstellen.

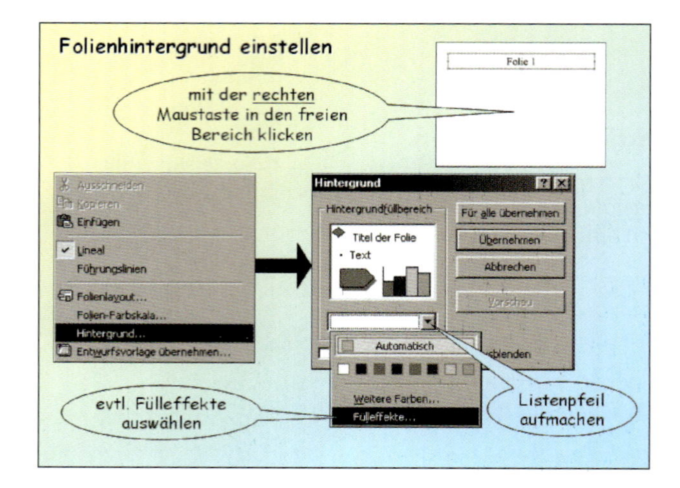

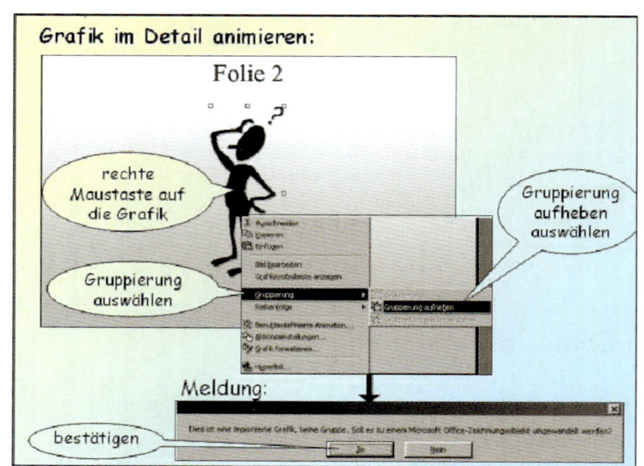

1 *Diese beiden – hier verkleinerten – Folien sind Teile einer Präsentation, die zur Arbeit mit einem Präsentationsprogramm anleitet. Beurteilen Sie die beiden Folien nach folgenden Kriterien: Seiten-Layout (Verteilung der Elemente Bild / Grafik / Text auf der Seite); Lesbarkeit der Schriften (Zweckmäßigkeit der Schriftarten, Schriftgrößen, Hervorhebungen); Verständlichkeit der Texte; Aussagekraft der Bilder, Zweckmäßigkeit der Grafik; Wirkung der Farben. Legen Sie dazu eine Tabelle nach dem Muster an:*

Kriterien	Folie 1	Folie 2

Tragen Sie die Kriterien in die erste Spalte, die Bewertungen von ++ bis – – in die zweite und dritte Spalte (zur Erläuterung der Stufungen s. Bewertungsbogen S. 42 unten).

2 *Bilden Sie Gruppen zu drei bis vier Schülerinnen / Schülern und überlegen Sie, wie diese Folien verbessert werden können. Überlegen Sie dabei auch, in welcher Weise Animationen die Gestaltung optimieren könnten.*

3 *Gestalten Sie zu Hause oder im Computerraum Ihrer Schule die Folien neu.*

8.6 Plakate gestalten

Ein Plakat ist in Schule, Ausbildung und Betrieb bei der Präsentation von Gruppen- und Projektarbeiten ein sehr beliebtes Medium. Die folgenden Hinweise helfen Ihnen, Plakate so zu gestalten, dass sie „plakativ" sind, d.h. die Aufmerksamkeit der Betrachter auf sich ziehen und Ihnen selbst die Präsentation erleichtern.

1 Welche Vorteile hat ein Plakat bei einer Präsentation?

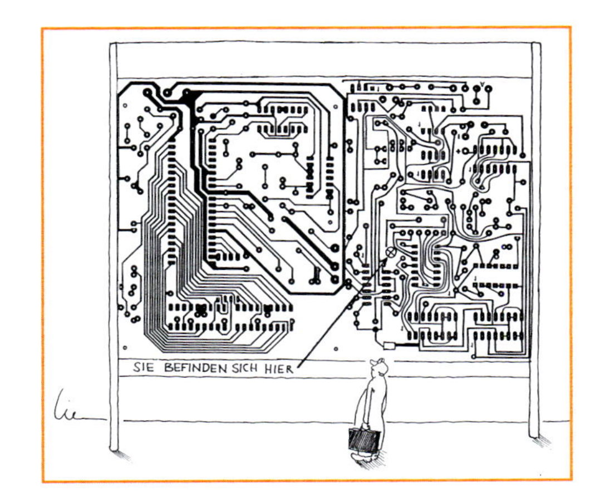

Vorüberlegungen für ein Plakat:

Wenn Sie zu einem Projekt/Referat ein Plakat gestalten wollen:
- Entscheiden Sie, was Sie auf dem Plakat darstellen wollen.
- Entwerfen Sie das Plakat im „Kleinformat".
- Fassen Sie die Elemente, die Sie präsentieren wollen, in Sinnblöcken zusammen.
- Skizzieren Sie die Sinnblöcke auf Kärtchen.
- Verschieben Sie die Kärtchen so lange, bis Sie eine gute Anordnung und optimale Platzausnutzung gefunden haben.
- Ordnen Sie die Sinnblöcke in der üblichen Leserichtung. Das hilft Ihnen bei der Präsentation und erleichtert dem Betrachter die Orientierung.
- Verdeutlichen Sie die Zusammenhänge durch Linien, Pfeile, Farben.

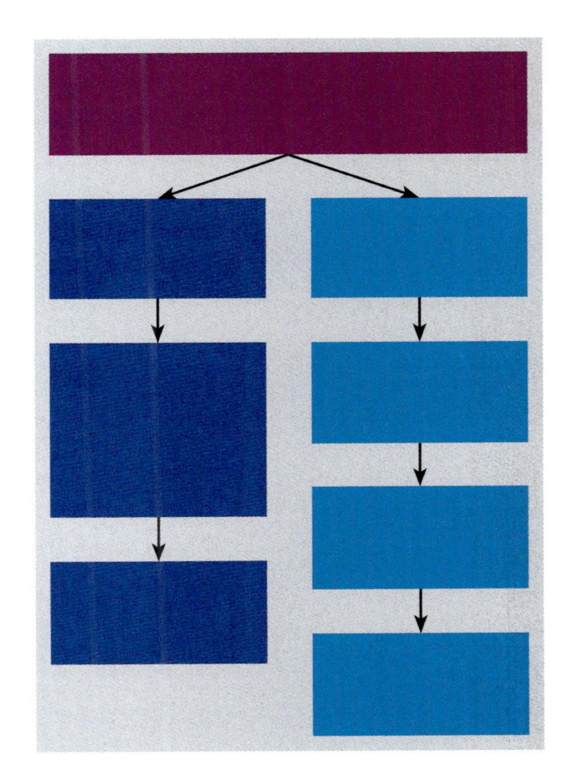

Ausarbeitung des Plakats:

- Wählen Sie das Plakat möglichst groß (z.B. Größe einer Metaplan-Tafel).
- Übertragen Sie Ihr Konzept auf das Papier.
- Zeichnen Sie die visuellen Elemente in angemessener Größe auf einzelne Blätter. Kleben Sie diese dann entsprechend Ihrer Planung auf das Plakat.
- Schreiben Sie mit Filzstiften mit schräger Kante auf Hilfslinien in Druckschrift mit Groß- und Kleinbuchstaben. Üben Sie vorher die richtige Technik.
- Wählen Sie eine angemessene Schriftgröße, z.B. für Überschriften ca. 30 mm, für Text ca. 10–15 mm.
- Überprüfen Sie in Ihrem Konzept die korrekte Rechtschreibung. Rechtschreibfehler sind peinlich und lenken bei der Präsentation ab.
- Schreiben Sie nur Stichwörter oder Halbsätze, keine langen Sätze.
- Verwenden Sie nur wenige Farben, schreiben Sie Zusammengehöriges in derselben Farbe.

2 Entwerfen Sie anhand der Informationen auf dieser Seite in Einzelarbeit ein Plakat mit dem Thema: „Wirksame Plakatgestaltung".

3 Bilden Sie Gruppen und vergleichen Sie Ihre Entwürfe.

4 Gestalten Sie in Ihrer Gruppe ein Plakat und präsentieren Sie es in Ihrer Klasse.

8.7 Präsentationen bewerten

Im Anschluss an eine Präsentation sind sich die Zuhörerinnen und Zuhörer schnell einig darüber, ob sie interessant war oder nicht ansprechend. Nicht so einfach ist es, zu sagen, was besonders gut gelungen ist und warum anderes eher langweilig wirkte. Das zu erfahren, ist aber für den Präsentierenden besonders wichtig. Für jeden, der das Präsentieren lernt, ist eine Rückmeldung in Form eines Feedbacks oder einer Beurteilung eine wertvolle Hilfe. Nur so erfährt man die Schwachstellen und erkennt Verbesserungsmöglichkeiten.
Bei Präsentationen in der Klasse können die Bewertungen durch die Mitschülerinnen und Mitschüler neben der Bewertung durch die Lehrerin/den Lehrer in die Note eingehen.

1 *Lesen Sie den abgedruckten Bewertungsbogen für eine Präsentation kritisch durch.*

2 *Prüfen Sie in der Gruppe, ob alle wichtigen Kriterien für die Bewertung einer Präsentation berücksichtigt sind.*

3 *Erscheinen Ihnen die Bewertungsstufen angemessen? Welche Verbesserungen schlagen Sie vor?*

4 *Einigen Sie sich in der Klasse auf einen Beurteilungsbogen für Präsentationen. Erstellen Sie einen solchen Bogen als Kopiervorlage und teilen Sie ihn aus.*

5 *Beurteilen Sie zur Übung eine Präsentation einer Mitschülerin/eines Mitschülers.*

6 *Vergleichen Sie Ihre Bewertung mit der Ihrer Mitschülerinnen und Mitschüler.*

Bewertung der Präsentation

Name: Datum:
Thema:

	Kriterien: Bewertungsstufen:	++	+	–	– –
1	**Inhalt**				
	Inhalt sachlich richtig	O	O	O	O
	Veranschaulichung durch Beispiele, Vergleiche, Zahlen	O	O	O	O
	Information vollständig	O	O	O	O
	Information auf das Wesentliche begrenzt	O	O	O	O
	Fachkompetenz vorhanden	O	O	O	O
2	**Aufbau**				
	Einleitung vorhanden und zweckmäßig	O	O	O	O
	Hauptteil sachlogisch gegliedert	O	O	O	O
	Schluss (z. B. als Zusammenfassung)	O	O	O	O
3	**Medieneinsatz**				
	ausreichender Medieneinsatz	O	O	O	O
	sinnvolle Abwechslung der Medien	O	O	O	O
	Medien ansprechend und übersichtlich	O	O	O	O
	Folien lesbar	O	O	O	O
4	**Sprache**				
	Sprache deutlich und angemessen laut	O	O	O	O
	stimmliche Modulation	O	O	O	O
	weitgehend freies Sprechen	O	O	O	O
	zweckmäßige Pausen vorhanden	O	O	O	O
5	**Auftreten**				
	Auftreten natürlich und sicher	O	O	O	O
	Blickkontakt mit den Zuhörern	O	O	O	O
	Umgangston (höflich – unhöflich)	O	O	O	O
6	**bei Gruppenpräsentationen**				
	Sind die Übergänge gut aufeinander abgestimmt?	O	O	O	O
	Sind die Teilbereiche angemessen auf die Gruppenmitglieder verteilt?	O	O	O	O
7	**Sonstige Kriterien**				
	____________________	O	O	O	O
	____________________	O	O	O	O

Stufung: ++ ⇒ sehr gute Leistung; + ⇒ gute Leistung;
– ⇒ Mindestanforderung; – – ⇒ ungenügende Leistung

Diesen Vorschlag für eine Bewertung finden Sie auch unter BuchPlusWeb.

8.8 Feedback geben und entgegennehmen

Was ist ein Feedback?

Ein Feedback ist eine Mitteilung an eine andere Person darüber,

- wie ich sie wahrnehme,
- wie ich sie verstanden habe,
- welche Gefühle, Gedanken und Ideen ihr Verhalten in mir auslöst.

Ein Feedbach ist immer subjektiv!

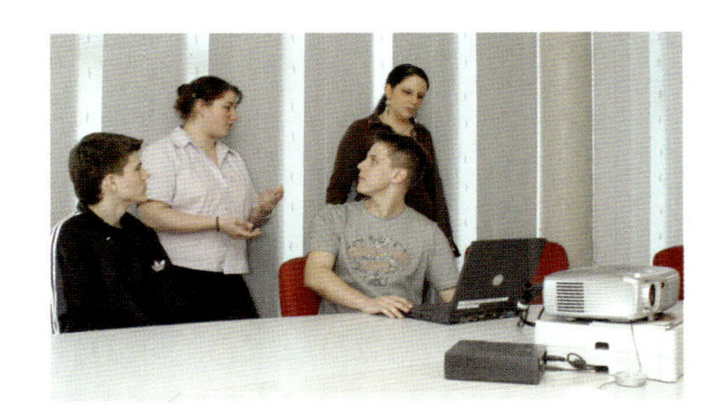

Regeln für das Geben von Feedback

- Geben Sie ein Feedback zeitnah, d. h. so bald wie möglich.
- Sagen Sie klar und konkret, auf welches Verhalten Sie sich beziehen.
- Beschreiben Sie Ihre Gefühle und Ihre Wahrnehmung.
- Verwenden Sie Ich-Aussagen (s. S. 54).
- Nennen Sie zuerst, was Ihnen gefällt bzw. gefallen hat: „Gut fand ich ..."
- Führen Sie erst dann die kritischen Gesichtspunkte an: „Verbesserungsmöglichkeiten sehe ich ..."

Ein Feedback sollte vom Gegenüber gewünscht sein. Allerdings gibt es im Berufsleben auch das Feedbackgespräch, in dem der Vorgesetzte seinen Eindruck von der Arbeit und dem Verhalten des Mitarbeiters formuliert, z. B. im Jahresgespräch.

Regeln für das Empfangen von Feedback

- Hören Sie aufmerksam zu.
- Legen Sie ggf. eine Pause ein.
- Fragen Sie nach, wenn Ihnen etwas unklar ist.
- Entschuldigen, erklären oder verteidigen Sie sich nicht.
- Denken Sie nach, entscheiden Sie, ob Sie künftig etwas verändern wollen.
- Wenn Sie ein gutes, d. h. qualifiziertes Feedback bekommen, können Sie sich beim Gegenüber bedanken. Ihr Gesprächspartner hat sich ja Mühe gegeben, um ehrlich und gerecht zu sein.

Sie brauchen sich nicht zu verteidigen, wenn Sie die Gefühle oder Wahrnehmungen Ihres Gesprächspartners nicht teilen. Nur Sie entscheiden, was Sie davon für sich und Ihre Weiterentwicklung verwenden bzw. berücksichtigen wollen.

1 Wann haben Sie ein Feedback gegeben oder entgegengenommen? Welche Gefühle hatten Sie dabei?

2 Bilden Sie Gruppen zu vier Schülerinnen / Schülern. Suchen Sie die wichtigsten Regeln für das Geben von Feedback heraus und gestalten Sie ein anschauliches Plakat (s. S. 41).

3 Stellen Sie die Plakate in der Klasse vor. Wählen Sie (z. B. durch eine Einpunktfrage, s. S. 198) das beste Plakat aus und hängen Sie es in der Klasse aus. Geben Sie sich gegenseitig ein Feedback.

Tipp

Achten Sie gemeinsam darauf, dass die Feedbackregeln konsequent eingehalten werden, wenn jemand etwas vor der Klasse präsentiert und ein Feedback gegeben wird.

Teil 1

1

Sprachkompetenz im Beruf

Es gibt keinen Ausbildungsberuf, der nicht neben dem fachlichen Wissen und Können (Fachkompetenz) auch die Fähigkeit zum richtigen Sprachgebrauch (Sprachkompetenz) verlangt. In Stellenanzeigen werden Eigenschaften wie gutes Ausdrucksvermögen, Sprachgewandtheit und gute Deutschkenntnisse oft in einem Atemzug genannt mit Fachwissen, Selbstständigkeit und fachlichem Können.

Der berufliche Alltag bringt ständig Situationen mit sich, in denen eine Mitarbeiterin/ein Mitarbeiter nicht nur fachlich, sondern auch sprachlich gefordert ist. Man muss sich mit Kolleginnen und Kollegen, mit Vorgesetzten und Kundinnen und Kunden sprachlich verständigen. Mit der Sprache werden Informationen erfasst oder eigene Texte gestaltet. Sie ist aber auch ein Mittel, sich gegenüber anderen zu behaupten und Konflikte zu lösen.

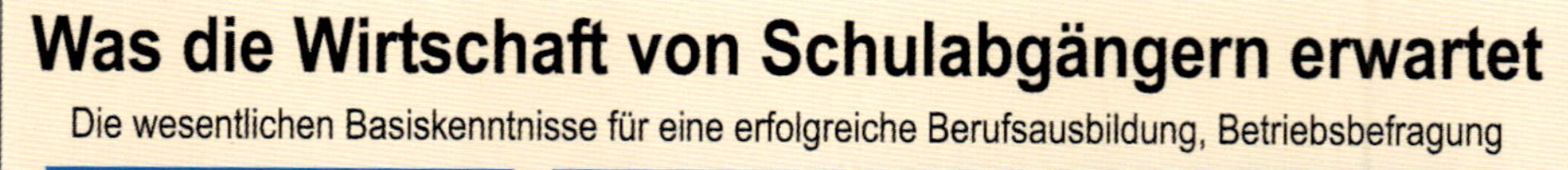

Was die Wirtschaft von Schulabgängern erwartet

Die wesentlichen Basiskenntnisse für eine erfolgreiche Berufsausbildung, Betriebsbefragung

Fachliche Kompetenzen	Soziale Kompetenzen	Persönliche Kompetenzen
91% *Beherrschen der Grundqualifikationen Lesen, Schreiben, Rechnen*	**87%** *Teamfähigkeit*	**94%** *Zuverlässigkeit*
68% *Gutes Allgemeinwissen*	**78%** *Höflichkeit – Freundlichkeit*	**85%** *Leistungsbereitschaft*
29% *Beherrschen der Fremdsprache Englisch*	**48%** *Kritikfähigkeit*	**75%** *Verantwortungsbewusstsein*
29% *Wirtschaftliche Kenntnisse*	**40%** *Konfliktfähigkeit*	**65%** *Selbständigkeit*
17% *Naturwissenschaften*		**60%** *Ausdauer - Belastbarkeit*
9% *Medienkompetenz*		

Mehrfachnennungen, Angaben gerundet

Quelle: DIHK

imu 113 0711

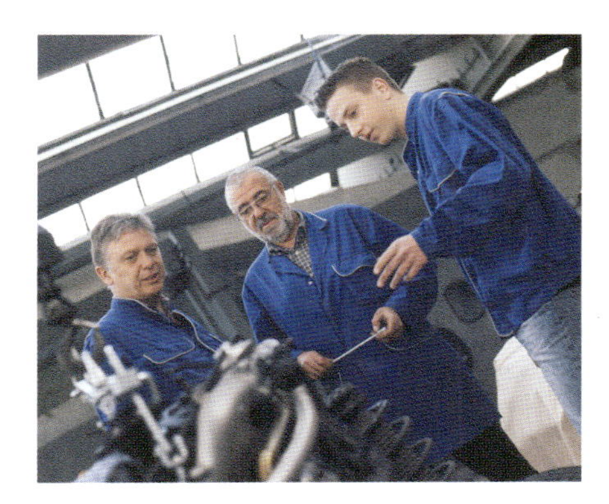

1 *Zählen Sie Situationen aus Ihrem beruflichen Alltag auf, in denen Sie Sprache in mündlicher oder schriftlicher Form gebrauchen.*

2 *Erörtern Sie, warum ein „flinkes Mundwerk" oft Eindruck macht, aber noch keine Garantie für berufliche Erfolge ist.*

3 *Bei der sprachlichen Verständigung im Beruf werden vorwiegend drei Absichten verfolgt:*
- *andere informieren*
- *eigene Interessen vertreten*
- *Meinungen oder Urteile äußern*

Ordnen Sie die folgenden Situationen diesen drei Absichten zu. (Wo sich zwei Absichten überschneiden, entscheiden Sie nach dem Schwerpunkt.)

a *Bitte um unbezahlten Urlaub*
b *Wochenbericht*
c *Verkaufsgespräch*
d *Arbeitsunterweisung*
e *Bitte um Gehaltserhöhung*
f *eine Beschwerde vortragen*
g *persönliche Vorstellung*
h *Anordnungen geben*
i *Auskunft geben*
j *Unfallbericht*
k *Vorstellungsgespräch*
l *Reklamation (Mängelrüge)*
m *Stellung nehmen*
n *Beratung eines Kunden*
o *Verbesserungsvorschlag*
p *Präsentation eines Produkts*
q *für eine Dienstleistung werben*
r *ein Problem erörtern*
s *mit jemandem verhandeln*
t *eine Entscheidung begründen*

4 *Geben Sie bei den einzelnen Situationen an, ob sie überwiegend mündlich (m) oder schriftlich (s) zu bewältigen sind. Was lässt sich an dem Ergebnis erkennen?*

5 *In welchen Beziehungen stehen die Teilnehmer dieser beruflichen Sprachsituationen?*

6 *Sind Sie persönlich mit Ihren sprachlichen Fähigkeiten zufrieden? Wo liegen Ihre sprachlichen Stärken? Worin möchten Sie sich noch verbessern?*

7 *Welche Erwartungen haben Sie an den Deutschunterricht in einer Berufsschule?*

2 Kommunikation verstehen

Der Mensch ist ein soziales Wesen und auf die Verständigung mit anderen angewiesen. Wer wenig soziale Kontakte hat, verarmt nicht nur seelisch und geistig, sondern auch sprachlich. Im Zusammenleben und bei der Arbeit tauschen wir Informationen aus, äußern Wünsche, fordern etwas, ermahnen jemanden, werden gelobt und getadelt. Wir nutzen dabei unterschiedlichste Kommunikationsmittel: Sprechen, Schreiben, Zeichnen, Mimik, Gestik. Meistens gelingen diese alltäglichen Kommunikationsprozesse ganz reibungslos und selbstverständlich. Erst wenn Missverständnisse auftreten oder Konflikte zu lösen sind, denken wir über unser Sprachverhalten nach.

Im Beruf ist ein professioneller Sprachgebrauch wichtig: Kolleginnen und Kollegen sind schnell verärgert, wenn Auszubildende sich nicht präzise in der Fachsprache ausdrücken. Einen Kunden hat man schnell verloren, wenn man nicht die richtigen Worte findet.

1 *Sammeln Sie in Kleingruppen Gründe dafür, dass die Verständigung im Alltag normalerweise recht gut funktioniert.*

2 *Tauschen Sie sich über Situationen aus Ihrem privaten oder beruflichen Alltag aus, in denen Schwierigkeiten in der Kommunikation aufgetreten sind.*

3 *Wählen Sie eine besonders typische Situation aus und spielen Sie sie nach. Überlegen Sie gemeinsam, wie diese Situation besser bewältigt werden könnte.*

2.1 Einfache Kommunikationsmodelle

Um zu verstehen, wie Kommunikationsprozesse ablaufen, werden sie in Modellen abgebildet. Hier ein einfaches Beispiel:

Nachricht

Sender → Medium → Empfänger

4 *Inwiefern kann das Modell auf die Kommunikation per E-Mail, Fax, Telefon und Brief angewandt werden? Fertigen Sie jeweils eine Skizze an.*

5 *Wo können bei diesem einfachen Verständigungsprozess dennoch Probleme auftreten? Unterscheiden Sie sprachliche Verständigungsprobleme und technische Probleme.*

Wenn Sie mit jemandem sprechen, verfolgen Sie damit in der Regel eine bestimmte Absicht (Intention). Sie wollen z. B. Ihren Gesprächspartner über einen Sachverhalt informieren (eine Sache darstellen), Ihre persönliche Meinung ausdrücken oder ihn zu etwas auffordern (an ihn appellieren). Das im Modell darzustellen, ist etwas schwieriger:

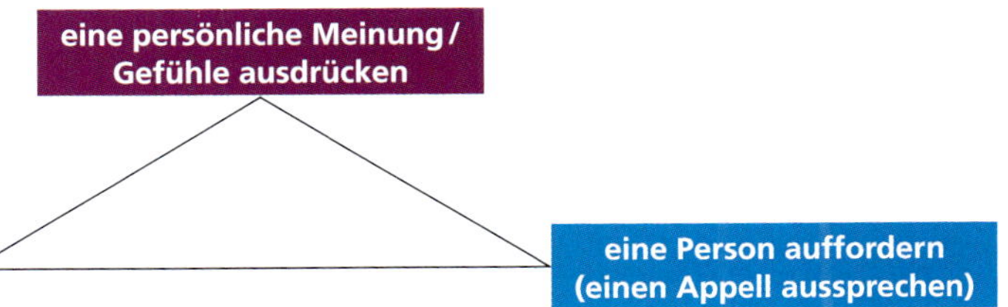

Eigene Darstellung nach Karl Bühler (1879–1963)

6 *Welche Absichten verfolgt Tom, wenn er folgende Äußerungen macht:*
- **a** *Saskia, gib mir meinen Kuli wieder!*
- **b** *Ferid, morgen schreiben wir eine Mathearbeit.*
- **c** *Wenn ich daran denke, wird mir schon schlecht.*
- **d** *Meine Mutter hat morgen auch Geburtstag.*
- **e** *Die Entertaste an meinem PC ist kaputt.*
- **f** *Du kennst dich da besser aus als ich.*

Sachebene und Beziehungsebene

„Hast du mal ein Blatt Papier für mich?", fragt Kim ihre Mitschülerin Sonja. „Geht's noch?", antwortet diese und wirft Kim einen ärgerlichen Blick zu. Da erst wird Kim bewusst, dass sie sich schon mehrfach darauf verlassen hat, dass Sonja sie mit Papier versorgt. „Ich werd morgen einen neuen Block mitbringen, hab ja schon oft geschnorrt", antwortet sie und lächelt freundlich. „Na denn!", sagt Sonja und schiebt ihr zwei Blätter zu.

Unsere Kommunikation wird nicht nur von der Sache, sondern sehr stark von Gefühlen beeinflusst: Ärger, Wut, Freude, Enttäuschung, Traurigkeit, Hoffnung und Sorge, Minderwertigkeits- und Großartigkeitsgefühle spielen hierbei ein Rolle. Oft sind sie uns gar nicht bewusst. Im „Eisberg-Modell" wird dies verdeutlicht: Bei einem Eisberg liegen fast 90 Prozent unter der Wasseroberfläche und bleiben dem Betrachter verborgen.

Eisbergmodell der Kommunikation

Sachebene
Daten, Fakten, Sachverhalte, Zahlen, Beschreibungen, Berichte

Gefühls- und Beziehungsebene
Erfahrungen, Gefühle, Wünsche, Werteinstellungen, Verhältnis von Sender und Empfänger

Sigmund Freud hat das Verhältnis von bewussten zu unbewussten Vorgängen mit einem Eisberg verglichen: Dessen sichtbarer Teil umfasst nur circa ein Siebtel der Gesamtmasse. Der größere Teil ist unter der Wasseroberfläche verborgen.

7 *Die Gefühle spielen eine große Rolle, doch fällt es vielen Menschen schwer, sie auszudrücken. Formulieren Sie die Gefühle, die Kim und Sonja in dem Beispiel auf S. 47 bewegt haben.*

8 *Wann fällt es Ihnen selbst besonders schwer, über Ihre eigenen Gefühle zu sprechen?*

2.2 Mündliche und schriftliche Kommunikation

Sprechen und Schreiben sind die am häufigsten angewandten Kommunikationsformen. Jede hat Vor- und Nachteile.

1 *Bilden Sie Kleingruppen. Legen Sie eine Tabelle an und sammeln Sie vorteilhafte und nachteilige Merkmale schriftlicher und mündlicher Kommunikation:*

	Mündliche Kommunikation	Schriftliche Kommunikation
Vorteilhaft	Muster	
Nachteilig		

2 *Stellen Sie Situationen im Betrieb zusammen, in denen mündlich bzw. schriftlich kommuniziert wird. Welche Situationen können Sie gut bewältigen, welche nicht?*
Welche Fähigkeiten brauchen Sie, um diese Situationen gut bewältigen zu können?
Welche Kenntnisse und Fähigkeiten möchten Sie noch verbessern?
Stellen Sie Ihre Ergebnisse in einer Mindmap zusammen (Mindmap, siehe unten und S. 15 f.).

3 *„Wir bedauern sehr, dass Sie Ihren Handyvertrag kündigen möchten. Bitte beachten Sie, dass wir nur schriftliche und von Ihnen eigenhändig unterschriebene Kündigungen akzeptieren." Diesen Satz haben einige von Ihnen bereits mündlich oder schriftlich mitgeteilt bekommen. Entwerfen Sie das geforderte Kündigungsschreiben. Beachten Sie dabei die Regeln des Geschäftsbriefes (S. 139 f.). Lassen Sie zwei Mitschülerinnen oder Mitschüler Ihren Brief gegenlesen und auf Fehler und Ungenauigkeiten prüfen.*

4 *Notieren Sie, in welchen Lebenssituationen die schriftliche Form unerlässlich ist.*

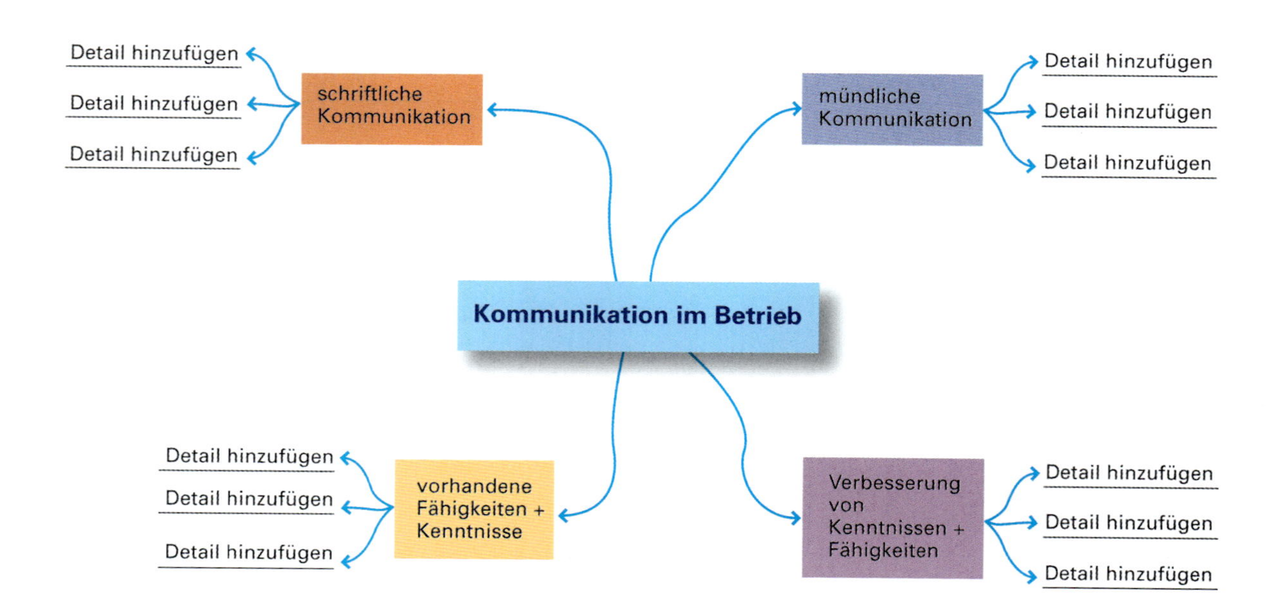

2.3 Sprachebenen

Nachdem Sie einen Kunden so wie in der Abbildung begrüßt haben, bittet der Ausbilder Sie zu sich und mahnt Sie: „So kannst du mit deinem Kumpel sprechen, aber nicht mit einem Kunden!“

Hee! Sie dao, da vorne könne se noa sitze, de Chef kummt glei!

1 *Spielen Sie die Situation nach. Erläutern Sie dann, was der Ausbilder meint, und entwerfen Sie eine Formulierung, die er akzeptieren würde.*

Zu Hause beim Abendessen, in der Disko, im Betrieb, bei der Verwandtschaft, im Kaufhaus – überall nutzen wir die Sprache, um uns verständlich zu machen.

Doch der Sprachstil, den wir verwenden, muss der jeweiligen Situation angemessen sein. Folgende Sprachebenen können wir unterscheiden:

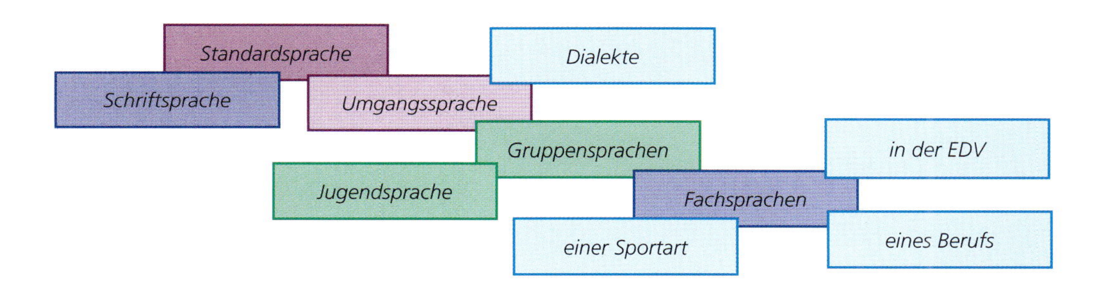

2 *Ordnen Sie jeder der angeführten Sprechsituationen die Sprachebene zu, die Sie für angemessen halten. Diskutieren Sie verschiedene Vorschläge Ihrer Mitschülerinnen und Mitschüler.*
- **a** *Ein Telefonat mit einem Gesprächspartner aus Hamburg führen.*
- **b** *Mit einem Kunden einen Besuchstermin absprechen.*
- **c** *Sich bei der Mutter dafür bedanken, dass sie die Lieblingshose bereits gewaschen hat.*
- **d** *Beim Ausbildungsleiter um einen Tag Sonderurlaub bitten.*
- **e** *Mit Freunden über einen Fernsehfilm reden.*
- **f** *Mit der Kollegin oder dem Kollegen über ein Problem bei der Arbeit sprechen.*
- **g** *Die Beschwerde eines Kunden oder Zulieferbetriebes entgegennehmen.*

3 *In welcher dieser Sprechsituationen würde es Ihnen schwerfallen, sich zu äußern? Proben Sie diese in der Klasse als Rollenspiele und nehmen Sie sie auf (Handy / Video). Vergleichen Sie das Gesprächsverhalten, die Ausdrucksweise und ihre Wirkung.*

4 *Reflektieren Sie Ihr eigenes Sprachverhalten. Welche verschiedenen Sprachebenen beherrschen Sie? In welchen Situationen verwenden Sie welche Sprachebene?*

5 *Welche Vor- und Nachteile der unterschiedlichen Sprachebenen sehen Sie?*

6 *Lesen und vergleichen Sie die Beispiele (S. 50) und bestimmen Sie die Sprachebenen. Zu welchen Sprechsituationen passen sie?*

Beispiel 1

Beispiel 2

CARRERA All-Terrain-Bike

Rahmen
- ATB ROLAN Fullsuspension 11/8"
- SUNTOUR SF-XCM mit Dämpfer-Einstellung und Lock-Out-Federgabel
- Alu-Downhill-Lenker mit verstellbarer Neigung und Barends

27-Gang-Kettenschaltung
- SHIMANO® DEORE LX Schaltwerk
- SHIMANO® DEORE Rapid Fire-Schalteinheit
- SHIMANO® DEORE Umwerfer

Bremsen
- RST-Scheibenbremsen vorne und hinten

Felgen
- Alu-Hohlkammerfelgen mit Reflexstreifen und KENDA-Bereifung

Nabe
- Alu-Naben mit Schnellspann-verschlüssen

Sattel
- WITTKOP Gel-Sattel mit Patent-Sattelstütze

Sicherheitsausstattung / Zubehör
- Halogen-Scheinwerfer
- Dioden-Rücklicht mit Standlicht-Funktion
- Dynamo mit Easy-Clip
- Kunststoff-Steck-Schutzbleche
- Hinterbau-Fahrradständer

2 Jahre Herstellergarantie inklusive kostenloser Hotline und Vor-Ort-Reparatur-Service

Beispiel 3

Helmut Pfisterer (* 1931)

gfällsch mr hald

gfällsch mr hald
di ko mr au no seah
wammr de mid de brill aguggd

gfällsch mr hald
du kosch de au no seah lao
wanns nachd wurd

Schwäbische Mundart

Pfisterer, Weltsprache Schwäbisch

Harald Hurst (* 1945)

flirt

sie guckt
ob i guck
aber i guck net

i guck
ob sie guckt
aber sie guckt net

aber irgendwie
haber mer
uns gucke g 'seh

Karlsruher Mundart

Hurst, Freitagnachmiddagfeierabend

7 *Suchen Sie andere Beispiele für verschiedene Sprachebenen. Stellen Sie diese in der Klasse vor und besprechen Sie die Vor- und Nachteile der jeweiligen Sprachebene.*

2.4 Nonverbale Formen der Kommunikation

Wenn wir von Kommunikation reden, denken wir vor allem an die Sprache: telefonieren, Briefe oder E-Mails schreiben, chatten, am Kaffeetisch plaudern. Die Sprache ist unser wichtigstes Verständigungsmittel. Doch auch ohne Worte können wir Informationen weitergeben bzw. verstehen.

Formen der nonverbalen Kommunikation sind:

- Mimik
- Gestik
- Körpersprache
- Zeichen
- Symbole
- Zeichnungen

1 Beschreiben Sie, welche Informationen die einzelnen Formen der nonverbalen Kommunikation vermitteln können.

2 In welchen Situationen können die verschiedenen Formen angemessen und erfolgreich eingesetzt werden?

3 Wählen Sie einen alltäglichen Vorgang und stellen Sie ihn zusammen mit einer Mitschülerin / einem Mitschüler ohne Worte dar (Pantomime). Einige Beispiele: die Verabredung zum gemeinsamen Mittagessen; die Bitte, beim Sitznachbarn etwas abschreiben zu dürfen; den Wunsch an den Lehrer, er möge seine Erklärung nochmals wiederholen; die Kritik, dass der Salat viel zu viel Essig enthält und nicht essbar ist.

4 Gehörlose Menschen möchten auch am sozialen Leben teilnehmen. Machen Sie sich im Internet über die Gebärdensprache kundig. Üben Sie eine Szene ein, z. B. „Beim Frühstück", „Beim Fußballspiel" oder „Beim Friseur", und stellen Sie die Szene der Klasse vor. Worin sehen Sie die Stärken und Schwächen dieser Form der Verständigung?

2.4.1 Mimik

Gesichter sprechen Bände. Unsere Empfindungen spiegeln sich in unserem Gesicht: Ein großer Teil unserer Kommunikation funktioniert über unseren Gesichtsausdruck: Hochgezogene Augenbrauen zum Beispiel bringen erhöhte Aufmerksamkeit zum Ausdruck. Jemand, der mit traurigem Gesicht durch die Gegend schleicht, erzeugt keine Begeisterung, wer dagegen viel lacht, hat eine positive Ausstrahlung. Wer andere keines Blickes würdigt, wird schnell als überheblich eingeschätzt. Ein offener Blick trägt zur Überzeugungskraft bei. Doch Vorsicht: Wer sein Gegenüber zu lange und zu intensiv fixiert, wird schnell als bedrohlich und angriffslustig angesehen.

1 Beschreiben Sie die Stellung von Mund, Augen, Augenbrauen und Stirn in den Gesichtern. Welche Gefühle kommen jeweils zum Ausdruck?

2 Bilden Sie Kleingruppen und probieren Sie unterschiedliche Gesichtsausdrücke aus. Sprechen Sie über deren jeweilige Wirkung.

2.4.2 Körpersprache

Unsere Körperhaltung drückt unsere innere Haltung aus: Verschränkte Arme und übereinandergeschlagene Beine wirken distanzierend und abwehrend. Auch wenn Sie etwas ganz anderes sagen oder lächeln, Ihre Haltung verrät auch ohne Worte, in welcher Verfassung Sie gerade sind. Körpersprache ist die ursprünglichste Kommunikation aller Menschen und Tiere.

1 *Welche Informationen werden durch die Körpersprache erkennbar? Beschreiben Sie die Wirkung der abgebildeten Personen auf Sie.*

2 *„Was wir sind, sind wir durch unseren Körper. Der Körper ist der Handschuh der Seele, seine Sprache das Wort des Herzens. Jede innere Bewegung, Gefühle, Emotionen, Wünsche drücken sich durch unseren Körper aus" (S. Molcho: Körpersprache). Prüfen Sie diese Worte des Körpersprache-Experten Samy Molcho. Was halten Sie von seiner Meinung?*

3 *Das Nicken oder Schütteln des Kopfes wird in verschiedenen Kulturen unterschiedlich verstanden. Recherchieren Sie im Internet und berichten Sie über Ihre Erfahrungen.*

4 *Welche Botschaften senden die hier Abgebildeten an ihre Gesprächspartner?*

5 *Sie sind zum Vorstellungsgespräch eingeladen und werden gebeten, sich einen Platz auszusuchen. Wo setzen Sie sich hin? Welche Haltung nehmen Sie ein? Probieren Sie verschiedene Möglichkeiten aus und geben Sie sich gegenseitig ein Feedback (s. S. 43) über die Wirkung Ihrer Körperhaltung.*

2.4.3 Piktogramme

Piktogramme sind einfache grafische Darstellungen, die vom Betrachter leicht erschlossen werden können. Sie werden daher häufig dort eingesetzt, wo internationaler Publikumsverkehr stattfindet, z. B. in Bahnhöfen und auf Flughäfen. In vielen Betrieben dienen Piktogramme zur Orientierung und als Gefahrenhinweise (z. B. Brandschutz, Arbeitsschutz).

1.

2.

3.

4.

5.

6.

7.

8.

1 Ordnen Sie den abgebildeten Piktogrammen die folgenden Bedeutungen zu: a) Kofferkuli, b) Fahrkartenverkaufsstelle, c) Wartesaal, d) Geldwechsel, e) Apotheke, f) Schließfach, g) Rolltreppe, h) Personenaufzug.

2 Entwerfen Sie selbst Piktogramme, die in Ihrem Beruf, an Ihrem Ausbildungsplatz oder in der Schule wichtige Hinweise, Verbote oder Gebote deutlich machen können.

2.4.4 Emoticons

Ein Beispiel für nonverbale Kommunikation beim Chatten und Mailen sind **Emoticons**. Darunter versteht man bestimmte Zeichenkombinationen, welche nonverbal einen Gefühlszustand ausdrücken.

Beispiele

1. **:-)** 2. **:-(** 3. **;-)** 4. **:- D** 5. **:´-)** 6. **:- I**

1 Beschreiben Sie die ausgedrückten Gefühle so genau wie möglich.

2.4.5 Internationale Taucher-Zeichensprache

Für jeden Taucher ist es unerlässlich, die internationale Unterwasserzeichensprache zu kennen und anzuwenden. Vor allem in Notsituationen kann ihre Beherrschung lebensrettend sein. Jedes Zeichen muss vom Partner beantwortet werden.

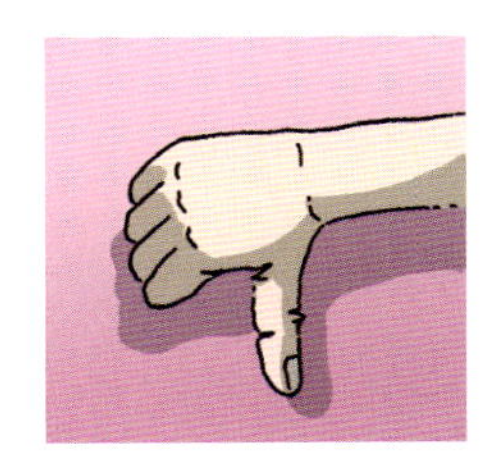

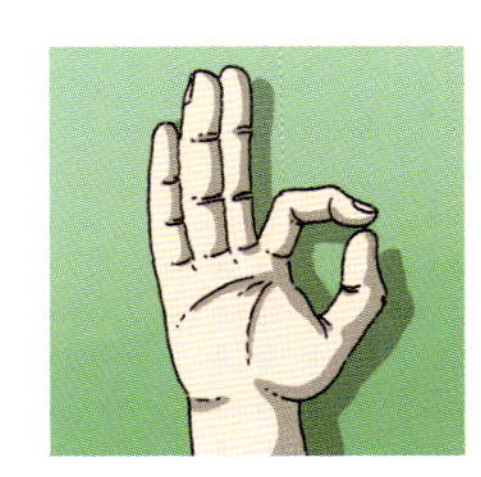
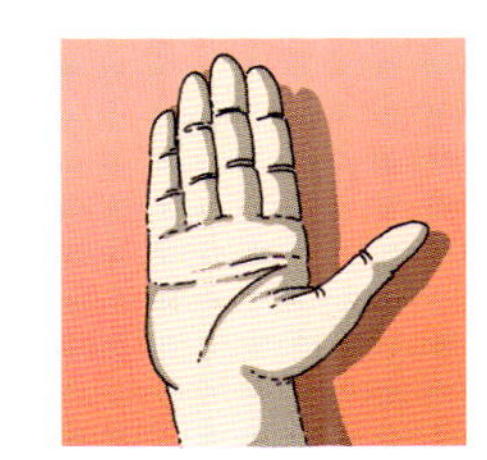

1 Vergleichen Sie die Zeichen der Tauchersprache mit anderen Zeichen.

2 Welches dieser Zeichen sollte nicht auf andere Situationen übertragen werden, weil es dabei zu Missverständnissen kommen würde?

2.5 Umgang mit Konflikten

Urteile nie über einen anderen Indianer, ehe du nicht einen Tag und eine Nacht in seinen Mokassins gelaufen bist.

(Indianische Weisheit)

Kosten- oder Zeitdruck, Missverständnisse zwischen Ausbilder und Auszubildenden, Unklarheiten bei Auftraggeber und Projektgruppe, unterschiedliches Sozialverhalten der Teammitglieder – Arbeit und Schule bergen viele Anlässe für Konflikte. Gelingt es nicht, sie konstruktiv zu lösen, dann schwelen sie im Untergrund weiter, behindern die Zusammenarbeit und gefährden den Auftrag und den Erfolg.
Für die konstruktive Konfliktbewältigung ist es wichtig,

- das gemeinsame Ziel im Auge zu behalten,
- die Verschiedenheit der Charaktere zu akzeptieren (ich bin o.k., du bist o.k.),
- bei Meinungsverschiedenheiten die richtigen Worte zu wählen.

Manche nehmen für ihre Meinung in Anspruch, dass sie „objektiv" sei. Der Gesprächspartner hat das Gefühl, er würde nicht ernst genommen, er müsse sich behaupten und sein Recht auf die eigene Meinung verteidigen. Beide streiten dann darüber, wer recht hat, kommen aber in der Sache nicht weiter. In solch angespannten Gesprächssituationen ist es wichtig, sich mit Bewertungen und Urteilen über den anderen zurückzuhalten. Negative Beziehungsaussagen (Du-Aussagen) sollten vermieden, klare Ich-Aussagen dagegen verwendet werden. Missverständnissen und Konflikten können Sie vorbeugen, wenn Sie sich an folgende **Grundregeln** für konstruktive Konfliktlösung halten:
Sprechen Sie von sich, von Ihren Eindrücken, Ihren Gefühlen, Ihrer persönlichen Meinung.
Verwenden Sie **Ich-Aussagen**!
Sprechen Sie von dem konkreten Fall hier und jetzt.
Sprechen Sie wenig über andere.

Beispiele

Du-Aussage (Beziehungsaussage) ☹	Ich-Aussage ☺
1. „Sie haben mir nicht zugehört."	1. „Ich fühle mich nicht richtig verstanden."
2. „Sie spielen sich hier als Fachmann auf."	2. „Ich kann Ihre Beurteilung nicht teilen."
3. „Sie reden dauernd zu schnell."	3. „Ich komme nicht mit, für mich ist das zu schnell."
4. „Was Sie sagen, stimmt hinten und vorne nicht."	4. „Ich kann Ihre Meinung nicht teilen. Ich sehe das anders."
5. „Ihre Reklamation ist völlig unbegründet."	5. „Diese Reklamation halte ich nicht für berechtigt."
6. „Sie haben mich falsch verstanden."	6. „Ich habe mich vielleicht nicht verständlich ausgedrückt."

1 *Formulieren Sie die folgenden* ***Du-Aussagen*** *so um, dass Ihr Gesprächspartner sich nicht angegriffen fühlt. Sprechen Sie von sich:*

- *„Sie machen unsere Firma schlecht."*
- *„Ihnen kann es auch nicht billig genug sein."*
- *„Regen Sie sich doch nicht so auf."*
- *„Na, sind Sie heute mal pünktlich?"*

2 *Tauschen Sie Ihre Lösungen in einer Kleingruppe aus. Nehmen Sie jeden Einwand ernst und prüfen Sie gegenseitig, ob Ihre Antworten vom anderen akzeptiert werden können.*

3 *Wie gehen Sie mit folgenden Aussagen um: „ Ich finde dich blöd." – „Ich halte deine Arbeit für völlig daneben." – „Mir fällt auf, dass du mich ständig unterbrichst."*
Prüfen Sie, ob es sich um ***Ich-Aussagen*** *handelt.*

2.6 Vier Botschaften einer Nachricht

Manchmal verstehen sich Menschen auf Anhieb, bei anderen dagegen weiß man gleich: Mit dem werde ich nicht warm. Bei Untersuchungen zur Kommunikation wurde festgestellt, dass sprachliche Äußerungen oft mehrere Bedeutungen haben. Diese Mehrdeutigkeit wird häufig genutzt, um Witze oder ironische Bemerkungen zu machen. Der Satz „Das hast du mal wieder gut gemacht!" kann je nach Situation auch das Gegenteil bedeuten: „Das gefällt mir nicht, das hast du nicht gut gemacht."

Vier Botschaften lassen sich in der Regel aus einer Aussage „heraushören":

- eine sachliche, die die Information enthält, die **Sachaussage**
- eine darüber, was der Sprecher vom Hörer/Gegenüber will, den **Appell**
- eine darüber, wie der Sprecher die Beziehung zum Hörer/Gegenüber sieht, die **Beziehungsaussage**
- eine über den Sprecher selbst, die **Selbstaussage** (Selbstoffenbarung/Ich-Aussage)

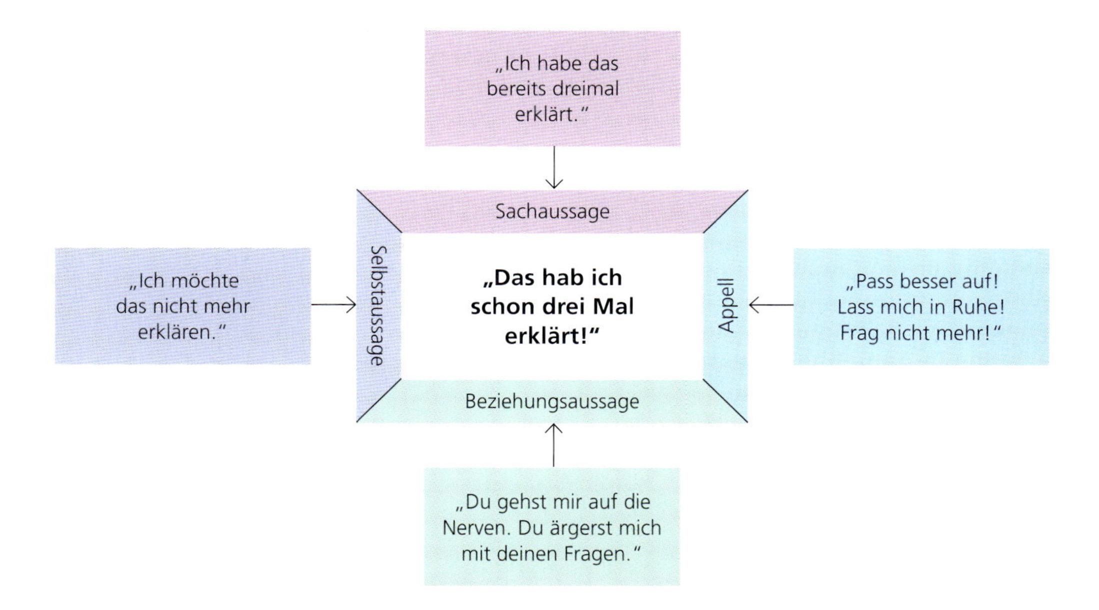

1 *Die Mutter sagt beim Mittagessen zu Felix: „Du schreibst morgen eine Mathearbeit."*
- *Zeichnen Sie ein Quadrat (siehe oben) und analysieren Sie den Satz der Mutter.*
- *Auf welche Botschaft an Felix kommt es der Mutter an?*
- *Überlegen Sie sich mögliche Antworten, die Felix auf die Bemerkung der Mutter hin machen könnte.*
- *Wie ist es zu verstehen, wenn Felix schweigt?*

Eine Lösungshilfe und weitere Beispiele finden Sie unter BuchPlusWeb.

2.7 Hören und Verstehen

Kommunikationsmodelle zeigen, wie vielseitig und vielschichtig Verständigung ist. Auf S. 55 wurde erläutert, dass eine Nachricht vier verschiedene Botschaften enthalten kann. So ähnlich verhält es sich auch beim Hören: Wer etwas sagt, weiß nie genau, was beim anderen ankommt, was dieser eigentlich hört. So wie ein Sprecher vier verschiedene Botschaften in einer Nachricht verpacken kann, so kann ein Zuhörer ebenfalls vier verschiedene Botschaften aus der Nachricht heraushören – je nachdem, „mit welchem Ohr" er gerade aufmerksam zuhört.

Sachaussage-Ohr
Wie ist der Sachverhalt zu verstehen?

Appell-Ohr
Was will diese Person bei mir erreichen?

Selbstaussage-Ohr
Was ist das für eine Person? Was geht in ihr vor?

Beziehungs-Ohr
Was hält sie von mir? Wie steht sie zu mir?

Welche der vier Botschaften einer Nachricht der Hörer wahrnimmt, hängt mit dessen Erfahrungen und Erwartungen zusammen. Besonders hellhörig reagieren die meisten Menschen auf Botschaften auf der Beziehungsebene (s. S. 55): Möchte sich die andere Person über mich stellen? Will sie mir sagen, was ich tun oder denken soll? Beschneidet sie meine Freiheit oder Selbstständigkeit?

Mütter reagieren sehr hellhörig auf Appelle ihrer Kinder. Fragt der Sohn die Mutter: „Wo sind meine Socken?", so ist die Antwort oft: „Ich hol sie dir."

Frauen wird allgemein nachgesagt, sie seien besonders empfänglich auf dem Beziehungsohr. Die Botschaft „Ich habe heute Abend keine Zeit" hört sich für viele an wie: „Ich habe heute keine Zeit für dich."

Auf die Frage der Tochter „Wo ist meine Jacke?" antwortet die Mutter: „Da, wo du sie hingelegt hast." Wie hört die Tochter diese Antwort? Im Modell wird es deutlich:

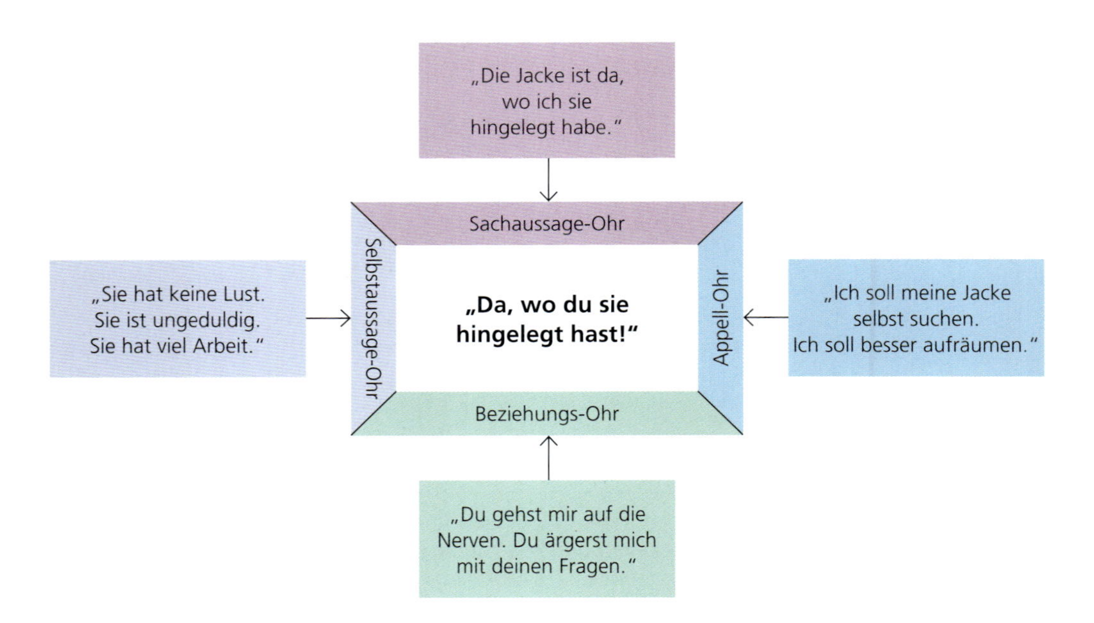

1 *Welche Botschaften kann der Satz des Lehrers enthalten: „Da ist ein Fehler!"?*
- *Schreiben Sie die Botschaften auf, die eine Schülerin / ein Schüler hören kann.*
- *Ordnen Sie jeder der von Ihnen formulierten Botschaft eine Aussageebene zu.*
- *Vergleichen Sie Ihre Lösung mit den Lösungen Ihrer Tischnachbarn.*

2.8 Fachsprachen verwenden

Wer in einem Beruf Fachmann oder Fachfrau werden will, muss Fachtexte lesen und verstehen können. Wenn wir in einem bestimmten Bereich die entsprechenden **Fachausdrücke** verwenden, werden Missverständnisse vermieden. Der andere weiß genau, was gemeint ist.

Viele Fachausdrücke gehören allerdings zur Allgemeinbildung. Sie begegnen uns auch im Alltag. Untersuchungen haben ergeben, dass sehr viele Menschen einer Nachrichtensendung kaum folgen können, weil sie die darin verwendeten Fachausdrücke nicht verstehen.

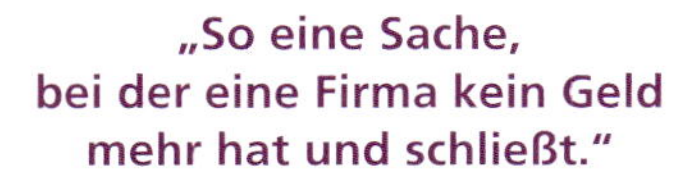

„So eine Sache, bei der eine Firma kein Geld mehr hat und schließt."

„So ein Ding, das sich dreht und mit dem man Löcher macht."

„So ein Band, das der Doktor um meinen Arm legt und Luft hineinpumpt."

„So Frauen und Männer, die gewählt werden und Gesetze machen."

„So ein Kasten mit Knöpfen links und rechts, den man ständig auf- und zudrückt, damit Töne herauskommen."

1 *Wie wirkt es auf einen Zuhörer, wenn sich jemand so unbeholfen ausdrückt wie in den oben stehenden Beispielen?*

2 *Jeder Fachbereich hat seine eigene Fachsprache. Die oben gesuchten fünf Fachbegriffe haben Sie sicher sofort gefunden. Sie gehören zu den Bereichen:*

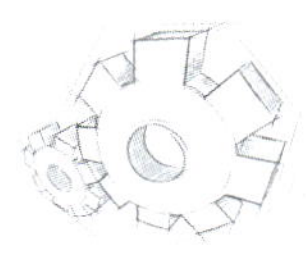

Technik

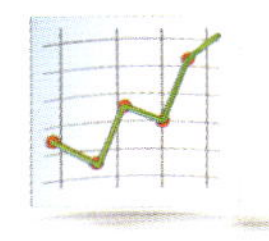

Wirtschaft

Politik

Medizin

Musik

Legen Sie auf einem Blatt eine Tabelle an und ordnen Sie die folgenden Wörter dem entsprechenden Fachbereich zu:
Gesetz – Beat – Massage – Börse – Disc – Opposition – Dialyse – Katarrh – Drehzahl – Misstrauensvotum – Ventil – Sozialprodukt – Takt – Virus – Schlager – Korrosion – Girokonto – Parlament – Infekt – Hochofen – Minister – Sinfonie – Katalysator – AG – Buchung – Rapper

3 *Suchen Sie noch andere Fachbegriffe zu diesen Bereichen und erweitern Sie die Tabelle.*

2.9 Die Fachsprache meines Berufs

1 *Sammeln Sie in Partner- oder Gruppenarbeit möglichst viele Fachausdrücke Ihres Ausbildungsberufs und legen Sie dazu folgendes Schema an:*

Fachsprache des Berufs:	
Arbeitsgeräte Werkzeuge	
Maschinen Anlagen Einrichtungen	
Tätigkeiten Arbeitsverfahren	
Werkstoffe Materialien	

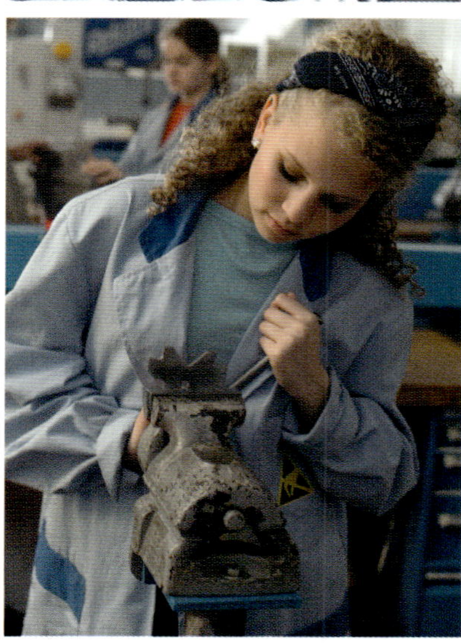

2 *Wählen Sie einen Fachbegriff aus und lesen Sie in einem Fachbuch oder Lexikon nach, wie dieser Fachbegriff erläutert wird.*

3 *Erklären Sie diesen Fachbegriff Ihren Mitschülerinnen und Mitschülern mit eigenen Worten.*
Lassen Sie sich nach Ihrem Kurzvortrag von Ihren Mitschülerinnen und Mitschülern ein Feedback (s. S. 43) über die Verständlichkeit Ihrer Erläuterung geben.

4 *Entwickeln Sie in der Klasse eine Karteikarte, auf der Sie das Wichtigste zu dem von Ihnen erläuterten Fachbegriff eintragen können.*
Sammeln Sie die Karteikarten mit den Erläuterungen, damit alle nachschlagen und nachlesen können.
Vervollständigen Sie die Sammlung der Erläuterungen während des Schuljahres.

5 *Entwickeln Sie mithilfe Ihres Fachlehrers eine Datei („Elektronische Sammlung der Fachbegriffe"), in der die Erläuterungen für alle zugänglich sind.*

3 Sprechen in Beruf und Alltag

3.1 Berufliche Gesprächssituationen

Im Berufsleben gibt es vielfältige Gesprächssituationen, in denen die Fähigkeit verlangt wird, sich mündlich gewandt auszudrücken. Diese Redefähigkeit, auch Rhetorik genannt, können Sie sich durch regelmäßige Übung aneignen. Anfängliche Hemmungen werden Sie bald überwinden, wenn Sie sich mutig neuen Situationen stellen. Wer sich im Gespräch mit Vorgesetzten, mit Kolleginnen und Kollegen und mit Kunden gut ausdrücken kann, findet schnell Anerkennung im Betrieb.

1 *Berichten Sie über eine Situation, die Sie bereits gemeistert haben.*

2 *Suchen Sie in der folgenden Aufstellung berufliche Redesituationen, denen auch Sie gewachsen sein sollten.*

3 *Den ersten Arbeitstag in der Ausbildung vergisst man nicht so schnell. Berichten Sie vor der Klasse darüber. Notieren Sie vorher Stichworte zu folgenden Situationen:*
- *Ablauf des Tages*
- *Begegnungen im Betrieb*
- *besonders Bemerkenswertes*
- *erste Schwierigkeiten*

Achten Sie auf gute Artikulation, Blickkontakt und Freundlichkeit.

4 *Eine neue Mitarbeiterin tritt ihren ersten Arbeitstag an. Drei Auszubildende haben die Aufgabe, sie zu begrüßen und sie den anderen Mitarbeitern vorzustellen. Durchdenken Sie in Kleingruppen die einzelnen Schritte und machen Sie sich Notizen dazu. Verteilen Sie die Aufgaben und führen Sie ein Rollenspiel durch.*

3.2 Andere informieren

3.2.1 Sich selbst vorstellen

Situation: Eine mittelständische Firma in Albstadt-Ebingen hat vier Wochen nach Beginn der Ausbildung alle Auszubildenden des ersten Jahres zu einem dreitägigen Seminar eingeladen. Das Ziel des Seminars ist es unter anderem, dass sich die Auszubildenden aus den unterschiedlichen Ausbildungsbereichen kennenlernen. Die Ausbildungsleiterin, Frau Schaible, hat daher alle aufgefordert, sich vorzustellen. Die Auszubildenden sollen sich einige Notizen machen und dann möglichst frei sprechen. Zur Hilfestellung hat sie einige Stichworte an das Flipchart geschrieben.

Alexander, der in der ersten Reihe sitzt, muss mit der Vorstellung beginnen.

Also! Ich bin der Alexander Haag, ich lern Mechaniker und bin froh, dass die Schul endlich rum ist und jetzt die Praxis kommt. Mein Vater ist auch Mechaniker und schafft auch bei unserer Firma. Meine Mutter ist Näherin in einer kleineren Firma in unserem Dorf. Weil sie viel Kurzarbeit hat, ist sie auch viel daheim und deshalb macht sie auch den Haushalt ganz allein, obwohl ich noch zwei ältere Schwestern hab; die geh'n ja auch den ganzen Tag ins Geschäft. Ich bin vor vier Wochen 17 Jahre alt geworden. Nächsten Monat kann ich die Prüfung für den Führerschein mit 17 machen. Da ich mit meinem Vater immer mit dem Auto ins Geschäft fahr, wird er in der Prüfbescheinigung als Begleitperson eingetragen. Dann bekomm ich Fahrpraxis, vor allem im Berufsverkehr. Ansonsten bin ich mit meiner Achtziger unterwegs; da muss ich jetzt langsamer fahren, denn einen Strafzettel kann ich mir jetzt nicht leisten. Ach so, ich war auf der Hauptschul und der Werkrealschul, meine Zeugnisse sind zwar nicht schlecht, aber viel Spaß hat mir die Schul in der letzten Zeit nicht gemacht, nur der Unterricht in den Werkstätten hat mir gefallen. Meine ältere Schwester ist auf dem Büro und die zweite lernt Speditionsverkäuferin, ich glaub, es heißt anders, aber das weiß ich nicht genau. Meine Lieblingsfächer, wenn man überhaupt so sagen kann, waren Technik und Sport. Neben biken und mich mit meinen Freunden treffen, gehe ich auch noch ins Fußballtraining in der A-Jugend, dort spiel ich meistens in der Verteidigung. Ach ja, wohnen tue ich in Lautlingen und fahr mit dem Bike oder mit meinem Vater im Auto ins Geschäft. Ja, das wär eigentlich alles – halt, da fällt mir noch ein, ich hör gern Musik und möcht eigentlich gern Gitarre spielen, aber dazu hat's halt noch nicht gelangt. So, das wär aber wirklich alles.

1. *Wie hat Alexander seine Vorstellung gegliedert? Beurteilen Sie die Reihenfolge.*
2. *Warum wirkt seine Sprache so natürlich? Ist sie der Situation angemessen?*
3. *Welche Fragen würden Sie ihm stellen, um ihn noch besser kennenzulernen?*

Neben Alexander sitzt Julia, nun ist sie an der Reihe:

Ich heiße Julia Wagner, bin sechzehneinhalb Jahre alt und habe die Realschule hier in Ebingen besucht. Jetzt habe ich einen Ausbildungsplatz als Industriekauffrau und freue mich sehr darüber, weil ich diesen Beruf schon lange erlernen wollte. Gleichzeitig habe ich ein wenig Angst, ob ich die vielen Aufgaben auch erfüllen kann. Ich wohne nur eineinhalb Kilometer vom Büro entfernt und kann bequem zu Fuß gehen, für die Berufsschule werde ich wohl den Bus nehmen müssen. Wir sind erst vor vier Jahren von Hannover hierher gezogen, aber es gefällt mir sehr gut hier. Meine Eltern sind auch beide berufstätig, mein Vater arbeitet als Sachbearbeiter hier bei der Sparkasse, meine Mutter ist wieder, seit wir uns hier niedergelassen haben, im Krankenhaus als Physiotherapeutin tätig. Meine Lieblingsfächer in der Schule waren Mathematik und Deutsch, dazu besuchte ich freiwillig einen Kurs in Computertechnik. Ich hoffe, dass ich auch die schwierigen Aufgaben während der Ausbildung bewältigen werde. Mehr gibt es über mich nicht zu sagen.

4 *Vergleichen Sie den Inhalt, den Aufbau und die Sprache der beiden Vorstellungen.*

5 *Was würden Sie Julia noch fragen?*

6 *Bereiten Sie Ihre eigene Vorstellung in der Klasse vor (Notizen).*

7 *Sprechen Sie mit Ihren Mitschülerinnen und Mitschülern darüber, was an Ihrer Vorstellung zu verbessern ist.*

8 *Erfragen Sie alle wichtigen Informationen von einer Mitschülerin/einem Mitschüler. Stellen Sie diese/diesen der Klasse vor.*

Tipp

Wenn Sie Ihre Vorstellung mit einem Diktiergerät oder dem Handy auf Video aufnehmen, können Sie sie besser überprüfen. Sie hören selbst, an welchen Stellen Sie noch Schwierigkeiten haben und was Sie besser anders sagen. Wenn Sie dazu eine Videokamera benutzen, können Sie auch Ihre nonverbale Kommunikation beobachten und die Wirkung beurteilen. Sie können zusätzlich Ihre eigene Vorstellung in Inhalt, Aufbau und Sprache mit anderen Vorstellungen vergleichen.

3.2.2 Den Ausbildungsbetrieb vorstellen

Es gibt verschiedene Anlässe, den eigenen Ausbildungsbetrieb vorzustellen.

Interesse der Mitschüler

Meistens befinden sich in einer Berufsschulklasse Auszubildende verschiedener Unternehmen. In jedem Betrieb gibt es Besonderheiten, welche den Ablauf und die Organisation der Ausbildung beeinflussen. Daher ist es für die Mitschülerinnen und Mitschüler interessant, einen Einblick in andere Ausbildungsbetriebe zu erhalten.

Informationen bei einer Bildungsmesse

Wenn sich Ihr Ausbildungsbetrieb an einer Bildungsmesse beteiligt, werden auch Sie den Stand des Betriebs betreuen. Sie repräsentieren die Firma und informieren die Besucher über die Geschäftsbereiche und die Ausbildung.

Tag der offenen Tür

Viele Unternehmen laden zu einem Tag der offenen Tür ein. Jeder kann den Betrieb besichtigen und sich informieren, wobei Betriebsangehörige die Besucher betreuen. Die Größe des Betriebs spielt dabei keine Rolle. Kleinbetriebe, wie eine Schreinerei oder ein Friseursalon, nehmen oft besondere Ereignisse wie z. B. eine Neueröffnung oder die Umgestaltung der Geschäftsräume zum Anlass. In Großbetrieben kann der Tag der offenen Tür auch auf eine bestimmte Abteilung begrenzt werden, z. B. auf die Ausbildungsabteilung oder auf die Lehrwerkstatt.

1 *Berichten Sie von einer Veranstaltung (z. B. Bildungsmesse oder Tag der offenen Tür), an der Sie als Besucher oder als Mitwirkende teilgenommen haben.*

2 *Welche Ziele verfolgt ein Betrieb mit solchen Veranstaltungen?*

3 *Stellen Sie Ihren Ausbildungsbetrieb der Klasse vor. Die nachstehende Gliederung kann Ihnen helfen.*

Vorstellen des Ausbildungsbetriebs

Gliederungspunkte	Ausarbeitung
1. Begrüßung der Besucher/der Mitschülerinnen und Mitschüler	Reihenfolge und Titel beachten
2. kurze Vorstellung der eigenen Person	Name, Stellung/Aufgabe im Betrieb
3. Vorstellung des Betriebs: • Größe, Bedeutung, Stellung am Markt, Gründung und Entwicklung • Information über die Produkte bzw. die Art der Dienstleistung • Zahl der Mitarbeiter/-innen und der Auszubildenden	Bei den einzelnen Gliederungspunkten genügt es, wenn Sie einen einzigen Satz formulieren. Heben Sie die besonderen Qualitäten und Leistungen Ihres Betriebs hervor.
4. Ausbildungssituation des Betriebs: • Welche Berufe werden ausgebildet? • Verlauf der Ausbildung • Besonderheiten der Ausbildung • Übernahmesituation nach der Ausbildung	Stellen Sie nach Möglichkeit Ihre positiven Erfahrungen dar. Recherchieren Sie genau, bevor Sie Informationen weitergeben.
5. Information über Bewerbungsverfahren: • Voraussetzungen • Termine • Auswahlverfahren • zuständiger Ansprechpartner	Ihre Auskunft muss für die Besucher verlässlich sein.
6. Zusammenfassung und Ausblick	

3.2.3 Ein Produkt präsentieren

In Ihrem späteren Berufsleben wird es Situationen geben, in denen Sie damit beauftragt werden, anderen ein Produkt, ein Gerät oder einen Gegenstand zu präsentieren. (Die Präsentation wird ausführlich auf den Seiten 34 bis 43 erläutert.)

Wenn der Gegenstand nicht zu komplex ist, kann er in freier Rede präsentiert werden. Der Umfang wird zum einen vom Zweck der Information, zum anderen von den Erwartungen und Erfahrungen der Zuhörerinnen und Zuhörer bestimmt (Adressatenbezug).

Beispiele für einfache Präsentationen:

- Mitarbeiterinnen und Mitarbeiter sollen das neu beschaffte Arbeitsgerät, den Einrichtungsgegenstand oder die neu installierte Maschine kennenlernen.
- Die Anschaffung eines neuen Arbeitsgerätes, eines Einrichtungsgegenstandes oder einer neuen Maschine ist geplant. Die drei Objekte, die in die engere Wahl gekommen sind, sollen den Personen vorgestellt werden, welche die Entscheidung zu treffen haben.
- Die/der Auszubildende erläutert ihren/seinen eingereichten Verbesserungsvorschlag am Objekt.
- Der Firmenleitung wird ein von der Abteilung neu entwickeltes Produkt präsentiert.

Die folgende Gliederung hilft Ihnen, ein Produkt mündlich zu präsentieren:

Gliederungspunkte	Beispiel: Kopierer
1. Oberbegriff	Vervielfältigungsgerät
2. Merkmale, Bestandteile	Gehäuse, Scanplatte, mechanische und elektronische Bauteile, Papierschubladen, Bedienfeld, Bedientasten
3. Verwendung, Aufgabe, Zweck	Kopieren von Schriftstücken, Abbildungen, Zeichnungen
4. Vorteile	schnelle Vervielfältigung der Vorlage, doppelseitige Kopien, Verkleinerungen/Vergrößerungen der Vorlage
5. Nachteile	Fehlbedienung, Defekte
6. Beurteilung	im Betrieb unverzichtbar

1 *Bei welchen der oben genannten Beispiele steht die Beschreibung des Aufbaus und der Funktion eines Produkts im Vordergrund?*

2 *Suchen Sie aus den genannten Beispielen diejenigen heraus, in denen nicht nur beabsichtigt ist, ein Produkt zu präsentieren, sondern auch dafür zu werben. Wie würden Sie in einem solchen Fall den Gliederungspunkt 5 behandeln?*

3 *Stellen Sie in einer kurzen Produktpräsentation das Faxgerät oder ein wichtiges Arbeitsgerät Ihres Berufes vor (evtl. auch schriftlich als Fachaufsatz).*

3.3 Berufliche Gespräche führen

Im privaten und beruflichen Alltag findet ein vielfältiger Austausch von Informationen, Überlegungen und Ideen statt. Es gibt unterschiedlichste Gesprächsanlässe und -situationen. Dementsprechend werden mehrere Gesprächsformen unterschieden.

1 *Sortieren Sie die nachstehenden **Gesprächsformen** in Gruppen und finden Sie Oberbegriffe: Unterredung – Arbeitsgespräch – Aussprache – Unterhaltung – Besprechung – Auseinandersetzung – Diskussion – Kaffeeklatsch – Interview – Vorstellungsgespräch – Streitgespräch – Verkaufsgespräch – Stammtischrunde – Talkshow – Mitarbeitergespräch – Personalentwicklungsgespräch – Kundengespräch – Jahresgespräch – Plauderei – Teamsitzung*

Bei **formellen Gesprächen** stehen die Gesprächsteilnehmer in einer sachlichen/geschäftlichen Beziehung. Gesprächsort, -zeit und -teilnehmer sind genau bestimmt. Auch die Gesprächsform wird vom Leiter des Gesprächs festgelegt.

Informelle Gespräche finden meist ungeplant statt und dienen überwiegend dem persönlichen Informationsaustausch und der Unterhaltung. Die Gesprächsteilnehmer stehen in einer lockeren, überwiegend persönlichen Beziehung.

2 *Welche der in Aufgabe 1 genannten Gesprächsformen sind formeller Art, welche sind informell?*

3 *Untersuchen Sie in Partnerarbeit fünf dieser Gesprächsformen genauer. Legen Sie eine Tabelle an:*

Gesprächsform	Teilnehmer/-in	Inhalt/Thema	Ziel/Absicht
Beispiel: **Mitarbeitergespräch**	Vorgesetzte/Vorgesetzter Mitarbeiter/-in	Arbeitsleistung	Aufstieg/ Lohnerhöhung

Sie finden die Tabelle als Lösungshilfe unter BuchPlusWeb.

Mit diesen Hinweisen haben Sie gute Karten im Gespräch:

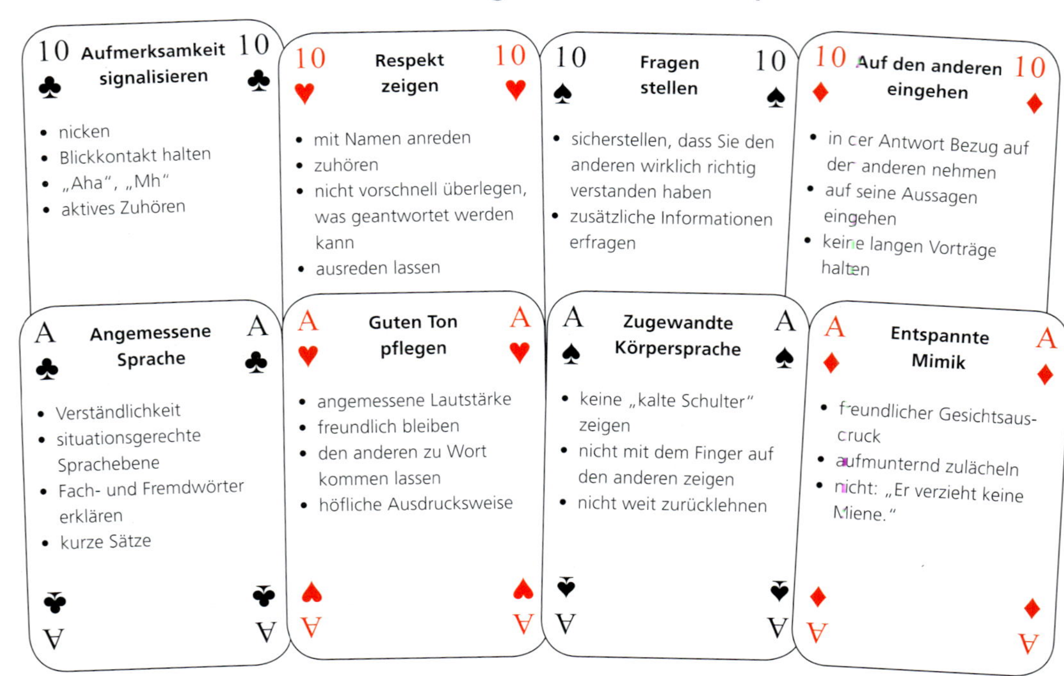

1. *Beschreiben Sie die auf den Bildern dargestellten Gesprächssituationen. – Wer ist am Gespräch beteiligt? – Wo findet es statt? – Worüber könnten die Beteiligten sprechen? – Welche nichtsprachlichen Verständigungsmittel sind erkennbar?*
2. *Beurteilen Sie, in welcher der dargestellten Rollen Sie sich wohlfühlen könnten und welche Ihnen unsympathisch wäre. Begründen Sie Ihre Wahl.*
3. *Gestalten Sie mit einem Partner/einer Partnerin eines der dargestellten Gespräche als Rollenspiel. Besprechen Sie dann in der Klasse den Gesprächsverlauf, die Sprache und die verwendeten nonverbalen Mittel.*
4. *Ein* ***Gesprächsanlass*** *kann auch diese Karikatur sein.*
   Bilden Sie in der Klasse Gesprächskreise mit drei oder vier Teilnehmern/Teilnehmerinnen und sprechen Sie darüber, wie Auszubildende in Betrieben behandelt werden und wie sie behandelt werden möchten.

5. *Besprechen Sie in der Klasse, inwiefern die Hinweise auf S. 64 bei beruflichen Gesprächen wichtig sind.*
6. *Können Sie sich eine Situation vorstellen, in der Sie – gegen die Regeln – einem Gesprächspartner ins Wort fallen? Suchen Sie unter den unten stehenden Einwürfen die heraus, die in einer solchen Situation angemessen sind, und diejenigen, die als unhöflich gelten.*
7. *Formulieren Sie die unhöflichen Einwürfe in höfliche um (s. S. 68).*

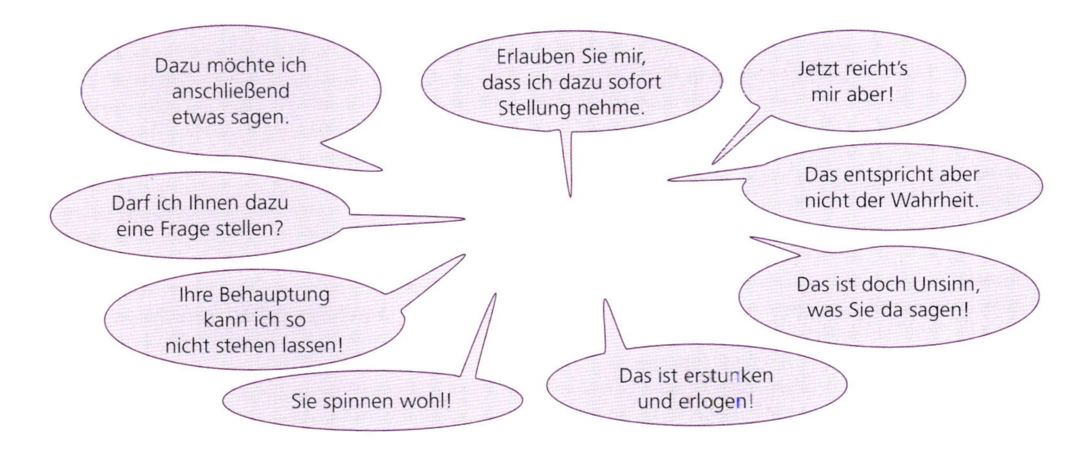

Zu den Aufgaben 6 und 7 finden Sie eine Lösungshilfe unter BuchPlusWeb.

3.3.1 Fragen stellen

Wer in einem Gespräch Fragen stellt, kann es beleben, vertiefen und lenken.

Frageform	Beispiel
• **Die offene Frage (Ergänzungsfrage)** beginnt mit einem W (Welche? Wer? Wie? Warum? ...) Der/die Befragte entscheidet selbst, was er/sie antwortet und wie ausführlich die Antwort ist.	„Was waren die Höhepunkte der Betriebsbesichtigung?"
• **Die geschlossene Frage** lässt dem/der Befragten kaum Spielraum, verlangt meist eine knappe Antwort mit Ja oder Nein.	„Hat Ihnen die Betriebs-besichtigung gefallen?"
• **Die Alternativfrage** engt die befragte Person auf zwei Antworten ein. Mit „weder – noch" kann man ausweichen.	„Hätten Sie lieber einen Fernsehsender oder eine Brauerei besichtigt?"
• **Die Suggestivfrage** ist so formuliert, dass der/die Befragte merkt, welche Antwort der Fragesteller erwartet. Dahinter verbirgt sich die Absicht, andere zu beeinflussen.	„Die Besichtigung hat Ihnen doch sicher auch gefallen?"
• **Die Unterstellungsfrage** enthält bereits eine Behauptung, die der befragten Person einfach unterstellt wird. Diese Frageform gilt als unfair und man sollte sich dagegen wehren.	„Bei wem werden Sie sich über die mangelhafte Organisation der Besichtigung beschweren?"

1 Um welche Frageformen handelt es sich in den folgenden Beispielen?
- **a** *Warum haben Sie diesen Beruf gewählt?*
- **b** *Gefällt Ihnen Ihr Beruf?*
- **c** *Hätten Sie lieber einen anderen Beruf ergriffen?*
- **d** *Ihr Beruf hat doch manche Schattenseiten, nicht wahr?*
- **e** *Welchen Beruf hätten Sie lieber ergriffen?*
- **f** *Welche Aufstiegsmöglichkeiten gibt es in Ihrem Beruf?*
- **g** *Macht Ihnen der Ärger mit dem neuen Chef etwas aus?*
- **h** *Glauben Sie auch, dass es ohne Überstunden nicht geht?*

Tipp

Eine besondere Frageform ist die **rhetorische Frage**. Sie wird nicht gestellt, um eine Antwort zu bekommen, sondern sie soll die Zuhörer neugierig machen. „Was ist beim Einsatz dieses Gerätes besonders zu beachten?" Der Vortrag wird nun darauf eingehen, was besonders zu beachten ist. Die rhetorische Frage kann auch der Gliederung dienen.

2 Formulieren Sie zu jeder Frageform eine Frage. Stellen Sie Ihrem Sitznachbarn Ihre Fragen und prüfen Sie, ob Sie richtig gefragt haben.

3.3.2 Aktiv zuhören

„Du hörst mir ja gar nicht richtig zu!" oder „Du hast mich falsch verstanden!" sind Vorwürfe, die man im Berufs- und Privatleben oft hört. Sogar Manager werden auf Seminare geschickt, damit sie lernen, ihren Mitarbeitern richtig zuzuhören und sie zu verstehen.

Wer gehört werden will, muss zuerst zuhören.
(Japanisches Sprichwort)

1 *Notieren Sie Ihre Gedanken auf einem Blatt:*
Wenn ich merke, dass mir jemand nicht zuhört, fühle ich mich ...
Wenn mir jemand richtig/aufmerksam zuhört, dann habe ich das Gefühl ...

2 *Vergleichen Sie Ihre Antworten mit denen einer Mitschülerin/eines Mitschülers und ergänzen Sie Ihre Überlegungen.*

Eine Grundregel für gute Gespräche lautet:
Lasse den anderen ausreden und höre ihm aufmerksam zu!

Insbesondere bei schwierigen Gesprächen, wenn es um ein Problem oder einen Konflikt geht, kommt es oft zu Auseinandersetzungen. Im Berufs- wie im Privatleben ist es wichtig, mit Konflikten zurechtzukommen und gemeinsam gute Lösungen zu finden, mit denen alle einverstanden sind.

Aktives Zuhören

Durch aktives Zuhören zeigen Sie dem Gesprächspartner, dass Sie ihn ernst nehmen und sich alle Mühe geben, ihn richtig zu verstehen. Dazu gehören folgende Verhaltensweisen:

- guten Blickkontakt halten
- sich dem Gesprächspartner zuwenden (Körpersprache wirkt!)
- den Gesprächspartner ausreden lassen
- Interesse am Thema und an der Person zeigen, d. h. nichts nebenher machen
- beim Thema bleiben und ggf. nachfragen, d. h. nicht Neues erfragen, sondern um Erläuterungen des Gesagten bitten
- Reaktionen zeigen, die Aufmerksamkeit signalisieren, z. B. nicken, verbale Äußerungen wie „Aha", „Ach so", „Hm"

Der **Zuhörer** formuliert in eigenen Worten, was er aufgenommen hat: „Sie denken also, ..."; „Ich höre, dass Sie sich darüber ärgern, dass ..." Er zeigt: „So habe ich dich verstanden."

Der **Redner** kann bestätigen: „Ja, so habe ich es gemeint."
Der Redner kann aber auch korrigieren: „Nein, so habe ich es nicht gemeint. Ich habe es anders gemeint: ..."

3 *Üben Sie diese Form des aktiven Zuhörens in der Klasse: Werfen Sie sich einen kleinen Ball oder einen anderen kleinen Gegenstand zu. Der Werfende sagt einen Satz, der Fänger formuliert, was er verstanden hat: „Du meinst also, ..."; „Ich habe verstanden, dass ..."*

4 *Bilden Sie Gruppen zu dritt. Einigen Sie sich auf ein aktuelles Thema. Sie nehmen drei verschiedene Rollen ein: Redner, Zuhörer und Beobachter. Ein Gruppenmitglied nimmt zwei Minuten lang Stellung. Der andere wiederholt in eigenen Worten, was der Vorgänger gesagt hat. Der Dritte prüft, ob der Zweite in jeder Hinsicht ein aufmerksamer Zuhörer war. Jeder übernimmt jede Rolle einmal.*

5 *Berichten Sie in der Klasse über Ihre Erfahrungen. Welche Schlussfolgerungen ziehen Sie?*

6 *Welche Auswirkungen kann „aktives Zuhören" im Unterricht haben?*

3.3.3 Sich höflich ausdrücken

Bei Gesprächen im Betrieb, in der Schule oder im Privatleben: Achten Sie darauf, dass Sie Ihre Gesprächspartner nicht durch falsch gewählte Worte oder einen unfreundlichen Ton verärgern. Versuchen Sie, sich anderen gegenüber immer respektvoll auszudrücken.

Eine barsch wirkende Aufforderung wie „Sei jetzt endlich still!" sollte man vermeiden. Formulieren Sie Ihr Anliegen stattdessen höflicher: „Könntest du bitte einen Moment still sein?"

1 *Betrachten Sie die folgenden Beispiele und überlegen Sie sich höflichere Sätze.*

(A) „Quatsch, das läuft nicht so!"

(B) „Da liegst du voll daneben!"

(C) „Hau ab, du störst!"

(D) „Musst du mich jetzt so nerven?"

(E) „Ist mir völlig wurscht, was du machst!"

(F) „Hey Alter, überleg, was du da sagst!"

(G) „Denk mal nach, was du gerade gelabert hast!"

(H) „Sie wollen mich nicht verstehen, was?"

(I) „Lass es, du kapierst es sowieso nicht!"

(J) „Nein, so einen Käse machen wir nicht!"

2 *Ihre Vorgesetzte/Ihr Vorgesetzter hat die Auszubildenden des ersten Lehrjahres nicht zum Betriebsausflug eingeladen. Sie sind enttäuscht. Sie wollen sie/ihn anrufen und nach dem Grund fragen. Überlegen Sie sich respektvolle Worte für das Gespräch.*

3 *Führen Sie das Telefongespräch mit Ihrem Tischnachbarn als Rollenspiel.*

4 *Formulieren Sie Tipps für das höfliche Sprechen auf „Gesprächs-Karten". Orientieren Sie sich dabei an den Beispielen von S. 64.*

Bei Online-Gesprächen, z.B. im Chat, ist **Netiquette** ein Muss. Das Wort setzt sich zusammen aus den Begriffen „Network" (Netzwerk) und „Etiquette" (höfliche Umgangsformen) und bezeichnet eine Reihe respektvoller Benimmregeln, die man bei der Kommunikation per Internet beachten sollte.

5 *Führen Sie eine Online-Recherche durch: Suchen Sie nach konkreten Netiquette-Regeln und legen Sie eine Liste mit fünf für Sie wichtigen Regeln an.*

6 *Bilden Sie Kleingruppen (fünf Schüler/-innen): Stellen Sie ein Ranking der fünf wichtigsten Netiquette-Regeln innerhalb Ihrer Gruppen auf. Begründen Sie Ihre Wahl.*

3.4 Telefonieren

3.4.1 Telefonieren oder E-Mails (Briefe) schreiben

Telefon und E-Mail sind zwei wichtige Kommunikationsmittel im beruflichen und im privaten Bereich. Sie müssen immer wieder entscheiden, ob Sie mit jemandem telefonisch in Kontakt treten wollen oder ob es besser wäre, eine E-Mail bzw. einen Brief zu schicken.

1 *Diskutieren Sie mit Ihren Mitschülerinnen und Mitschülern über die richtige Entscheidung in folgenden Situationen:*
- *Sie müssen sich im Betrieb oder in der Schule krankmelden.*
- *Sie laden Ihre Freunde zu einer Geburtstagsparty ein.*
- *Sie erkundigen sich bei der Agentur für Arbeit nach einer freien Stelle.*
- *Sie beschweren sich bei der Deutschen Bahn über die Verspätung eines Zuges und fordern eine Entschädigung.*
- *Sie bestellen bei einem Versandhaus eine Ware.*
- *Sie mahnen eine Firma, weil sich die Lieferung verzögert hat.*
- *Sie fragen Informationsmaterial bei einem Fremdenverkehrsamt nach.*
- *Sie wollen Ihre ehemaligen Mitschüler zu einem Klassentreffen einladen.*

3.4.2 Ein Kunde ruft an

1 *Lesen Sie das folgende Telefongespräch mit verteilten Rollen.*

Mitarbeiter: „Autohaus König, Bender, guten Tag."
Kunde: „Hier Jäger, guten Tag, ist Herr Keller da?"
Mitarbeiter: „Herr Keller, unser Verkaufsleiter, ist heute noch krank. Kann ich etwas für Sie tun?"
Kunde: „Ja, ich weiß nicht – ich habe doch seit vier Wochen den neuen GTI und jetzt will ich in drei Tagen in Urlaub fahren. Das erste Mal seit einem Jahr, und meine Tochter hat auch deswegen –"
Mitarbeiter: „Gibt es ein Problem mit dem Fahrzeug?"
Kunde: „Das ist es doch, warum ich anrufe. Stellen Sie sich vor, jetzt klappert jedes Mal, wenn ich anfahre, etwas im Motorraum."
Mitarbeiter: „Das kommt vor, deswegen können Sie doch in Urlaub fahren. Bei einem neuen Auto brauchen Sie doch nicht so ängstlich zu sein."
Kunde: „Was heißt ängstlich, sitze ich dann mit einem defekten Motor in Italien oder Sie?"
Mitarbeiter: „Sie müssten mal in die Werkstatt kommen, aber diese Woche geht es nicht mehr."
Kunde: „Ihr Verkaufsleiter hat gesagt, wenn irgendetwas sei, solle ich mich direkt an ihn wenden. Ist er morgen wieder da?"
Mitarbeiter: „Woher soll ich das wissen, kann schon sein."
Kunde: „Dann soll er mich anrufen, sagen Sie es ihm."
Mitarbeiter: „Auf Wiederhören!"
Kunde: „Guten Tag!"

2 *An welchen Stellen müsste sich der Mitarbeiter Bender kundenfreundlicher verhalten? Verbessern Sie seine Formulierungen.*

3 *Lesen Sie das verbesserte Gespräch noch einmal mit verteilten Rollen.*

3.4.3 Erfolgreich telefonieren

1 ***Telefongespräche als Rollenspiel***
Notieren Sie sich vor jedem Gespräch die Punkte, die darin angesprochen werden sollten. Vergleichen Sie diese mit denen Ihrer Mitschülerinnen und Mitschüler.

- *Alarmieren Sie den Rettungsdienst, weil ein Schüler in der Schulwerkstatt verunglückt ist.* *(Eine Anleitung finden Sie auf S. 72.)*
- *Vereinbaren Sie mit einer Werkstatt einen Termin für eine Reparatur.*
- *Benachrichtigen Sie eine Kundin/einen Kunden darüber, dass eine bestellte Ware nur noch in einer anderen Ausführung lieferbar ist.*

2 ***Ein Telefongespräch vorbereiten***
Sie wollen mit Ihrer Clique das Konzert einer bekannten Band besuchen. Im Radio haben Sie gehört, dass der Vorverkauf der Karten schon begonnen hat und dass die Nachfrage groß ist. Ihre Freunde haben Sie beauftragt, die Karten telefonisch zu bestellen. Franz und Laura werden diese dann bei der Vorverkaufsstelle abholen.
Notieren Sie auf einem Stichwortzettel die Punkte, die Sie bei dem Gespräch ansprechen müssen. Vergleichen Sie diese mit denen Ihrer Mitschülerinnen und Mitschüler.

3 ***Telefonisch Termine vereinbaren***
Sophie Hirsch hat vor zwei Jahren eine umfangreiche Zahnregulierung machen lassen. Ihre Mutter ermahnt sie, dass sie dringend zum Zahnarzt gehen müsse. Die Kontrolluntersuchung, welche die Krankenkasse verlange, habe sie auch noch nicht durchführen lassen. Es ist Ende November. Sophie bleibt nicht mehr viel Zeit. Noch heute will sie einen Termin vereinbaren.

- *Was muss Sophie sich überlegen, bevor sie telefoniert?*
- *Wie sollte Sophie das Gespräch beginnen?*
- *Worauf sollte sie in ihrem Gespräch hinweisen?*
- *Welche Empfehlungen geben Sie Sophie für den Schluss des Gesprächs?*
- *Bereiten Sie in Kleingruppen ein Rollenspiel vor:*
  - *Eine Person übernimmt die Rolle der Sophie, eine andere Person die der Zahnarzthelferin; zwei oder drei Personen bereiten sich auf die Beobachtung des Gesprächs vor.*
  - *Führen Sie das Gespräch, sprechen Sie dann in der Gruppe über die Stärken und Schwächen des Gesprächs. Wiederholen Sie das Gespräch mit vertauschten Rollen.*

4

Mündlich und schriftlich berichten

4.1 Mündliche Tätigkeits- und Lageberichte

Im Berufsleben gibt es viele Situationen, in denen Berichte mündlich vorgetragen werden müssen. Oft bleibt für eine Vorbereitung keine Zeit und man muss „aus dem Stegreif" reden.
Diese Aufgabe ist aus zwei Gründen gar nicht so schwierig:

- Der **Inhalt** des Berichts ist durch reale Vorgänge und Ereignisse bereits vorgegeben.
- Die **Gliederung** des Berichts ergibt sich aus der zeitlichen Reihenfolge, in der sich alles abgespielt hat.

Die **Drei-Schritte-Methode** ist eine Redetechnik, mit der man sogar ohne Vorbereitung kurze Berichte mündlich vortragen kann. Der Kniff dabei ist, dass man seine Darstellung in drei Teile gliedert und so die Übersicht nicht verliert.

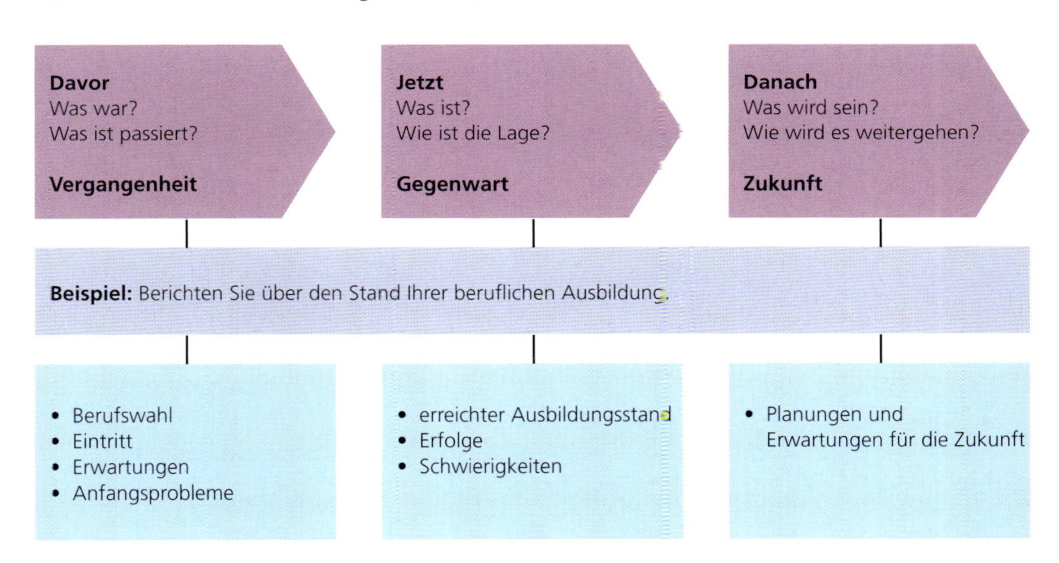

Anhand der folgenden **Aufgabenstellungen** lässt sich diese Redetechnik gut üben.

1 *Gestalten Sie aus den Stichworten des obigen Beispiels eine freie Rede.*

2 *Berichten Sie über eine berufliche Tätigkeit oder eine größere Arbeit, die Sie übernommen haben **(Tätigkeitsbericht)**.*

3 *Tragen Sie zu einer der folgenden Situationen einen Bericht vor:*
- *die **momentane Lage eines Sportvereins**, den Sie kennen*
- *der **Stand eines Projektes** (z. B. Hausbau, Vorbereitung eines Festes, eine Initiative der Schülermitverantwortung usw.)*
- *der **Stand eines persönlichen Vorhabens** (z. B. Ihre Leistung in einer Sportart, Ihre Urlaubsplanung, Ihre private Weiterbildung usw.)*
- *eine **Veränderung im Betrieb** (z. B. neue Maschine, andere Arbeitsplatzgestaltung, anderes Arbeitsverfahren usw.)*

4.2 Telefonische Unfallmeldung

aus: Blickpunkt Arbeitssicherheit

1 *Üben Sie die telefonische Unfallmeldung im Rollenspiel.*

2 *Fertigen Sie sich für „alle Fälle" einen Spickzettel für die Meldung eines Notfalles an. Diese Kurzanleitung sollte in Ihren Geldbeutel passen.*

4.3 Über einen Unfall schriftlich berichten

Aussage Yvonne Stahl:

Jetzt habe ich schon das Pech, dass ich nur alle vier Jahre Geburtstag feiern kann, und ausgerechnet an diesem Tag muss mir das passieren. Ich hatte Blumen an unsere Kunden ausgefahren und konnte dem entgegenkommenden Motorrad gerade noch ausweichen. Doch auf der nassen Straße war das Auto nicht mehr zu lenken und donnerte gegen eine Hauswand. Ein Glück, dass der Transit unserer Gärtnerei, Kennzeichen DU-S 844, so stabil gebaut ist, sonst wäre ich nicht nur mit Prellungen davongekommen. Den Motorradfahrer hat es schlimmer erwischt, vor allem am Kopf.

Aussage Michael Gerstner:

Ich hatte mich links eingeordnet, denn ich wollte an der Kreuzung nach links in die Ebertstraße abbiegen. Da kommt dieser Kamikaze-Fahrer dahergerast und verkratzt mit seiner Fußraste an meinem neuen Golf den vorderen Kotflügel. Ich bin etwa 30 km/h gefahren, der war mindestens doppelt so schnell.

Aussage Ludwig Kramer:

Am Mittwochabend, es begann schon dunkel zu werden, wollte ich die Kronenstraße auf der Höhe des Gasthauses „Adler" überqueren. Ich ließ noch einen Golf vorbei, da kommt von links ein unbeleuchtetes Motorrad mit laut aufheulendem Motor dahergerast und streift den Golf. Ich denke noch, der ist verrückt, das ist doch eine Einbahnstraße, da hat es schon weiter hinten gekracht. Er ist gerade noch an einem Lieferwagen vorbeigekommen, aber dann hat es ihn gedreht und er lag auf der Straße. Die Nummer des Golfs habe ich mir gemerkt, weil sie so lustig war: KUS-S 300.

Aussage Hans Zöllner:

Ich habe nicht gesehen, dass das eine Einbahnstraße ist. Bis vor einem Jahr, da war ich noch 17 Jahre alt, habe ich selbst in Bölkstadt gelebt und da war das noch eine normale Straße. Jetzt wohne ich bei meiner Freundin in Siegburg. Ich hatte es eilig, denn in einer Viertelstunde war Geschäftsschluss, und ich wollte noch in den Computer-Shop am Ende der Straße. Dann habe ich einen Filmriss, ich weiß gar nicht mehr, wie ich ins Krankenhaus gekommen bin. Meine Honda ist jetzt im Eimer. Ein Glück, dass ich vollkaskoversichert bin. Das Kennzeichen will ich aber beibehalten: SU-SI 225.

1 *Lesen Sie die Aussagen zum Unfallhergang aufmerksam durch.*

2 *Gestalten Sie aus den Aussagen der Beteiligten und der Zeugen einen genauen Bericht.*

3 *Nicht jeder ist der Aufgabe gewachsen, im Berufsleben Berichte zu verfassen. Im folgenden Beispiel ist der Versuch, einen Bericht zu schreiben, missglückt. Stellen Sie die Mängel zusammen.*

1 Am Montag der vergangenen Woche arbeiteten unser Geselle Thomas, den wir wegen seiner Größe „Rambo“ nennen, und unser Stift Erwin in einem Neubau. Bei Innen-
5 putzarbeiten zogen sie in einem Treppenhaus Eimer mit Mörtel hoch. Thomas, der oben die vollen Eimer abnahm, war schlecht gelaunt, denn er hatte am Sonntag sein Auto zu Schrott gefahren. „Mach doch schneller,
10 du Faulpelz!“, rief er zu dem die Winde bedienenden Erwin hinunter. Der war über diesen ungerechtfertigten Tadel verstimmt und dachte: „Dich krieg ich dran!“
Grinsend legte er in den nächsten mit Mörtel
15 gefüllten Eimer einen alten Gummistiefel, der zufällig in der Nähe lag. Kaum hatte Thomas den Stiefel bemerkt, warf er ihn lachend auf Erwin hinunter.
Der schaute gerade in diesem Augenblick nach oben, um zu sehen, wie Thomas auf den 20
Stiefel reagieren würde. Thomas hatte nur zu gut gezielt. Der Stiefel traf voll ins Ziel und der daran haftende Mörtel spritzte Erwin in beide Augen. Er schreit laut auf und blitzschnell rast Thomas zu ihm hinunter und leistet Erste 25
Hilfe. Zwei im gleichen Stockwerk arbeitende Elektriker, die den ganzen Vorfall beobachtet hatten, machten Thomas heftige Vorwürfe. Die für so harmlos gehaltene Neckerei kam Erwin teuer zu stehen. Trotz anschließender 30
Behandlung in einer Augenklinik verlor er die Sehkraft auf einem Auge fast ganz.

4 *Vergleichen Sie die Ergebnisse Ihrer Textuntersuchung mit der* ***Arbeitsplanung Bericht*** *auf S. 78.*

5 *Formen Sie obige Darstellung in einen vollständigen Bericht um.*

Ergänzen Sie die fehlenden Angaben zu den ***sechs W-Fragen eines Berichts*** *selbst.*

6 *Schreiben Sie einen Bericht über einen Unfall aus Ihrem Arbeitsbereich.*

7 *Prüfen Sie, welche weiteren Informationen im Formular der Versicherung verlangt werden (s. BuchPlusWeb).*

In einem Bericht werden sechs W-Fragen beantwortet:

Ein Formular für einen Verkehrs-Unfallbericht und ein Unfallmeldeformular einer Versicherung finden Sie unter BuchPlusWeb.

4.4 Über eine Arbeit berichten

Im beruflichen Alltag muss man immer wieder anderen Auszubildenden oder dem/der Vorgesetzten über eine Arbeit berichten, die man erfolgreich durchgeführt hat.
In einem ausführlichen Arbeitsbericht sollten Sie in ganzen Sätzen folgende Informationen geben:

- Tag
- Ort
- Beginn/Ende
- Art der Tätigkeit
- die einzelnen Arbeitsschritte
- die verwendeten Werkzeuge
- das verwendete Material
- das Arbeitsergebnis

1 *Berichten Sie von einer Arbeit im Betrieb, die Sie besonders gerne ausgeführt haben.*

2 *Vergleichen Sie Ihren Bericht mit den Berichten Ihrer Mitschülerinnen und Mitschüler. Beurteilen Sie dabei vor allem die Verständlichkeit und die Ausführlichkeit.*

3 *Lesen Sie den Arbeitsbericht von Kai Wagner.*
- *Welche inhaltlichen und sprachlichen Verbesserungen würden Sie vornehmen?*
- *Welche Formulierungen sollten gestrichen werden?*
- *Vergleichen Sie Ihren verbesserten Bericht mit den Berichten Ihrer Mitschülerinnen und Mitschüler.*

> Am Montag war es spannend. Ich führte zum ersten Mal selbstständig die Eingangskontrolle bei bestellten Waren durch. Zuerst öffnete ich das Paket und prüfte die Begleitpapiere. Und dann packte ich die gelieferte Ware aus. Danach zählte ich die gelieferte Ware und verglich sie mit dem Lieferschein, dazu hakte ich jeden Posten auf dem Lieferschein ab. Dabei stellte sich heraus, dass alles o.k. war.
> Dann ordnete ich die Ware in den entsprechenden Regalen ein. Dann habe ich die Papiere zu der Sachbearbeiterin gebracht.
> Danach war ich fertig.
>
> K. Wagner

4 *Entwerfen Sie den Eintrag, den Kai Wagner ins Berichtsheft schreiben könnte.*

5 *Schreiben Sie einen Arbeitsbericht über eine in Ihrem Beruf häufig vorkommende Tätigkeit. Tauschen Sie Ihren Bericht mit dem einer Mitschülerin oder eines Mitschülers und bringen Sie mit Bleistift Verbesserungen an. Besprechen Sie diese miteinander.*

4.5 Ein Berichtsheft führen

Während Ihrer Berufsausbildung müssen Sie **Wochenberichte** schreiben. Darin wird in Kurzform festgehalten, was im Betrieb und in der Berufsschule gearbeitet und behandelt worden ist. Der für die Ausbildung Verantwortliche muss diese Wochenberichte lesen und unterschreiben. Die Berichtshefte müssen bei der Zwischen- und der Abschlussprüfung vorgelegt werden.

Diese Kurzberichte haben zwei **Funktionen**:
- Der oder die Auszubildende erkennt die Inhalte und den Fortgang der Ausbildung.
- Die für die Ausbildung verantwortlichen Personen können nachprüfen, ob die erforderlichen Fertigkeiten und Kenntnisse lückenlos vermittelt werden **(Ausbildungsnachweis)**.

1 Üben Sie das Ausfüllen des Berichtsformulars für zwei Tage in einer bestimmten Woche. Tragen Sie auf einem Übungsblatt ein, was Sie im Verlauf dieser Tage in der Schule und im Betrieb gearbeitet und gelernt haben.

Wochenbericht Nr.___ vom _____ bis _____ 20.. Ausbildungsjahr _____ Ausbildungsabteilung _____

Tag	Nachweis der in der Woche geleisteten Arbeit	Einzel-stunden	Gesamt-stunden
Montag	Rohrstück nach Zeichnung gefertigt: Materialbeschaffung,		
	Ablängen an Bügelsäge. Werkzeug bereitgestellt: Flachfeile,		
	Dreikantfeile, Wendelbohrer = 4,8 HSS, Gewindebohrer M 6.	0,5	
	Fertigung: am Schraubstock bearbeitet, an Tischbohrmaschine		
	gebohrt, Gewinde geschnitten.	3,5	
	Nachmittags bei Warenauslieferung geholfen.	4,0	8
Dienstag			

so nicht!
Warenannahme
Preisauszeichnung
Regallager
Deutsch
Wirtschaftskunde

aber so:
8 Hometrainer angenommen und geprüft
Sportschuhe mit Sonderpreis ausgezeichnet
Regale im Lager umgestellt, Ware aus- und eingeräumt
D: Protokollarten, eigenes Protokoll verfasst
WI: Kaufvertrag, Wiederholungsfragen

4.6 Über eine Veranstaltung berichten

Spezialitäten zum Billigpreis

Hagsfelder Kerwe[1] in Neustadt erfreut sich steigender Beliebtheit

mw. Wie in den vorausgegangenen Jahren gestalteten viele örtliche Vereine und Institutionen auch in diesem Jahr die Hagsfelder Kerwe[1], die von der Bürgerkommission Hagsfeld am Wochenende veranstaltet wurde. Bedingt durch den eigentlich unnötigen Neubau des Feuerwehrhauses mussten diesmal alle Beteiligten auf dem Festplatz Brückenstraße etwas mehr zusammenrücken. Die schon bekannten Spezialitäten und die günstigen Preise garantierten den Besuchern auch in diesem Jahr einen angenehmen Aufenthalt.

Eröffnet wurde die Kerwe mit dem Fassanstich durch den Oberbürgermeister. Mit dem traditionellen Saueressen[2] am heutigen Tag, das die freiwillige Feuerwehr ausrichtet, endet die Kerwe. Am Sonntag hatten die beiden Ortsgeistlichen einen ökumenischen[3] Gottesdienst gefeiert, der von dem evangelischen Kirchenchor sowie dem Posaunenchor in hervorragender Weise mitgestaltet wurde.

Neun Vereine – vom Gesangverein über den Sportverein bis hin zum altmodischen Kleintierzuchtverein – hatten einen eigenen Stand oder ein Zelt aufgestellt, in denen sie ihre Spezialitäten anboten, wie die „Hagsfelder Grumbiereworscht“[4], „Buwespitzle“[5], „Bibbeleskäs“[6] oder original Elsässer Flammkuchen.

Wie der Vorsitzende des Sportfischerclubs betonte, erfreue sich die Hagsfelder Kerwe immer größerer Beliebtheit. Er sagte, durch gute Zusammenarbeit aller Vereine sei es nun gelungen, die Tradition der Kerwe wieder herzustellen.

aus: Martin Weber, Badische Nachrichten

Der oben abgedruckte Zeitungsbericht über eine „Kerwe“ (= Kirchweih-Fest) enthält alle **Merkmale eines Berichts**. In den folgenden Aufgaben sollen diese Merkmale herausgearbeitet werden.

1 ***Vollständige Beantwortung der sechs W-Fragen:*** *Beantworten Sie aus dem Text heraus die sechs W-Fragen.*

2 ***Die richtige Zeitstufe:*** *Suchen Sie Zeitwörter heraus, die in der Zeitstufe der Vergangenheit stehen.*

3 ***Sachliche, objektive Information:*** *Ein Bericht darf keine persönlichen Urteile, Vermutungen oder Gefühle enthalten.*
Zur Übung wurden nachträglich in dem Text drei Stellen so verändert, dass sie dieser Forderung nicht mehr entsprechen. Suchen Sie diese unsachlichen Formulierungen heraus.

4 *Schreiben Sie über die „Kerwe“ in Hagsfeld einen* ***Kurzbericht****.*

5 *Schreiben Sie über eine Veranstaltung in Ihrer Heimatgemeinde einen Kurzbericht.*

---
[1] *Kirchweih-Fest*
[2] *Gericht aus Leber und Nieren, sauer zubereitet*
[3] *ökumenisch = zwischenkirchlich*
[4] *Kartoffelwurst*
[5] *Schupfnudeln*
[6] *Quark*

Arbeitsplanung 4.7 Bericht

Lernziele

Sie können

- ein Ereignis oder einen Vorgang sachlich und distanziert beobachten,
- die sechs W-Fragen zu einem Ereignis oder einem Vorgang beantworten,
- andere mündlich oder schriftlich über ein Ereignis oder einen Vorgang sachlich informieren.

So gehen Sie vor:

Arbeitsschritte

1. Ereignis oder Vorgang aufmerksam verfolgen
2. die Beteiligten, die wichtigen Vorgänge, den zeitlichen Ablauf und das Ergebnis notieren
3. zeitnah aus Ihren Notizen einen sachlichen Bericht verfassen

Inhalt

- **sachliche Information** über eine Tätigkeit, ein Ereignis, eine Veranstaltung oder einen einmaligen Vorgang
- **objektive**, wahrheitsgetreue **Darstellung**, ohne persönliche Urteile, Vermutungen und Gefühle
- vollständige Beantwortung der sechs W-Fragen, wobei sich der Umfang nach dem Zweck und den Erwartungen der Leser oder Hörer richtet

Aufbau

Die **Gliederung** folgt dem zeitlichen Ablauf.
Der einleitende Satz sollte nicht mehr als drei Angaben enthalten, z.B. Zeit, Ort und Art des Geschehens.
Beispiel: Am 16. Mai 20.., gegen 14:30 Uhr ereignete sich in der Gärtnerei Huber in Konstanz ein Arbeitsunfall.

Sprache

sachliche, nüchterne Sprache

- keine wertenden oder schmückenden Adjektive
- klare Aussagesätze oder kurze Satzreihen
- keine Spannung aufbauen
- keine Gefühle beschreiben
- **Fachsprache** des betreffenden Sachgebiets verwenden
- **Zeit:** Präteritum (Vergangenheit)

Aufgaben für Übungen und Klassenarbeiten

A Berichten Sie für die Schülerzeitung von einer Veranstaltung (z.B. Lehrstellenbörse), die Sie besucht haben.

B Berichten Sie von einer Betriebsbesichtigung, dem Besuch eines Museums oder einer Ausstellung.

C Verfassen Sie einen Zeitungsbericht über ein Ereignis an Ihrem Wohnort (z.B. Straßenfest – Umzug – Unglück – Versammlung – Bürgermeisterwahl).

5 Gespräche und Vorgänge protokollieren

5.1 Funktionen des Protokolls

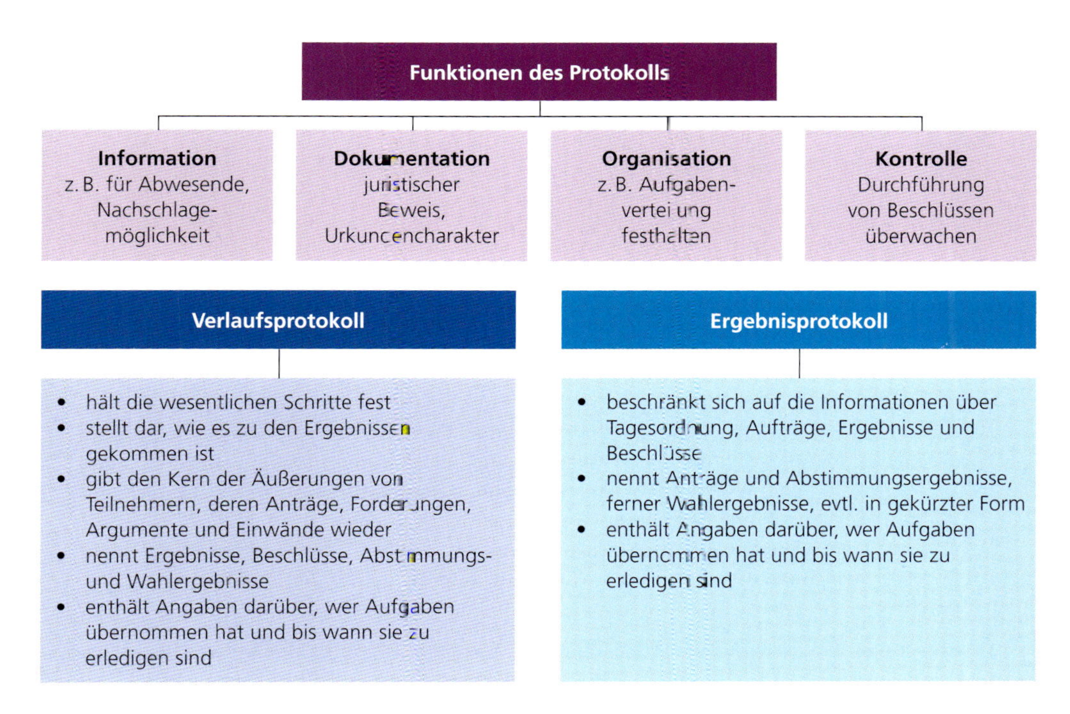

1 *Erläutern Sie die vier Funktionen des Protokolls anhand von Beispielen.*

2 *Erklären Sie mit Ihren Worten den Unterschied zwischen einem Verlaufsprotokoll und einem Ergebnisprotokoll.*

3 *Welche Protokollform ist in folgenden Fällen zweckmäßig?*
Betriebsratssitzung – Elternabend – Klassenkonferenz (= Notenkonferenz) – Vernehmung – Besprechung der Abteilungsleiter – Unterrichtsstunde – Sitzung der Schülermitverantwortung – Vorstandssitzung eines Vereins

4 *Formulieren Sie die folgende Aussage so um, dass sie keine persönliche Wertung enthält:*
Herr Müller fordert mit großer Erregung, den Verkaufsraum anders zu gestalten.
Frau Kunze lehnt dies mit überzeugenden Argumenten ab, kann sich aber leider nicht durchsetzen.

Tipp

- Notieren Sie als Protokollführer/-in bereits während der Veranstaltung das Wichtigste in Stichworten.
- Bitten Sie die Teilnehmer/-innen, die Zahlen und Daten zu schnell genannt haben, Ihnen die vorgetragenen Angaben zu wiederholen oder schriftlich zu geben.
- Verfassen Sie das Protokoll möglichst noch am selben Tag.
- Achten Sie darauf, dass Sie eine neutrale Haltung beibehalten.

5.2 Verlaufsprotokoll

Protokoll

über die Wahl des Klassensprechers der Klasse M1MV3

Datum:	28.09.20..
Ort:	Carl-Benz-Schule, Ludwigsberg, Saal 114
Vorsitzender:	Studienrat Paulsen, Klassenlehrer
Teilnehmer:	siehe Anwesenheitsliste
Tagesordnung:	Durchführung der Klassensprecherwahl
Beginn:	08:15 Uhr
Ende:	09:00 Uhr

1. Studienrat Paulsen gibt bekannt, dass heute die Wahl des Klassensprechers und seines Vertreters durchgeführt werden solle. Er erklärt sich bereit, das Amt des Vorsitzenden und Wahlleiters zu übernehmen. Die Schüler Amann und Künzler sprechen sich dagegen aus, weil diese Wahl eine Angelegenheit der Schüler sei und die Lehrer gar nichts angehe. Sie werden von der übrigen Klasse überstimmt. Axel Steinmann willigt ein, das Protokoll zu führen.

2. Karl Sommer stellt den Antrag, die Wahl um einige Wochen zu verschieben. Er begründet dies damit, dass sich in dieser ersten Klasse die Schüler noch viel zu wenig kennen würden. Das Schuljahr habe ja erst vor wenigen Wochen begonnen und er halte deshalb den Wahltermin für verfrüht. Studienrat Paulsen spricht sich gegen einen späteren Wahltermin aus, weil er die Namen des Klassensprechers und seines Vertreters unbedingt noch in dieser Woche benötige. Mit 16 zu 9 Stimmen wird der Antrag auf Wahlverlegung abgelehnt.

3. Eine kurze Diskussion entsteht über das Wahlverfahren. Durch Akklamation[1] stimmt die überwiegende Mehrheit dem Vorschlag des Klassenlehrers zu, in zwei Durchgängen zu wählen. Die fünf Schüler, die im ersten Wahlgang die meisten Stimmen erhalten würden, sollten sich einer Stichwahl stellen.

4. Aus dem ersten Wahlgang gehen mit den meisten Stimmen hervor: Conny Engels, Murat Tschelis, Karl Koch, Elke Schuhmacher, Udo Zipf.

5. Die fünf Kandidaten stellen sich der Klasse persönlich vor, nachdem Hagen Amann dies gefordert hat und sein Antrag von mehreren Schülern unterstützt worden ist.

6. Der zweite Wahlgang bringt folgendes Ergebnis:

Conny Engels	4 Stimmen	Elke Schuhmacher	10 Stimmen
Murat Tschelis	6 Stimmen	Udo Zipf	2 Stimmen
Karl Koch	3 Stimmen		

7. Elke Schuhmacher ist damit zur Klassensprecherin gewählt und nimmt die Wahl an. Murat Tschelis, an zweiter Stelle stehend, erklärt sich bereit, das Amt des Vertreters zu übernehmen. Studienrat Paulsen gratuliert den Gewählten und sagt, dass er auf eine gute Zusammenarbeit hoffe.

Protokollführer	Vorsitzender
Axel Steinmann	*Paulsen*

---

[1] *Entscheidung durch Zurufe*

5.3 Ergebnisprotokoll

Protokoll

über die Wahl des Klassensprechers der Klasse M1MV3

Datum:	28.09.20..
Ort:	Carl-Benz-Schule, Ludwigsberg, Saal 114
Vorsitzender:	Studienrat Paulsen, Klassenlehrer
Teilnehmer:	siehe Anwesenheitsliste
Tagesordnung:	1. Eröffnung, Ernennung des Wahlleiters und des Protokollführers 2. Vereinbarung des Wahlverfahrens 3. Wahl
Beginn:	08:15 Uhr
Ende:	09:00 Uhr

TOP 1: Studienrat Paulsen begrüßt die Klasse und gibt bekannt, dass heute die Wahl des Klassensprechers und seines Vertreters durchgeführt werden solle. Er erklärt sich bereit, das Amt des Vorsitzenden und Wahlleiters zu übernehmen. Axel Steinmann wird zum Protokollführer ernannt.

TOP 2: Nach einer kurzen Diskussion einigt sich die Klasse auf eine Wahl in zwei Durchgängen. Die fünf Schülerinnen oder Schüler, die im ersten Wahlgang die meisten Stimmen erhalten, werden sich einer Stichwahl stellen.

TOP 3: Im ersten Wahlgang erhalten die meisten Stimmen: Conny Engels, Murat Tschelis, Karl Koch, Elke Schuhmacher, Udo Zipf.

Ergebnis des zweiten Wahlgangs:

Conny Engels	4 Stimmen	Elke Schuhmacher	10 Stimmen
Murat Tschelis	6 Stimmen	Udo Zipf	2 Stimmen
Karl Koch	3 Stimmen		

Elke Schuhmacher ist damit zur Klassensprecherin gewählt und nimmt die Wahl an. Murat Tschelis, an zweiter Stelle stehend, erklärt sich bereit, das Amt des Vertreters zu übernehmen.

Protokollführer — Vorsitzender

Axel Steinmann

---

1 *Vergleichen Sie die beiden Protokolle über eine Klassensprecherwahl.*
- *Welche Protokollform ist für diesen Anlass besser geeignet?*
- *Gibt es auch Gründe, die für die andere Protokollform sprechen?*
- *Enthält das vorliegende Ergebnisprotokoll alles Wesentliche oder sollten noch Angaben aus dem Verlaufsprotokoll übernommen werden?*

2 *Welche Anforderungen werden an den Protokollführer/die Protokollführerin gestellt?*

3 *Welche Erwartungen hat der Leser eines Protokolls?*

5.4 Gesprächsnotizen anfertigen

Gesprächsnotiz Tag ____ 7 8 9 10 11 12 13 14 15 16 17 18

telefonisch / persönlich mit ________ Telefon-Nr. ________

in der Firma ________________

Straße ________________

Ort ________________

Betreff:

____

____

____

____

____

____

____

____

An Herrn / Frau:

1. *Warum ärgert sich der Chef über seine Mitarbeiterin? Welche Informationen erwartet er von ihr?*
2. *Prüfen Sie im verkleinert abgebildeten Formular einer Gesprächsnotiz, ob alle wesentlichen Angaben verlangt werden.*
3. *Lesen Sie das Telefongespräch auf S. 69 und schreiben Sie eine zutreffende Telefonnotiz.*
4. *Die beste Gesprächsnotiz nützt nichts, wenn man sie bei Bedarf nicht mehr findet. Informieren Sie sich in Ihrem Betrieb darüber, wie Gesprächsnotizen aufbewahrt werden.*

5.5 Gedächtnisprotokoll

Immer wieder kommt es vor, dass Sie ein Gespräch führen, dessen Inhalte für Sie selbst oder für andere wichtig sind. Sie wollen sicherstellen, dass Sie nichts vergessen. Oft können aber während des Gesprächs nur wenige oder gar keine Notizen gemacht werden. Dann sollten Sie sich nach dem Gespräch so bald wie möglich Zeit nehmen, um eine Gesprächsnotiz aus Ihrer noch frischen Erinnerung zu schreiben. Für die Form und die Sprache des Gedächtnisprotokolls gibt es keine Vorschriften, Sie können dazu ebenfalls einen Vordruck verwenden oder sich am Ergebnisprotokoll orientieren.

1. *Beschreiben Sie zwei Situationen, nach denen Sie ein Gedächtnisprotokoll anfertigen würden.*
2. *Prüfen Sie, welche der auf S. 79 angesprochenen Funktionen des Protokolls das Gedächtnisprotokoll nicht erfüllt.*
3. *Was sollten Sie bedenken, wenn Sie ein von Ihnen erstelltes Gedächtnisprotokoll an andere Personen weitergeben?*

5.6 Protokoll

Arbeitsplanung

Lernziele

Sie können
- den Verlauf eines Gesprächs oder eines Vorgangs verfolgen und sich Notizen darüber anfertigen,
- die wichtigen Inhalte erkennen und zusammenfassen,
- sich kurzfassen und ohne persönliche Wertungen ausdrücken.

Inhalt
- sachliche Information über den Verlauf oder die Ergebnisse von Besprechungen, Sitzungen, Verhandlungen, Konferenzen usw.
- neutrale Darstellung durch den gewählten oder ernannten Protokollführer, ohne wertende Zusätze
- präzise Angaben, deren Umfang von der Protokollform abhängt
- eindeutige Nebensächlichkeiten und Vorgänge am Rande bleiben unberücksichtigt

Aufbau
- systematische Gliederung
- Reihenfolge ergibt sich aus vorgegebenen **T**ages**o**rdnungs**p**unkten (TOP 1, 2, 3 ...)

Sprache
- sachliche Sprache des Berichts
- Überleitungen zwischen Abschnitten sind nicht erforderlich
- genaue, knappe Formulierungen, die das Wesentliche enthalten
- **indirekte Rede,** wobei Aussagen einzelner Teilnehmer wiedergegeben werden (siehe die im unten stehenden Beispiel kursiv gedruckten Verben) (s. S. 228)
- **Zeit:** in der Regel Präsens (Gegenwart)

Beispiel

In der Kürze liegt die Würze

Frau Häberle erklärt, sie *benötige* einen Hauptschlüssel, dann *könne* sie sich mit der Dekoration länger Zeit lassen. Wegen ihrer Tätigkeit als Aushilfskassiererin *käme* sie häufig erst nach Geschäftsschluss dazu. **Herr Knorr** meint, dass er das *einsehe*, aber er *könne* das nicht allein entscheiden. Dazu *sei* die Genehmigung der Zentrale erforderlich und er *habe* Zweifel, ob die zustimmen werde. Er *sei* dennoch bereit, den Antrag zu stellen.

oben: Sprachlich korrekt, aber zu weitschweifig.
unten: Es geht auch kürzer!

Frau Häberle beantragt, ihr einen Hauptschlüssel zu überlassen, weil sie dann auch nach Geschäftsschluss die Dekoration erledigen könne. **Herr Knorr** wird die Zentrale um Genehmigung bitten.

1 *Schreiben Sie ein Verlaufs- oder ein Ergebnisprotokoll über die Klassensprecherwahl in Ihrer eigenen Klasse.*

2 *Führen Sie das Protokoll über eine Unterrichtsstunde als Teamarbeit und lösen Sie sich nach einer vereinbarten Zeit gegenseitig ab.*

6

Texte visualisieren

„Da blicke ich nicht durch!" So reagiert mancher, wenn er nach dem Lesen eines Textes nicht sofort alles verstanden hat.
In solchen Fällen hilft es, wenn man beim nochmaligen Lesen auf die Struktur des Textes achtet, d. h. auf seine äußere Form und seinen Inhalt. Diese Lesetechnik führt zu einer Übersicht über den gesamten Text. So kann man seinen Inhalt und seine inhaltliche Gliederung leichter erfassen und behalten.

6.1 Äußere Form eines Textes

Viele Texte weisen besondere Merkmale in der äußeren Form auf:

- Überschriften
- Nummerierungen
- Absätze
- Leerzeilen
- Schriftarten und -größen
- Kursiv- und Fettdruck

Dadurch wird für Übersichtlichkeit und gute Lesbarkeit gesorgt. Beispiele findet man u. a. in Fachbüchern und Zeitungen.

Auch ein literarischer Text kann in seinem äußeren (formalen) Aufbau in besonderer Weise gestaltet werden. Bei Gedichten wird dies oft als zusätzliches Gestaltungsmittel eingesetzt.

1 *Prüfen Sie, ob die Visualisierung des Aufbaus eines Geschäftsbriefes mit den Briefen auf Seite 141 oder 142 übereinstimmt.*

2 *Visualisieren Sie den formalen Aufbau eines Protokolls (s. S. 80).*

3 *Zeichnen Sie die äußere Gestalt des Gedichts „Was es ist" von Erich Fried (s. S. 295).*

4 *Beurteilen Sie die optische Gestaltung eines Fachtextes, z. B. S. 207.*

5 *Vergleichen Sie die Gestaltung der Titelseite einer Boulevard-Zeitung mit der einer regionalen Tageszeitung.*

6.2 Grundformen: Strukturbilder von Texten

Der Aufbau eines Textes kann Hinweise für das Verstehen des Gedankenganges geben.
Wenn wir auch die **innere Struktur** eines Textes erkennen, fällt es uns leichter, den gesamten Inhalt zu erfassen, besonders bei umfangreichen oder schwierigen Texten.
Bei **standardisierten Texten** (Geschäftsbriefe, Protokolle u. Ä.) ist nicht nur der formale Aufbau, sondern auch die inhaltliche Struktur festgelegt. (Hinweise dazu finden Sie in den jeweiligen „Arbeitsplanungen", z. B. Seite 83, 95.)
Bei vielen Texten ist es aber nicht leicht, die inneren Strukturen zu erfassen, weil es keine verbindlichen Vorgaben gibt, wie ein Autor oder eine Autorin einen Text inhaltlich zu gestalten hat.

Es gibt aber einige **Grundformen**, die unten dargestellt sind.
Mit dieser Übersicht wird Ihnen die inhaltliche Strukturierung von Texten leichterfallen.
Wenn Sie den inneren Aufbau eines Textes herausarbeiten wollen, können Sie seine einzelnen Bausteine in ähnlicher Weise wie die Beispiele unten und auf S. 86 f. skizzieren. Sie erhalten ein **Strukturbild**, das den Aufbau des Textes visuell darstellt.

(Auf einer Kopie könnten Sie die einzelnen Teile direkt in der Textvorlage markieren oder einrahmen.)

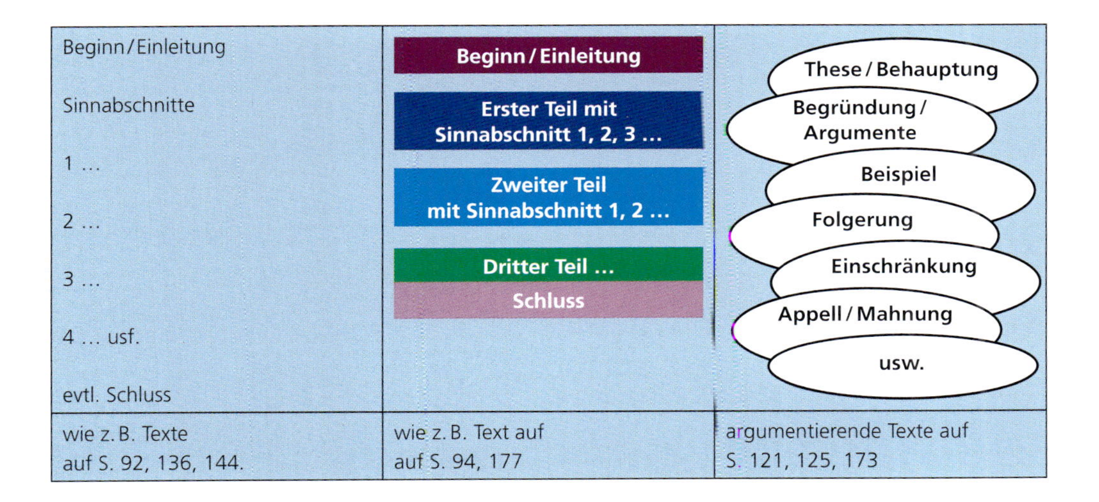

Beginn/Einleitung Sinnabschnitte 1 … 2 … 3 … 4 … usf. evtl. Schluss	**Beginn/Einleitung** **Erster Teil mit Sinnabschnitt 1, 2, 3 …** **Zweiter Teil mit Sinnabschnitt 1, 2 …** **Dritter Teil …** **Schluss**	**These/Behauptung** **Begründung/Argumente** **Beispiel** **Folgerung** **Einschränkung** **Appell/Mahnung** **usw.**
wie z. B. Texte auf S. 92, 136, 144.	wie z. B. Text auf auf S. 94, 177	argumentierende Texte auf S. 121, 125, 173

1 *Wählen Sie einen der oben mit Seitenzahlen angeführten Texte aus und finden Sie durch sorgfältiges Lesen seinen inneren Aufbau heraus. Visualisieren Sie dann die wichtigsten Inhalte/Informationen des Textes.*

2 *Lesen Sie auf S. 164 nach, aus welchen Teilen sich das* ***Strukturbild eines Kommentars*** *zusammensetzen kann. Visualisieren Sie anschließend die Aussagen eines der Kommentare auf S. 165, 206.*

3 *Geben Sie die Struktur eines Textes in Worten wieder.*

6.3 Frei gestaltete Strukturbilder

Die Strukturbilder auf den vorangehenden Seiten lassen den äußeren und den inneren Aufbau eines Textes erkennen und veranschaulichen, wie der Inhalt gegliedert ist.
Neben dieser formalen Methode der Texterfassung gibt es auch die Möglichkeit, die Sinnzusammenhänge eines Textes in frei gestalteten Darstellungen zu skizzieren. Dabei können Sie Ihre eigene Form selbst entwickeln oder bekannte Formen verwenden.

Eine solche Visualisierung hat den Vorteil, dass die wichtigsten Teile und der Sinnzusammenhang eines Textes auf einen Blick zu erkennen sind.
In einer freien Strukturskizze können die inhaltlichen Elemente des Textes in ihrer gegenseitigen Beziehung dargestellt und mit Strichen oder Pfeilen verbunden werden. Eine solche frei gestaltete Visualisierung wird bei jedem Text völlig unterschiedlich aussehen.

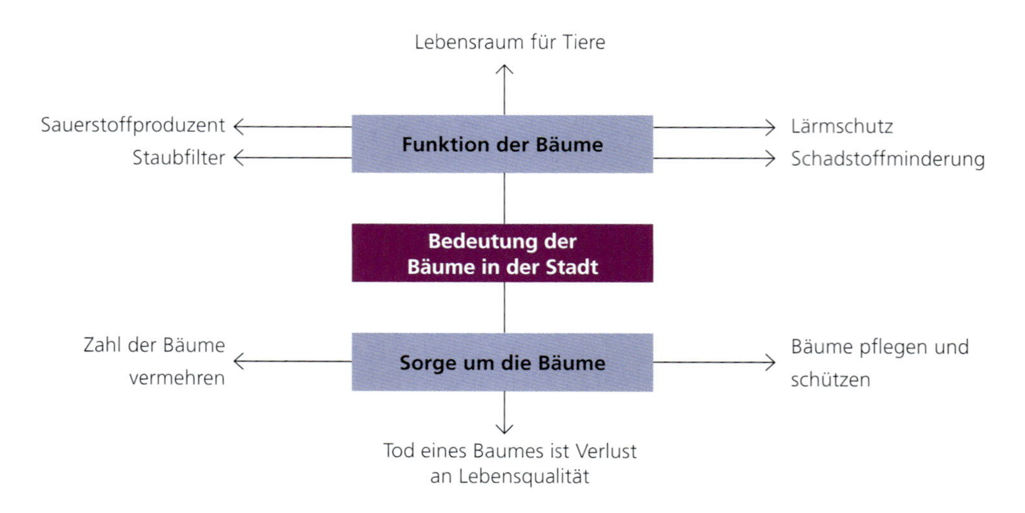

1 *Lesen Sie den Text auf S. 92 und vergleichen Sie den Inhalt mit der Visualisierung. Prüfen Sie, ob diese Darstellung die Kernpunkte des Inhalts richtig erfasst.*

2 *Versuchen Sie die Sinnzusammenhänge dieses Textes in einer anderen Darstellungsweise auf einem Blatt zu visualisieren, z. B. in einem großen Kreis geordnet oder in der Form von sogenannten Wolken oder Sprechblasen.*

6.4 Visualisierung in Form einer Mindmap

Die unten stehende unvollständige Skizze ist eine Visualisierung des Textes „Mindesthaltbarkeitsdatum" (S. 95). Als Darstellungsform wurde eine Mindmap gewählt (s. S. 15 f.).

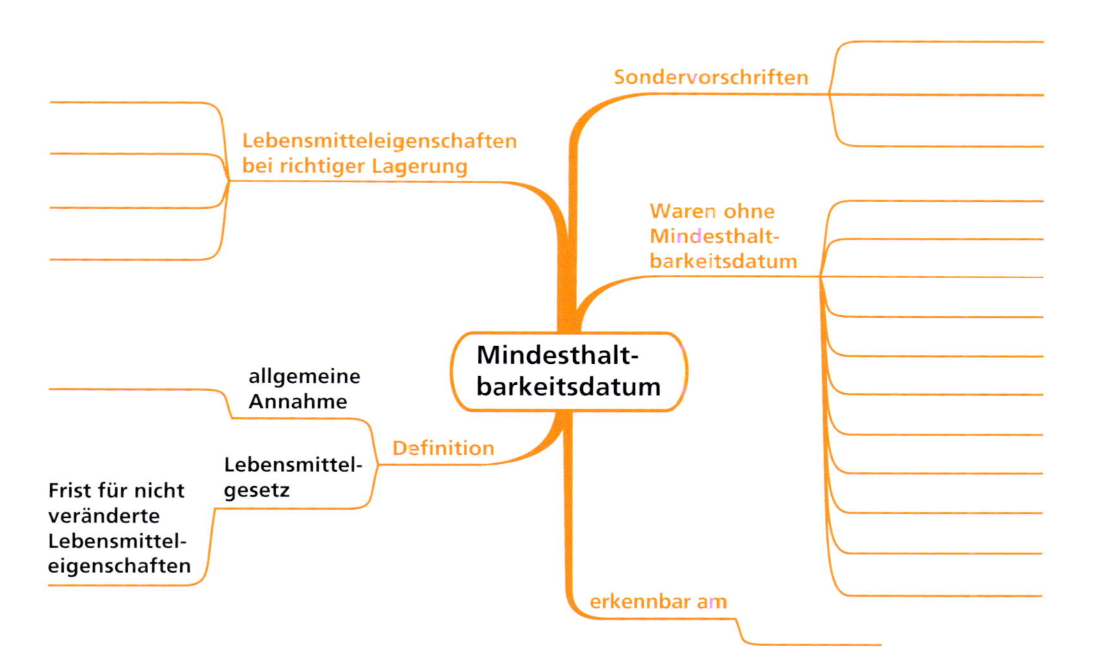

1 *Lesen Sie den Text S. 95 und erfassen Sie seine Kernaussagen durch Unterstreichen (ggf. auf einer Kopie) bzw. Herausschreiben.*

2 *Übertragen Sie die Mindmap auf ein Blatt und ergänzen Sie die fehlenden Informationen.*

3 *Prüfen Sie, ob es in der Visualisierung gelungen ist, den Inhalt des Textes richtig zu erfassen und übersichtlich wiederzugeben.*

4 *Lesen Sie den Text über den Gebrauchtwagenkauf (S. 94) und visualisieren Sie seine inhaltliche Struktur in geeigneter Form (Hilfe für Ihre Darstellung: In dem Text geht es um fünf Hauptpunkte 1. Gewährleistung 2. Warnung vor Umgehung der Rechte des Käufers 3. Beweislast 4. Definition 5. Besonderheiten beim Kauf zwischen Privatleuten).*

5 *Vergleichen Sie die beiden Arbeitstechniken zur Erfassung eines Textes: Welche Vorteile und welche Nachteile hat eine Visualisierung und welche eine schriftliche Inhaltsangabe wie auf S. 93 f.?*

6.5 Mit einem Diagramm Informationen eines Textes visualisieren

Informationen in Texten werden häufig als Zahlen, Größenordnungen oder Prozentangaben gegeben. Wenn mehrere Zahlen genannt werden, sind diese für den Leser verwirrend, er kann sie sich weder merken noch vorstellen. Durch Visualisierung werden die Zahlen veranschaulicht, das Gehirn kann die Informationen besser aufnehmen, verstehen und behalten.

Wer die **Zahlenangaben** eines Textes **visualisieren** möchte, kann folgendermaßen vorgehen: Zunächst stellt man drei Fragen und beantwortet sie aus dem Text. Anschließend wählt man die geeignete Diagrammform (s. S. 100) aus.
Das folgende Beispiel zeigt, wie eine Visualisierung gelingt!

Genug Taschengeld?

Mehr Taschengeld, das ist der Wunsch der meisten Kinder und Jugendlichen, obwohl sie eigentlich mit der Höhe zufrieden sein könnten, wenn man von den Durchschnittszahlen ausgeht, die in einer Umfrage im Jahre 2006 ermittelt worden sind.
Schon die 6- bis 8-jährigen Jungen haben im Monat 13 Euro, die gleichaltrigen Mädchen sind mit 11 Euro etwas bescheidener. Sie überholen dann aber in der Altersgruppe von 10 bis 12 Jahren die Jungen um einen Euro und bekommen 21 Euro im Monat. In den folgenden Altersstufen halten die Jungen die Hand stärker auf und bekommen mit 13 bis 15 Jahren 41 Euro, 3 Euro mehr als die Mädchen. Der größte Unterschied in der Höhe des Taschengeldes besteht aber in der Altersgruppe der 16- bis 19-Jährigen. Während den Jungen in diesem Alter monatlich 217 Euro zur Verfügung stehen, müssen sich die Mädchen mit 164 Euro mit deutlich weniger zufrieden geben. Für diesen Unterschied mag es zwei Gründe geben: Zum einen ist die Ausbildungsvergütung für männliche Auszubildende im Durchschnitt höher, zum anderen müssen noch viele Mädchen zu Hause mehr abgeben als die Jungen. **(efka)**

Drei Fragen an den Text:

1. *Welches Problem wird in dem Text beschrieben? Hier: Höhe des Taschengeldes bei Kindern und Jugendlichen*
2. *Welche Personengruppen o. a. werden genannt? Hier: Jungen und Mädchen verschiedener Altersgruppen*
3. *Welche Zahlenangaben sind in dem Text enthalten? Hier: Unterschiedliche Euro-Beträge, den Altersgruppen zugeordnet*

Diagrammform

Genug Taschengeld?

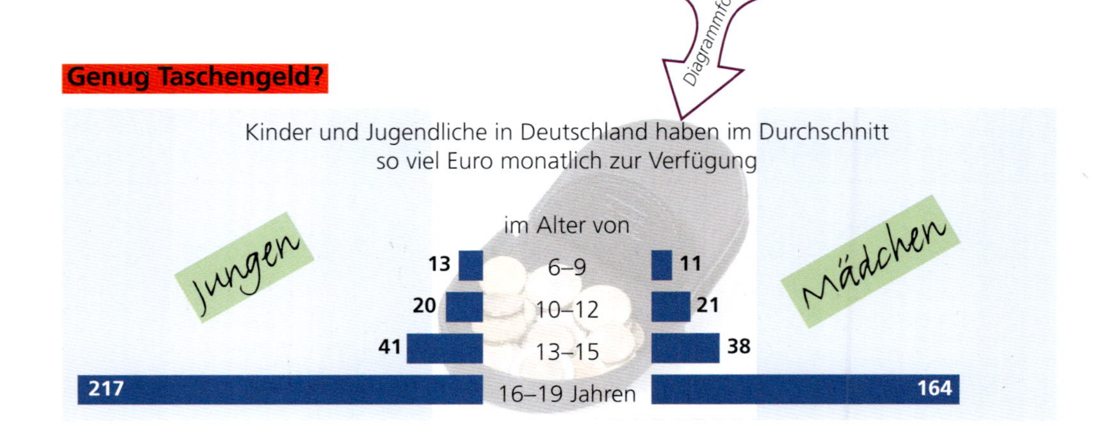

Wo bleibt die Zeit?

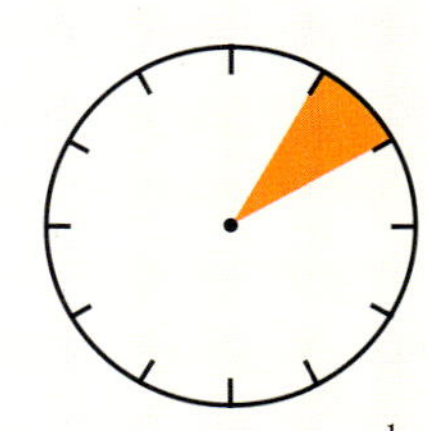

Für eine Statistik über die Zeiteinteilung der Bundesbürger wurden vom Statistischen Bundesamt mehr als 12.600 Menschen in 5.400 Haushalten befragt und 37.000 Tagebücher ausgewertet, in denen die Teilnehmer der sogenannten Zeitbudgeterhebung[1] minutiös festgehalten haben, wofür sie wie lange brauchen. Ein gutes Drittel seines Tages verschläft der Durchschnittsbürger, mehr als zwei Stunden benötigt er zum An-, Aus- und Umziehen, für Körperpflege, Essen und andere persönliche Dinge, vier Stunden nehmen Freunde, Sport und ähnliche Freizeitaktivitäten in Anspruch, zwei Stunden sitzt ein Mustermensch vor dem Fernseher, Männer übrigens länger als Frauen. Acht Stunden pro Tag bleiben für den Beruf, die Schule, die Familie oder den Haushalt – Wochenende, Urlaub, kürzere Arbeitszeiten oder gelegentliche Zeiten der Erwerbslosigkeit mit eingeschlossen.

vgl. Statistisches Bundesamt, Tabellenband zur Zeitbudgeterhebung

4 *Visualisieren Sie die Informationen des Textes über die Zeiteinteilung durch ein Diagramm (s. S. 88).*

5 *Erstellen Sie anschließend ein weiteres Diagramm, das Ihre eigene durchschnittliche Tageseinteilung zeigt. Wählen Sie dazu eine andere Diagrammform als vorher (s. S. 100).*

Waschmaschine für viele unverzichtbar

München (dpa). Die große Mehrheit der Deutschen könnte eher auf das Handy oder den Fernseher verzichten als auf Haushaltsgeräte wie die Waschmaschine. Das geht aus einer repräsentativen Umfrage des Emnid-Instituts hervor.
Danach können 80 Prozent der Deutschen ohne Haushaltsgeräte wie die Waschmaschine nicht mehr auskommen. Für 70 Prozent aller Befragten ist eine schöne Wohnung am wichtigsten. Ein Leben ohne Auto ist für mehr als die Hälfte unvorstellbar. Und für ein Drittel ist der Fernseher ein absolutes Muss. 41 Prozent der befragten Frauen können sich ein Leben ohne Telefon und Handy nicht mehr vorstellen, bei den Männern sind es lediglich 27 Prozent. Befragt wurden 524 Frauen und Männer zwischen 20 und 49 Jahren (Mehrfachnennungen).

aus: Stuttgarter Zeitung

6 *Visualisieren Sie die Angaben im oben stehenden Text.*

7 *Nehmen Sie anschließend Stellung:*
- *Wie beurteilen Sie das Ergebnis dieser Umfrage?*
- *Hätten Sie die Rangfolge in dieser Weise erwartet?*
- *Wo gibt es Unterschiede zu Ihrer eigenen Einschätzung?*

Einen weiteren Übungstext für die Visualisierung finden Sie unter BuchPlusWeb.

[1] *Haushaltsplan*

7 Inhalte wiedergeben

In einer **Inhaltsangabe (Textwiedergabe)** wird ein Text mit eigenen Worten zusammengefasst und verkürzt wiedergegeben. Im beruflichen Alltag kommt es immer wieder vor, dass Arbeitskolleginnen und -kollegen oder Vorgesetzte über den Inhalt eines Textes informiert werden müssen. In der Schule gibt es häufig die Aufgabenstellung, einen Text mit eigenen Worten zusammenzufassen.

Auch im privaten Bereich formulieren wir ab und zu Inhaltsangaben, wenn wir zum Beispiel einem Bekannten erzählen, warum uns ein Film oder ein Vortrag gut gefallen hat oder warum wir ihm nicht empfehlen, ein bestimmtes Buch zu lesen. Bei solchen Gesprächen ist die Inhaltsangabe aber nur ein Teil der Begründung, wir ergänzen sie mit persönlichen Beurteilungen.

Die **Inhaltsangabe von Sachtexten** (Gebrauchstexten – funktionalen Texten) unterscheidet sich im Aufbau und in der Vorgehensweise von der Inhaltsangabe von literarischen Texten (fiktionalen Texten). Daher wird diese ab S. 96 gesondert behandelt.

7.1 Mündliche Inhaltsangabe

Liebe

Tasha, 18, aus Kalifornien und Doug, 17, aus Illinois haben sich am 2. Februar dieses Jahres im Internet kennengelernt, im Video-Chat, anonym, durch einen Zufallsgenerator.
Er grinste so süß. Sein blaues Käppi hatte er verkehrt aufgesetzt. „Irgendwie cool“, dachte Tasha. Doug mochte Tashas braune Locken, ihre Augen, das Lächeln. Und er fand toll, dass er jemanden aus Kalifornien kannte. Die beiden quatschten: über Kumpels von Doug und darüber, dass es was Besonderes sein müsse, dass die beiden auf einer Chatplattform jemanden gefunden haben, der irgendwie normal zu sein scheint. In der wirklichen, der analogen Welt sind es die leicht Verrückten, die begehrt werden. Im Internet sind es die „Normalen“. „Wie treffe ich dich wieder?“, fragte Doug. „Finde mich im Netz“, sagte Tasha, „ich nenne mich Natpie“. Doug googelte und fand Natpies YouTube-Kanal: Dort zeigte Tasha Videos aus ihrem Alltag. Doug hätte ihr eine Nachricht schreiben können, privat. Er entschied sich für das Gegenteil, nahm ebenfalls ein Video auf. Die ganze Welt sollte wissen, dass er Tasha vermisst. Er nannte das Video: „I miss you normal girl“. Tasha sah den Film und filmte ihre Antwort. Sie sagte oft „I miss you“, sie warf Doug einen Kuss in die Kamera.
Tasha und Doug können sich in die Augen schauen und sich Zärtlichkeiten zuflüstern. Sie kann Luftküsse werfen und er sie auffangen, aber solange die beiden online bleiben, werden sich ihre Lippen nie berühren. Was sie erleben, ist eine neue Art von Beziehung: Die beiden lieben sich, und das Netz schaut zu. Inzwischen haben sie sich viele Videos geschickt. Tausende verfolgen, wie sich die Beziehung entwickelt. Man könnte es Exhibitionismus nennen, sie selbst aber nennen es: die Welt teilhaben lassen an ihrem Glück.
Tasha hat Doug ihre Handynummer gegeben, sie haben telefoniert. Aber das fühlt sich irgendwie anders an als die Filme, nicht so spannend. Es kribbelt mehr, wenn Freunde zugucken, Fremde tuscheln und, ja, wenn manche auch ein wenig neidisch sind. Tasha und Doug wollen jetzt doch lieber weiter Videos bei YouTube hochladen. Seit drei Monaten sind die beiden jetzt schon ein Paar, wenn man das so nennen darf. Doug würde gern nach Kalifornien fliegen zu Tasha. Er möchte wissen, wie ihre Locken riechen, und er würde sie gern mal in den Arm nehmen. „Das ganze altmodische Zeug“, sagt er. Tasha sagt: „Ich weiß nicht, ob ich das brauche.“ (UA)

1 *Lesen Sie den Text aufmerksam und notieren Sie sich vier bis fünf Stichworte, die Ihnen helfen, das Wichtigste zu behalten und mündlich wiederzugeben.*

2 *Bilden Sie Kleingruppen zu drei bis vier Mitgliedern. Jeder gibt in knappen Worten den Inhalt wieder und erhält von den anderen eine Rückmeldung über die Vollständigkeit und Verständlichkeit des Inhalts.*

7.2 Inhaltsangabe von Sachtexten

Die Inhaltsangabe eines Sachtextes (Gebrauchstextes) gibt die wichtigen Gedanken eines Textes wieder und kann zusätzlich seinen Aufbau (Textstruktur) beschreiben. Dabei darf der Sprachstil der Vorlage verändert werden. Die Fachsprache sollte erhalten bleiben.

Fünf Schritte zur Gestaltung einer Inhaltsangabe

1. Text aufmerksam lesen und dabei die Sinnabschnitte markieren[1]
2. wichtige Wörter unterstreichen[1]
3. Kurzsätze bilden (z. B. als Randnotiz[1])
4. Inhaltsangabe formulieren
5. Einleitung und Schluss ausarbeiten

Eine Inhaltsangabe kann auch in **visueller Form** als **Strukturbild** oder als **Mindmap** dargestellt werden. Auf S. 85 f. und S. 87 f. werden diese Methoden erläutert.

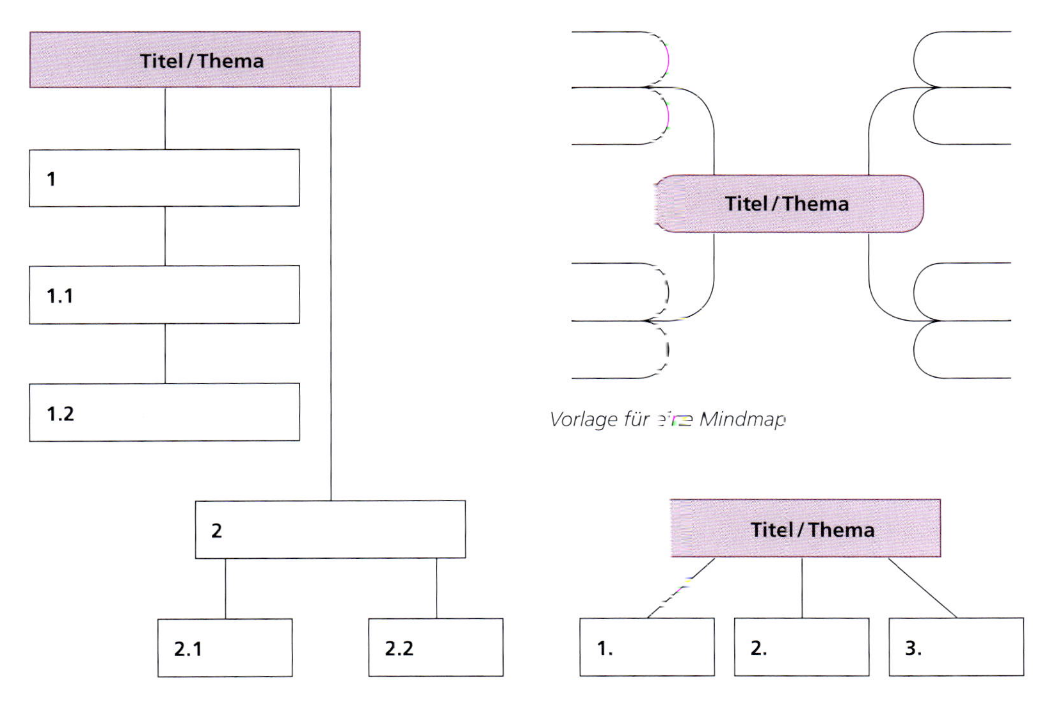

Vorlage für eine Mindmap

Vorlagen zur Gestaltung von Strukturbildern

---

[1] *Bei geliehenen Büchern eine Kopie oder einen Notizzettel verwenden*

7.2.1 Schritt für Schritt zu einer Inhaltsangabe

① Text lesen ② Wichtiges unterstreichen ③ Kurzsätze bilden (Kernaussagen)[1]

Bäume in der Stadt

Seit jeher werden Straßenverläufe von Bäumen begleitet, Plätze durch Bäume abgegrenzt, Wege und Treffpunkte durch Bäume hervorgehoben. In unseren heute vor allem durch die Verkehrsmittel bestimmten Stadtbereichen gewinnen Bäume wieder mehr und mehr an Bedeutung. Dabei spielen die dekorativen Aspekte nur eine vordergründige Rolle. Zugegeben, grüne Innenstadtbereiche sind lebenswerter, erholsamer, freundlicher als die zubetonierten, meist grauen Fassaden.
Die Funktion des Baumes ist jedoch viel bedeutender, als man zunächst zu glauben vermag. Das Laub der Bäume filtert den Staub aus der Stadtluft. Baumbestandene Straßen haben bis zu 70 Prozent weniger Staubpartikel in der Luft. Sauerstoff ist für den Menschen lebensnotwendig. Ein großer Baum kann bis zu 1.200 Liter Sauerstoff pro Stunde produzieren. Kohlendioxid, das bei der Verbrennung entsteht, ist in der Stadtluft in erhöhten Konzentrationen nachzuweisen. Bäume sind in der Lage, diesen Schadstoffgehalt der Luft zu reduzieren, denn sie verarbeiten bis zu 2,4 kg Kohlendioxid pro Stunde.
Die Lärmbelästigung belastet die Menschen ganz erheblich. Bäume brechen den Schall und vermindern so die Lärmbelästigung in ganz wesentlichem Umfang. In dicht bebauten Gebieten sind Straßenbäume häufig die einzigen Pflanzen und somit wichtiger Lebensraum für Kleinlebewesen und Vögel.
Bäume können auf sehr vielfältige Art und Weise die Lebensqualität der Bewohner in den Ballungsräumen verbessern. Wünschenswert wäre für jede Stadt ein dichtes Netz von Straßenbäumen. Vor allem dort, wo Gärten ganz fehlen, ist der Baum auf der Straße ein Stück Natur, das die Beachtung und Pflege des Menschen erfordert, wenn es bestehen soll. Immer noch wird im Winter unachtsam Salz auf Bauminseln gestreut, Autos parken zu dicht an den Baumstämmen und beschädigen Holz und Wurzeln, auslaufendes Benzin und Öl oder Unkrautbekämpfungsmittel bringen Bäumen in der Stadt einen langsamen, unaufhaltsamen Tod. Und der Tod eines Baumes in der Stadt bedeutet einen Verlust an Lebensqualität für alle.

ph

SINNABSCHNITTE

1 zunehmende Bedeutung der Bäume in Stadtbereichen

2 Bäume haben mehrere Funktionen
filtern den Staub
produzieren Sauerstoff
reduzieren den Schadstoffgehalt der Luft
Bäume vermindern Lärm
Sie bieten Lebensraum für Kleinlebewesen und Vögel

3 dichtes Netz von Straßenbäumen wünschenswert

4 Pflege erforderlich
Schädigung durch Salz, parkende Autos, Schadstoffe

5 Tod eines Baumes ist Verlust an Lebensqualität

aus: Frankfurter Nachrichten

[1] *Auf S. 86 wird gezeigt, wie die Kernpunkte dieses Textes visuell dargestellt werden können.*

④ **Inhaltsangabe formulieren**

Die Bedeutung der Bäume in Stadtbereichen nimmt zu.

Das liegt daran, dass Bäume mehrere wichtige Funktionen erfüllen.
Ihr Laub filtert den Staub aus der Stadtluft.

Außerdem produzieren sie den lebensnotwendigen Sauerstoff und verringern dabei den Kohlendioxidgehalt der Luft.

Bäume können auch die Lärmbelästigung verringern, weil sich in ihrem Laub der Schall bricht.

Für Kleinlebewesen und Vögel sind Bäume ein wichtiger Lebensraum.

Aus all diesen Gründen sollte ein dichtes Netz von Straßenbäumen geschaffen werden.

Diese müssen aber gepflegt
und
vor Schäden bewahrt werden.

Mit jedem Baum, der in der Großstadt stirbt, verringert sich die Lebensqualität.

⑤ **Einleitung und Schluss**

Einleitung

In einem Zeitungsartikel in den Frankfurter Nachrichten beschreibt der Autor P. H. die Funktion der Bäume in der Großstadt.

Schluss

Dem Autor ist es gelungen, dem Leser mit eindringlichen Worten die Bedeutung der Bäume bewusst zu machen. Seine mahnenden Worte am Schluss weisen auf eine ernste Gefahr hin, die viele noch nicht erkannt haben.

7.2.2 Übungstexte

Vorsicht beim Gebrauchtwagenkauf

Verbraucherzentralen schlagen Alarm. Allzu oft versuchen Gebrauchtwagenhändler, die Gewährleistungsrechte auszuhebeln. Denn Händler müssen auf gebrauchte Autos zwei Jahre Gewährleistung geben. Zwar darf die Frist im Vertrag auf ein Jahr verkürzt werden. Doch die früher übliche Klausel „Probe gefahren, Ausschluss jeglicher Gewährleistung" ist damit hinfällig. Wo sie dennoch auftaucht, gilt stattdessen die Zweijahresfrist.
Der Verkäufer trägt die Beweislast, wenn das Auto in den ersten sechs Monaten nach dem Kauf streikt. Er muss dann darlegen, dass der Mangel bei Übergabe des Pkw nicht vorlag. Erst nach Ablauf der sechs Monate trifft den Käufer die Beweispflicht. Damit stehen Kunden deutlich besser da als früher, wenn es da nicht schwarze Schafe unter den Händlern gäbe, die sich am Gesetz vorbeimogeln. Einige bremsen ihre Kunden aus, indem sie kurz vor der Unterschrift nicht sich selbst als Verkäufer eintragen, sondern einen privaten Vorbesitzer. Der Händler ist dann nur Vermittler – eine Vertragsgestaltung, die Kunden unbedingt vermeiden sollten.
Aber nur echte Mängel treffen den Händler, Verschleiß nicht. Daher gibt es im Streitfall handfeste Abgrenzungsprobleme: Was ist Mangel, was Verschleiß? Rechtsprechung gibt es dazu bisher kaum. Immerhin hat das Oberlandesgericht Bamberg salomonisch[1] definiert: Ein Mangel liegt vor, wenn die Abnutzung über das hinausgeht, was angesichts von Typ, Alter und Laufleistung normal ist.
Ausgeschlossen ist die Gewährleistung aber für Mängel, die der Verkäufer genannt hat. Viele bieten Gebrauchte daher oft nur mit Gutachten an. Diese Mängelliste sollten Käufer aufmerksam durchgehen – besonders wenn es heißt, die dort aufgeführten Punkte seien nur Formalitäten.
Der Verkäufer muss aber nicht auf allgemein übliche Abnutzungen hinweisen oder auf offensichtliche Macken wie Beulen, die jeder sehen kann. Vorsicht gilt indes, wenn bei einem guten Auto pauschal „Bastlerfahrzeug" oder „Zum Ausschlachten" im Kaufvertrag steht. Dann hat der Kunde bei späteren Reklamationen schlechte Karten.
Diese Regeln gelten nicht unter Privatleuten. Da bleibt es beim Gewährleistungsausschluss, wenn etwa „Gekauft wie besehen, Ausschluss jeder Gewährleistung" im Vertrag steht. Dies gilt nicht, wenn der private Verkäufer Mängel arglistig verschweigt.

aus: test (Stiftung Warentest, S. 12)

1 *Prüfen Sie Ihr Textverständnis:*
- *Welche rechtlichen Unterschiede bestehen zwischen dem Kauf eines Gebrauchtwagens beim Händler und dem Kauf von einer privaten Person?*
- *Formulieren Sie einige Ratschläge für den Kauf eines Gebrauchtwagens.*

2 *Fertigen Sie von diesem Text oder von dem Text auf der nächsten Seite eine Inhaltsangabe mithilfe der auf S. 91 genannten Arbeitsschritte.*

[1] *klug und weise*

Das Mindesthaltbarkeitsdatum

Auf den meisten Lebensmitteln muss der Vermerk „Mindestens haltbar bis …“ aufgedruckt oder eingeprägt werden. Was besagt das „Mindesthaltbarkeitsdatum“? Wenn man meint, diese Angabe bezeichne das letzte Verkaufs- oder Verbrauchsdatum, dann täuscht man sich gewaltig. Das Lebensmittelgesetz versteht etwas anderes unter dem Mindesthaltbarkeitsdatum. Das Mindesthaltbarkeitsdatum bezeichnet die vom Hersteller festgesetzte Frist, in der ein Lebensmittel bei richtiger Lagerung seine typischen Eigenschaften behält. Der Geschmack soll in dieser Zeit erhalten bleiben. Auch der Nährwert soll sich innerhalb dieser Frist nicht ändern. Die Ware soll ihr Aussehen behalten und die Zusammensetzung soll sich auch nicht verändern. Ein Händler, der Ware nach Ablauf des Datums anbietet, verstößt nicht gegen das Gesetz und macht sich folglich auch nicht strafbar. Er müsste allerdings prüfen, ob die von ihm angebotene Ware noch einwandfrei ist, d. h. nicht verdorben und nicht gesundheitsschädlich ist. Es wäre natürlich übertrieben, wenn man ein solches Mindesthaltbarkeitsdatum auch beim Verkauf von frischem Obst oder Gemüse verlangen würde. Auch Getränke mit mehr als 10 % Alkohol, frische Backwaren, Zucker, Speisesalz, Bier, Honig, Kaffee, Kakao, Schokolade dürfen ohne das Mindesthaltbarkeitsdatum verkauft werden. Ziemlich unübersichtlich wird die Regelung der Mindesthaltbarkeit für den Verbraucher, weil dabei auch noch Sondervorschriften zu beachten sind. Zum Beispiel ist es üblich, bei Hackfleisch das Verzehrdatum anzugeben, aber bei Eiern das Legedatum. Auf die Butterpackung wird der Tag aufgedruckt, an dem sie hergestellt wurde. (GW)

7.2.3 Inhaltsangabe von Sachtexten — Arbeitsplanung

Lernziele
Sie können

- die wesentlichen Gedanken eines Textes erkennen und wiedergeben,
- den Aufbau eines Textes (die Textstruktur) beschreiben,
- den Sprachstil eines Textes erkennen und in der Inhaltsangabe beibehalten.

So gehen Sie vor:
Arbeitsschritte

1. Text aufmerksam lesen und Sinnabschnitte markieren[1]
2. Wichtige Sätze unterstreichen[1]
3. Kurzsätze bilden (z. B. als Randnotiz)[1]
4. Inhaltsangabe (Hauptteil) formulieren
5. Einleitung und Schluss ausformulieren

Inhalt und Aufbau
Einleitung

- Verfasser, Titel, Art und Herkunft des Textes
- Inhaltskern in einem Satz als Vorinformation

Hauptteil

- Information über wesentliche Gedanken des Textes
- evtl. Informationen über äußere Merkmale (formaler Aufbau) und über den inhaltlichen Aufbau (Textstruktur)

Schluss

- Beurteilung der Wichtigkeit und Bedeutung des Textes
- Beurteilung der Wirkung auf den Leser

Sprache

- Wiedergabe mit eigenen Worten (Fachbegriffe übernehmen)
- sachlicher Stil, klare, leicht verständliche Sätze
- Zeitform Präsens, direkte Rede in indirekte Rede umwandeln

[1] *Bei geliehenen Büchern eine Kopie oder einen Notizzettel verwenden.*

7.3 Inhaltsangabe von literarischen Texten

Tobias und sein Freund Klaus haben beide den Thriller „Sakrileg“ des amerikanischen Bestseller-Autors Dan Brown gelesen. Sabine hat noch nie von dem Roman gehört und möchte gerne wissen, worum es darin geht.

Klaus beginnt:

> „Was, du kennst Dan Browns ‚Sakrileg‘ nicht? Der Roman wurde doch auch verfilmt! Schon ne Weile her, dass ich den Roman gelesen habe, aber ich bekomme den Inhalt noch zusammen. Also, da gibt es viele Verfolgungsjagden durch ein Pariser Museum, wo ja auch das berühmte Bild der Mona Lisa von Leonardo da Vinci hängt, neben vielen anderen Bildern. Dort ist der Museumsdirektor von einem Mönch ermordet worden. Um seinen Freunden zu helfen, hat der Museumsdirektor viele Hinweise versteckt, so etwa eine Geheimschrift auf der Mona Lisa. Jedenfalls versucht die Kirche, das zu verhindern und die beiden müssen ständig fliehen. Dann gehen sie in eine Bank, wo sie ein Kästchen bekommen …“

Tobias fällt Klaus ungeduldig ins Wort:

> „‚Sakrileg‘ handelt von der Jagd nach dem Heiligen Gral. Die Hauptperson des Thrillers, Robert Langdon, ist ein Wissenschaftler, der sich beruflich mit Verschwörungen und der Bedeutung von Symbolen beschäftigt. Eines Abends wird er in den berühmten Louvre von Paris gerufen, wo man den Museumsdirektor ermordet aufgefunden hat. Gemeinsam mit der französischen Polizistin Sophie versucht er, die Hintergründe dieses Mordes aufzudecken. Schon bald entdecken sie, dass sie sich auf der Spur des legendären Heiligen Grals befinden. Doch sie sehen sich auch Gegnern aus den Reihen der katholischen Kirche ausgesetzt, welche mit aller Macht versuchen, das Geheimnis um den Gral zu bewahren … Wie der Roman ausgeht, das verrate ich dir nicht. Lies ihn selber!“

1 *Aus welchen Gründen unterbricht Tobias seinen Freund Klaus?*

2 *Vergleichen Sie die beiden Schüler-Beispiele. Wo erfahren Sie mehr über den Roman?*

3 *Unten ist der Text von der Rückseite des Romans abgedruckt. Was erfährt man darin über den Inhalt? Welche Absicht verfolgt der Verlag mit diesem Text? Was fällt Ihnen sprachlich auf?*

> Eine entstellte Leiche im Louvre …
> Rätselhafte Zeichen in den Werken Leonardo da Vincis …
> Eine mächtige Geheimgesellschaft …
> Ein Mythos, der die Grundfesten der Kirche erschüttert …
> Der Roman über die größte Verschwörung der letzten 2000 Jahre

aus: Brown: Sakrileg, Klappentext

7.3.1 Beispiel einer Inhaltsangabe (Schülerarbeit)

Die folgende Inhaltsangabe der Kurzgeschichte „Geier" (s. S. 262) stammt von einem Schüler. Er hat in einer Klassenarbeit beim Abschreiben des Konzeptes die inhaltliche Reihenfolge durcheinandergebracht.

1 *Lesen Sie die Kurzgeschichte auf S. 262 und ordnen Sie die folgenden Textabschnitte der Schülerarbeit der inhaltlichen Abfolge nach.*

Schließlich treten bei ihm starke Schmerzen auf. Geschwächt verteidigt Harold seine Stellung trotz der Ratschläge seiner Kollegen, einen Arzt aufzusuchen. Ihm ist bewusst, dass andere Mitarbeiter auf seinen Posten aus sind. Nach einem Zusammenbruch am Wochenende wird Harold in ein Krankenhaus eingeliefert, wo er verstirbt. Die Arbeitskollegen erfahren davon erst, als sie zu Wochenbeginn wieder zur Arbeit gehen.

In einem Büro wird Harold, der zuvor zum Prokuristen befördert worden ist, von seinen Arbeitskollegen (als Wir-Erzähler der Kurzgeschichte) beobachtet. Dabei vergleichen sich seine Kollegen mit Geiern, die auf ihr Opfer lauern. Nicht Neid auf Harold sei es, weshalb sie ihn beobachten würden, sondern ausschließlich das Interesse, wie dieser mit seiner neuen beruflichen Situation fertig werde.

Theo Schmich, 1935 in Essen geboren, arbeitete nach dem Studium als Chemie-Ingenieur. Viele seiner Erzählungen behandeln Probleme aus der Arbeitswelt. In der Kurzgeschichte „Geier" (1974) geht es um den beruflichen Aufstieg und das Scheitern einer Führungsperson.

Sie sind sich einig, dass er es nicht schaffe, seiner Prokuristenstelle mit dem stets gleichen Elan[1] nachzukommen. Als Harolds Leistungen nachlassen und er starke körperliche Veränderungen zeigt, schlägt einer der Kollegen vor, dass er Urlaub machen solle. Harold ignoriert diese Empfehlung, um seine Stelle vor seinen Kollegen weiter zu behaupten.

Mit dieser Kurzgeschichte möchte der Autor darauf aufmerksam machen, dass beruflicher Aufstieg auch seinen Preis haben kann. Ich finde die Kurzgeschichte vor allem wegen des Vergleichs mit Geiern gut, gerade weil in unserer heutigen Zeit Mobbing oft eine Rolle am Arbeitsplatz spielt.

Unter den Kollegen macht sich Skepsis breit, ob Harold den neuen beruflichen Anforderungen gewachsen sei. Es dauert nicht lange, da zeigt sich Harold nicht mehr locker und freundlich, sondern zunehmend gereizt. Als Folge seines veränderten Verhaltens zuckt sein rechtes Augenlid. Jeglicher Wandel von Harolds Verhalten und Äußerem wird von seinen Kollegen registriert.

2 *Lesen Sie die Anmerkungen zu Inhalt und Aufbau einer Inhaltsangabe in der Arbeitsplanung auf S. 98. Ordnen Sie zu: Einleitung – Hauptteil – Schluss.*

3 *Schreiben Sie eine Inhaltsangabe zu dem Text „Nora hat Hunger" von Sibylle Berg auf S. 278.*

4 *Verschaffen Sie sich mithilfe des Internets einen Überblick über aktuell erschienene Romane verschiedener Genres (Gattungen) wie Thriller, Fantasy, Science-Fiction, historische Romane etc. Wählen Sie ein Werk aus und stellen Sie es Ihren Mitschülerinnen und Mitschülern vor. Geben Sie den Inhalt wieder und begründen Sie, warum Sie die Lektüre empfehlen würden.*

5 *Schreiben Sie die Inhaltsangabe zu einem Kinofilm, der Ihnen besonders gefallen hat.*

[1] *Schwung*

Arbeitsplanung 7.3.2 Inhaltsangabe von literarischen Texten

Lernziele

Sie können

- Ihr Textverständnis ausdrücken, indem Sie Inhalt und Aussage von literarischen Texten schriftlich zusammenfassen,
- andere über den Inhalt literarischer Texte informieren,
- in einem Text Wichtiges von Unwichtigem unterscheiden.

So gehen Sie vor:

Arbeitsschritte

1. Text aufmerksam lesen und Sinnabschnitte markieren[1]
2. wichtige Stellen unterstreichen[1]
3. Kurzsätze bilden (z. B. als Randnotiz)
4. Inhaltsangabe (Hauptteil) formulieren
5. Einleitung und Schluss ausformulieren

Dabei sollten Sie beachten:

Inhalt und Aufbau

Einleitung

Verfasser, Titel, literarische Form und Herkunft des Textes, Veröffentlichungsdatum, Inhaltskern in einem Satz als Vorinformation

Hauptteil

Informationen über
- die wesentlichen Gedanken des Textes
- äußere Merkmale (formaler Aufbau)
- den inhaltlichen Aufbau des Textes (Textstruktur)

Schluss

Bedeutung des Textes und Beurteilung der Wirkung auf den Leser

Sprache

Wiedergabe in eigenen Worten, wobei aber zentrale Begriffe des Vorlagetextes übernommen werden dürfen:
- klare, leicht verständliche Sätze, sachlicher Stil
- direkte Rede in indirekte Rede umwandeln (siehe S. 228)
- Zeitform Präsens (Gegenwart)

1 *Vergleichen Sie die Arbeitsschritte mit denen in „Arbeitsplanung: Inhaltsangabe von Sachtexten" auf S. 95. Wodurch unterscheidet sich die Inhaltsangabe literarischer Texte von der Inhaltsangabe von Sachtexten?*

[1] *Bei geliehenen Büchern eine Kopie oder einen Notizzettel verwenden.*

7.3.3 Eine literarische Figur charakterisieren

[…] Langdons Blick schweifte zu dem hohen Ankleidespiegel an der gegenüberliegenden Wand. Er hatte Mühe, in dem müden, zerzausten Zeitgenossen, der ihm von dort entgegenstarrte, sich selbst zu erkennen.

Du solltest mal Urlaub machen, Robert.

Die Erlebnisse im letzten Jahr hatten ihm arg zugesetzt, doch den Beweis dafür nun im Spiegel zu sehen gefiel ihm gar nicht. Seine sonst so klaren blauen Augen sahen trüb und müde aus, und ein dunkler Stoppelbart umwölkte sein ausgeprägtes Kinn mit dem Grübchen. Die grauen Strähnen an den Schläfen waren auf einem unaufhaltsamen Vormarsch in sein dichtes, gewelltes schwarzes Haar. Nach Aussage seiner Kolleginnen unterstrich das Grau Langdons „akademische Erscheinung"[1], doch er wusste es besser. […]

Brown: Sakrileg, S. 15 f.

1 *Der obige Textauszug stammt aus Dan Browns Roman „Sakrileg". Was erfahren Sie darin über die Figur Robert Langdon?*

Um literarische Texte zu verstehen, müssen Sie sich mit den darin vorkommenden Figuren befassen: Wie sehen sie aus, wie bewegen sie sich und wie handeln sie? Die Charakterisierung einer Figur darf sich aber nicht nur auf das äußere Erscheinungsbild beschränken. Soziale Position und typische Charakterzüge und Eigenarten sind ebenfalls bedeutsam. Beachten Sie auch, ob sich der Charakter einer Figur im weiteren Verlauf der Handlung möglicherweise verändert. Erfinden Sie aber keine neuen Eigenschaften!

Zum Schluss sollten Sie eine Bewertung der Charaktermerkmale einer Figur vornehmen, indem Sie Ihre Einzelbeobachtungen in einen Gesamtzusammenhang stellen.

Berücksichtigen Sie bei einer schriftlichen Charakterisierung folgende Aspekte:

- Formulieren Sie im Präsens.
- Beschreiben Sie Charakterzüge sachlich und in eigenen Worten.
- Belegen Sie Ihre Aussagen am Text.

Kriterien zur Charakterisierung einer literarischen Figur:

1. Äußeres Erscheinungsbild:
   Geschlecht? (Genaues/geschätztes) Alter? Aussehen? Gestalt? Größe? Gang? Gesichtszüge? Frisur? Kleidung? Typische Merkmale (z. B. Brille, Narbe auf linker Wange)?
2. Soziale Position:
   Beruf? Gesellschaftliche Stellung? Beziehungen zu anderen Personen (Freunde/Feinde)?
3. Charakterzüge/Eigenarten:
   Wertauffassungen? Einstellungen? Interessen? Gefühle?

2 *Lesen Sie den Text „Geier" (s. S. 262). Legen Sie eine dreispaltige Tabelle an und schreiben Sie aus dem Text heraus, was Sie über* **a** *das äußere Erscheinungsbild,* **b** *die soziale Position und* **c** *die Charakterzüge/Eigenarten von Harold erfahren.*

3 *Finden Sie Oberbegriffe für Harolds Verhalten.*

4 *Beschreiben Sie, wie sich Harolds Verhalten verändert.*

5 *Stellen Sie sich vor, Sie sollten einem Ihrer Freunde eine zusammenfassende Beurteilung von Harolds Charakter geben. Formulieren Sie drei bis vier Sätze.*

6 *Was erfährt der Leser über die anderen Figuren im Text? Welches Bild wird von ihnen gezeichnet?*

[1] *hier: Aussehen eines Wissenschaftlers*

8

Diagramme erläutern

8.1 Diagrammformen

Bei einem Referat (s. S. 31 f.) oder einer Präsentation (s. S. 34 ff.) können Zahlenangaben durch Diagramme (Schaubilder) veranschaulicht werden, z. B. mithilfe einer Folie für den Tageslichtprojektor. Auf diese Weise können Daten so visualisiert werden, dass ein Zahlenvergleich oder eine Entwicklung auf einen Blick zu erfassen und zu verstehen ist. Zahlenreihen kann sich die Zuhörerin/der Zuhörer schlecht merken. Nur die wichtigsten Zahlen sollten hervorgehoben werden. Zusammenhänge und Schlussfolgerungen müssen klar formuliert werden.

Kreisdiagramm

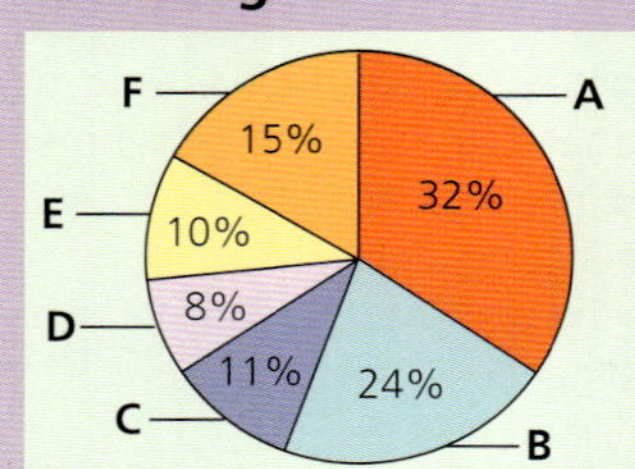

Geeignet für die Darstellung von (Prozent-)Anteilen an einer Gesamtheit (100%). Beispiel: Anteil von Altersgruppen an der Gesamtbevölkerung. (Nicht geeignet für die Darstellung von Zeitreihen.)

Erläutern Sie den Inhalt beispielsweise so:

Der größte Teil der .../der Anteil der ... beträgt/ein Viertel der .../die kleinste Gruppe ist .../X Prozent entfallen auf .../A, B und C zusammen umfassen .../Über die Hälfte der ... o. Ä.

Balkendiagramm

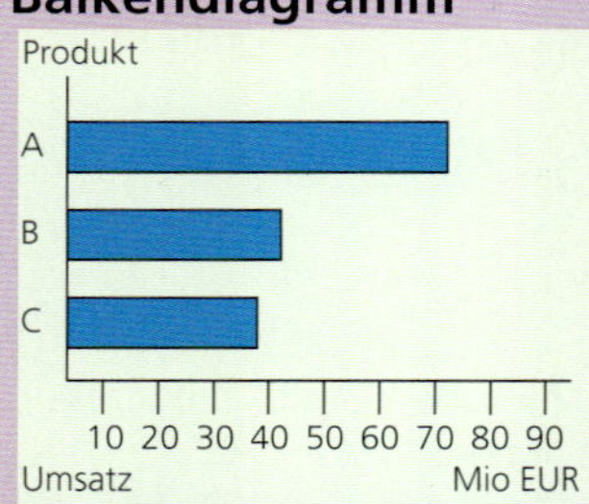

Geeignet für die Darstellung von Rangfolgen und Vergleichen, weniger geeignet für Zeitreihen wegen der übereinanderliegenden Anordnung.

Erläutern Sie den Inhalt beispielsweise so:

An dritter Stelle folgt .../an der Spitze liegen .../am besten haben ... abgeschnitten/größer/kleiner als .../am niedrigsten/am höchsten .../deutlich größer .../mehr als alle anderen/Schlusslicht ... o. Ä.

Säulendiagramm

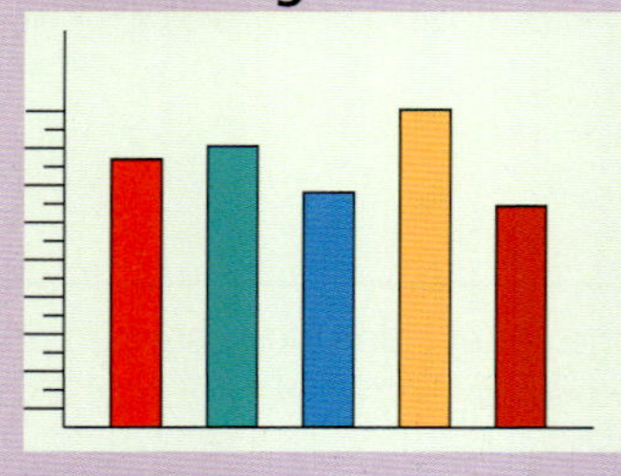

Geeignet für die Darstellung von Häufigkeit und Anteilen, ebenso geeignet für Zeitreihen (dann mit einem von links nach rechts verlaufenden „Zeitstrahl").

Erläutern Sie den Inhalt beispielsweise so:

In der Zeit von ... bis .../in der ersten Jahreshälfte/gegenüber dem Vorjahr/... ist gewachsen/... ist gesunken/... geht zurück/nimmt zu/hat sich verdoppelt ... o. Ä.

Kurvendiagramm

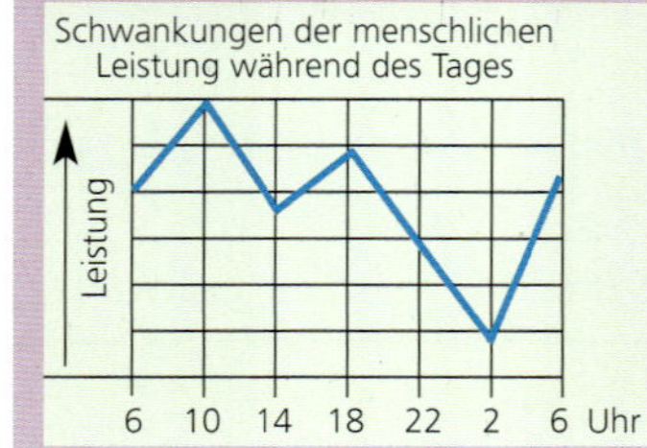

Geeignet für die Darstellung von Veränderungen in einem Zeitraum (z. B. Absatzschwankungen, Entwicklung der Arbeitslosenzahlen).

Erläutern Sie den Inhalt beispielsweise so:

In dem Zeitraum von ... bis .../seit dem Jahr .../in der zweiten Jahreshälfte/gegenüber dem Vormonat/sinkt/fällt ab/nimmt ab/schwankt/stagniert/... bleibt konstant/steigt an/Höhepunkt/Tiefpunkt ... o. Ä.

8.2 Über ein Diagramm informieren

Beispiel

So können Sie den Inhalt dieses Diagramms in Worte fassen:

- Bei den deutschen Autourlaubern ist … das Reiseland Nr. 1.
- Im Inland ist … die beliebteste Urlaubsregion der deutschen Autofahrer.
- In Deutschland hat … an Beliebtheit gewonnen, … und … haben an Beliebtheit verloren.
- Nach … fahren die wenigsten deutschen Autourlauber.
- Fast … (1/2, 1/3, 1/4, 1/5 ?) fahren nach Italien und Frankreich.

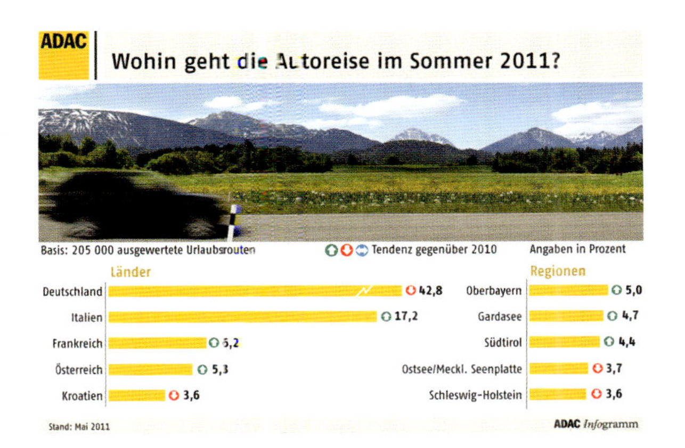

Quelle: ADAC

1 *Worum geht es in diesem Diagramm? Formulieren Sie in einem Satz, worüber der Betrachter informiert werden soll.*

2 *Fassen Sie die Aussagen des Schaubildes in einem Text zusammen, z. B. als Kurzvortrag vor der Klasse. Beginnen Sie dabei mit der folgenden* ***Einleitung****:*
„In der Maiausgabe 2011 der „Motorwelt" veröffentlichte der ADAC eine Grafik mit den Reisezielen der deutschen Autourlauber. Die Angaben sind als Balkendiagramm dargestellt und zeigen Folgendes …"

Einleitende Sätze bei der Erläuterung eines Diagramms

A Fundstelle	B Zeitangabe	C Thema	D Diagrammform

3 *Benennen Sie in der Einleitung bei Aufgabe 2 oben die Teile A bis D.*

4 *Benennen Sie diese Teile auch im folgenden Einleitungsbeispiel und vervollständigen Sie den Text (zu dem Diagramm über „Unfallverursacher", S. 103).*
Das Schaubild mit dem Titel … war in … ohne Zeitangabe abgedruckt. Die einzelnen Angaben stammen vom … und sind als … dargestellt. Das Schaubild zeigt …

Abschließende Sätze bei der Erläuterung eines Diagramms

Als Schluss können Sie zu dem angesprochenen Problem persönlich Stellung nehmen:

Ist das Problem Ihrer Meinung nach ernst zu nehmen? Aus welchen Gründen? Welche Folgen, welche Auswirkungen sind zu bedenken? Ergibt sich aus der Auswertung des Schaubildes eine Forderung? Sind bestimmte Maßnahmen zu treffen?

8.3 Den Inhalt eines Diagramms erschließen

Zur Vorbereitung einer schriftlichen Beschreibung und Auswertung eines Diagramms empfiehlt es sich, mithilfe der unten stehenden **Erschließungsfragen** stichwortartig Gedanken zum Thema aufzuschreiben.

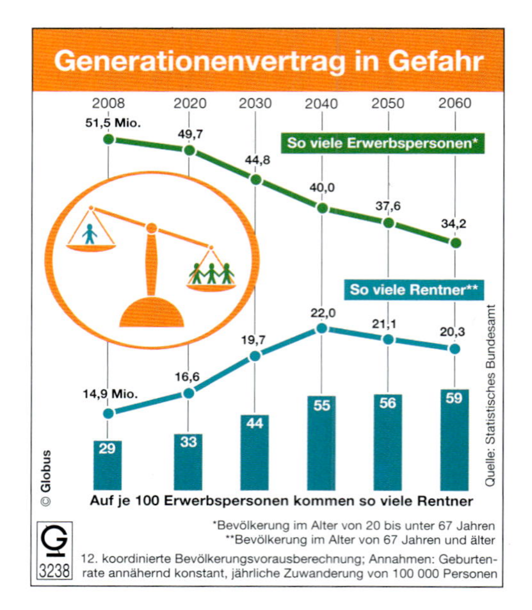

1. *Prüfen Sie, ob die Antworten auf die Erschließungsfragen mit den Informationen des Diagramms übereinstimmen.*
2. *Wandeln Sie die Antworten in einen flüssigen Text um.*
3. *Nehmen Sie anschließend persönlich Stellung zu dem in dem Diagramm angesprochenen Problem.* *(s. S. 101 unten).*

Erschließungsfragen	Überschrift/Titel des Diagramms: Generationenvertrag in Gefahr
① **Einleitungssatz:** Überschrift/Titel? Form der Darstellung? Quelle? Gesamtproblem?	Generationenvertrag in Gefahr – Kurven- und Balkendiagramm – „Statistisches Bundesamt" – Rentenproblem in der Zukunft
② Über welche Bereiche informiert das Diagramm? Was wird dargestellt? Was wird verglichen? Was fällt besonders auf? Welche Entwicklung ist zu erkennen?	Entwicklung der Zahl der Erwerbspersonen und der Zahl der Rentner bis zum Jahre 2060 – mit zwei Kurven gegenübergestellt – in Abständen von 12 und dann 10 Jahren: die Abnahme der Zahl der Erwerbspersonen und die Zunahme der Rentner – starke Veränderung zwischen 2020 und 2060 – in einem Balkendiagramm wird das Verhältnis Erwerbspersonen–Rentner dargestellt – durch diese Entwicklung immer weniger Beitragszahler und immer mehr Rentenempfänger (Missverhältnis) – dazu Angabe im Balkendiagramm: Auf 100 Erwerbspersonen kommen 2020 rd. 33 Rentner, d. h. drei Beitragszahler müssen für einen Rentner aufkommen, 2060 müssen zwei mehr als einen Rentner finanzieren.
③ Welche Folgerungen ergeben sich aus der Untersuchung des Diagramms? Welche Maßnahmen sind erforderlich?	Folgerung: Die Rentenbeiträge steigen immer mehr oder die Renten müssen gekürzt werden – Maßnahme: Rentenreform, denn die Last darf nicht allein auf die zukünftigen Generationen abgewälzt werden.
④ **Schluss:** Wie ist der Informationsgehalt zu beurteilen? Wie ist die Wirkung auf den Betrachter zu beurteilen?	Das Diagramm öffnet mit seiner übersichtlich gestalteten Grafik die Augen für eines der wichtigsten Probleme der Gegenwart – es ist allerdings nur eine Prognose.

Erschließungsfragen zu diesem Diagramm

a) Wie heißt das dargestellte Gesamtproblem?

b) Woher stammen die Angaben?

c) Welche Bereiche werden gegenübergestellt?

d) Welche Gruppen werden miteinander verglichen?

e) In welchem Umfang sind die Gruppen an Unfällen beteiligt?

f) Welche Rolle spielt das Alter in Bezug auf die Unfallhäufigkeit?

g) Was könnte die Ursache sein? Welche Faktoren könnten eine Rolle spielen? Welche Maßnahmen schlagen Sie vor?

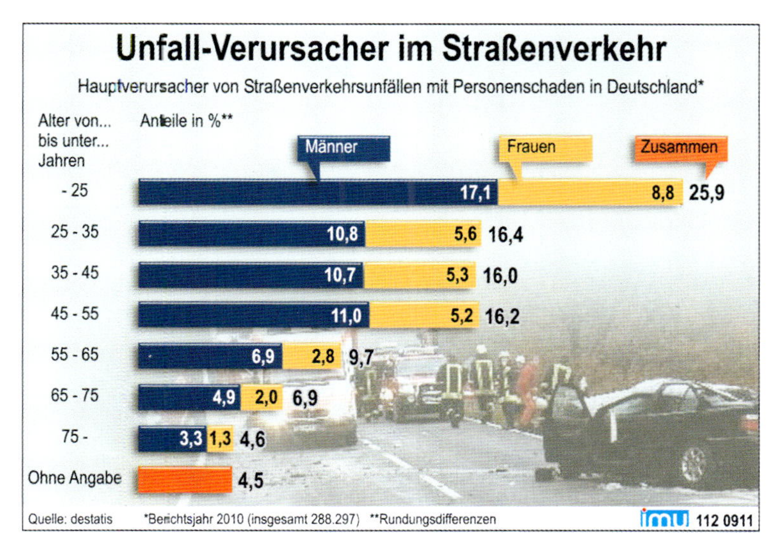

4 *Komplizierte Prozentangaben sollten, wenn es möglich ist, zum besseren Verständnis gerundet und in anschauliche Begriffe umformuliert werden, wie in den folgenden Beispielen: 23,56 % = fast ein Viertel, 73,89 % = rund drei Viertel, 35 % = über ein Drittel, 48 % = knapp die Hälfte (oder auch: fast jeder Zweite).*
Formulieren Sie dafür geeignete Prozentzahlen in einem der Diagramme in anschauliche Begriffe um.

5 *Welche Prozentzahlen verbergen sich hinter den folgenden Formulierungen?*
etwa jeder Dritte – so gut wie jeder Zehnte – beinahe zwei Drittel – mehr als ein Viertel – circa ein Achtel – ungefähr jeder Fünfte

6 *Erläutern Sie schriftlich den Inhalt eines der Diagramme auf dieser Seite. Nehmen Sie kurz Stellung zu dem im Diagramm erkennbar gewordenen Problem.*

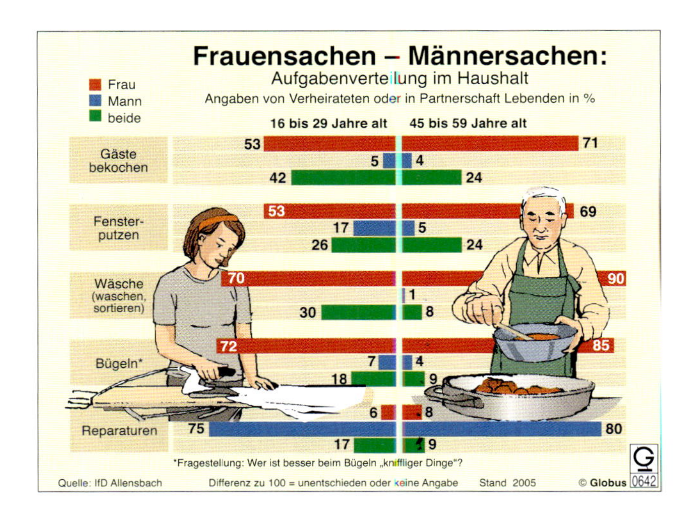

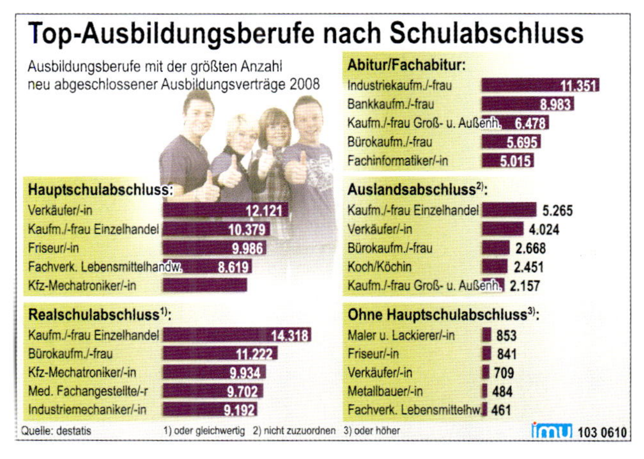

8.4 Ein Schaubild beschreiben

Erläutern Sie das Schaubild „Der Weg in die Sucht".

1. *Was versteht man unter „Sucht"?*
2. *Welche Suchtkrankheiten werden in der Grafik angedeutet?*
3. *Welche Einflussfaktoren für Sucht werden in diesem Schaubild genannt? Erläutern Sie, was mit diesen Begriffen gemeint ist.*
4. *Formulieren Sie mit eigenen Worten, warum man von einem „Teufelskreis der Sucht" spricht.*

Der Weg in die Sucht

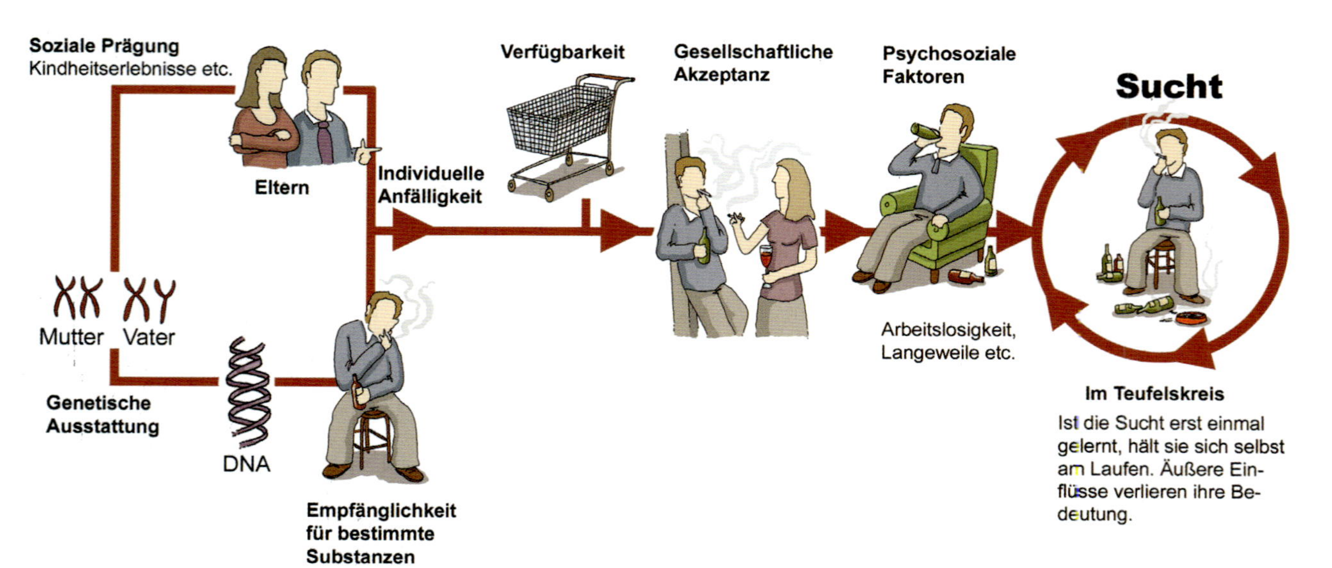

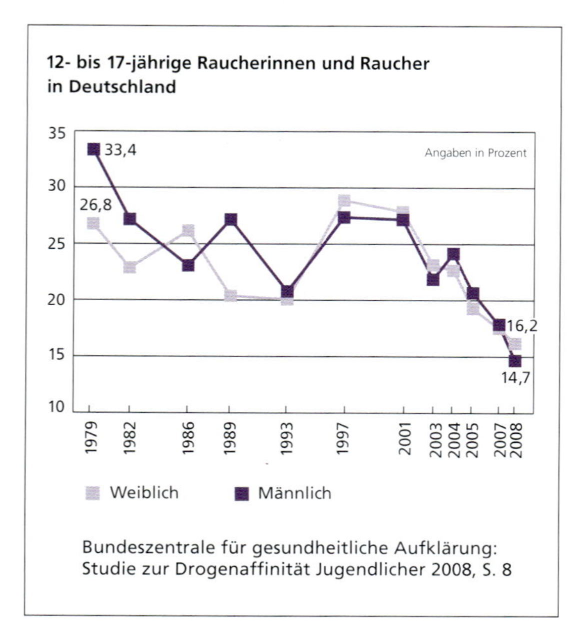

Bundeszentrale für gesundheitliche Aufklärung: Studie zur Drogenaffinität Jugendlicher 2008, S. 8

5. *Beschreiben Sie das Schaubild.*
6. *Worauf ist Ihrer Meinung nach der Rückgang der Zahl der Raucherinnen und Raucher zurückzuführen?*
7. *Welche Ursachen führen Ihrer Meinung nach zu der unterschiedlichen Entwicklung bei Raucherinnen und Rauchern?*

8.5 Diagramme erläutern

Arbeitsplanung

Lernziele
Sie können
- ein Schaubild analysieren und ihm Informationen entnehmen,
- den Inhalt erläutern,
- ein Schaubild interpretieren, d.h. Ursachen erläutern,
- Ausblicke über weitere Entwicklungen geben.

So gehen Sie vor:
Arbeitsschritte
1. das Schaubild aufmerksam betrachten
2. Erschließungsfragen zum Schaubild stellen und beantworten
3. Zahlen und Entwicklungen veranschaulichen
4. Ursachen erkennen
5. zu dem Problem Stellung nehmen

Inhalt und Aufbau
Einleitung
- Thema, Fundstelle (Quelle), Datum, Herausgeber
- Gesamtproblem

Hauptteil
- Aufbau/Gliederung, Diagrammform, grafische Gestaltungsmittel
- wesentliche Aussagen zusammenfassen, dabei vom Allgemeinen zum Besonderen anordnen
- Entwicklungen, Veränderungen, Auffälligkeiten und Besonderheiten darstellen
- wichtige Zahlen veranschaulichen, z.B. durch Vergleiche mit Bekanntem

Schluss
- Bedeutung des dargestellten Themas
- Beurteilung nach Informationsgehalt und Wirkung auf den Betrachter
- Schlussfolgerungen

Sprache
- sachlicher Stil
- einfache, leicht verständliche Sätze
- anschauliche Vergleiche
- passende Verben und Adjektive
- Zeitform: Präsens

1 Erläutern Sie das Schaubild:

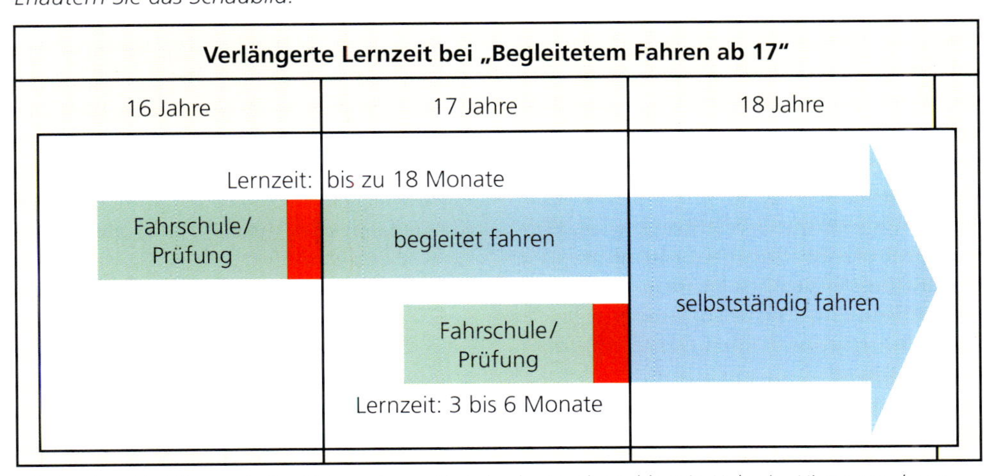

Ministerium für Wissenschaft, Wirtschaft und Verkehr des Landes Schleswig-Holstein: Hintergrund zum Begleiteten Fahren ab 17

9

Anderen etwas erzählen

1. *Erörtern Sie die Behauptung des jungen Mannes. Was spricht dafür, was dagegen?*
2. *Schätzen Sie, wie häufig Sie selbst innerhalb einer Woche anderen etwas erzählen. Welche* ***Sprachebenen*** *(s. S. 49) verwenden Sie dabei?*
3. *Kennen Sie neben dem Bedürfnis, sich zu unterhalten, noch andere Gründe, warum Menschen Erzählungen hören oder lesen wollen?*
4. *Lesen Sie die folgende Erlebniserzählung eines Schülers und überlegen Sie sich eine treffendere Überschrift.*
5. *Erzählen Sie mündlich oder schriftlich eine ähnliche Begebenheit, wie man Ihnen oder einer anderen Person einmal einen Streich gespielt hat.*

9.1 Ein Erlebnis im Betrieb

Es waren schon 14 Tage vergangen, seit ich in unserem Betrieb meine Ausbildung begonnen hatte. Es gefiel mir dort sehr gut, denn ich durfte einfache Arbeiten bereits selbstständig verrichten. So kam es, dass ich mich fast schon als Geselle fühlte.

An einem Montag ließ mich der Meister kurz nach der Frühstückspause zu sich rufen. Er gab mir ein Gewindestück, das ich um zwei mm abfeilen sollte. Ich ging zum Schraubstock, spannte das Werkstück ein und fing an zu feilen. Da ich im Feilen noch ungeübt war, ging die Arbeit nur mühsam voran, und ich musste mich ziemlich plagen. Bald standen mir Schweißtropfen auf der Stirn, meine Hand verkrampfte sich und mir war mehr zum Weinen als zum Lachen zumute. Das sah ein Geselle, der gerade vorbeikam. „Nimm doch Feilenfett, dann geht es wie geschmiert!“, riet er mir lächelnd. Ich freute mich, dass ich wieder etwas dazugelernt hatte, und ging zur Werkzeugausgabe. Stolz auf mein neues Wissen, bat ich mit lauter Stimme: „Eine große Dose Feilenfett, bitte!“ Schallendes Gelächter war die Antwort. Verstört, wie ein begossener Pudel, stand ich da und war völlig ratlos. Erst allmählich ging mir ein Licht auf und ich begriff, dass man mir einen Streich gespielt hatte.

Als ich nach einiger Zeit wieder lachen konnte, erzählte ich einem Arbeitskollegen den Vorfall. Dieser tröstete mich mit den Worten: „Da hast du noch Glück gehabt. Erst gestern sollte ein anderer Auszubildender ein ‚rechtwinkliges Augenmaß‘ besorgen.“

Jens S. (17 J.)

9.2 Aufbau einer Erzählung

Wenn Sie eine Erzählung schreiben, sollten Sie zunächst alle Ideen, die Ihnen einfallen, ungeordnet in Stichworten auf einem Blatt aufschreiben. Damit eine sinnvolle und folgerichtige Geschichte entstehen kann, müssen Sie anschließend Ihre Ideen schrittweise in eine Art „Bauplan" der Erzählung einordnen und sie dann ausschmücken:

EINLEITUNG

Beschreiben Sie kurz die Ausgangssituation Ihrer Erzählung und stellen Sie sie dem Leser vor:
- Zeit (Wann spielt die Erzählung?)
- Ort (Wo spielt die Erzählung?)
- Personen (Wer spielt mit?)

HAUPTTEIL

Der Schwerpunkt Ihrer Erzählung liegt auf dem Hauptteil. Bringen Sie hier Ihre in der Einleitung vorgestellten Personen
- in eine ungewöhnliche und spannende Situation oder
- in einen Konflikt mit anderen Personen.

Beachten Sie dabei Folgendes:
- Gefühle, Gedanken und Handeln der Personen
- einen Spannungsbogen mit einem **Höhepunkt**.

SCHLUSS

Überraschen Sie den Leser mit einem unerwarteten Ende. Beschreiben Sie
- die Auswirkungen eines Konflikts oder
- das Denken und Handeln der Personen nach einer spannenden Situation.

Erzählschritte: Was kommt zuerst, was dann?

1 *Ergänzen Sie die folgende Ideensammlung mit Ihren eigenen Ideen.*

nachts um halb drei ...

Klaus, der Briefträger ...

ein roter Ferrari ...

im Kaufhaus ...

eine Giftschlange ...

Feuerwerk ...

ein lauter Schrei ...

ein Streit ...

einen dunklen Wald ...

... ein Filmstar

... mit dem MP3-Player

an einem nebligen Morgen ...

an einer Straßenbaustelle ...

2 *Wählen Sie bis zu fünf Ideen aus und entwickeln Sie aus diesen eine kurze Erzählung. Geben Sie Ihrer Erzählung einen Titel.*

3 *Prüfen Sie, an welchen Stellen Sie die Gefühle und Gedanken der Personen ausführlicher beschreiben können und ergänzen Sie Ihre Erzählung.*

4 *Bilden Sie Kleingruppen und tragen Sie sich Ihre Erzählungen gegenseitig vor.*

9.3 Eine Erzählung spannend gestalten

1 Lesen Sie die beiden folgenden Ausschnitte aus Erzählungen und vergleichen Sie diese miteinander. Was fällt Ihnen auf?

Ausschnitt 1

1 Das Licht der Fackel flackerte, als er die schwere Kellertür aufschloss. Knarzend öffnete sie sich. Was war das für ein Geräusch?, fragte sich der Graf und trat vorsichtig in das Gewölbe. Mo-
5 dergeruch schlug ihm in die Nase. Spinnweben klebten ihm im Gesicht.
„Hallo?", fragte der Graf mit ängstlicher Stimme. „Ist da jemand?"
Niemand antwortete ihm.
10 Eisige Kälte herrschte hier unten. Seit Jahren war er nicht mehr in diesem Abschnitt seines Kellers gewesen. Früher hatte er hier seinen Wein gelagert, aber das war lange her.
Plötzlich hörte er einen leisen Schrei. Vor
15 Schreck ließ er die Fackel fallen ...

Ausschnitt 2

1 John Jakobs war Nachtwächter. Er machte in einem Kaufhaus seine Kontrollrundgänge. Tom, sein Bruder, durfte ihn in den Ferien einmal begleiten. In einer Nacht passierte es.
5 Während ihres zweiten Kontrollgangs hörten sie Schritte. Die Schritte näherten sich. Es waren Diebe. John wollte Tom nicht gefährden. Er sagte, dass er sich verstecken sollte. Es gab in der Bekleidungs-Abteilung jede Menge Schau-
10 fensterpuppen. Zu denen stellte sich Tom. Er wartete. Sein Bruder hatte sich in der Zwischenzeit ebenfalls versteckt ...

2 Notieren Sie spannungserzeugende Wörter aus dem ersten Text.

3 Schreiben Sie die zweite Erzählung auf einem gesonderten Blatt neu und gestalten Sie sie spannender.

4 Überarbeiten Sie Ihre Erzählung aus Aufgabe 2, S. 107, mithilfe der folgenden Tipps.

Tipp

- Achten Sie auf unterschiedliche Satzanfänge (nicht immer nur Artikel oder Pronomen, s. S. 150 ff.).
- Benutzen Sie Spannungswörter wie „plötzlich", „blitzschnell", „vorsichtig", „unerwartet".
- Verwenden Sie viel wörtliche Rede.
- Beschreiben Sie Sinneseindrücke (Gerüche, Geschmäcke, Geräusche etc.) mit Adjektiven, z. B. „eine düstere Landschaft", „ein kirschrotes Auto" oder „der beißende Rauch eines Feuers".

9.4 Bilder als Erzählimpulse

Im Urlaub oder bei einer Party werden oft Bilder gemacht, die Momentaufnahmen sind. Betrachtet man diese Bilder mit anderen zusammen, dann ist das häufig ein Erzählanlass.

1 *Wählen Sie ein Bild aus und beschreiben Sie es Ihren Mitschülerinnen und Mitschülern.*

2 *Versetzen Sie sich in die jeweiligen Personen auf dem Bild. Welche Gedanken und Gefühle könnten diese haben? Notieren Sie Ihre Ideen stichwortartig.*

3 *Schreiben Sie mithilfe Ihrer Stichwörter eine kurze und spannende Erzählung. Geben Sie ihr eine passende Überschrift.*

4 *Überarbeiten Sie Ihre Erzählung mithilfe der Tipps von S. 108.*

5 *Bilden Sie mit denjenigen Mitschülern, die dasselbe Bild wie Sie ausgewählt haben, eine Gruppe und lesen Sie sich gegenseitig Ihre Geschichten vor. Stimmen Sie anschließend ab, wer die beste Erzählung geschrieben hat. Die besten Geschichten aus allen Gruppen werden anschließend vor der ganzen Klasse vorgetragen und prämiert.*

6 *Suchen Sie im Internet nach einem weiteren Bild, das eine spannende Situation zeigt. Entwickeln Sie eine Erzählung: Gehen Sie dazu nochmals die Aufgaben 2 bis 4 der Reihe nach durch.*

Comics vermitteln dem Betrachter eine Handlung in Ausschnitten: Alles, was „zwischen" einzelnen Bildern geschehen ist, muss er sich in seiner Fantasie ausmalen. Bildelemente oder Dialoge der handelnden Personen – in Form von Sprech- oder Gedankenblasen – können aber auch dazu anregen, selbst darüber eine Erzählung zu schreiben.

1 *Betrachten Sie die Comic-Zeichnung und achten Sie auf Bilddetails:*
- *Was zeigt das Bild?*
- *Beschreiben Sie die linke Person auf der Zeichnung.*
- *Beschreiben Sie die rechte Person.*
- *Was kommt in der Gedankenblase zum Ausdruck?*

2 *Versetzen Sie sich in die Lage der linken Person. Schreiben Sie aus deren Sicht in der Ich-Perspektive eine kurze Erzählung.*

3 *In der vorangehenden* ***Bildergeschichte*** *fehlen die Sprechblasen. Machen Sie sich stichwortartig Notizen, welche Gedanken und Gefühle die Personen im jeweiligen Bild haben und was sie sagen könnten.*

4 *Überlegen Sie, was sich alles vor dem ersten Bild ereignet haben könnte, und schreiben Sie eine kurze Einleitung.*

5 *Entwickeln Sie Hauptteil und Schluss der Erzählung und achten Sie darauf, was alles zwischen Bild 1 und 2 bzw. Bild 2 und 3 passiert sein könnte.*

6 *Geben Sie Ihrer Geschichte einen spannenden Titel.*

Eine Anleitung, einen Fotoroman zu gestalten, finden Sie unter BuchPlusWeb.

9.5 Erzählung — Arbeitsplanung

Lernziele
Sie können
- eine Erzählung schreiben und dabei deren Aufbau berücksichtigen,
- spannend schreiben,
- unterschiedliche Erzählanlässe zum Schreiben einer Erzählung nutzen.

So gehen Sie vor:
Arbeitsschritte
1. stichwortartig Ideen sammeln
2. grundlegende Informationen (Personen, Ort, Zeit, Erzähltempus, Erzählperspektive) festlegen und Ideen sortieren
3. Handlung stichwortartig skizzieren und Erzählschritte beachten, Gedanken und Gefühle der Handlungspersonen berücksichtigen
4. Ausformulieren der Geschichte
5. einen spannenden Titel finden
6. nach einer gewissen Zeit die Erzählung neu lesen und überarbeiten

Dabei sollten Sie beachten:

Aufbau
Einleitung Vorstellung von Personen, Ort und Zeit

Hauptteil Konflikte einplanen, zu einem Höhepunkt hinführen

Schluss unvorhergesehenes und sinnvolles Ende

Sprache
- Zeitform: Erzählhandlung meist im Präteritum (Vergangenheit), wörtliche Rede im Präsens (Gegenwart)
- abwechslungsreiche Satzanfänge formulieren

10

Medien nutzen – Informationen gewinnen

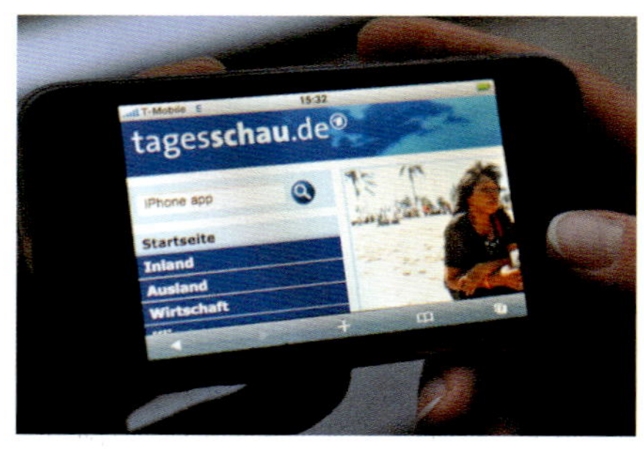

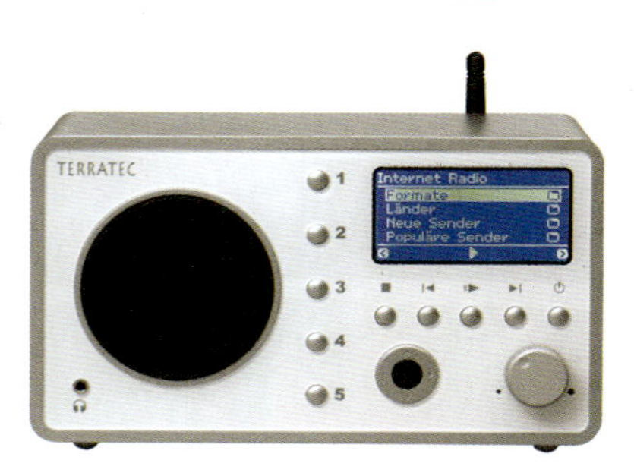

10.1 Informationen aus Medien beurteilen

Für die Berufsausbildung und die berufliche Weiterentwicklung, aber auch für die Gestaltung des privaten Lebens und der Freizeit benötigen Sie eine Fülle von Informationen. Viele Informationen werden direkt angeboten, z. B. durch die verschiedenen Medien. Andere müssen Sie sich selbst beschaffen.

1 *Benennen Sie die auf der vorhergehenden Seite abgebildeten Medien. Welche Informationen lassen sich mit ihrer Hilfe gewinnen?*

2 *Mit welchen Medien haben Sie schon gearbeitet, mit welchen haben Sie keine eigenen Erfahrungen gesammelt?*

3 *Übertragen Sie die unten stehende Tabelle auf ein gesondertes Blatt und vervollständigen Sie die Übersicht. Diskutieren Sie über unterschiedliche Eintragungen.*

4 *Welche Medien würden Sie benutzen, wenn Sie*
- *sich über ein Urlaubsziel informieren wollen,*
- *sich auf eine Klassenarbeit vorbereiten möchten,*
- *ein Referat über die Erweiterung der EU halten sollen,*
- *sich für eine Fortbildung im erlernten Beruf interessieren?*

Informationsquelle	Art der Information	Verständlichkeit	Verfügbarkeit	Zeitaufwand	Bedeutung für den Beruf	Bedeutung fürs Privatleben
Fachbuch	Fachwissen	häufig schwer	bei Firma vorhanden	mittel	wichtig	
Internet	verschiedene	sehr unterschiedlich	z. T. in der Firma oder privat	häufig sehr hoch	z. T. wichtig	interessant
Wörterbuch	Rechtschreibung					

Tipp

Lassen Sie sich bei der Informationsbeschaffung beraten! Fachleute, Vertreter/-innen, Buchhändler/-innen, Bibliothekare/Bibliothekarinnen, Ausbilder und Lehrer/-innen helfen gerne.
Zeitschriften und **Prospekte** enthalten häufig aktuelle Informationen; die Zusammenhänge und die Systematik werden jedoch oft nicht deutlich. In **Büchern** finden Sie überwiegend systematische Informationen, die aber nicht so aktuell sind.
Überlegen Sie, ob für Sie aktuelle oder systematische Informationen wichtiger sind. Prüfen Sie bei Informationen aus dem **Internet** sehr gewissenhaft die Quelle. Häufig verfolgt der Webseiteninhaber eigene geschäftliche Interessen. Achten Sie auch auf das Datum der letzten Aktualisierung.

10.2 Informationsverhalten untersuchen

In Betrieb und Schule müssen Sie sich eine Fülle von Wissen aneignen und viele Fertigkeiten einüben. Von Ihnen wird erwartet, dass Sie Fachwissen und Allgemeinbildung selbstständig erwerben. Musste man früher dazu in eine Bibliothek gehen, so stellen heute die unterschiedlichen Medien sowohl aktuelle Informationen als auch Grundlagen- und Fachwissen bereit.

Wenn Sie Informationen suchen, stellen sich zwei Fragen: Wo finde ich das, was ich suche? Wie zuverlässig und vertrauenswürdig ist die Quelle, die ich benutze? Beide Fragen sind nicht leicht zu beantworten.

Die nachstehende Grafik zeigt, wie Jugendliche im Jahr 2009 Medien nutzten, um an für sie wichtige Informationen zu kommen.

Ich informiere mich zum Thema … am häufigsten im …

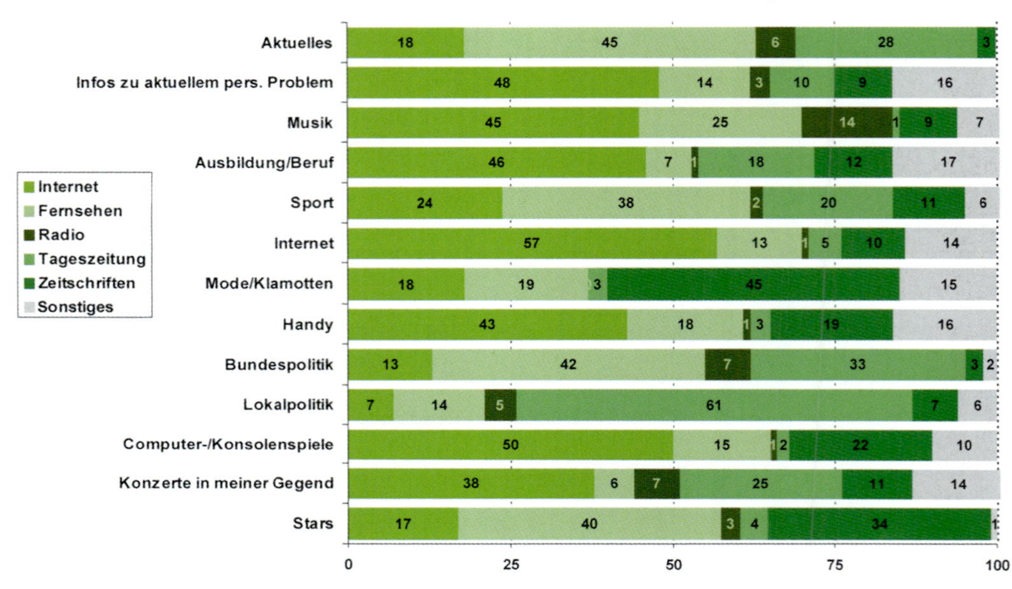

Quelle: JIM 2009, Angaben in Prozent

Basis: Befragte, denen es sehr/etwas wichtig ist, über neue Entwicklungen zum Themenbereich schnell Bescheid zu wissen

Medienpädagogischer Forschungsverbund Südwest / JIM Studie 2009 / www.mpfs.de

1 *Beschreiben Sie kurz, was in diesem Diagramm dargestellt wird.*

2 *Welche Informationsquelle wird zu welchem Thema am häufigsten bzw. am wenigsten benutzt? („Sonstige Medien" müssen nicht berücksichtigt werden.) Übertragen und ergänzen Sie dazu die Tabelle (DIN-A4-Querformat):*

Medium	häufigstes Thema	zweithäufigstes Thema	dritthäufigstes Thema	am wenigsten gesuchtes Thema
Internet	Internet 57 %	Computer- und Konsolenspiele 50 %	Aktuelle pers. Probleme 48 %	Lokalpolitik 7 %
Fernsehen				
Radio				
Tageszeitung				
Zeitschriften				

3 *Bei den Themen „Ausbildung/Beruf" und „Infos zu persönlichen Problemen" sind „sonstige Informationsquellen" wichtig. Welche Informationsquellen können damit gemeint sein?*

4 *Teilen Sie die aufgeführten Themen des Diagramms auf Kleingruppen auf. Untersuchen Sie, welche Medien sich nach der JIM-Studie für die Recherche zu dem Thema Ihrer Gruppe am besten eignen. Visualisieren (s. S. 84 f.) Sie Ihre Ergebnisse und stellen Sie diese der Klasse vor. Teilen Sie der Klasse mit, ob Sie aus Ihrer Erfahrung die Ergebnisse bestätigen können. Begründen Sie Ihre Meinung.*

5 *Schreiben Sie eine Empfehlung für die Informationsgewinnung zum Thema „Ausbildung/Beruf".*

10.3 Das Internet nutzen

Nach der JIM-Studie 2010 steht nahezu allen Jugendlichen zu Hause ein Computer zur Verfügung; 79 % besitzen ein eigenes Gerät. Etwa 138 Minuten verbringt ein Jugendlicher an einem normalen Werktag am Computer.

Dabei lassen sich die Tätigkeiten bei der Internetnutzung in vier Bereiche einteilen:
1. Kommunikation (E-Mail, Chat)
2. Spiele
3. Informationssuche
4. Unterhaltung (z. B. Musik, Videos, Bilder)

Inhaltliche Verteilung der Internetnutzung

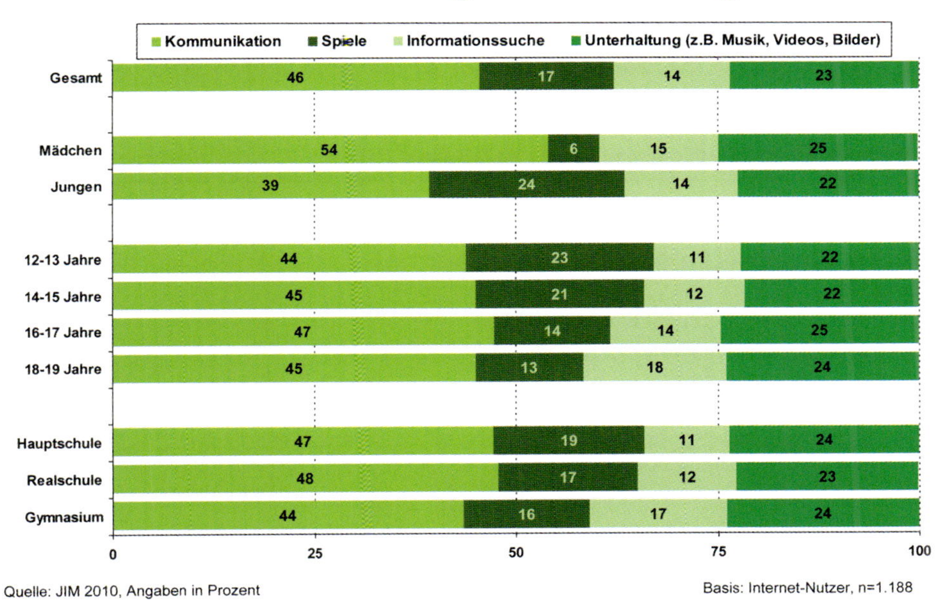

Quelle: JIM 2010, Angaben in Prozent

Basis: Internet-Nutzer, n=1.188

1 *Werten Sie die Grafik aus:*
- *Wie verteilt sich die Nutzungszeit auf die vier Bereiche? Rechnen Sie für Sie zutreffende Angaben (Mädchen/Junge, Altersgruppe) in Minuten um. (100 % = 140 Min.)*
- *Welche Unterschiede gibt es zwischen Mädchen und Jungen?*
- *Welche Veränderungen sind in den vier Jahrgangsgruppen zu beobachten?*
- *Welche Auswirkungen hat der Schulbesuch auf die Internetnutzung?*

2 *Zeichnen Sie eine Grafik über Ihre persönliche Internetnutzung und über die Nutzung in der Klasse. Welche Übereinstimmungen sind erkennbar? Wodurch ergeben sich Unterschiede?*

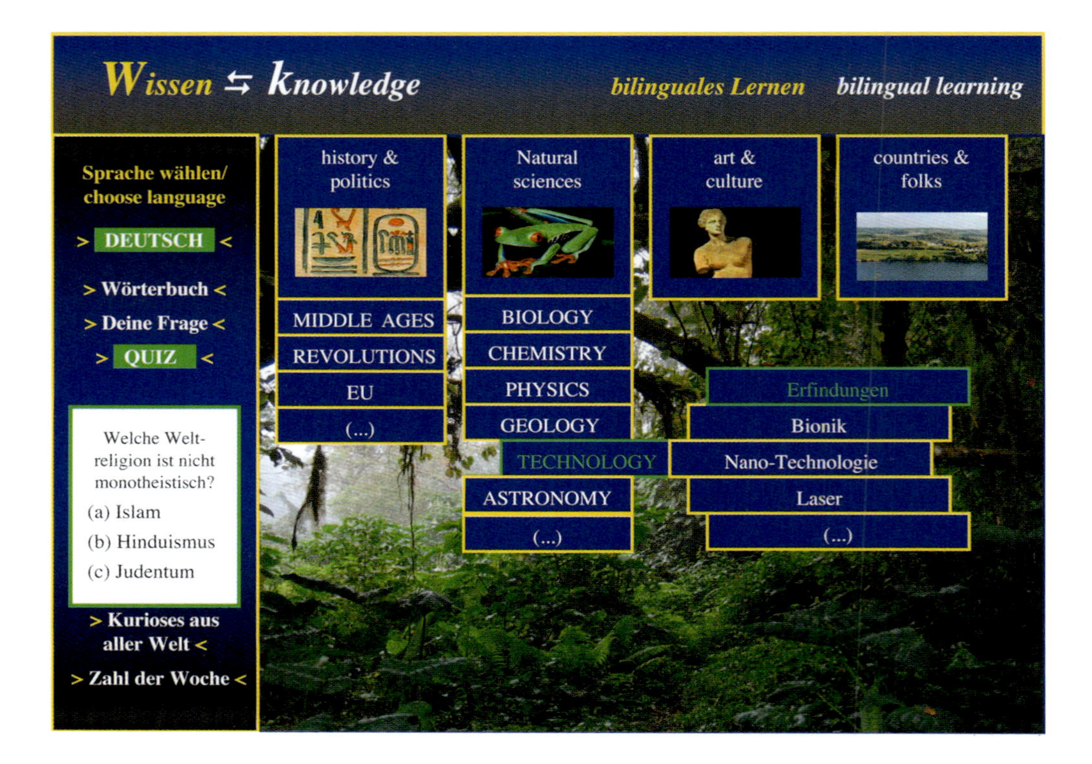

3 *Betrachten Sie die obige Internetseite und schlagen Sie Wörter nach, die Ihnen unbekannt sind.*

4 *Welche Hauptinformationen bietet diese Seite?*

5 *Welche Ziele werden mit solchen Seiten verbunden?*

Chancen und Risiken des Internets

Ein häufig genutztes Medium ist das Internet (auch WorldWideWeb genannt, abgekürzt www), ein weltweites Computernetz. Es bietet dem Benutzer auf Milliarden von Webseiten umfangreiche Informationen und Daten wie z. B. Texte, Bilder, Musik, Videos an. Jeder Benutzer kann sich selbst daran beteiligen und Informationen herunterladen oder ins Netz stellen. Dadurch wird das Internet täglich vielfältiger, aber auch unüberschaubarer.

Nicht alle Informationen im Netz werden ständig aktualisiert oder müssen inhaltlich richtig sein; dies trifft vor allem auf unbekannte oder unsichere Datenquellen zu. Hier ist besondere Vorsicht erforderlich, denn häufig werden Urheberrechte verletzt oder sonstige Gesetze nicht beachtet. Daher sehen viele Politiker in der unkontrollierten Nutzung Gefahren, sowohl für die Bürger als auch für den Staat. In den einzelnen Bundesländern hat die Polizei Sondereinheiten zur Verfolgung der Kriminalität im Internet eingerichtet.

6 *Um mit dem Internet richtig umzugehen, muss man grundlegende Fachbegriffe und Abkürzungen kennen. Recherchieren Sie online die folgenden Begriffe und halten Sie deren Bedeutung in eigenen Worten fest:*
URL, Podcast, FAQ, Weblog (Blog), Twitter, Dialer, Chat, RSS-Feeds

7 *Diskutieren Sie die Vor- und Nachteile eines weltweiten, von niemandem zu kontrollierenden Informationsaustausches.*

10.4 Informationen online recherchieren

Beim Recherchieren im Internet besteht eine Gefahr darin, dass man sich von einer bestimmten Webseite auf weiterführende Seiten (sog. Links) durchklickt, ohne die vorhergehende gründlich angesehen zu haben. Wenn man im Internet Informationen sucht, sollte man Folgendes beachten:

- Prüfen Sie, welche Informationen für Sie wichtig sind und bewahren Sie dabei einen kritischen Blick.
- Vergleichen Sie immer verschiedene Datenquellen.
- Beachten Sie das Datum der letzten Aktualisierung einer Internetseite.
- Achten Sie mehr auf den Inhalt als auf die optische Aufmachung einer Internetseite.

Zur ersten Orientierung bei der Suche im Internet eignen sich sogenannte **Webkataloge**, die auf ihrer Startseite verschiedene Suchgebiete (Rubriken) anbieten. Hier können Sie in speziellen Menüs weitersuchen oder gezielt Suchwörter eingeben.

Mithilfe sogenannter **Suchmaschinen** und durch die Kombination von Suchbegriffen (z. B. „Ausbildungsplätze, Industriekaufmann, Hechingen") kann der Benutzer die Informationsmenge gezielt eingrenzen und schneller zu Ergebnissen gelangen.

Name	Suchtechnik / Leistungsangebote u. a.
AltaVista	*Webkatalog und Suchmaschine* Nachrichten, kostenlose E-Mail (über mail.com)
Dino-Online	*Suchmaschine* Orts- und Branchenverzeichnis, Nachrichten
Fireball	*Suchmaschine* spezialisiert auf Nachrichten
Google	*Suchmaschine*
HotBot	*Webkatalog und Suchmaschine*
Lycos	*Suchmaschine* Nachrichten, Wetter, E-Mail, kostenlose Homepage, Terminverwaltung
MetaCrawler	*Metasuchmaschine* (AltaVista, Excite, Google, GoTo, Infoseek, LookSmart, Lycos ...)
Web.de	*Suchmaschine* Routenplaner, kostenlose E-Mail, Diskussionsgruppen, Chat
Yahoo	*Webkatalog und Suchmaschine* Nachrichten, Shopping, Wetter, kostenlose E-Mail, Fernsehprogramme

1. *Führen Sie eine Internetrecherche zum Thema „Geschichte des Internets" durch. Verschaffen Sie sich dabei mit den oben angegebenen Webkatalogen und Suchmaschinen einen ersten Überblick.*
2. *Diskutieren Sie in Ihrer Klasse Stärken und Schwächen der jeweiligen Webkataloge bzw. Suchmaschinen.*

10.5 Eine Bibliothek nutzen

Die Bibliothek von A bis Z

Ausleihe an jeden, der auf seinen Antrag hin einen Benutzerausweis erhalten hat.
Für Berufstätige vielerorts an einem Wochentag verlängerte Öffnungszeit.
Bibliotheksarten: Gemeinde-/Stadtbüchereien (vorwiegend Freizeit-Leser), staatliche Landesbibliotheken, Universitäts- und Hochschulbibliotheken
Computer erleichtern das Suchen eines Buches: Katalog auf dem Bildschirm, Finden von Büchern zu einem Thema mit einem eingegebenen Stichwort.
Dauer der Ausleihe in der Regel vier Wochen, evtl. Verlängerung beantragen. Bei Überschreitung der Frist wird eine Mahngebühr fällig.
Ehrensache ist es, ein geliehenes Buch sorgfältig zu behandeln und darin keine Unterstreichungen oder Markierungen vorzunehmen.
Freihandbücherei: Dem Benutzer zugängliche Bücherregale ermöglichen es, alle Bücher zu einem Thema zu prüfen und eine Auswahl zu treffen.
Gebühren werden meist als Jahresbeitrag erhoben, an manchen Orten auch als Leihgebühr pro Buch.
Handlexikon, ein solches ist sicher auch vorhanden, viel wichtiger sind aber die einzusehenden vielbändigen Lexika und Nachschlagewerke.
Interessensgebiete (Sachgebiete) sind besondere Schwerpunkte in Gemeinde- und Stadtbüchereien, z. B. fremde Länder, Natur, Technik, Wirtschaft, Sport u. a.
Jugendbücherei ist in manchen Bibliotheken eine eigene Abteilung mit einem speziellen Angebot für die Interessensgebiete der jugendlichen Leser.
Kataloge informieren über den vorhandenen Buchbestand. (Teilweise sind bereits die Online-Kataloge anderer Bibliotheken am Bildschirm einsehbar.)
Leihverkehr mit auswärtigen Bibliotheken ist eine Dienstleistung, bei der gegen eine geringe Gebühr ein Buch, das nicht im Bestand ist, gesucht und beschafft wird.
Medien wie Musik-CDs, DVDs, Blu-ray-Discs und Multimedia-CD-ROMs können vielerorts in der Mediathek einer Bücherei ausgeliehen bzw. genutzt werden.
Nummerierung (Signatur) eines Buches ermöglicht sein Auffinden mithilfe des Katalogs. Oft weist eine vorgesetzte Buchstabenfolge auf das Sachgebiet hin.
Ordnung ist das Grundprinzip einer Bibliothek, deshalb muss ein vom Benutzer aus dem Regal genommenes Buch wieder genau an seinen Platz zurückgestellt werden.
Programme informieren über Veranstaltungen einer Bibliothek wie Dichterlesungen, Ausstellungen, Vorträge u.a. und liegen zur Mitnahme bereit.
Quellen nennt man Bücher und Zeitschriften, aus denen jemand sein Wissen schöpft, und die sie/er z. B. für eine Facharbeit oder ein Referat verwendet.
Reservieren kann man solche Bücher, die bereits ausgeliehen sind. Eine schriftliche Benachrichtigung, dass das vorgemerkte Buch bereitsteht, ist gegen Gebühr möglich.
Schlagwortkatalog: Wenn ein Verfasser nicht bekannt ist, können unter einem Oberbegriff (wie z. B. „Geld“, „Pferde“, „Ibiza“, „Edison“) Bücher zu einem Thema gesucht werden.
Telefonisch kann man bei vielen Bibliotheken die Leihfrist eines ausgeliehenen Buches verlängern.
Überblick – den verliert mancher schnell, wenn er zum ersten Mal eine Bibliothek benutzen will. Doch freundliche Damen und Herren helfen dort gerne weiter.
Verfasserkatalog enthält in alphabetischer Reihenfolge die Namen der Verfasser und deren Werke, die in der Bibliothek vorhanden sind.
Weitergabe von geliehenen Büchern ist nicht gestattet und auch riskant, weil ggf. Schadenersatz zu bezahlen ist.
X-beliebig viele Bücher können in einer Bibliothek nicht ausgeliehen werden. Dafür gibt es eine großzügig bemessene Höchstgrenze.
Yuppies[1] benutzen Bibliotheken mehr, als man glaubt, denn sie wissen, dass hohle Köpfe nur Barrieren statt Karrieren vor sich haben.
Zeitschriften und Zeitungen sind ein besonders interessantes Angebot der Bibliotheken. Meist werden sie in einer Leseecke oder einem Lesesaal ausgelegt.

1 *Informieren Sie sich im Internet über den Aufbau und die Funktion eines Online-Kataloges (OPAC-Katalog).*

2 *Suchen Sie Ihre Gemeinde- oder Stadtbibliothek auf:*
- *Informieren Sie sich über den Aufbau der Bibliothek (Kataloge, Signaturen).*
- *Klären Sie den Unterschied zwischen Leih- und Präsenzbibliothek.*

[1] *erfolgsorientierte, junge Menschen, die im Beruf vorwärts kommen wollen*

10.6 Informationen verwenden

Zitieren

Wenn Sie ein Referat anfertigen oder eine Präsentation vorbereiten, benutzen Sie oft Bücher, Zeitschriften oder Internetseiten als Informationsquellen. Textstellen, die Sie daraus übernehmen, müssen als Zitat gekennzeichnet werden. Durch Zitate werden die eigenen Aussagen ergänzt und unterstützt.

Beim Zitieren sollten Sie vier Grundsätze beachten:
- **Erkennbar zitieren:** Das Zitat wird in Anführungszeichen gesetzt.
- **Sinnvoll zitieren:** Der Zusammenhang muss stimmen und klar sein.
- **Genau zitieren:** Worte, Wortstellung, Rechtschreibung und Zeichensetzung des Originals müssen übernommen werden.
- **Unmittelbar zitieren:** Nach Möglichkeit soll der Originaltext für ein Zitat verwendet werden. Fremdsprachliche Texte werden in ihrer Originalsprache zitiert.

Beispiel

Aus Büchern zitieren:
- Rafik Schami behauptet: „So großartig Araber als Gastgeber sind, als Gäste sind sie dagegen furchtbar." (Schami: Andere Sitten, S. 135).
- Jan Weiler beschreibt seine Empfindungen beim Besuch von Flughäfen: „Wenn man sich in einem Flughafen befindet, ist es egal, wo man sich befindet. […] Das hat auch sein Gutes, denn es nimmt mir die Angst." (Weiler: Antonio im Wunderland, S. 9).

Aus Zeitschriften zitieren:
- „Forscher zählen den massenweisen Konsum gezuckerter Softdrinks zu den Hauptursachen der Fettsucht", schreibt Eva Tenzer in ihrem Bericht über den Zucker (Tenzer: Zucker besser als sein Ruf, S. 60).
- Georg Bleicher meint in seinem Artikel „Licht ins Dunkel": „Das Radeln in der Dunkelheit wird sicherer." (Bleicher: Licht ins Dunkel, S. 42).

Quellen angeben

Für jedes Zitat muss die Quelle angegeben werden, damit das Zitat überprüft werden kann. Auch wenn Sie einen Gedankengang oder eine gute Idee übernehmen, sollten Sie den Fundort dokumentieren. Tun Sie das nicht, so schmücken Sie sich nicht nur mit fremden Federn, sondern Sie stehlen geistiges Eigentum. Im fortlaufenden Text wird die Quelle in Kurzform angegeben. Am Ende des Textes werden die verwendeten Quellen in einem Literaturverzeichnis alphabetisch geordnet aufgeführt:

Beispiel

- Bleicher, Georg: Licht ins Dunkel. In: Radtouren, 5/05, S. 42–47
- Schami, Rafik: Andere Sitten. In: Gesammelte Olivenkerne aus dem Tagebuch der Fremde. München 2000, 2. Auflage
- Tenzer, Eva: Zucker besser als sein Ruf. In: Natur und Kosmos, 12/2005, S. 58–61
- Weiler, Jan: Antonio im Wunderland. Reinbek 2005

Wird aus dem Internet zitiert:
- www.internetseite.de, Datum des Zugriffs

1 *Erstellen Sie ein Literaturverzeichnis der Schulbücher, die Sie verwenden.*

2 *Stellen Sie ein Verzeichnis der Bücher und Zeitschriften zusammen, mit denen Sie sich in den letzten vier Wochen beschäftigt haben.*

Teil 2

1

Mündlich und schriftlich argumentieren

In Gesprächen, Besprechungen und Diskussionen (s. S. 200 ff.) wollen die Beteiligten
- einen Sachverhalt beweisen,
- andere von der Richtigkeit der vorgetragenen Aussagen überzeugen,
- andere in ihren Meinungen, Einstellungen und in ihrem Verhalten beeinflussen.

Damit dies gelingt, wird **argumentiert**, das heißt, die verwendeten eigenen Argumente werden schrittweise entfaltet, sodass die Beweisführung in sich schlüssig ist und der Gesprächspartner sie als richtig anerkennt.

Bei der mündlichen Argumentation sind neben der Sprache auch die **nonverbalen Mittel** von Bedeutung, wie zum Beispiel die Mimik und Gestik, die Betonung, die Sprechgeschwindigkeit und die Körpersprache. Die nicht sprachlichen Einflüsse erhöhen oder mindern die Überzeugungskraft der vorgetragenen Argumente (s. S. 51 ff.).

Bei der schriftlichen Argumentation ist darauf zu achten, dass die Wortwahl angemessen ist und die Sätze nicht zu lang werden. Besondere Aufmerksamkeit sollte man den Satzanfängen mit den typischen Einleitungsworten schenken.

1.1 Aufbau der Argumentation

Bei einer Argumentation sollten Sie die Reihenfolge der **Argumentationsschritte** beachten, die als **Argumentationsgang** oder **Argumentationskette** bezeichnet wird.

Eine Argumentation besteht aus mindestens drei Schritten:

These (Behauptung) Ein Handy ist heute selbstverständlich,	+	**Argument** (Begründung) weil viele Menschen jederzeit erreichbar sein wollen.	+	**Beispiel** Meine Freunde verabreden sich meist telefonisch.

Diese werden ergänzt durch Folgerung + Aufforderung.
Zur Unterstützung können weitere Argumentationsschritte (s. S. 121) verwendet werden. Berücksichtigen Sie dabei, dass die Argumentation übersichtlich und verständlich bleibt.

1 Lesen Sie den Argumentationsgang in der rechten Spalte so vor, dass Sie durch die Betonung und die Sprechweise die beabsichtigte Wirkung unterstützen.

Schritte	Funktion	Beispiel
Anknüpfung:	Sie verbindet die eigene Aussage mit dem vorher Gesagten oder einem Sachverhalt.	Auch an unserer Schule will der Schulträger die Parkplätze an die Schüler vermieten.
These (Behauptung):	Die These macht den eigenen Standpunkt deutlich.	Ich bin gegen Parkplatzgebühren für Schüler,
Argument (Begründung):	Mit dem Argument wird der eigene Standpunkt begründet.	**denn** ich fahre nicht aus Bequemlichkeit mit dem Auto zur Schule.
Beweis:	Der Beweis belegt die Richtigkeit des Arguments.	Mit dem Auto bin ich ungefähr 30 Minuten unterwegs.
Beispiel:	Das Argument wird durch ein Beispiel erläutert.	Mit dem Bus würde ich etwa eine Stunde brauchen.
Folgerung:	Aus Argument und Beweis oder Beispiel wird eine Schlussfolgerung gezogen.	**Daher** spare ich mit dem Auto sehr viel Zeit.
Einschränkung:	Eventuell wird ein mögliches Gegenargument vorweggenommen.	**Allerdings** trifft dies nicht für alle Parkplatzbenutzer zu.
Aufforderung:	Der Gesprächspartner wird aufgefordert, etwas zu tun oder zu lassen.	**Deshalb** sollten nur Schüler mit weiten Wegen kostenlos parken dürfen.

2 Martin, Paula und Lena unterhalten sich über die Vor- und Nachteile einer Berufsausbildung. Bestimmen Sie die dabei verwendeten Argumentationsschritte.

Martin sagt: „Eine Berufsausbildung ist sinnvoll, [= These] weil sie dazu beiträgt, die eigene Zukunft zu sichern. [= Argument]
Die Arbeitslosenstatistik beweist, dass viel mehr Ungelernte arbeitslos sind als ausgebildete Facharbeiter." [= Beweis]

Paula erwidert: „Aber manche Schulabgänger sind der Meinung, [= ?] dass eine Lehre verlorene Zeit ist, [= ?] da eine Aushilfskraft viel mehr Geld verdient als eine Auszubildende. [= ?] Eine ungelernte Aushilfsverkäuferin verdient zum Beispiel 1 200,00 € im Monat, als Auszubildende im Einzelhandel bekommt man höchstens 600,00 €. [= ?] Deshalb ist es besser, gleich mit dem Geldverdienen anzufangen." [= ?]

Lena meint dann: „Was ihr gesagt habt, zeigt, [= ?] dass es keine für alle jungen Menschen gültige Aussage gibt, [= ?] denn der eine orientiert sich mehr an der Gegenwart und der andere stärker an der Zukunft. [= ?] Daher muss jeder für sich selbst entscheiden, was er für richtig hält." [= ?]

3 Bestimmen Sie in den folgenden Beispielen die Argumentationsschritte und ordnen Sie diese in der richtigen Reihenfolge.

1. Beispiel

Auf vielen Campingplätzen kostet die Übernachtung etwa 8,00 EUR pro Person.

Camping ist eine beliebte Urlaubsform,

da es einen preiswerten Urlaub ermöglicht.

2. Beispiel

An anderen Schulen hat man gute Erfahrungen damit gemacht.

Die Schulleitung sollte dafür sorgen, dass die Lehrer die Geldstrafe sofort kassieren.

Wer über das Schulgelände geht, kann den Dreck nicht übersehen.

Wenn es Strafe kostete, wenn man Abfall einfach fallen lässt, dann wäre unser Schulhof sauberer.

Die Schülerinnen und Schüler ändern ihr Verhalten erst, wenn sie Geld zahlen müssen.

3. Beispiel

Daher bin ich dafür, dass wir nicht an den Nürburgring fahren!

weil sie gefährlich und teuer sind.

Ich lehne Autorennen ab,

Wir müssen pro Person 72,00 EUR Eintritt bezahlen.

1.2 Argumente prüfen

Wenn ich jemanden überzeugen möchte, brauche ich gute Argumente.

Eine Aussage ist überzeugend, wenn	Argument (Beispiel):
• sie eine nachprüfbare Tatsache wiedergibt.	„Unsere Bevölkerung wird immer älter."
• sie einem Gesetz oder einer Vorschrift entspricht.	„In der Schulordnung wird die Benutzung des Handys verboten."
• sie anerkanntes Ergebnis einer Untersuchung/ der Forschung ist.	„Das Meinungsforschungsinstitut INFAS hat festgestellt, dass es immer mehr Nichtwähler gibt."
• sie verallgemeinerten Erfahrungen entspricht.	„Lehrjahre sind keine Herrenjahre!"
• die Wahrscheinlichkeit für die Sache spricht.	„Im Team arbeitet man meist effektiver als alleine."
• wenn eine bekannte Persönlichkeit die Aussage gemacht hat.	„Der Bundespräsident hat auch darauf hingewiesen, dass ausländische Mitbürger die deutsche Sprache lernen müssen."

Eine Aussage ist nicht überzeugend, wenn	Argument (Beispiel):
• sie nicht nachprüfbar ist.	„Heute sind junge Menschen unzufriedener als früher."
• sie auf einem Einzelfall beruht, der nicht verallgemeinert werden kann.	„Mein Freund hat mir erzählt, dass es dort während seines Urlaubs oft geregnet hat."
• sie eine ganz persönliche Meinung ausdrückt.	„Ich finde, dass Praktikanten ausgenutzt werden."
• sie allgemeinen Erfahrungen widerspricht.	„Junge Leute fahren immer sehr vorsichtig Auto."
• eine unbekannte Quelle für die Aussage genannt wird.	„Ich habe irgendwo gehört, dass die Prüfung einfach sei."

1 *Lesen Sie die Argumente aufmerksam durch. Prüfen Sie diese auf ihre Überzeugungskraft.*

2 *Die These „Hausaufgaben sind in der Berufsschule überflüssig" soll durch Begründungen an Überzeugungskraft gewinnen. Formulieren Sie fünf Argumente, die diese These unterstützen. Vergleichen Sie Ihre Argumente mit denen Ihrer Mitschülerinnen und Mitschüler.*

3 *Prüfen Sie, ob die folgenden Argumente überzeugend sind. Begründen Sie Ihre Entscheidung.*
These: *Die Ausbildungszeit sollte ein halbes Jahr verlängert werden, ...*
a *da immer mehr Inhalte zu lernen sind.*
b *denn die Zeit zum Üben ist für viele zu kurz.*
c *weil es dadurch weniger Arbeitslose gibt.*
d *weil mir das gefallen würde.*
e *weil dann mehr Betriebe ausbilden würden.*
f *weil dann die Prüfungsergebnisse besser wären.*

1.3 Argumente vortragen – Stellung nehmen

Stellungnahme zu einer geplanten Maßnahme

„Sollten wir in unserem Betrieb die gleitende Arbeitszeit einführen?"

„Wie beurteilen Sie den Plan, unsere Geschäftsräume (oder die Werkstatt) anders zu gestalten?"

Stellungnahme zu einer durchgeführten Maßnahme

„Hat sich die Einführung der gleitenden Arbeitszeit in unserem Betrieb Ihrer Meinung nach bewährt?"

„Halten Sie die durchgeführte Umgestaltung unserer Geschäftsräume für gelungen?"

Die vier Fragestellungen sind Beispiele dafür, wie Betriebsangehörige zu einer Stellungnahme aufgefordert werden können. Sicher werden betriebliche Planungen nicht von der Meinung der Auszubildenden abhängig gemacht. Die Gelegenheiten, zu einem Problem kurz Stellung zu nehmen, werden jedoch mit den wachsenden Aufgaben im Beruf zunehmen. Immer mehr Unternehmen beziehen ihre Arbeitnehmer in innerbetriebliche Entscheidungsprozesse ein und fordern sie zum kreativen und auch kritischen Mitdenken auf (s. S. 126).

Auch außerhalb des Berufs gibt es viele Situationen, in denen eine persönliche Stellungnahme zu einem Problem erforderlich werden kann, z. B. als Mitglied eines Vereins, als Besucher einer Bürgerversammlung oder einer Wahlveranstaltung, als Klassensprecher/-in, als Passant bei einer Meinungsbefragung auf der Straße.

1. *Berichten Sie kurz über eine Problemstellung am Arbeitsplatz, bei der auch Sie um Ihre Meinung gebeten worden sind oder gern Ihre Meinung gesagt hätten.*
2. *Welche Vorteile haben Unternehmer/-innen im Auge, wenn sie immer häufiger die Meinungen ihrer Mitarbeiter/-innen erfragen und in betriebliche Entscheidungsprozesse einbeziehen?*
3. *In welchen Situationen sollte man reden, „wie einem der Schnabel gewachsen ist"? Wann ist eine überlegte und strukturierte Stellungnahme angebracht (Situationsbezug)?*

Halten Sie sich an die folgenden fünf Gliederungspunkte, dann gelingt Ihnen eine kurze Stellungnahme schon beim ersten Versuch. Wenn Sie mit einem Stichwortzettel vor der Klasse frei sprechen, wird Ihre Selbstsicherheit von Mal zu Mal zunehmen.

Die Stellungnahme

Gliederung Argumentationsgang	Beispiel: „Wie beurteilen Sie die Einführung der gleitenden Arbeitszeit in unserem Betrieb?"
① **eigener Standpunkt (These)** (in einem Satz)	Ich halte die Einführung der gleitenden Arbeitszeit in unserem Betrieb nicht für sinnvoll.
② **Begründung, Argument**	In einem Einzelhandelsgeschäft ist gleitende Arbeitszeit nicht durchführbar, weil bereits zu Geschäftsbeginn alle Mitarbeiter anwesend sein müssen, die Teilzeitkräfte ausgenommen. Hier werden schon alle Hände gebraucht.
③ **Beweis / Beispiel**	In unserer Filiale müssen frühmorgens die Ladentheken und Regale eingeräumt werden, die Angebotstische vor dem Geschäft sind aufzustellen und zu dekorieren, angelieferte Waren müssen versorgt werden und vieles andere mehr. Da muss jeder zur Stelle sein und wenn abends die Aufräumarbeiten beginnen, ist es nicht anders.
④ **Folgerung**	Die Beispiele zeigen, dass die gleitende Arbeitszeit für unseren Betrieb nur Nachteile hätte: Einzelne Mitarbeiter würden überlastet, die Betriebsabläufe wären gestört, die Kunden würden schlechter bedient.
⑤ **Aufforderung**	Ich schlage deshalb vor, die gleitende Arbeitszeit nicht einzuführen.

4 *Welchen Vorteil hat es für Sie als Redner/-in und für Ihre Zuhörer, dass zuerst nur ein einziger Satz formuliert wird?*

5 *Welche Wirkung haben treffende Beispiele in der Argumentation?*

6 *Die fünf Gliederungspunkte stellen eine Hilfe für den Anfang dar, sollen Sie aber nicht einengen. Sie können die Reihenfolge auch verändern.*
- *Welche Vorteile hätte es z. B., wenn man die Stellungnahme gleich mit Punkt 3, also mit einem konkreten Beispiel beginnt?*
- *Lesen Sie die Beispielsätze einmal in der Reihenfolge 3 – 4 – 2 – 1 (und lassen Sie 5 weg). Welche Reihenfolge halten Sie für wirkungsvoller?*

7 *Halten Sie nach dieser Gliederung eine kurze freie Rede, in der Sie der geplanten Einführung der gleitenden Arbeitszeit in Ihrem Betrieb zustimmen.*

Aufgabenstellungen für mündliche Übungen

A Was halten Sie davon, dass jeder Mitarbeiter einen Erste-Hilfe-Kurs besuchen soll?

B Sollte ein junger Mann einen Kochkurs besuchen?

C Darf auf dem Schulhof das Handy benutzt werden?

D In der Berufsschule/in Ihrem Betrieb werden Zusatzqualifikationen angeboten. Die Fortbildungen sollen kostenlos sein und an 6 Samstagen stattfinden.

1.4 Missstände benennen – Verbesserungen vorschlagen

Bei der alltäglichen Arbeit fallen jeder Mitarbeiterin/jedem Mitarbeiter immer wieder Unzulänglichkeiten, Schwierigkeiten oder Missstände auf. Wenn dadurch die Arbeitsabläufe mühsamer sind als nötig, langsamer und umständlicher als möglich, ärgert einen das in der Regel. Unzufriedenheit und Unlust sind die Folge. Die Geschäftsleitungen haben inzwischen erkannt, dass unzufriedene Mitarbeiter auch schlechtere Leistungen erbringen. Außerdem hat sich die Erkenntnis durchgesetzt, dass der Mensch, der vor Ort arbeitet, am besten weiß, wo Abläufe optimiert werden können und wie das geschehen kann. In vielen Betrieben werden Mitarbeiterinnen und Mitarbeiter ausdrücklich aufgefordert, Verbesserungsvorschläge einzureichen – vielfach werden diese sogar prämiert. (KVP – Kontinuierlicher Verbesserungsprozess)

Die folgende Gliederung zeigt Ihnen, wie Sie einen fundierten Vorschlag schriftlich oder mündlich vorbringen können:

Gliederung	Beispiel: Arbeitsplatzbeleuchtung reicht nicht aus
1 Sachverhalt	In Halle 8 nur Deckenlampen – Einzelarbeitsplätze ungenügend ausgeleuchtet – Schattenwirkung ...
2 unmittelbare Folgen	Erschwerte Arbeitsbedingungen – hohe Ausschussrate – Fehler beim Ablesen von Instrumenten – Kopfschmerzen – schnelle Ermüdung ...
3 weitere Auswirkungen	Krankmeldungen steigen – Unfallgefahr – sinkende Arbeitsfreude – unzufriedene Kunden durch Fertigungsmängel ...
4 Verbesserungsvorschlag	Anbringung von einzelnen Arbeitslampen vom Typ ... an ... und an ..., statt Deckenleuchten besser Hängeleuchten; eine Alternative wäre ...

1 *Warum werden die Folgen und Auswirkungen so ausführlich dargestellt?*

2 *Arbeiten Sie die oben genannten Stichworte zu einer schriftlichen Stellungnahme aus (s. S. 204 ff.).*

3 *Nehmen Sie einen Missstand in der Schule zum Anlass, einen Verbesserungsvorschlag auszuarbeiten und der Schulleitung vorzutragen. Üben Sie zunächst in einem Rollenspiel das Gespräch mit der Schulleiterin/dem Schulleiter. Laden Sie sie/ihn dann in Ihre Klasse ein und tragen Sie Ihren Verbesserungsvorschlag vor.*

4 *Üben Sie an einem der folgenden Themen, fundierte Verbesserungsvorschläge zu formulieren und vorzutragen oder schriftlich auszuarbeiten:*
- **a** *Es gibt keinen Getränkeautomat in der Werkhalle.*
- **b** *Die Lüftung am Arbeitsplatz ist unzureichend.*
- **c** *Es gibt keinen Internetzugang.*
- **d** *Es gibt zu viele Klassenarbeiten in einer Woche.*
- **e** *Die sanitären Anlagen sind regelmäßig verdreckt.*
- **f** *Es gibt keinen ruhigen Raum für die Erholung in der Pause.*

Tipp

Wenn Sie Kritik üben, sollten Sie darauf achten, dass Sie nicht eine Person kritisieren, sondern dass die Sache im Mittelpunkt steht. Formulieren Sie Ihre Kritik als Ich-Aussage, z. B. „Für mich ist das Licht in der Halle zu dunkel" statt „Es ist in der Halle zu dunkel." (vgl. S. 54)

1.5 Kunden überzeugen

Verkäuferinnen und Verkäufer werden gezielt geschult, Kunden von der Qualität ihrer Produkte zu überzeugen und ggf. auch zum Kauf zu überreden. Dies zeigt uns, wie durch Sprache eine Person so beeinflusst werden kann, dass sie in der gewünschten Weise denkt und handelt. Besonders die Art und Weise, wie man sprachlich geschickt auf einen **Einwand** oder die **Bedenken** eines Kunden reagiert, lässt sich weitgehend auf den Umgang mit Gesprächspartnern in anderen beruflichen und privaten Gesprächssituationen übertragen.

Argumente sprachlich wirksam vorbringen
– auf Einwände oder Bedenken eines Kunden reagieren –

Boxer-Methode
(Schlag auf Schlag)

d. h. die Argumente prasseln pausenlos auf den Kunden ein und sollen so Wirkung erzielen.

Der Gesprächspartner fühlt sich in die Ecke gedrängt und fürchtet, sein Gesicht zu verlieren.

KON

- „Nein, das sehen Sie falsch, weil ..."
- „Das ist nicht richtig, ich verkaufe seit zehn Jahren diese Ware, ich muss es doch wissen!"
- „Das stimmt nicht, denn ..."
- „Na ja, man kann nicht alles haben!"
- „Sie glauben doch nicht im Ernst, dass ..."
- „Dafür fehlt mir jedes Verständnis, weil ..."
- „Das kann ich schon nicht mehr hören!"
- „Das müssen Sie doch einsehen!"

Judo-Methode
(jap.: ju = sanft/nachgiebig, do = Weg)

d. h. den Erfolg durch elastisches Reagieren anstreben,
z. B. den Einwänden eines Kunden nicht direkt widersprechen, sondern diese geschickt abfangen.
Der Gesprächspartner stößt auf Verständnis und fühlt sich gleichwertig.

GEMEINSAME BASIS

- „Ja – bedenken Sie aber ..."
- „Sie haben recht! Ergänzend ..."
- „Vollkommen richtig! Bedenken Sie, dass ..."
- „Das ist ein echter Nachteil, das muss ich zugeben. Doch andererseits finde ich besonders gut, ..."
- „Ihre Meinung hat sicher vieles für sich, jedoch ..."
- „Ich kann Ihre Auffassung gut verstehen, nur ..."
- „Diesen Einwand hören wir von vielen Kunden, doch wird dabei vergessen, dass ..."
- „Natürlich, das ist mit zu berücksichtigen, noch wichtiger ist ..."

Beispiel

Argumentationstraining

In der örtlichen Tageszeitung haben Sie einen Gebrauchtwagen zum Verkauf angeboten. Interessenten besichtigen das Fahrzeug, haben aber Bedenken:
Setzen Sie den Einwänden nach der „Judo-Methode" wirksame Argumente entgegen, möglichst solche, die die vorgebrachten Einwände in echte Vorteile verwandeln. An den Haaren herbeigezogene Vorteile wirken nur lächerlich, z. B. „Seien Sie doch froh, dass das Auto kein Schiebedach hat, dann bekommen Sie auch keinen Sonnenbrand!".

- „Der Preis ist zu hoch!"
- „Die rote Farbe gefällt mir nicht, silbergrau wäre schöner."
- „Die Reifen sind zur Hälfte abgefahren."
- „Es ist kein Autoradio vorhanden."
- „Die Anhängerkupplung sieht hässlich aus."
- „Die Sitzpolster sind fleckig."
- „Der Motor ist zu schwach, mehr KW (PS) wären besser."
- „Ich weiß nicht, ob ein ausländisches Fahrzeug wie dieses japanische ein guter Kauf ist."

1. *Erläutern Sie, warum die „Boxer-Methode" eher zu einer Konfrontation mit Kunden führt, während die „Judo-Methode" eine gemeinsame Basis schafft.*
2. *Vergleichen Sie die Wirksamkeit der beiden Methoden miteinander. Gibt es auch Gesprächssituationen, in denen die Boxer-Methode erfolgreicher sein kann?*
3. *Üben Sie das Argumentieren als Rollenspiel: Bieten Sie einer Mitschülerin oder einem Mitschüler einen Gegenstand aus Ihrem persönlichen Eigentum zum Kauf an, z. B. Armbanduhr, Fahrrad, Pkw, Stereoanlage.*
   Reagieren Sie mit treffenden Argumenten auf die Einwände, die Ihre Mitschülerin oder Ihr Mitschüler gegen diesen Kauf vorbringt.
4. *Beschreiben Sie Situationen, in denen Sie an Ihrem Arbeitsplatz immer wieder Argumente vorbringen müssen, sei es gegenüber Kunden oder gegenüber Kollegen bzw. Vorgesetzten.*

Tipp

Die Frage — Mancher Einwand kann auch durch eine Frage aufgefangen werden („Warum befürchten Sie, dass ...?"). Aus der Antwort können Möglichkeiten für eine Lösung herausgefiltert werden.

Die Referenz[1] — Ein Argument wirkt besonders überzeugend, wenn man sich auf eine Person oder Firma beruft, z. B. „Bei Siemens laufen seit vier Jahren unsere Geräte ohne jede Reparatur". (Oft kann der Verkäufer oder die Verkäuferin als Referenz genügen: „Das Gerät benutze ich zu Hause selbst.")

Der Trumpf — Einem berechtigten Einwand wegen eines eindeutigen Nachteils wird als Trumpf ein besonders gewichtiger Vorteil entgegengesetzt.

Der Bumerang — Einen Einwand sollte man immer positiv aufnehmen und als Vorteil zurückgeben, z. B.: „Das Auto hat aber keine elektrischen Fensterheber." – „Handkurbeln sind weniger störanfällig und funktionieren sogar nach einem Unfall."

Die Vorwegnahme — Ein zu erwartender Einwand kann im geeigneten Moment selbst ausgesprochen werden, um ein besonders gutes Argument vorbringen zu können.

Die Zurückstellung — Ein Einwand, der den Argumentationsaufbau stört, kann zurückgestellt werden, allerdings mit einer begründenden Bemerkung, z. B. „Wenn Sie erlauben, sprechen wir darüber besser später im Zusammenhang mit ...".

[1] *Empfehlung*

1.6 Mit Argumenten für (m)einen Beruf werben

Ihr Einsatz – Ihr Gewinn

Start
Sie beginnen Ihren Aufstieg in unserem Autohaus mit einer Ausbildung im technischen oder kaufmännischen Bereich. Sie lernen in Praxis und Theorie die Grundlagen Ihres Berufs. Wenn Sie die Abschlussprüfung bestanden haben, erwarten Sie interessante Aufgaben in unserer Firma.

Wir bilden aus – in unserem technischen Betrieb Kraftfahrzeugmechatroniker/-in, Karosseriebauer/-in, Kfz-Elektriker/-in, in unserer kaufmännischen Abteilung Bürokaufmann, Automobilkaufmann, Informatikkaufmann, jeweils auch als Kauffrau. Ihre Berufstätigkeit umfasst Reparaturen und Wartungsarbeiten, den Umgang mit Kunden oder die Bearbeitung kaufmännischer Geschäftsvorfälle.

Ihr Einsatz lohnt sich, im ersten Ausbildungsjahr vergüten wir Ihnen dafür je nach Ausbildungsberuf um die 500 Euro. Auch die Arbeitszeit wird Ihnen gefallen: 36-Stunden-Woche ist bei uns garantiert. Und die späteren Verdienstmöglichkeiten können sich mit Leistungsprämien und übertariflicher Bezahlung sehen lassen.

Was ist ein „Simmerring"? Wie sieht eine „Buchhalternase" aus? Wie geht man mit einem Kunden um, der sich beschwert? In unserer Firma werden Sie vieles lernen, denn unser Geschäftserfolg hängt von dem Wissen und den Leistungen unserer Mitarbeiter ab. Durch innerbetriebliche Schulungen sind Sie immer auf dem neuesten Stand.

Am Ende der beruflichen Ausbildung in unserem Haus haben Sie auf jeden Fall gewonnen, aber nicht nur Erfahrungen und Eindrücke, das wäre zu wenig. Ihr persönlicher Gewinn ist die fundierte Berufsausbildung, die Ihnen den Zugang zur Berufswelt öffnet und als Ausgangspunkt zu Weiterbildung und beruflichem Aufstieg zur Führungskraft dient.

„Blauer Anton" oder „Weißer Kragen", diese Unterscheidung ist in unserem Autohaus überholt. Wir ziehen alle am gleichen Strang und haben gemeinsam den Erfolg unseres Unternehmens im Blick.

Wir wissen, dass wir nur durch Teamgeist im Konkurrenzkampf bestehen können und deshalb lautet unser Prinzip: Das Beste für unsere Kunden, die Besten in unser Team. Wir bitten um Ihren Einsatz.

Autohaus Bremer & Stoll • Vertragshändler, Zentrale in N., Niederlassungen in L., S., F. • Unsere Anschrift: ......, Telefon ......
Wenn Sie anrufen möchten: Verlangen Sie Frau Wohlfahrt von der Personalabteilung.

1 *Mit welcher Absicht wurde die oben abgedruckte Anzeige veröffentlicht?*

2 *Stellen Sie fest, um welche Kernpunkte es in den fünf Textfeldern geht, und notieren Sie diese stichwortartig auf einem Blatt.*

3 *Schreiben Sie in Stichworten alle Argumente auf, mit denen Sie für Ihren eigenen Beruf werben könnten. Ordnen Sie diese Gesichtspunkte in einer sinnvollen Reihenfolge, sodass sie für die Zuhörer gut nachvollziehbar sind.*

4 *Halten Sie mithilfe eines Stichwortzettels eine freie Rede, in der Sie für Ihren Beruf werben (Thema: „Ein empfehlenswerter Ausbildungsberuf: ...").*

2 Gegenstände und Vorgänge beschreiben

2.1 Gegenstände beschreiben

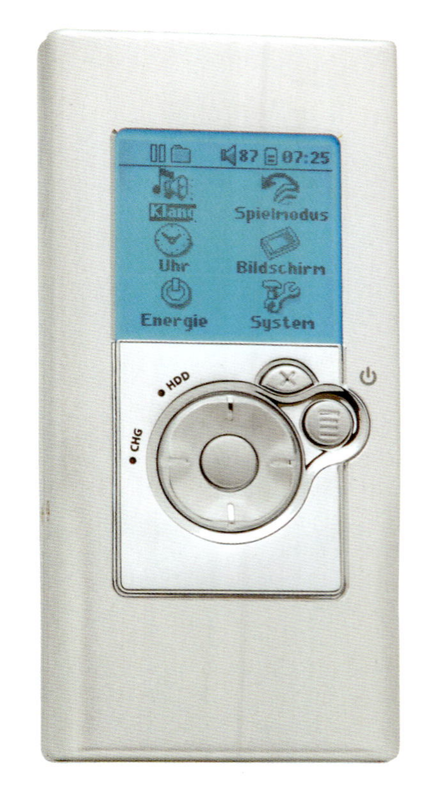

Gegenstandsbeschreibungen begegnen uns z. B. in **Verkaufsanzeigen**, in **Verlustanzeigen,** in **Katalogen**, aber auch in **Gebrauchs- und Bedienungsanleitungen**. Bei der Vorführung oder der Präsentation eines Produktes (s. S. 63 f.) wird dieses ebenfalls beschrieben.

1 *Erläutern Sie, in welcher Form und mit welchem Zweck in den oben genannten Fällen Gegenstände beschrieben werden.*

2 *Beschreiben Sie Ihren Mitschülerinnen und Mitschülern einen Gegenstand, den Sie sofort kaufen werden, wenn Sie gut bei Kasse sind.*

3 *Prägen Sie sich die Merkmale Ihrer Armbanduhr oder eines anderen persönlichen Gegenstandes genau ein. Anschließend sammelt eine Schülerin / ein Schüler einige Exemplare ein und gibt sie als „Leiter / -in eines Fundbüros" erst heraus, wenn Sie sich durch eine genaue Beschreibung als der Eigentümer erwiesen haben.*

2.1.1 Erschließungsmerkmale zur Gegenstandsbeschreibung

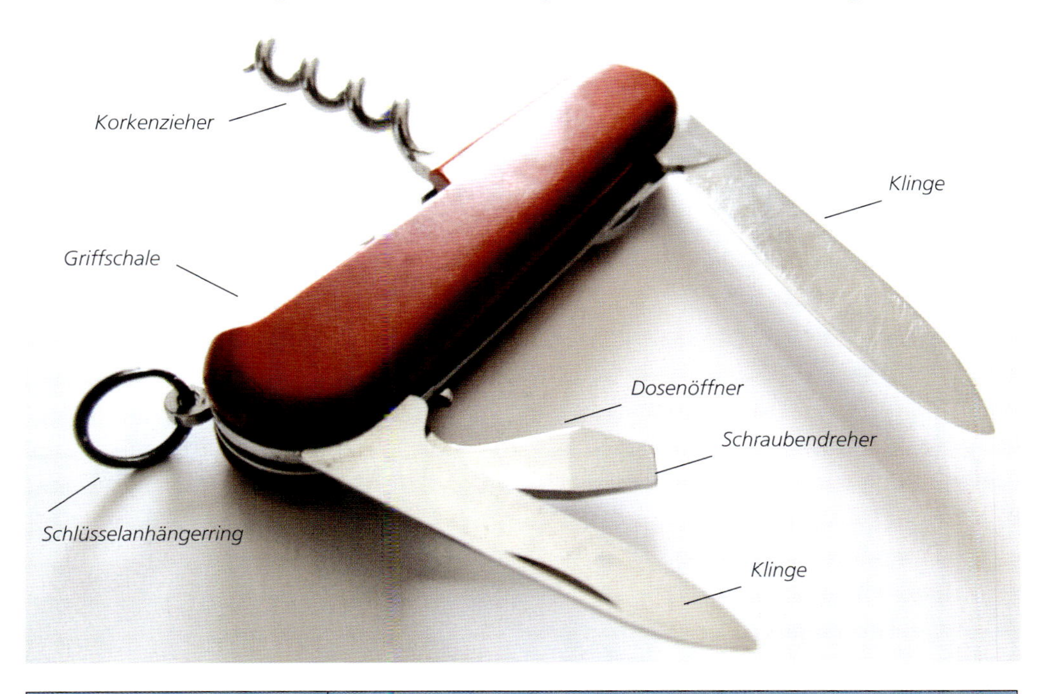

Erschließungsmerkmale	Beispiel: Schweizer Armeemesser
Oberbegriff:	Taschenmesser
Verwendungszweck:	multifunktionales Werkzeug zum Schneiden, Öffnen von Dosen, Ziehen von Korken, Drehen von Schrauben
Form:	länglich
Farbe:	silber, dunkelrot
Oberfläche:	glatt
Größe:	85 mm lang, 18 mm breit, 14 mm hoch
Material:	Kunststoff und Metall
Einzelteile:	zwei Griffschalen – vier Werkzeug-Metallarme, ausklappbar – zwei Klingen mit Einkerbung – Dosenöffner mit Einkerbung – Schlitzschraubendreher – Korkenzieher – Schlüsselanhängerring zum Befestigen von Schlüsseln
Besondere Merkmale:	keine
Funktionszusammenhang und Arbeitsweise:	mit Daumennagel in die Einkerbungen der Werkzeug-Metallarme gehen und mithilfe von Daumen und Zeigefinger die Metallarme je nach Verwendung heraus- oder einklappen

1 *Formen Sie die stichwortartige Beschreibung eines Schweizer Armeemessers in einen zusammenhängenden Text um. Sie können einzelne Punkte auch zusammenfassen und die Reihenfolge ändern.*

2 *Übertragen Sie die Erschließungsmerkmale auf ein Blatt und beschreiben Sie einen unkomplizierten Gegenstand an Ihrem Arbeitsplatz im Betrieb oder im Klassenzimmer (z. B. Schultasche, Projektionstafel, Büromaschine, Werkzeug).*

Eine Vorlage finden Sie unter BuchPlusWeb.

3 *Vergleichen Sie die Schultafel Ihres Klassenzimmers mit der folgenden Beschreibung einer Schülerin und legen Sie die Unterschiede dar.*
Welche Teile des Textes wirken übergenau und sind entbehrlich?

Beispiel

Trotz Beamer und Tageslichtprojektoren ist die Wandtafel in jeder Schule immer noch ein wichtiges Unterrichtsmittel. Wie in jedem Schulsaal hängt auch im Zimmer 309 die Tafel an der Stirnseite des Raumes.

Die Tafel besteht aus einer rechteckigen Fläche und ist in einer Aufhängevorrichtung in Schienen geführt, sodass sie sowohl horizontal als auch vertikal verschoben werden kann. Wird die Tafel ganz nach rechts geschoben, wird dahinter eine weiße quadratische Projektionsfläche sichtbar.

Die Tafel ist etwa 3 m lang und 2 m hoch. Ihre Schreibfläche besteht aus dunkelgrünem Kunststoff. Die linke Tafelhälfte weist ein Karomuster als Schreibhilfe auf. Die Seitenlänge eines solchen Quadrates beträgt 50 mm. Die rechte Tafelhälfte ist unliniert. Die gesamte Tafel wird an ihrer Außenseite von einem eloxierten Aluminiumrahmen eingefasst, der mit verzinkten Schrauben befestigt ist. An der Unterseite der Tafel erstreckt sich über die gesamte Länge ein 7 cm breites Ablagebrett, dessen Vorderkante von einem grauen Kunststoffumleimer abgedeckt wird. An der linken Seite ist ein korbartiges verzinktes Drahtgestell montiert, in dem Schwamm, Tafellappen und Kreide ihren Platz finden. Ein in der Mitte des Ablagebrettes befestigter Griff aus u-förmig gebogenem und verchromtem Stahlrohr erleichtert das Verschieben der Tafel.

Anna H., 19 Jahre

4 *Beschreiben Sie den abgebildeten Tageslichtprojektor.*

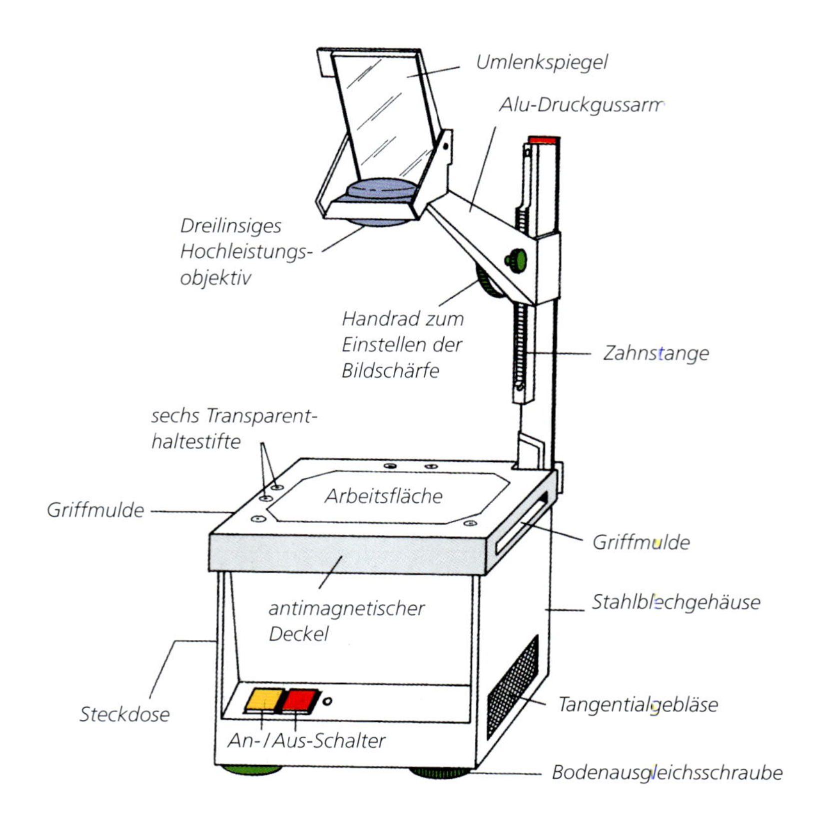

2.1.2 Gegenstandsbeschreibung — Arbeitsplanung

Lernziele
Sie können
- den Gesamtaufbau und die wesentlichen Einzelteile eines Gegenstandes erschließen,
- einen Gegenstand mündlich und schriftlich sachlich und adressatengerecht beschreiben.

Inhalt
Sachliche (objektive) Darstellung des Gesamtaufbaus und der wesentlichen Einzelheiten eines Gegenstandes, ohne persönliche Meinung und ohne Gefühlsäußerung. Eine übertriebene Genauigkeit verwirrt den Leser nur.

Aufbau
Einleitung: genaue Bezeichnung, evtl. Oberbegriff und Verwendungszweck
Hauptteil: Voraussetzung für das Verständnis des Lesers ist ein besonders übersichtlicher Aufbau. Die Reihenfolge geht von den Hauptbestandteilen aus und fügt die Einzelteile hinzu, so als wolle man den Gegenstand räumlich aufbauen.
Schluss: Hinweise auf Besonderheiten, Zusatzausstattung, Wartungs- und Pflegehinweise

Sprache
Adjektive (Eigenschaftswörter) sollen sachliche Eigenschaften benennen und dürfen nicht zur Ausschmückung verwendet werden.
Verben (Zeitwörter) sollen die Teile in ihrer Funktion treffend beschreiben.
Zeit: Präsens (Gegenwart)
Fachausdrücke schaffen Klarheit, weil deren Bedeutung allgemeingültig festgelegt ist. Wo solche Ausdrücke fehlen, muss man selbst eine anschauliche Bezeichnung finden.

Beispiel

Guter Ausdruck macht guten Eindruck

ausdrucksschwach:
... **daneben ist** ein Stift.
... **befindet sich** eine Wandtafel.
... **befindet sich** ein Griff.

ausdrucksstark durch Handlungsverben:
... daneben **ragt** ein Stift heraus.
... **hängt** eine Wandtafel.
... ein Griff **erleichtert** das Verschieben ...

Aufgaben für Übungen

A Beschreiben Sie nach Ihrer Wahl Ihr Zimmer, eine neu eröffnete Disko, einen empfehlenswerten Urlaubsort, einen Geschäftsraum, eine Werkstatt, Ihren Arbeitsplatz.

B Beschreiben Sie ein Arbeitsgerät, ein Haushaltsgerät oder ein Fahrrad.

2.2 Vorgänge beschreiben

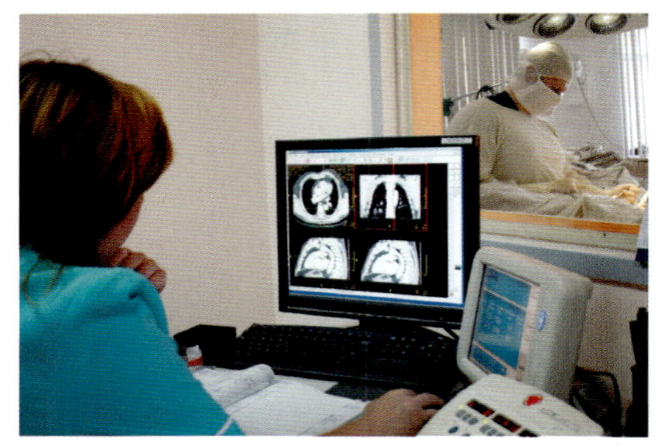

1 *Welche Vorgänge werden in den Abbildungen gezeigt?*

2 *Mit welchen der nachfolgenden Vorgangsbeschreibungen könnten Sie in Ihrem Berufsleben einmal beauftragt werden?*
- *Arbeitsunterweisung*
- *Kundeninformation*
- *Reparaturanleitung*
- *Unterweisung in Erster Hilfe*
- *Vorführung eines Arbeitsgerätes / Produktes*
- *Gestaltung einer schriftlichen Gebrauchsanweisung bzw. Bedienungsanleitung*
- *Beschreibung des Unfallhergangs in einem Unfallbericht*
- *Beschreibung eines Herstellungsverfahrens*
- *Erklärung eines Versuchsablaufs*

3 *Beschreiben Sie die Regeln Ihres Lieblingsspiels.*

Tipp

Einen Vorgang beschreiben wir auch, wenn wir jemandem **einen Tipp** geben für eine besonders geschickte Handlungsweise.

Beispiele

- Wie man eine bestimmte Panne behebt.
- Wie man am besten ein Arbeitsgerät handhabt.
- Wie man mit einer aufgeregten Kundin umgeht, die sich beschwert.
- Wie man erfolgreich ein Mädchen bzw. einen Jungen anspricht.
- Wie man im Haushalt Energie spart und dadurch zum Umweltschutz beiträgt.

2.2.1 Stoffsammlung und Gliederung

Leser oder Hörer können die Beschreibung eines komplexeren Arbeitsvorgangs nur verstehen, wenn sie klar gegliedert ist.

Das folgende Schema kann Ihnen bei der Stoffsammlung und bei der Gliederung von Vorgangsbeschreibungen helfen.

Vorgang: Radwechsel am Pkw			
WAS geschieht? (Arbeitsschritte)		**WIE geschieht es? (Arbeitsweise)**	**WARUM geschieht es so? (Begründung)**
1.	**Handbremse anziehen, Gang einlegen**	fest bis Anschlag, erster Gang oder Rückwärtsgang	Sicherung gegen Wegrollen
2.	**Radkappe abnehmen**	mit beiden Händen oder Schraubenzieher	Beschädigung vermeiden
3.	**Radschrauben / Radmuttern etwas lockern**	mit Kombi-Schlüssel, nach links drehen – noch nicht abnehmen	Rechtsgewinde
4.	**Wagenheber ansetzen**	bis zum Anschlag in vorgesehene Stelle einschieben – senkrechte Stellung	Wagen könnte abrutschen – Unfallgefahr
5.	**Fahrzeug hochkurbeln**	bis sich Rad vom Boden abhebt	
6.	**Radschrauben / Radmuttern abschrauben**	ganz herausschrauben und in umgedrehte Radkappe legen	vor Schmutz geschützt, leicht wiederzufinden
7.	**Rad abnehmen**	waagerecht halten, nicht verkanten	könnte sonst klemmen
8.	**Ersatzrad aufsetzen**	wie 7.	wie 7.
9.	**Radschrauben / Radmuttern anschrauben**	zuerst von Hand anlegen	Beschädigung des Gewindes vermeiden
10.	**Wagen ablassen**	mit Wagenheber absenken	
11.	**Radschrauben / Radmuttern fest anziehen**	mit Schlüssel nach rechts, über Kreuz	um Spannungen zu vermeiden
12.	**Radkappe aufsetzen**	kräftig andrücken – Ventilsitz beachten	kann sich während der Fahrt nicht lösen
13.	**defektes Rad, Wagenheber, Werkzeug verstauen**		Fahrzeug fahrbereit

So geht's auch:

Fahrer von Bus begraben

1 **Stockholm** – Schulbus-Fahrer Gösta Anundsen hatte es eilig, als er bei Kiruna (Nordschweden) einen platten Reifen wechselte: Er ließ den Wagenheber so schnell herunter, dass der 5 Bus umkippte und ihn unter sich begrub. Zu seinem Glück waren seine kleinen Fahrgäste clever: Vierzig von ihnen hoben den Bus an, während ein paar andere den Fahrer darunter hervorzogen. Er kam mit leichten Verletzungen davon. 10

1 Formen Sie die stichwortartige Beschreibung eines Radwechsels am Pkw in einen zusammenhängenden Text um.

2.2.2 Textbeispiel aus einem Fachbuch

BIKE REPARATUR HANDBUCH

So repariert man einen Platten

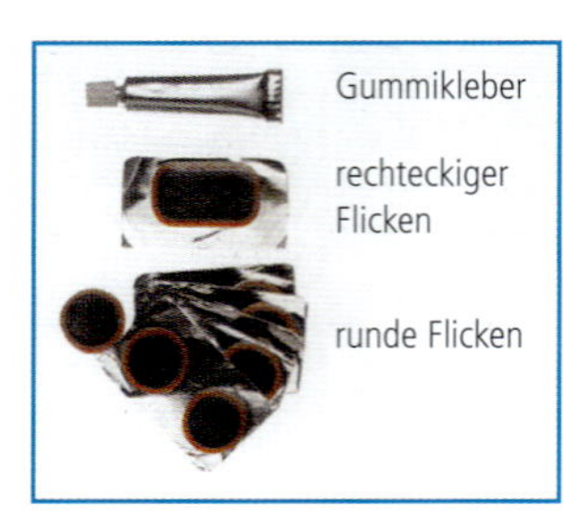

Sie brauchen ein Reparaturset mit Flicken und einer Tube Gummikleber, dazu etwas Schleifpapier und Kreide. Der Schlüssel zur erfolgreichen Reparatur sind gründliche Vorbereitung und Sauberkeit. Wenn Ihre Hände schmutzig vom Ausbau des Laufrades sind, sollten Sie sie reinigen, damit kein Öl auf den Schlauch kommt. Um das Loch zu finden, müssen Sie den Schlauch aufblasen. Halten Sie ihn nun nahe vor Ihr Gesicht und drehen Sie ihn. Wenn Sie keine ausströmende Luft hören oder fühlen, überprüfen Sie das Ventil mit etwas Spucke. Können Sie das Loch nicht aufspüren, pumpen Sie den Schlauch voll auf, drücken ihn unter Wasser und beobachten Sie, wo Luftblasen aufsteigen.

1 Vorbereiten des Schlauches. Wenn Sie das Loch gefunden haben, trocknen Sie den Schlauch und rauen den Bereich rund um die schadhafte Stelle mit Schleifpapier an. Dadurch haftet der Gummikleber später besser. Der angeraute Bereich sollte größer sein als der Flicken. Wenn Sie auf der Tour kein Schleifpapier zur Hand haben, tut es auch ein rauer Stein. Säubern Sie nun den Schlauch noch einmal.

2 Auftragen des Klebers. Reinigen Sie Ihre Hände. Verteilen Sie den Kleber gleichmäßig auf dem angerauten Bereich. Lassen Sie den Kleber so lange trocknen, bis das Lösungsmittel verdunstet ist. Vermeiden Sie jede Berührung mit der bestrichenen Stelle. Während Sie warten, kontrollieren Sie, ob der Reifen beschädigt ist und ob sich Fremdkörper in ihm befinden.

3 Das Auftragen des Flickens. Ziehen Sie die Metallfolie von dem Flicken. Achten Sie dabei darauf, dass Sie die freigelegte Oberfläche nicht berühren. Pressen Sie nun den Flicken fest auf das Loch und reiben Sie dabei von der Mitte nach außen. Schleifen Sie danach mit Sandpapier etwas Kreide ab, und streuen Sie den Staub über die reparierte Stelle und den überzähligen Kleber rundherum.

4 Ein letzter Check. Lassen Sie den Flicken ein paar Minuten aushärten. Dann knicken Sie den Schlauch über der reparierten Stelle zusammen, sodass die Plastikabdeckung des Flickens zerreißt. Ziehen Sie sie von der Mitte weg herunter – allerdings ohne den Flicken mitzunehmen. Pumpen Sie den Schlauch wieder auf und überprüfen Sie, ob der Flicken dicht hält. Montieren Sie nun wieder Schlauch und Reifen.

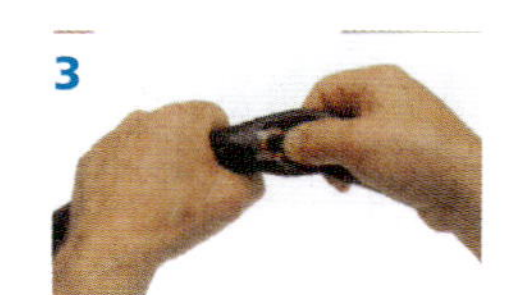

Richard Ballantine/Richard Grant, BIKE Reparaturhandbuch, S. 37

1 *Lesen und erfassen Sie die Informationen dieses Fachtextes. Schreiben Sie dazu die in den vier Abschnitten enthaltenen einzelnen Arbeitsschritte (WAS?) in Stichworten heraus. (Im eigenen Buch können Sie diese auch unterstreichen.)*

2 *Tragen Sie die **Arbeitsschritte** in ein Schema wie auf S. 135 ein und fügen Sie in Stichworten die **Arbeitsweise** (WIE?) und evtl. die **Begründung** hinzu.*

2.2.3 Textbeispiel Kaffeemaschine

Beispiel

Bedienen

Vor der ersten Kaffeezubereitung ein bis zwei Durchläufe ohne Kaffeemehl durchführen und Glaskrug und Filtereinsatz ausspülen. Deckel aufklappen ①.

Gewünschte Wassermenge einfüllen ②.

Die Einteilungen auf dem Glaskrug und an der Wasserstandsanzeige gelten für die Frischwassermenge. Die spätere Kaffeemenge ist geringer, da das Kaffeemehl Wasser aufsaugt.
Deckel schließen. Schwenkfilter ausschwenken ③.

Filtertüte einsetzen: Format 4 (1 x 4) (mit der Naht zum Filtergriff und mit der Hand leicht andrücken) ④.

Kaffeemehl einfüllen ⑤.
Die Menge des Kaffeemehls kann mit einem Kaffeemaß abgemessen werden. Für einen mittelstarken Kaffee einen Messlöffel (ca. 6 g) pro Tasse.

Schwenkfilter einschwenken, bis er einrastet ⑥.

Glaskrug mit Deckel wieder einsetzen. Gerät einschalten. Dazu den EIN-/AUS-Schalter betätigen ⑦.
Die Kontrollleuchte zeigt die Betriebsbereitschaft an.

Das Gerät ist mit einer Aromaverstärkung für 1–3 Tassen ausgestattet. Zur optimalen Ausnutzung des Kaffeemehls bei 1–3 Tassen wird durch Zuschalten der Aromaverstärkung die Brühzeit verlängert ⑧.

Achtung!
Während des Brühvorgangs nie den Filter ausschwenken. Nach Beendigung des Filtervorgangs Glaskrug entnehmen. Automatischer Filterverschluss verhindert Nachtropfen des Filters.

Glaskrug zur Warmhaltung auf die Warmhalteplatte zurückstellen ⑨.
Die Heizung des Kaffeeautomaten bleibt so lange in Betrieb, wie der Automat eingeschaltet ist.

1 *Prüfen Sie, ob der Anweisungstext zur Kaffeemaschine den Anforderungen an eine gute Gebrauchsanweisung entspricht.*

2 *Wandeln Sie die unpersönliche Bedienungsanleitung zur Kaffeemaschine in eine persönliche Form um und tragen Sie diese mündlich vor (Klappen Sie ... Füllen Sie ...). Ihre Darstellung wirkt flüssiger, wenn Sie dabei die einzelnen Schritte miteinander verknüpfen durch Wörter wie zuerst ... anschließend ... darauf ... als Nächstes ... jetzt ... nun ... dann ...*

Arbeitsplanung 2.2.4 Vorgangsbeschreibung

Lernziele
Sie können
- die wesentlichen Elemente eines Vorgangs in ihrem zeitlichen Ablauf erfassen,
- einen Vorgang gliedern und ihn mündlich und schriftlich sachlich und genau beschreiben.

Inhalt
Die einzelnen Abschnitte des Vorgangs werden durch genaue Beobachtung in anschaulicher Weise dargestellt. Nebensächlichkeiten erschweren dem Leser den Überblick.

Aufbau
Die Gliederung folgt dem zeitlichen Ablauf des Vorgangs. Dabei müssen die einzelnen Schritte übersichtlich dargestellt werden, damit der Leser den Gesamtablauf nicht aus den Augen verliert.

Sprache
Sachliche Sprache, ohne persönliche Meinung und eigenes Urteil. Fachsprache, aber der Leser- oder Zuhörergruppe angemessen.
Zeit: Präsens (Gegenwart), weil es sich um einen jederzeit wiederholbaren Vorgang handelt, im Gegensatz zum Bericht über einen einmaligen Vorgang.

1 *Die Gestaltung einer Vorgangsbeschreibung ist stark abhängig vom Kenntnisstand der Leser/-innen und Zuhörer/-innen, für die sie gedacht ist (Adressatenbezug).*
- *Welche der im Beispiel „Radwechsel" auf S. 135 stehenden Angaben würden Sie bei Zuhörern mit Grundkenntnissen weglassen?*
- *Reichen die Angaben für die Teilnehmer eines Pannenkurses für Anfänger aus?*

2 *Halten Sie mithilfe einer Stichwortsammlung ein Kurzreferat „Radwechsel" oder „Fahrradschlauch reparieren" (Situation: Pannenkurs eines Fahrrad- oder Automobilclubs).*

Beispiel

Guter Ausdruck macht guten Eindruck

Nominalstil: Durch **Betätigung** des Hebels erfolgt die **Anhebung** des Gewichts.

Handlungsbetonte Verben (Zeitwörter): Wird der Hebel **umgelegt**, so **bewegt sich** das Gewicht in die Höhe.

Aufgaben für Übungen

A Beschreiben Sie eine Arbeit Ihres Berufs, die Sie besonders gerne verrichten. Benutzen Sie dabei für Stoffsammlung und Gliederung das „WAS-WIE-WARUM-Schema" (s. S. 135).
Inwiefern unterscheidet sich Ihre Darstellung von einem Arbeitsbericht?

B Beschreiben Sie einen Arbeitsvorgang, den Ihrer Meinung nach auch ein Laie beherrschen sollte (Beispiele: Tapezieren eines Zimmers – Batteriewechsel bei einem Elekrogerät – Tintenpatronenaustausch bei einem Drucker – Kuchenbacken – Bedienung einer Digitalkamera ...).

C Verfassen Sie eine Bedienungsanleitung für ein Gerät aus Haushalt oder Beruf.

D Beschreiben Sie die Regeln eines einfachen Gesellschaftsspiels (z. B. Dame, Halma usw.) oder eines Wettkampfsports (z. B. Tischtennis).

E Suchen Sie im Internet (z. B. www.krawattebinden.com) nach Anleitungen zum Binden einer Krawatte. Üben Sie das Binden eines Krawattenknotens und verfassen Sie dann eine verständliche Beschreibung.

3

Geschäftlich und privat schreiben

3.1 Geschäftsbriefe verfassen

Schreiben Sie im Betrieb eine Bestellung oder erstellen Sie eine Rechnung, dann sind das „Geschäftsbriefe". Wenn Sie privat ein Abonnement kündigen oder eine neue Jacke bestellen, so handelt es sich ebenfalls um Geschäftsvorgänge. Beim Schriftverkehr in diesen Zusammenhängen spricht man von „privaten Geschäftsbriefen". Für all diese Fälle bietet Ihnen die folgende Übersicht eine Nachschlagemöglichkeit.

3.1.1 Briefarten

Brief	Anlass	§§	Inhalt (Gliederung)
1. Anfrage	a) **allgemein:** Bitte um Katalog o. Ä. b) **gezielt:** Informationen über Ware oder Arbeitsausführung (Werk)	rechtlich unverbindlich	1. evtl. Bezug (Anzeige, Messebesuch, Testbericht o. Ä.) 2. kurze Angabe des Grundes für die Anfrage 3. Nennung der gewünschten Informationen (Preis, Lieferzeit u. a.)
2. Angebot	a) Werbebrief (unverlangte Zusendung von Prospekten oder Wiederbelebung einer Geschäftsbeziehung) b) **Antwort** auf eine Anfrage	verbindlich, wenn nicht die Unverbindlichkeit angegeben wird: • „freibleibend" • „So lange Vorrat reicht" • „Zwischenverkauf vorbehalten" u. Ä.	1. Dank für Anfrage 2. Genaue Angaben über Preis, Lieferzeit, Art und Beschaffenheit u. a. 3. Freude über mögliche Auftragserteilung ausdrücken
3. Bestellung / Auftrag	Ware / Dienstleistung / Arbeitsausführung wird benötigt • allgemein • zu festem Termin	rechtlich verbindlich	1. Bezug auf Angebot, Prospekt, Anzeige o. Ä. 2. genaue Angaben: Menge, Art, Preis, Beschaffenheit, Ausführung u. a., Liefertermin bei Kauf
4. Auftragsbestätigung	Annahme der Bestellung oder des Auftrags, vor allem bei telefonischer oder mündlicher Bestellung	verhindert Missverständnisse, sichert den Vertragsabschluss, besonders wenn Bestellung von Angebot abweicht	1. Dank für Bestellung 2. Bestätigung der Auftragsübernahme mit Wiederholung der Einzelheiten der Bestellung 3. Zusicherung gewissenhafter Ausführung o. Ä.
5. Mahnung wegen Lieferungsverzug	bestellte Ware trifft nicht ein; Arbeitsausführung wird nicht erledigt	a) bei allgemeiner Bestellung Mahnung mit Nachfrist b) bei Fixkauf sofortiger Rücktritt möglich	1. Hinweis auf Bestellung 2. Feststellung, dass Ware bisher nicht eingetroffen 3. evtl. Begründung der Dringlichkeit 4. angemessene Nachfrist setzen 5. Androhung von Konsequenzen

Brief	Anlass	§§	Inhalt (Gliederung)
6. Mahnung wegen Zahlungsverzug	Kunde zahlt Rechnung nicht	Verkäufer kann Verzugszinsen und Ersatz der Mahnkosten fordern. (keine Auswirkung auf Verjährung!)	1. Hinweis, dass Rechnung noch nicht bezahlt wurde 2. Bitte um sofortige Zahlung 3. evtl. Hinweis auf mögliche weitere Maßnahmen (Kostenersatz, Mahnbescheid)
7. Mängelrüge	gelieferte Ware oder ausgeführte Arbeit (Werk) weist Mängel auf in der Güte, der Beschaffenheit, der Menge u. a.	bei offenen Mängeln muss sofort gemahnt werden, bei versteckten Mängeln nach der Entdeckung.	1. Wareneingang und Prüfung 2. genaue Beschreibung der Mängel 3. Aufforderung (mit Fristsetzung), den Mangel zu beseitigen (= Nachbesserung) oder mangelfreie Ware zu liefern (= Nachlieferung). Wenn diese Nacherfüllung nicht erfolgt, Rechtsanspruch geltend machen: Rücktritt, Minderung (Preisnachlass), Schadenersatz
8. Kündigung	a) Arbeitsplatzwechsel b) Entlassung	mündlich gültig, doch hat ein Brief mehr Beweiskraft. Kündigungsfrist beachten!	1. Kündigungsformel mit Termin (z. B. zum 30. Juni 20..) 2. evtl. Begründung 3. Bitte um Arbeitszeugnis
9. Brief an Behörde oder Leserbrief an Zeitung	Beschwerde über Missstand (z. B. fehlendes Jugendhaus), Kritik an getroffener oder geplanter Maßnahme, auch: Zustimmung	keine Rufschädigung durch unbeweisbare Behauptungen, keine Beschimpfungen von Personen	1. jetzige Situation schildern 2. Folgen, Nachteile nennen 3. diese mit Beispiel verdeutlichen 4. eine Forderung stellen 5. eigene Vorschläge machen 6. um schnelle Durchführung bitten
10. Bewerbungsschreiben	Stellensuche	rechtlich unverbindlich, aber später Kündigungsgrund bei unwahren Angaben	siehe ausführliche Darstellung auf S. 180 ff.

1 Welche Geschäftsbriefe aus der Übersicht können auch in Ihrem Privatleben vorkommen?

2 Erläutern Sie, warum beim Schreiben solcher Briefe rechtliche Gesichtspunkte (§§) zu beachten sind.

3 Warum sollte man immer einen Durchschlag oder eine Kopie des Briefes aufbewahren?

3.1.2 Die DIN 5008

Die Abkürzung DIN steht für das **Deutsche Institut für Normung e. V.**, welches die Deutschen Normen oder **DIN-Normen** erarbeitet. Die Normung dient u. a. der Vereinheitlichung, dem leichteren Austausch und der Qualitätssicherung. Die DIN 5008 gibt Empfehlungen, mit denen sich Schriftstücke leserfreundlich, zweckmäßig und übersichtlich gestalten lassen. Diese Norm enthält umfassende Regeln für den Briefverkehr und ist weltweit einmalig. Im Schriftverkehr zwischen Unternehmen und von Unternehmen zu Privatpersonen ist die DIN 5008 von großer Bedeutung. Auf Geschäftsbriefbögen sind die vier Bereiche (Kopfbereich, Anschriftenzone, Briefkörper, Fußbereich) vorgedruckt.

Zeile		
1		
2		
3	**Kopfbereich – Absenderfeld:**	⇒ bei Geschäftsbriefbogen grafisch gestaltet
4		⇒ bei privaten Geschäftspapieren sachlich und klar, ohne Wappen, Bildchen oder Sprüche
5		
6		
7		
8 …	* (3,4 cm von oben)	
9	1 **Anschriftenzone:** drei Zeilen für Versandvermerke, z. B. Einschreiben, Eilbote	
10	2	
11	3	
12	1 **Anschrift des Empfängers** z. B.	*(Frau)*
13	2	*(Monika Lang)*
14	3 ohne Leerzeilen	*(Waldstraße 10)*
15	4	*(84347 Pfarrkirchen)*
16	5	
17	6	
18	*	
19	*	
20	*	
21	**Bezugszeile:** Ihre Nachricht/Ihr Schreiben vom … / Ihr Zeichen …	**Datum:** TT. Monat JJJJ
22		*(15. April 20..)*
23	*	
24	**Betreffzeile:**	Anliegen / Inhalt in Kurzfassung: z. B. *(Skateboardanlage in Pfarrkirchen)*
25	*	
26	*	
27	**Anrede:**	immer mit Komma am Schluss *(Sehr geehrte Frau Lang,)*
28	*	
29	**Textblock:**	⇒ wenn kein Substantiv am Anfang, dann kleinschreiben
30		⇒ Gliederung in Abschnitte durch je eine Leerzeile
31		⇒ Formulierungen in klarer, guter und anschaulicher Sprache
32		⇒ auf geschwollene, altmodische Ausdrücke verzichten
33		⇒ am Ende des Textblockes vor dem Gruß eine Leerzeile
34		⇒ Zeilenabstand einfach oder 1,5
35		
36		
37		
38	*	
39	**Grußformel:**	endet ohne Satzzeichen *(Mit freundlichen Grüßen)*
40	*	
41	**Unterschrift:**	⇒ für die Unterschrift 2–3 Zeilen Platz lassen
42		⇒ bei Geschäftsbriefbogen den Namen unter die Unterschrift schreiben
43		⇒ bei privaten Geschäftsbriefen **keinen** Namen unter die Unterschrift
44	*	
45	*	
46	*	
47	*	
48	**Anlage(n):**	⇒ durch (mindestens) eine Leerzeile von der Unterschrift absetzen
49		⇒ können einzeln aufgezählt werden
50		
51		
52		
53		
54		
55	Linker Rand (Fluchtlinie) 2,4 cm	
56	Rechter Rand 0,8 cm	
57	Unterer Rand mindestens 2,0 cm	

3.1.3 Beispiel: Mängelrüge

```
    •
    •
    •
    •
①   Klaus Schuster                               ③     28.04.20..
    Gartenstr. 2
    74076 Heilbronn
    Tel. 07131 12345
    E-Mail: K.Schuster@web.de
    •
    •
    •
    •
    •
②   Versandhaus
    Globus GmbH
    Karlstraße 17
    87439 Kempten
    •
    •
    •
    •
④   Mängel des gelieferten Zeltes – Lieferschein-Nr. A 346
    •
    •
⑤   Sehr geehrte Damen und Herren,
    •
    das von mir am 15. April 20.. bestellte Zelt, Modell Iglu ST 14,
    habe ich heute erhalten. Bei der Prüfung der Ware stellte ich aber
    zwei erhebliche Mängel fest.
    •
    An der Vorderseite des Zeltes ist der Reißverschluss falsch ange-
⑥   näht, sodass der Eingang nicht völlig geschlossen werden kann.
    Außerdem fehlt am Überdach die im Katalog abgebildete und auch im
    Text beschriebene Lüftungsklappe.
    •
    Ich schicke das Zelt auf Ihre Kosten zurück und bitte Sie, die Ware
    gegen eine einwandfreie Ausführung umzutauschen. Da ich in Urlaub
    fahren will, ist eine Erledigung bis zum 10. Juni d. J. erforderlich.
    •
⑦   Mit freundlichen Grüßen
    •
⑧   Klaus Schuster
    •
    •
    •
⑨   Anlage: Ausriss aus Katalog
```

Einteilung eines Geschäftsbriefs nach DIN-Regel 5008 (Punkte stehen für Leerzeilen)

1 *Vergleichen Sie diese Mängelrüge mit den entsprechenden Angaben in der Übersicht auf S. 140. Zeigen Sie die drei Gliederungspunkte im Brieftext auf.*

2 *Ein Geschäftsbrief besteht aus neun Teilen. Nennen Sie diese Teile in der Mängelrüge.*

3.1.4 Anredepronomen (Anredefürwörter) in Briefen

Übung

Sehr geehrte Frau Schwarz,
endlich können wir • hnen (iI) mitteilen, dass • ie (sS) • hre (iI) verlorene Tasche abholen können. Zwei Rentner haben • ie (sS) be • hrem (iI) Morgenspaziergang gefunden. Wir haben uns in • hrem (iI) Namen bedankt und • hnen (iI) eine kleine Belohnung gegeben. Wenn • ie (sS) • ns (uU) wieder besuchen, sollten • ie (sS) • hre (iI) Kinder mitbringen, denn auch • ie (sS) sind jederzeit willkommen.

Regel

Die Anreden **Sie, Ihnen, Ihr** werden immer großgeschrieben.
Die Anreden **du, dein, dir, dich, euch, euer** können in Briefen wahlweise groß- oder kleingeschrieben werden.
(Außerhalb von Briefen nur Kleinschreibung, z. B. in einer Arbeitsanweisung, einer Spielanleitung o. Ä. Beispiele: Danach sollst du dein Werkzeug reinigen. – Ordne deine Karten.)

3.1.5 Brief an eine Behörde

Das Beispiel auf der folgenden Seite ist eine besondere Form des Geschäftsbriefs, weil darin ein persönliches Interesse durchgesetzt werden soll. Solche Briefe können mit wenigen Änderungen auch als **Leserbriefe an Zeitungen** geschickt werden.

1 *Nennen Sie einige Anlässe für solche Briefe an Behörden oder Zeitungen.*

2 *Lesen Sie das Beispiel auf der nächsten Seite und vergleichen Sie den Inhalt mit den Angaben zu 9. in der Übersicht auf S. 140.*
Entspricht der Brieftext den sechs Gliederungspunkten? Wo könnten bei der Briefgestaltung noch Abschnitte gemacht werden?

3 *Welche Vorteile hätte es, wenn dieser Brief als Leserbrief in einer Zeitung erscheinen würde? Wären für diesen Fall der Inhalt und die Ausdrucksweise wirksam genug? Was würden Sie anders formulieren?*

4 *Schreiben Sie einen Brief an die Gemeindeverwaltung oder einen Leserbrief an die Zeitung Ihres Wohnorts wegen einer der folgenden Situationen:*
a *Am Ortsrand haben Sie eine wilde Müllkippe entdeckt.*
b *Vor der Schule oder an anderer Stelle fehlt ein Fußgängerüberweg.*
c *In Ihrer Gemeinde fehlt ein Bolzplatz.*

Beispiel

Brief an eine Behörde

Monika Lang
Waldstraße 10
99001 Altstadt

15. April 20..

Gemeindeverwaltung
Rathausplatz 2
99001 Altstadt

Skateboardanlage beim Fußballplatz

Sehr geehrte Damen und Herren,

immer wieder heißt es, die Gemeinde wolle etwas für die Jugendlichen am Ort tun. Statt fernsehen sollten Jugendliche besser Sport treiben. Wo sollen wir das tun? In unserer Gemeinde gibt es nur den Fußballplatz, und der ist oft nicht benutzbar. Kein Wunder, dass die Jugendlichen mit ihren Skateboards auf der Straße fahren und auf der Rathaustreppe ihre Kunststücke üben. Das ist für alle Verkehrsteilnehmer gefährlich. Müssen erst Unfälle passieren, bis die Gemeinde sich rührt? Mit dem Bau einer Skateboardanlage würden Sie uns zeigen, dass Ihnen an der Jugend etwas liegt und dass sie Ihnen wichtig ist. Auf dem Gelände neben dem Fußballplatz könnte schnell eine Anlage gebaut werden. Es würde keine Lärmbelästigung für Anwohner entstehen. Auch mit dem Fahrrad wäre sie gut erreichbar.

Bitte setzen Sie sich bei der nächsten Sitzung des Gemeinderats für den Bau einer Skateboardanlage ein. Wie Sie aus der beiliegenden Unterschriftenliste erkennen können, sind viele meiner Nachbarn und Freunde mit mir einer Meinung.

Mit freundlichen Grüßen

Monika Lang

Anlage:
Unterschriftenliste

Handschriftlicher Brief in Anlehnung an die DIN-Einteilung.

Antwort der Gemeindeverwaltung

Elvira Kurz wird bei der Gemeindeverwaltung in Pfarrkirchen zur Verwaltungsangestellten ausgebildet. Im Zuge ihrer Ausbildung arbeitet sie zurzeit im Vorzimmer des Referenten für Bürgerangelegenheiten, an den der Brief von Frau Lang weitergeleitet wurde. Er informiert Elvira darüber, dass die Gemeinde schon vor drei Jahren den Bau einer Skateboardanlage geprüft hat. Der Umbau der Schulsportanlage sei damals zwar vorgesehen, aber noch nicht geplant gewesen. Jetzt sei ein Architektenwettbewerb für den Umbau der Schulsportanlage ausgeschrieben, dabei sei auch eine Skateboardanlage vorgesehen. Bis zum Abschluss des Wettbewerbes und des Umbaus würden aber noch einmal zwei bis drei Jahre vergehen.
Er bittet Elvira, einen Antwortbrief an Monika Lang zu entwerfen.

1 *Lesen Sie den Entwurf von Elvira: Welche Informationen enthält der Brief? Sind alle für Frau Lang wichtigen Informationen enthalten?*

2 *Diskutieren Sie in der Klasse darüber, welche Informationen entfallen sollten.*

3 *Schreiben Sie den Antwortbrief an Frau Lang, beachten Sie dabei die Vorgaben der DIN 5008 (s. S. 141).*

Sehr geehrte, liebe Frau Lang!
Wir danken Ihnen für Ihre Zuschrift vom 15. April dieses Jahres. Die Gemeindeverwaltung freut sich über jede Stellungnahme und über jeden Vorschlag, den unsere Bürger machen. Aber wir schlafen hier nicht und wir kennen sehr wohl auch die Entwicklungen im Freizeitsport. Schon vor einigen Jahren wurde durch den Jugend-Gemeinderat der Bau einer Skateboardanlage diskutiert und angeregt. Die Gemeindeverwaltung prüfte damals diesen Vorschlag, kam aber zu keinem Ergebnis, da über die Platzfrage keine Einigung erzielt wurde. Wie Sie sicher im Mitteilungsblatt der Gemeinde gelesen haben, wurde vor einigen Wochen ein Architektenwettbewerb für den Umbau der Schulsportanlage ausgelobt. Dabei ist auch vorgesehen, eine Skateboardanlage zu bauen. Wenn dieser Wettbewerb abgeschlossen ist, kann mit dem Bau einer solchen Anlage begonnen werden. Da aber die Vorgänge viel Zeit in Anspruch nehmen, wird es noch einige Jahre dauern, bis die Skateboardanlage eingeweiht werden kann. Bitte haben Sie noch etwas Geduld.

Hochachtungsvoll

Ihre Gemeindeverwaltung

3.1.6 Geschäftsbriefe als Fax oder E-Mail versenden

In vielen Privathaushalten steht ein Faxgerät. Einen privaten Geschäftsbrief können Sie dann als **Fax** versenden, wenn es sich um einen normalen Geschäftsvorgang handelt.

Wenn Sie allerdings damit rechnen müssen, dass es zu Meinungsverschiedenheiten oder gar zu juristischen Auseinandersetzungen kommen könnte, sollten Sie den Postversand „Einschreiben" oder „Einschreiben mit Rückantwort" wählen. Nur so können Sie nachweisen, dass der Brief versandt worden ist. Auch als Fax sollte der Geschäftsbrief in seiner äußeren Gestaltung und im Aufbau den DIN-Vorgaben entsprechen.

Geschäftsbriefe werden meist mit dem Computer geschrieben. Die Datei-Vorlagen der Computerprogramme unterstützen die Verfasserin bzw. den Verfasser dabei und erleichtern die Arbeit.

Ist die E-Mail-Adresse des Empfängers bekannt, kann der Geschäftsbrief auch als E-Mail verschickt werden. Es kann allerdings vorkommen, dass eine E-Mail in einer ganz anderen Formatierung beim Empfänger ankommt als vom Absender vorgesehen.

Das kann man vermeiden, indem man den Geschäftsbrief **als Anhang an eine E-Mail** verschickt. Dann bleibt die ursprüngliche Formatierung erhalten; der Absender ist relativ sicher, dass sein Schreiben in der von ihm verfassten Form ankommt.

Man bittet in dieser E-Mail um eine Bestätigung, dass das Schreiben angekommen ist.

1 Entwerfen Sie eine E-Mail mit der Bestellung einer Ware, die zu einem bestimmten Termin geliefert werden soll.

Arbeitsplanung 3.1.7 Geschäftsbrief

Lernziele
Sie können
- verschiedene Arten von Geschäftsbriefen unterscheiden,
- einen Geschäftsbrief zielgerecht und adressatengerecht entwerfen,
- einen Geschäftsbrief der DIN entsprechend einteilen und richtig schreiben.

Inhalt
Der Inhalt eines Geschäftsbriefes wird von dem jeweiligen Anlass bestimmt, wie es die Übersicht auf S.139f. zeigt.

Aufbau
- klare und folgerichtige Gedankenschritte, um dem Leser eine schnelle Information zu ermöglichen (siehe die Gliederungspunkte zu den einzelnen Briefen in der Übersicht)
- neuer Absatz, wenn ein neuer Gliederungspunkt kommt

Sprache
- sachliche, zweckdienliche Sprache ohne Ausschmückungen
- knappe, übersichtlich gebaute Sätze
- höfliche Ausdrucksweise, selbst bei berechtigter Verärgerung
- angemessene Anrede und Grußformel

Form
- Blattgröße: DIN A4
- Blattaufteilung: DIN 5008 „Schreib- und Gestaltungsregeln für die Textverarbeitung"

Das Textbeispiel auf S. 142 ist nach dieser Norm eingeteilt, die Punkte am Rand bedeuten Leerzeilen.

3.2 Privat schreiben

3.2.1 Einladung und Glückwunsch

Hallo liebe freunde!

Wie ihr ja wisst werde ich diesen monat noch 18 jahre alt. Da ich auf diesen tag nun schon 6570 lange tage warten musste möchte ich die letzten stunden davor und die ersten stunden dieses enorm wichtigen ereignisses nicht ohne euch verbringen. Daher seid ihr alle eingeladen zu einer superfete. Für getränke und futter sorge ich für die unterhaltung seid ihr zuständig. Wer kommt muss einen beitrag zu einem lustigen programm im kopf und die nötigen teile dazu in seinem gepäck haben. Wir treffen uns am mainufer beim kilometerstein 274. Wer seinen schlafsack mitbringt kann im gartenhaus schlafen.

euer jens

18

... jetzt beginnt das Leben ...
... auf eigenen steh'n –
... einen eigenen Haus- haben –
... ein eigenes besitzen –
... einen eigenen benutzen –
... wahlberechtigt und wahlfähig –
... geschäfts- (und straf)-fähig –
... uneingeschränkt heiratsfähig!

Zum Geburtstag
alle guten Wünsche

1 Wodurch unterscheidet sich die Einladung von Jens von einem üblichen Brief?

2 Welche Informationen enthält die Einladung? Welche Informationen fehlen?

3 Wie beurteilen Sie den Schreibstil und die Kleinschreibung?

4 Beantworten Sie die Einladung
- **a** als Absage,
- **b** als Zusage.

Oft werden für Einladungen, Glückwünsche und auch für Beileidsbriefe vorgedruckte und künstlerisch gestaltete Karten verwendet. Diese Grußkarten wirken sehr distanziert, wenn sie nicht durch einige persönliche Worte ergänzt werden.

5 *Entwerfen Sie für die folgenden Anlässe kurze persönliche Grußworte:*
- *zum Geburtstag einer Freundin oder eines Freundes*
- *eine Freundin bezieht ihre erste eigene Wohnung*
- *zur Verlobung Ihrer Schwester oder Ihres Bruders*
- *Ihre Kollegin / Ihr Kollege hat die Führerscheinprüfung bestanden*
- *ein Bekannter hat seine Facharbeiterprüfung bestanden*
- *die Mutter einer engen Freundin / eines engen Freundes ist gestorben*

3.2.2 Bloggen

Der folgende Text stammt von dem Auszubildenden Danny, der eine Ausbildung zum Fachinformatiker absolviert. Er schildert auf einer Webseite fast täglich seine Erlebnisse im Ausbildungsbetrieb:

Informatiker goes Möbelpacker[1]

1 by Watchieee @ 02/06/2008 - 11:25:30 pm
Es macht den Anschein als würde irgend etwas falsch laufen. Einerseits müssen wir PCs, Blumentöpfe uvm schleppen, Tische auf eine 5 einheitliche Höhe bringen und was weiss ich. Ich bin gespannt wie mir das in meinem späteren Leben als Informatiker, geistig arbeitender, hilft, wenn ich täglich beim Umzug helfen darf. Andererseits mussten wir, nachdem wir uns 10 dann totgeschleppt hatten, wieder Updates machen und langsam kotzt es mich an zumal das Update selbst 2 oder mehr Stunden braucht und man selbst nur alle 3 Naselang klicken muss, ergo sitzt man rum und wartet. Nicht mal das Surfen ist ordendtlich möglich, da 15 das gesamte Internet lahmgelegt ist auf Grund der bis zu 94 Updates pro PC. Vielleicht lernen wir zur Abwechslung ja auch mal (wieder) was.

1 *Worüber schreibt der Auszubildende?*

2 *Weshalb teilt der Auszubildende seine Erlebnisse im Ausbildungsbetrieb beinahe täglich online mit? Tauschen Sie sich mit Ihren Tischnachbarn über mögliche Gründe aus.*

3 *Untersuchen Sie die sprachliche Gestaltung (Satzbau, Stil etc.) und Rechtschreibung.*

Weblog oder nur Blog setzt sich zusammen aus den Wörtern „Web" und „Logbuch" (Schiffstagebuch). Darunter versteht man eine Webseite mit tagebuchähnlichen Einträgen („Tagebuch", s. S. 258) und Kommentaren zu einem Thema. Das Verfassen oder Kommentieren von Beiträgen (sogenannte Posts) wird als „bloggen" bezeichnet, der Verfasser selbst als „Blogger". Die aktuellsten Posts stehen immer an erster Stelle, ältere folgen danach.

Twittern ist dem Bloggen sehr ähnlich, allerdings liegt die Besonderheit darin, dass die Kommentare (Tweeds) nicht mehr als 140 Zeichen haben dürfen.

4 *Suchen Sie im Internet Beispiele für Blogs und geben Sie die Web-Adressen an. Wie beurteilen Sie Ihre gewählten Blogs?*

5 *Diskutieren Sie in Ihrer Klasse: Würden es Ihnen schwerfallen, täglich über Ihre Erlebnisse während der Ausbildung zu bloggen?*

6 *Welche Chancen und Risiken sehen Sie beim Bloggen? Wie könnte der Ausbilder reagieren, wenn er Blog-Einträge des Azubis liest?*

7 *Schreiben Sie einen Beitrag zu einem fiktiven (= erfundenen) Weblog „Azubi-Blog [Ihres Ausbildungsberufes].de". Berichten Sie über Ihre Erlebnisse in Ihrem Betrieb/Ihrer Schule von letzter Woche. Sammeln Sie in Ihrer Klasse alle Texte ein und heften Sie sie in einem Ordner ab. Jetzt haben Sie eine Art „Blog", in dem alle Mitschülerinnen und Mitschüler blättern können.*

8 *Richten Sie mithilfe eines Informatik-Lehrers eine Homepage „Azubi-Blog [Ihres Ausbildungsberufes].de" ein. Verfassen Sie in Ihrer Klasse regelmäßig Posts über den Zeitraum einer ganzen Woche.*

---

[1] *in Ausdruck, Schreibweise und Rechtschreibung Originalabdruck*

4

Ausdruck und Stil

4.1 Sich abwechslungsreich ausdrücken

Wer mündlich oder schriftlich nichtssagende, farblose Wörter benutzt, erweckt schnell den Eindruck, er hätte auch sonst nicht viel zu sagen. Deshalb sollte der persönliche Wortschatz ständig erweitert werden, um sich abwechslungsreich und treffend ausdrücken zu können.

> **1** *Der folgende Übungstext übertreibt. Er zeigt, wie einfallslos das ausdrucksarme Verb (Zeitwort) „machen" verwendet werden kann. Machen Sie es besser.*
> *(Sollte natürlich heißen: Setzen Sie bessere Ausdrücke ein!)*

Kuno macht alles

Als Kuno die Kellertüre *zumachte*, *machte* er solchen Lärm, dass er den in einer Ecke schlafenden Hund wach *machte*. Dessen lautes Bellen *machte* ihm gar nichts aus, denn das *machte* der immer so, wenn er ein Geräusch vernahm. Als Kuno die Türe zum Verkaufsraum *aufmachte*, *machte* er ein dummes Gesicht, denn die anderen hatten sich schon *davongemacht*. Nur die Chefin *machte* noch die Kasse. Jetzt musste er allein die Plakate an den Fenstern *abmachen* und den Fußboden sauber *machen*. Als die Chefin die Bemerkung *machte*: „Mach doch schneller!", dachte er: „Das *mache* ich nicht mehr lange mit!" Verdrossen *machte* er seine Arbeit weiter.

Nachdem er im Lagerraum Ordnung *gemacht* hatte, *machte* er die Ladenbeleuchtung aus, verabschiedete sich und *machte* sich auf den Heimweg. Vor einem Friseur *machte* er Halt, denn er wollte sich Dauerwellen *machen* lassen. Er glaubte, nur so würde er etwas *hermachen* und könne ein Mädchen besser *anmachen*. Leider *machte* die neue Frisur in der Disko auf niemanden einen besonderen Eindruck und er *machte* sich Gedanken, was er noch *machen* könne, um mehr Erfolg zu haben.

Er *machte* große Augen, als ihm ein Freund den Vorschlag *machte*, ab jetzt alles anders zu *machen*. „Nicht die Lockenpracht *macht's*", sagte der, „sondern der Kopf, der darunter steckt!"

4.2 Satzanfänge abwechslungsreich formulieren

Extreme Rekorde im Tierreich

Das Tierreich bietet sehr interessante Rekorde. Das Mammut zum Beispiel lebte vor über 10.000 Jahren. Das Mammut erreichte eine Höhe von über vier Metern. Die Stoßzähne waren ebenfalls über vier Meter lang. Der Größenunterschied zwischen männlichen und weiblichen Tieren kann manchmal extrem sein. Die Männchen einer bestimmten Krakenart erreichen bloß eine Größe von 1,5 Zentimetern. Die Weibchen dieser Krakenart hingegen kommen auf gute 20 Zentimeter. Der Spinnenläufer ist eine besondere Art des Hundertfüßlers. Das Rekordverdächtige an ihm ist seine große Laufgeschwindigkeit. Der Spinnenläufer schafft 50 Zentimeter in der Sekunde. Die Geschwindigkeit des Geparden ist da wesentlich höher. Die jagende Raubkatze erreicht auf kurzen Strecken 110 km/h. Die leichteste Fledermaus kommt aus Thailand. Das Gewicht dieses Tieres liegt bei knapp zwei Gramm. Das Nashorn dagegen kommt auf über zwei Tonnen Gewicht. Der Elefant wiegt allerdings bis zu sechs Tonnen. Das bedeutet, dass er das schwerste Säugetier an Land ist. Die auf den Galapagos-Inseln lebende Riesenschildkröte kann über 150 Jahre alt werden. Die Eintagsfliege lebt nur ein bis vier Tage.

1. *Finden Sie Kriterien für die inhaltliche Gliederung des obigen Textes. Aus welchen Bereichen stammen die angeführten Rekorde?*
2. *Schreiben Sie den Text über die Tierrekorde neu und formulieren Sie dabei die Satzanfänge abwechslungsreicher (vgl. Tipp unten).*
3. *Gestalten Sie Ihren Text übersichtlicher, indem Sie Abschnitte bilden. Vergleichen Sie Ihre Lösung mit den Texten Ihrer Mitschülerinnen und Mitschüler.*

Tipp

Vermeiden Sie bei Satzanfängen eine Wiederholung von Artikeln bzw. Substantiven. Leiten Sie Sätze besser mit Konjunktionen (z. B. weil, denn, als, aber, nachdem, obwohl, damit, dass) ein oder formulieren Sie Sätze um.
Beispiel: „Der Schiedsrichter pfiff die zweite Halbzeit des Spiels an. Der heftige Regen setzte ausgerechnet sieben Minuten später ein." kann zu „Nachdem der Schiedsrichter die zweite Halbzeit des Spiels angepfiffen hatte, setzte ausgerechnet sieben Minuten später heftiger Regen ein." umformuliert werden.

4.3 Wortfeld / Wortfamilie

In einem **Wortfeld** werden alle Wörter mit einer sinnverwandten Bedeutung **(Synonyme)** zusammengestellt. Dabei zeigt sich, wie vielfältig unsere Sprache ist und mit welcher Genauigkeit man sich ausdrücken kann. Außerdem wird im Wortfeld der genaue Sinn jedes einzelnen Wortes deutlich, weil sich beim Vergleich der feine Unterschied zu den übrigen Wörtern erkennen lässt. Eine Wortfamilie umfasst alle Wörter mit demselben Wortstamm.

1 *Stellen Sie das Wortfeld „sprechen" zusammen und ordnen Sie es in folgende fünf Gruppen:*

normales Sprechen	leises Sprechen	lautes Sprechen	gefühlsbetontes Sprechen	fehlerhaftes Sprechen

Übertragen Sie die Tabelle in Ihr Heft und finden Sie Beispiele für die einzelnen Gruppen des Wortfeldes.

2 *Bilden Sie ein anderes Wortfeld, z. B. zu „essen" – „sehen" – „verbinden".*

3 *Erklären Sie anhand der Darstellung unten den Unterschied zwischen Wortfeld und Wortfamilie.*

4 *Geben Sie für jedes Wort des Wortfeldes „bitten" eine Situation an, in der dieser Ausdruck passend wäre.*

5 *Ordnen Sie die Wörter des Wortfeldes „bitten" in die drei Gruppen „gelassenes Bitten" – „dringliches Bitten" – „aufdringliches Bitten".*

Beispiel

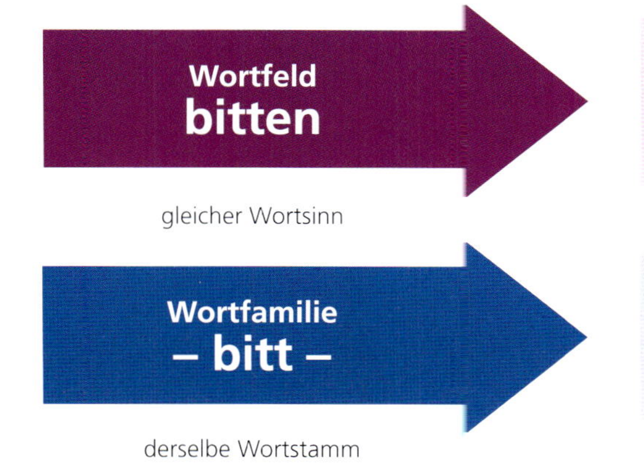

betteln – erbitten – begehren – verlangen – bestürmen – fordern – anflehen – sich bewerben – ersuchen – beantragen – beknien – schnorren

Bitte – erbitten – Bittschrift – verbitten – Bittsteller – Bittgesuch – Fürbitte – Abbitte (leisten)

Für die Aufgaben 1, 4 und 5 finden Sie Lösungshilfen unter BuchPlusWeb.

4.3.1 Thesaurus

Wenn Sie beim Schreiben eines Geschäftsbriefes nach einem passenden Ausdruck suchen, helfen Ihnen Synonymwörterbücher. Auch Textverarbeitungsprogramme bieten Hilfe an: den Thesaurus. Darunter versteht man eine Sammlung sinnverwandter Wörter (Synonyme). Im Internet finden Sie ebenfalls Thesauren, die Sie kostenlos nutzen können.

So wenden Sie den Thesaurus in einem Textverarbeitungsprogramm an:

1. Markieren Sie das zu ersetzende Wort im Text mit dem Cursor.
2. Rufen Sie in der Menüleiste des Textverarbeitungsprogramms den Menüpunkt „Extra" auf[1].
3. Wählen Sie den Unterpunkt „Sprache" und öffnen Sie dann „Thesaurus".
4. Wählen Sie aus den vorgeschlagenen Synonymen den Ausdruck, der im jeweiligen Zusammenhang am besten passt.

Für den Begriff „Beruf" schlägt der Thesaurus folgende Synonyme vor:

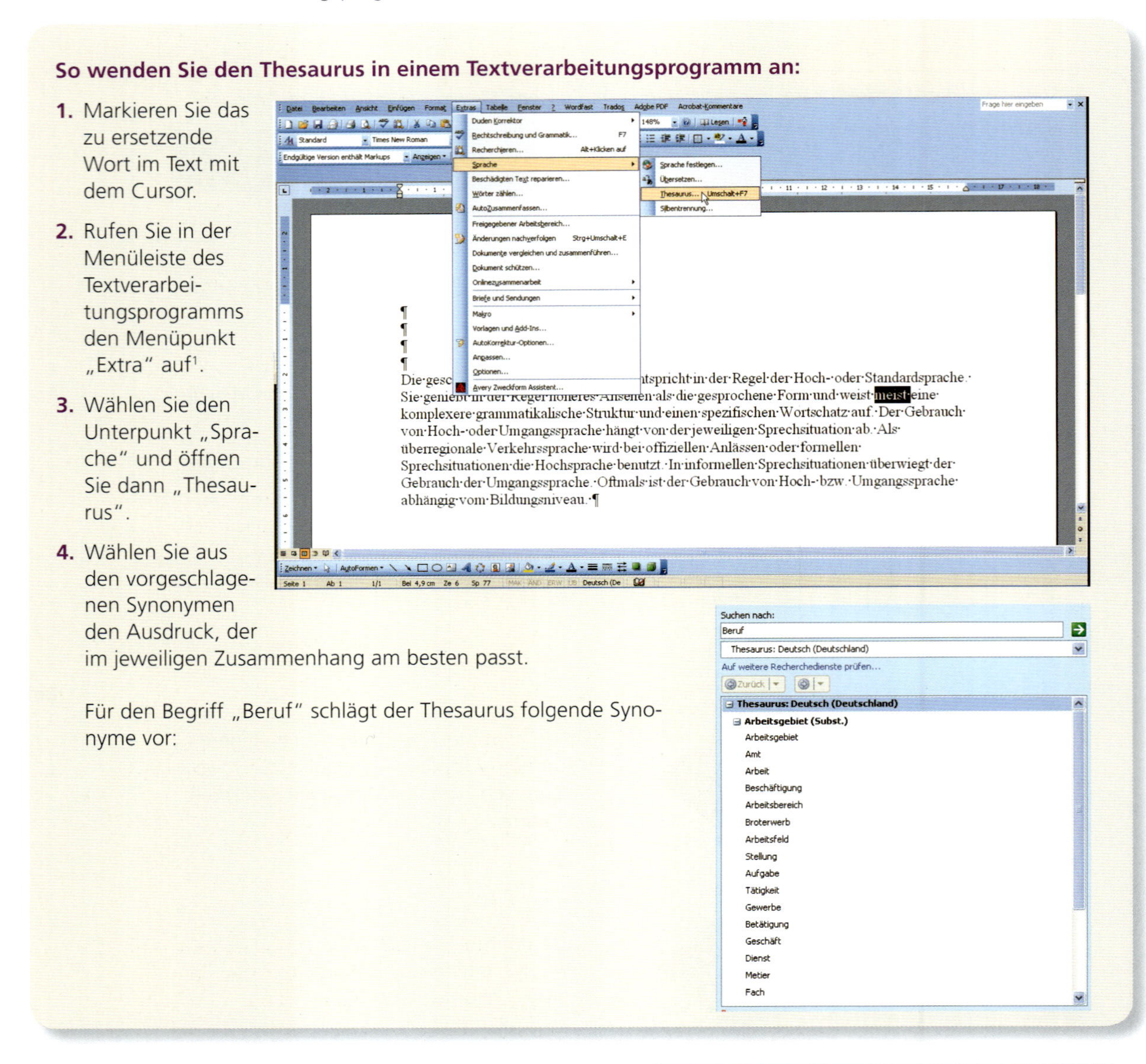

1 *Erklären Sie die Bedeutungsunterschiede zwischen dem Suchwort „Beruf" und zwei Synonymen Ihrer Wahl.*

2 *Überprüfen Sie einen längeren Text, den Sie verfasst haben (z. B. eine Erzählung, einen Geschäftsbrief, eine Stellungnahme). Achten Sie auf Wörter, die sich wiederholen bzw. häufen. Verbessern Sie diese Ausdrücke mithilfe des Thesaurus.*

[1] *alternative Vorgehensweise:*
Klicken Sie auf die rechte Maustaste und gehen Sie im Kontextmenü auf den Begriff „Synonyme".

4.3.2 Wortfeld „gehen"

Ein Besuch im Kaufhaus

Es war mitten im Hochsommer. Meine Freundin Elke und ich kamen pünktlich aus dem Geschäft und so gingen (1) wir noch ein wenig durch die Hauptgeschäftsstraße in unserer Stadt. Wir gingen (2) eine Weile so dahin und standen plötzlich vor dem Eingang unseres größten Kaufhauses.
„Wir wollen hineingehen (3)", sagte Elke zu mir, „ich soll meiner Schwester noch ein Heft mit Strickmustern mitbringen." Wir gingen (4) in das Kaufhaus. Viele Menschen drängten sich an den Tischen und betrachteten die angebotenen Waren, andere gingen (5) durch die Gänge zwischen den Verkaufsständen, um schneller zu ihrem Ziel zu kommen. Wir gingen (6) nun zu einer Auskunftstafel, um uns zu orientieren. Aber einen Hinweis, wo es Strickmuster zu kaufen gäbe, fanden wir nicht. Deshalb gingen (7) wir zum Informationsstand und fragten die dort tätige Dame, wo wir Strickmusterhefte finden könnten. Sie sagte uns, wir sollten zur Schreibwarenabteilung im vierten Stock gehen (8).
So gingen (9) wir durch eine Menschentraube, die um einen Sondertisch drängte, zur Rolltreppe. Während ich auf die Rolltreppe zuging (10), ging (11) Elke schon ein paar Stufen hoch.
Im ersten Stock war die Sportabteilung und wir gingen (12) daher zu den beiden ausgestellten Surfbrettern, um sie zu betrachten; ich wollte im kommenden Urlaub in eine Surfschule gehen (13), um erste Schritte in diesem interessanten Sport zu gehen (14). Als wir auf die nächste Rolltreppe zugingen (15), ging (16) ein junger Verkäufer, der es wohl sehr eilig hatte, so knapp an uns vorbei, dass er um ein Haar mit mir zusammengestoßen wäre. Ich ging (17) ein paar Schritte rückwärts, dabei hätte ich beinahe eine alte Frau zu Fall gebracht, die zögernd und langsam an den Verkaufstischen entlangging (18). Meine leise Entschuldigung nahm sie gar nicht zur Kenntnis. Als wir im vierten Stock angekommen waren, gingen (19) wir zur Schreibwarenabteilung. Aber Strickmusterhefte gab es dort nicht und der Verkäufer sagte uns, wir sollten zur Handarbeitsabteilung im Erdgeschoss gehen (20). Wir ärgerten uns ein wenig und gingen (21) dann zum Fahrstuhl, um uns ins Erdgeschoss zurückbringen zu lassen. Dort gingen (22) wir dann zur Handarbeitsabteilung und Elke kaufte ein schönes Heft mit vielen Strick- und Stickmustern.
Der Gong des Warenhauses hatte den Verkaufsschluss angekündigt und so gingen (23) mit uns noch viele Menschen zum Ausgang. Als wir auf die Straße gingen (24), sahen wir eine Eisdiele und gingen (25) schnell über die Straße und gingen (26) dann in die Eisdiele, um uns ein erfrischendes Eis zu kaufen.

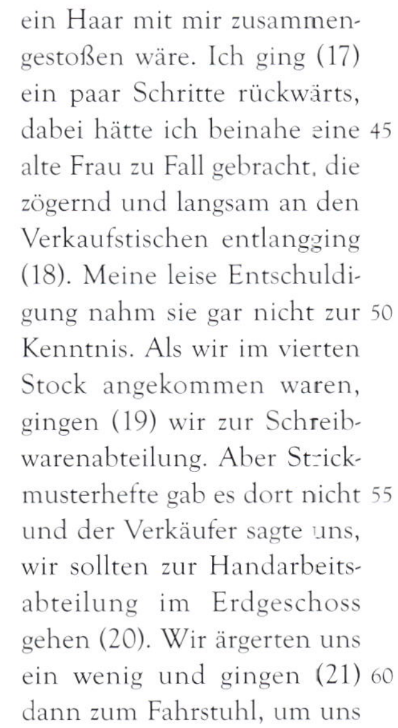

1 *Das Wort „gehen" kommt in diesem Text 26-mal vor. Ersetzen Sie es durch treffende Verben (Zeitwörter). Bitte achten Sie darauf, dass Sie jedes Wort möglichst nur einmal verwenden.*

2 *Vergleichen und besprechen Sie Ihre Lösungen. Warum weichen Sie an einigen Stellen recht weit voneinander ab, während Sie an anderen Stellen vielleicht fast alle dieselben Wörter eingesetzt haben?*

3 *Legen Sie eine Tabelle an, in die Sie alle Lösungen eintragen. Welche Schwierigkeiten ergeben sich dabei?*

langsames Gehen	normales Gehen	schnelles Gehen	Sonderformen

Sie finden die Tabelle als Lösungshilfe unter BuchPlusWeb.

4.4 Fremdwörter gebrauchen

Der Gebrauch von Fremdwörtern in der deutschen Sprache wird kontrovers diskutiert. Viele befürchten, dass die Sprache dadurch überfremdet werden und verarmen könnte. In Frankreich wacht eine vom Staat eingesetzte Kommission darüber, dass so wenig Wörter wie möglich aus fremden Sprachen ins Französische übernommen werden.
In anderen europäischen Ländern beobachtet man eine ähnliche Entwicklung, sieht das aber viel gelassener, z. B. in den Niederlanden oder in der Schweiz.

1 *Warum werden in unserer Sprache immer mehr Fremdwörter verwendet? Suchen Sie Gründe und Beispiele dafür.*

2 *Wie beurteilen Sie das Problem der „Überfremdung der Sprache"?*

3 *In einem Prospekt für Modewaren, der an Haushalte verteilt wurde, wurden folgende Fremdwörter verwendet:*
Winter-Sale, Premium-Squalls, Therma-Check-Fleece-Futter, Special Offers, Fieldweste, Sneakers, Shopper, ein Must-have.
Übersetzen Sie diese Anglizismen, z. B. für Ihre Großmutter.

4 *Wie beurteilen Sie die Verwendung von Anglizismen in der Werbung?*

Gründe für den Gebrauch von Fremdwörtern

Fremdwörter werden sinnvoll gebraucht,
- wenn sie in Fachsprachen zur zweifelsfreien Verständigung erforderlich sind, z. B. in der Computertechnik, Medizin, Technik, Forschung;
- wenn durch sie ein Sachverhalt eindeutiger bezeichnet werden kann als mit einem deutschen Begriff, z. B. Amateur, Fairness, Ingenieur;
- wenn sie im allgemeinen Sprachgebrauch eingebürgert sind, z. B. „frankieren" statt „freimachen", „Liga" statt „Wettkampfklasse".

Gründe gegen den Gebrauch von Fremdwörtern

Oft werden Fremdwörter verwendet, um einem Gesprächspartner zu imponieren, um anzugeben, um überlegen zu wirken oder um einen Sachverhalt bewusst zu verschleiern. Lassen Sie sich davon nicht beeindrucken. Bitten Sie um eine Übersetzung oder eine Erklärung.

5 *Die folgenden Wörter gehören zum alltäglichen Sprachgebrauch. Suchen Sie die entsprechenden deutschen Wörter dafür:*
Temperament, Comeback, Event, Happening, Leasing, Zirkulation, Devisen, Devise, universal, denunzieren, downloaden, standardisieren, massakrieren, progressiv, Reparatur, Maschine

Für die Aufgaben 3 und 5 finden Sie eine Lösungshilfe unter BuchPlusWeb.

6 *Recherchieren Sie im Internet die Bedeutungen der einzelnen Fremdwörter und legen Sie eine Liste an. Entscheiden Sie, welches Fremdwort im jeweiligen Zusammenhang passt.*
- **a** *Am Ende der Stunde teilte der Lehrer seinen Schülern eine Synostose/Synopse aus.*
- **b** *Der Chef monierte/monetisierte jeden Fehler des Lehrlings.*
- **c** *Jan kann den Moderator Stefan Raab gut parodieren/parieren.*
- **d** *Brigitte ergriff schnell die Initiation/Initiative und bewarb sich auf die Stellenanzeige.*
- **e** *Beim Autofahren ist absolute Konzentration/Konzeption erforderlich.*
- **f** *Viele chemische Prozesse sind irrevisibel/irreversibel.*

Wortbestandteile von Fremdwörtern

Fremdwörter wurden aus anderen Sprachen übernommen. Gegenwärtig fließen viele englisch-amerikanische Begriffe (z. B. Chat) in die deutsche Sprache ein. Die ältesten Fremdwörter stammen aus dem Griechischen und Lateinischen (z. B. Kommunion). Derzeit liegt der Anteil der Fremdwörter am deutschen Sprachschatz (ca. 400.000 Wörter) bei rund 130.000 Wörtern; täglich kommen neue hinzu.

Sie erkennen Fremdwörter daran, dass sie häufig eine vom Deutschen abweichende Aussprache (z. B. Countdown, Niveau) haben. Ein typisches Merkmal von Fremdwörtern sind auch fremd klingende Anfangs- oder Endsilben (Hyper-, Para-, -ion, -ismus).

Fremdwörter setzen sich aus Wortbestandteilen zusammen:

Beispiel

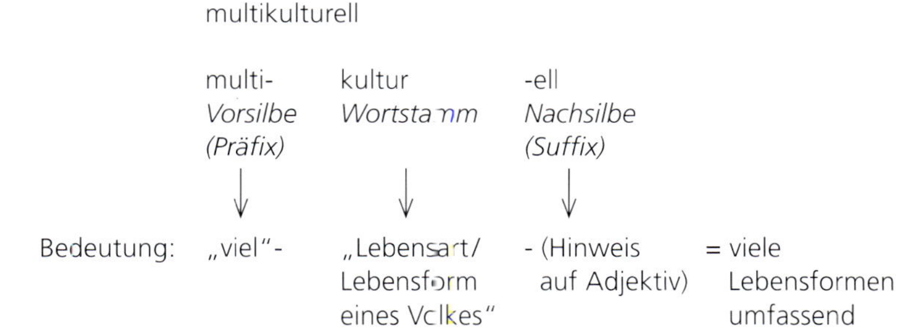

7 *Erklären Sie die Bedeutung der folgenden Fremdwörter mithilfe der Wortbestandteile unten.*
a *Chronograph,* **b** *Makrokosmos,* **c** *Geomorphologie,* **d** *Bibliothek,* **e** *Psychopath,* **f** *Theologie,* **g** *Orthographie,* **h** *Geographie,* **i** *synchron,* **j** *Polytheismus*

„theo" = Gott
„psych" = Seele
„chrono" = Zeit
„kosmo" = Welt
„graph" = schreiben
„theka" = Behältnis, Hülle
„loge/logie" = Lehre, Wissenschaft
„geo" = Erde
„poly" = viel
„biblio" = Buch
„syn" = gleich
„path" = Krankheit
„ismus" = Lehre
„morph" = Form
„makro" = groß
„ortho" = richtig

8 *Welche anderen Fremdwörter lassen sich mithilfe dieser Wortbestandteile bilden? Erläutern Sie deren Bedeutung.*

Für die Aufgaben 6 und 7 finden Sie eine Lösungshilfe unter BuchPlusWeb.

Web

5

Menschen durch Sprache beeinflussen

5.1 Werbung analysieren

1. *Wie gefällt Ihnen diese Werbung?*
2. *Recherchieren Sie online die Unterschiede zwischen einem klassischen Skateboard und einem Waveboard.*
3. *Untersuchen Sie diese Werbung mithilfe der Fragen 1 bis 10 auf Seite 157.*
4. *Analysieren Sie die in dieser Werbung verwendeten sprachlichen Mittel (siehe dazu Frage 11 auf S. 157).*
5. *Kopieren Sie aus einer Zeitung oder einer Zeitschrift eine Werbeanzeige, die Ihnen besonders aufgefallen ist. Untersuchen Sie diese anhand der dazu passenden Fragen auf S. 157.*

[1] *Rollen*

Erschließungsfragen zur Analyse von Werbung

1. Was ist das Werbeobjekt (Produkt/Hersteller/Dienstleistung)?
2. Was ist auf dem Bild zu sehen (Bilddetails)?
3. Tauchen die folgenden **Hauptziele der Werbung („AIDA")** auf? Wie werden sie verfolgt?
   I. A(ttention): Aufmerksamkeit
   II. I(nterest): Interesse am Werbeobjekt wecken
   III. D(esire): Wunsch, das Werbeobjekt zu besitzen/in Anspruch zu nehmen
   IV. A(ctivation): Handlung, die zum Kauf führt
4. Welche Haupt- und Nebeninformationen enthält die Werbung?
5. Welche versteckten Werbebotschaften werden vermittelt?
6. Wie ist die Werbung aufgebaut? Welche Textelemente enthält sie (Headline, Haupttext, Slogan)?
7. Mit welchen Argumenten wird geworben?
8. Wer fühlt sich von dieser Werbung angesprochen (Adressaten/Zielgruppe)?
9. Welche **psychologische Mittel** werden eingesetzt? Werden z. B.
   - Wunschvorstellungen/Schuldgefühle geweckt?
   - menschliche Triebe angesprochen (Selbstverwirklichungstrieb, Nahrungstrieb, Sexualtrieb, Geselligkeitstrieb, Freiheitstrieb, Geltungstrieb, Machttrieb, Spieltrieb etc.)?
10. Welche **Mittel zur Manipulation** des Betrachters/Lesers werden eingesetzt?
    - einseitige Informationen durch Weglassungen
    - Verharmlosung eines Problems
    - Verschleierung eines Sachverhalts
    - bewusste Verfälschung einer Information
11. Welche **sprachlichen Mittel** werden in den Textelementen der Werbung verwendet?

Wortwahl:
- Welche Sprachebene (Standard-, Umgangs-, Fach-, Gruppensprache) wird verwendet?
- In welcher Weise werden Verben, Adjektive und Substantive eingesetzt?

Satzbau: Welche der folgenden Auffälligkeiten zeigen sich beim Satzbau?
- **Ellipsen** (unvollständige Sätze), z. B. „Heute ein König"
- **Inversion** (ein Wort, das betont werden soll, steht am Satzanfang), z. B. „Mit uns gelingt die Zukunft!"

Satzarten: Welche Satzarten liegen vor?
- kurze Aussagesätze
- Imperative (Aufforderungssätze), z. B. „Komm, mach mit!"
- Fragesätze mit Antworten
- **Rhetorische Fragen**, auf die keine Antworten erwartet werden

Sprachliche Besonderheiten: Welche der folgenden Stilmittel werden eingesetzt?
- **Attribute** (Beifügungen) zur Aufwertung eines Begriffes, z. B. „das neue Persil"
- **Metaphern** (bildhafte Vergleiche), z. B. „die Stadt der Liebe"
- **Anglizismen** (englischsprachige Wörter oder Sätze)
- **Neologismen** (Wortneuschöpfungen), die Aufmerksamkeit erregen
- **Antithesen** (inhaltliche Gegensätze), z. B. „Aus dem Alten wird Neues."
- **Hyperbel** (Übertreibung), z. B. „Unsere Pkws halten tausend Jahre."
- stereotype Wortwiederholung, um eine Bezeichnung einzuhämmern
- Wort- oder Sinnspiele, z. B. doppeldeutige Wörter oder Sätze
- Anspielungen, z. B. auf eine Redensart
- Produktaufwertung durch Verbindung mit Begriffen aus Sport, Medizin, Technik etc.
- Reimformen, z. B. **Alliteration**/Stabreim (gleiche Anlaute) oder Endreim
- direkte Anrede des Lesers

6 *Nehmen Sie einen Fernseh-Werbespot auf und analysieren Sie diesen.*

Einen Analysebogen für die Untersuchung von Werbespots und für Werbeslogans finden Sie unter BuchPlusWeb.

5.2 Manipulation erkennen

Sprache beeinflusst unser Denken und Handeln – auch ohne dass wir es merken. Wenn man Sprache gezielt einsetzt oder verändert, um bestimmte Zwecke zu erreichen, spricht man von Manipulation durch Sprache.
Wer nicht Opfer einer Sprachmanipulation werden will, sollte die Taktiken kennen, die dabei angewendet werden. Wir begegnen ihnen im privaten wie im öffentlichen Leben.
Diktaturen beispielsweise bedienen sich der Sprache, um ihre Weltanschauung (Ideologie) zu verbreiten und ihre Herrschaft zu festigen: In Schwarz-Weiß-Malerei wird der politische Gegner als Verbrecher beschimpft oder die Schuld an Missständen wird ganz pauschal dem politischen Gegner zugewiesen mit Behauptungen ohne Beweise.
Manipulation durch Sprache liegt aber auch dann vor, wenn negative Dinge sprachlich beschönigt ausgedrückt werden. In solchen Fällen spricht man von einem **Euphemismus** (Plural: Euphemismen).

Beispiele

- In der Zeit des NS-Regimes verschleierten verharmlosende Wörter wie „Endlösung" (statt „Ermordung"), „Lebensraumerweiterung" (statt „Eroberungskrieg") oder „Endsieg" (statt „ausweglose Lage") die schlimme Realität.
- In der Wirtschaft werden Misserfolge oft positiv umschrieben: „Null-Wachstum" klingt besser als „Stillstand", die Formulierung „Umstrukturierungen im personellen Bereich" stellt eine Verharmlosung des Begriffs „Entlassungen" dar.
- Seit 1991 können die Bürger Vorschläge für das „Unwort des Jahres" einreichen. Gesucht werden dabei Wörter und Formulierungen aus dem öffentlichen Sprachgebrauch, die sachlich grob unangemessen sind und möglicherweise sogar die Menschenwürde verletzen. Eine unabhängige vierköpfige Jury der Universität Frankfurt am Main wählt aus allen Einsendungen schließlich das treffendste „Unwort des Jahres" aus. Parallel zur Aktion „Unwort des Jahres" gibt es auch die Suche nach dem „Wort des Jahres", die bereits seit 1977 läuft und charakteristische Worte auswählt, die ein Jahr im positiven Sinne geprägt haben.

Jahr	Unwort
1995	Diätenanpassung
1996	Rentnerschwemme
1997	Wohlstandsmüll
1998	Sozialverträgliches Frühableben
1999	Kollateralschaden
2000	National befreite Zone
2001	Gotteskrieger
2002	Ich-AG

Jahr	Unwort
2003	Tätervolk
2004	Humankapital
2005	Entlassungsproduktivität
2006	Freiwillige Ausreise
2007	Herdprämie
2008	Notleidende Banken
2009	Betriebsratsverseucht
2010	alternativlos

1 *Diskutieren Sie die folgenden Aussagen:*
„Manipulation ist normal, das macht doch jeder!"
„Wir haben nur die gute Sache im Blick, wenn wir die Menschen beeinflussen!"

2 *Begründen Sie, inwiefern die jeweiligen „Unwörter des Jahres" Sachverhalte beschönigen. Recherchieren Sie dazu im Internet unter www.unwortdesjahres.org die Hintergründe zu den einzelnen „Unwörtern".*

3 *Erkundigen Sie sich nach den jeweiligen „Wörtern des Jahres". Weitere Informationen finden Sie unter www.gfds.de.*

4 *Suchen Sie in Zeitungen, Zeitschriften und Fernsehen (z. B. Talkshows) nach weiteren Euphemismen und klären Sie deren Bedeutung.*

5.3 Angebliche Gewinnmitteilungen

Ein anderes Beispiel für alltägliche sprachliche Manipulationen sind angebliche Gewinnmitteilungen. Unbekannte (meist ausländische Briefkastenfirmen) versenden E-Mails oder Briefe, in denen dem Adressaten Gewinne versprochen werden. Generell sind diese Gewinne jedoch an bestimmte Bedingungen geknüpft und nicht garantiert. So sollten Gewinn-Versprechungen, die z. B. an den Kauf bestimmter Produkte gekoppelt sind, misstrauisch machen.

Rechtlich gesehen sind Gewinnversprechen verpflichtend. Wer Verbraucher mit falschen Gewinnmitteilungen täuscht, kann strafrechtlich zur Verantwortung gezogen werden. Dennoch lohnt eine Klage in den wenigsten Fällen: Zum einen muss der Kläger die Prozesskosten vorfinanzieren, zum anderen bedeutet ein juristischer Sieg nicht unbedingt, dass man den Gewinn tatsächlich bekommt.

Betreff: Ihr Gewinn: 10.000 € in bar!
Von: annette.alphabet@abzj-gmbh.de

An: max.mustermannNG@net.de
Datum: 20.03.2011 (08:25 Uhr)

Sehr geehrter Herr Mustermann,

ich möchte Ihnen zu Ihrem Gewinn in Höhe von **10.000 € in bar** gratulieren.

Sie haben richtig gelesen: **10.000 € in bar!**

Nehmen Sie mich beim Wort und holen Sie sich Ihren Gewinn direkt bei uns ab.

Um die Feier auch richtig planen zu können, sind aber noch einige Informationen nötig: Teilen Sie mir bitte mit, wie Sie am liebsten anreisen wollen und ob Sie auch gerne vor Ort übernachten wollen. Am einfachsten rufen Sie mich unter folgender Telefon-Nummer an: 0190-01020304* und teilen mir Ihre Absichten mit.

Erfüllen Sie sich endlich Ihre Wünsche! Mit **10.000 € in bar!**

Es gratuliert Ihnen herzlichst

Ihre *Annette Alphabet* vom ABZJ-Team

Eine Anfahrtsskizze zur ABZJ GmbH finden Sie im Internet unter: www.abzj.de/anfahrtsskizze
* 24 Stunden erreichbar. Telefongebühren nur 2,86 € pro Minute aus dem deutschen Festnetz.

1. *Welche Informationen werden dem Empfänger der Mail gegeben? Welchen Eindruck vermitteln diese Informationen?*
2. *Mit welchen sprachlichen (Anrede, Wortwahl etc.) und formalen Mitteln (äußere Aufmachung) wird in der oben stehenden Mail versucht, den Adressaten zu manipulieren?*
3. *Welche Appelle sind in der Mail erkennbar und welche Wirkung wird damit beabsichtigt?*

5.4 Propaganda

Das unten abgedruckte Wahlplakat stammt aus dem Reichstagswahlkampf im Jahre 1928. Die rechtsradikale NSDAP erhielt nur 2,6 Prozent der Stimmen und wurde als unbedeutende Partei angesehen. Zwei Jahre später (1930) erhielt sie bereits 18,3 Prozent und nach weiteren zwei Jahren wurde sie bei den Wahlen von 1932 mit 37 Prozent die stärkste Fraktion im Reichstag.

„In der Republik ist kein Platz für Korruption"

so hieß es im November 1918.

Wer lacht da nicht?

Die 10 Jahre Geschichte unseres Volkes seit der Revolution sind in Wirklichkeit **10 Jahre Korruption, 10 Jahre Diebstahl, 10 Jahre Betrug, 10 Jahre Schwindel** usw. gewesen.

Ein Skandal jagt den anderen.

Und was früher nie möglich gewesen wäre, hat die deutsche Republik fertig gebracht:

man konnte ein ganzes Volk, Millionen von Menschen um ihre gesamten Spargroschen bestehlen, ohne daß die Täter zur Verantwortung gezogen werden, während man in derselben Zeit den kleinen Stiefeldieb hinter die Gefängnismauern bringt!

Ja, noch mehr.

Die Verantwortlichen an der größten Volksberaubung aller Zeiten sitzen in allen amtlichen Würden- und Ehrenstellen.

Eingesperrt **ins Zuchthaus geworfen** **zu Tode verurteilt**

wird aber im heutigen Deutschland jeder, der einst unter Einsatz seines Lebens der Korruption des Vaterlands-Verrats sich vermaß ein Ende zu bereiten.

Die Helden ins Loch, Und die Schieber an Thron,
Das ist in Neu-Deutschland, Die Staatsraison!

Wer will, daß der **neudeutschen Korruption,** dem **parlamentarischen Betrug** ein Ende bereitet wird, kann nicht die wählen, die davon leben.

Wer will, daß die **Verantwortlichen** an **Inflation** und **Geldentwertung** auch wirklich zur Verantwortung gezogen werden, kann nicht denen seine Stimme geben, die die Schuld an diesem Verbrechen tragen.

Wer will, daß in Deutschland wieder **Redlichkeit** höher gewertet wird als **gaunerhafte Pfiffigkeit, Arbeit** höher als **Spekulation, Wahrheit** höher als **Betrug** und seine Stimme aber trotzdem wieder den Parteien des Betrugs verschreibt, hat kein Recht über die Verhältnisse zu winseln.

Protestiere nicht, flenne nicht und schimpfe nicht, sondern **kämpfe** für die

LISTE 10

National-Sozialistische Deutsche Arbeiter-Partei
(Hitlerbewegung)

1 *Sprechen Sie sich mit Ihrer Fachlehrerin bzw. Ihrem Fachlehrer für Politik/Sozialkunde ab und untersuchen Sie das Wahlplakat in einem fächerverbindenden Unterrichtsprojekt.*

2 *Stellen Sie fest, mit welchen sprachlichen Mitteln die NSDAP versucht hat, in ihrem Wahlplakat Wähler zu beeinflussen.*

3 *Wie die geschichtliche Entwicklung gezeigt hat, können radikale politische Parteien eine Gewaltherrschaft vorbereiten. Mit welchen Mitteln wird in Diktaturen versucht, Menschen zu manipulieren (s. S. 158)?*

6 Journalistische Texte

6.1 Die Zeitung

Ohne Zeitung
wären Sie nicht Ihr eigener Programm-direktor

Ohne Zeitung
wüssten Sie mehr vom britischen Unterhaus als von Ihrem Gemeinderat

Ohne Zeitung
wären Sie um ein Grundrecht ärmer

Ohne Zeitung
bekämen Sie nicht jede Woche so viele Filmangebote

Ohne Zeitung
hätte Ihre Meinung weniger Argumente

Ohne Zeitung
wäre das Naturschutz-gebiet nicht geschützt

In einer Werbekampagne deutscher Zeitungen wurden Argumente für die Zeitung als großformatige Anzeigen gedruckt. Hauptgrund für diese Anzeigenserie war die sich verschärfende Konkurrenzsituation auf dem Medienmarkt.

1 *Auf welche Aufgaben der Tageszeitung wird in den Anzeigentexten hingewiesen, die oben verkleinert wiedergegeben sind?*

2 *Worin sehen Sie Vorteile der Tageszeitung gegenüber dem Fernsehen?*

3 *Welche Unterschiede gibt es zwischen einer Abonnentenzeitung und einer Boulevardzeitung (Straßenverkaufszeitung)?*

4 *Welchen Zeitungstyp lesen Sie lieber? Welche Gründe spielen bei Ihrer persönlichen Wahl eine Rolle?*

6.2 Die Nachricht

Die anschaulichste Definition des Begriffs „Nachrichten" ist über 100 Jahre alt und wird John B. Bogart, dem Lokalredakteur der amerikanischen Zeitung „Sun", zugeschrieben. 1880 soll er über das Wesen von Nachrichten (engl. news) gesagt haben:

> ***„When a dog bites a man, that's not news, but when a man bites a dog, that's news."***

Dieser Grundsatz gilt für Journalisten bis zum heutigen Tage. Eine Nachricht muss die Aufmerksamkeit des Lesers erregen und ihm Neuigkeiten mitteilen.

Eine nicht so anschauliche, aber dafür genauere Definition von „Nachricht" lautet:

Eine Nachricht ist
1 eine sachliche Mitteilung
2 eines aktuellen Ereignisses
3 in einem bestimmten Aufbau.

1 Die Sachlichkeit verlangt die strenge Trennung von Nachricht und Meinung. Allerdings kann es kaum eine absolut objektive Nachricht geben, weil sich bei ihrer Entstehung subjektive Einflüsse nicht ausschalten lassen: Eine Nachricht wird übermittelt, ausgewählt, bearbeitet, gekürzt, umformuliert, hervorgehoben usw. In jedem Falle muss eine Nachricht dem Grundsatz der Wahrheit entsprechen.

2 Das Ereignis muss aktuell sein und allgemein interessieren. Es sollte so wiedergegeben werden, dass dem Leser alle **6 W-Fragen** beantwortet werden:
Was? Wer? Wann? Wo? Wie? Warum?
Zusätzlich wird die **Quelle** angegeben: der Name des Verfassers oder der Presseagentur.

3 Der äußere Aufbau einer Nachricht kann aus folgenden Elementen bestehen:
Schlagzeile – Untertitel – Vorspann (Lead) mit Kurzfassung – Einzelheiten.

Nach dem **inneren Aufbau** eines Nachrichtentextes unterscheiden Journalisten zwei Arten von Nachrichten:

1. **Harte Nachrichten** – Sie haben einen streng gegliederten Textaufbau. Das Wichtigste (die Hauptinformation) steht am Textbeginn, danach folgen die Zusatzinformationen, nach abnehmender Bedeutung geordnet. In solchen Nachrichten geht es um rein sachliche Ereignisse aus den Bereichen Politik, Wirtschaft, Kultur, Sport. (Beispiele S. 89 unten, 163)
2. **Weiche Nachrichten** – Ihr Textaufbau ist frei gestaltet. Dabei können wichtige Informationen über den ganzen Text verteilt werden. Dadurch soll der Leser neugierig werden und den Nachrichtentext bis zum Ende lesen. Themen von weichen Nachrichten sind vor allem Ereignisse aus dem alltäglichen menschlichen Leben (Beispiele S. 77)

Rauschtrinken im Schullandheim

Sechs Schüler liegen in italienischem Krankenhaus

Lucca / Italien (ak) Bei einem Aufenthalt im Schullandheim in Lucca in Norditalien ist es zu Alkoholexzessen gekommen. Ein 15-jähriger Schüler wurde ohnmächtig auf der Toilette gefunden, fünf weitere, darunter zwei Mädchen, erlitten schwere Vergiftungen und werden ebenfalls im Krankenhaus in Lucca behandelt. Die anderen Jugendlichen kamen bereits wohlbehalten in Waiblingen an. Noch bevor sie ihre Kinder zur Begrüßung umarmen konnten, bekamen die Eltern von den Lehrern volle Bierdosen und Whisky-Flaschen überreicht. Trotz Verbot hatten die Jugendlichen Alkoholika gebunkert. Sechs von 24 Schülerinnen und Schülern müssen noch eine Nacht im Krankenhaus verbringen und können dann von ihren Eltern in Italien abgeholt werden. Es wird geprüft, ob die beiden Lehrer ihre Aufsichtspflicht verletzt haben.

(Waiblinger Tagesblatt)

1. *Lesen Sie die Nachricht und fassen Sie kurz das Wichtigste zusammen.*
2. *Zeigen Sie an diesem Text den äußeren Aufbau einer Nachricht (s. S. 162).*
3. *Wie ist der innere Aufbau gestaltet?*
4. *Untersuchen Sie diese Nachricht:*
   - *Ist der Sachverhalt vollständig dargestellt (sechs W-Fragen, Quelle)?*
   - *Inwiefern ist die Objektivität gegeben?*
5. *Weil der Platz auf einer Zeitungsseite begrenzt ist, muss eine Nachricht manchmal gekürzt werden. Welche Stellen des Textes würden Sie in einem solchen Fall weglassen?*
6. *Wandeln Sie diese Nachricht in eine Kurznachricht um.*
7. *Verfassen Sie eine Nachricht zum Alkoholkonsum von 12- bis 17-jährigen Mädchen oder Jungen.*

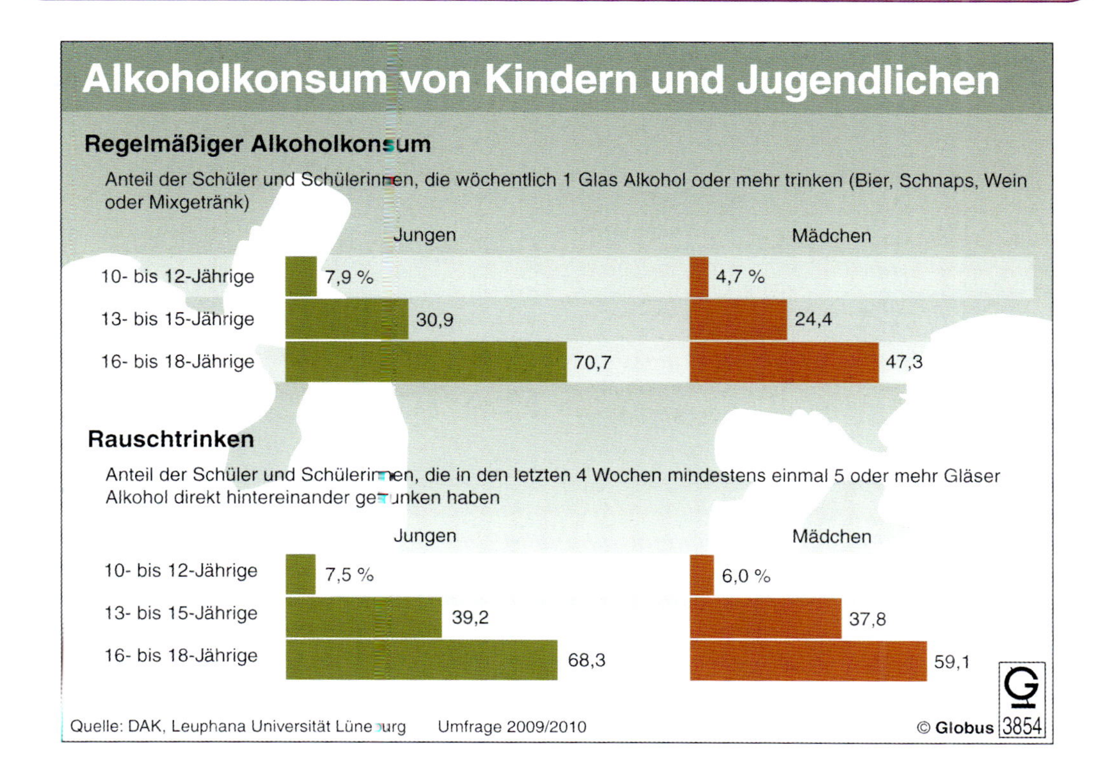

6.3 Der Kommentar

Die Trennung von Nachricht und Kommentar ist ein Grundsatz, den seriöse Tageszeitungen streng beachten. Wenn das Fernsehen Kommentare in Nachrichtensendungen einbettet, wird diese Trennung durch besondere Hinweise vollzogen. Die Absicht eines Kommentars ist es, den Leserinnen und Lesern bei der Bildung einer eigenen Meinung über einen Sachverhalt zu helfen. Zu diesem Zweck enthält der Kommentar die eigene Meinung des Verfassers und darüber hinaus die für das Verständnis der Zusammenhänge erforderlichen Informationen.

1 *Auf welche Weise wird in einer Nachrichtensendung des Fernsehens ein eingefügter Kommentar deutlich abgetrennt?*
Warum werden Nachricht und Kommentar klar voneinander getrennt?

2 *Wie lassen sich in einer Tageszeitung Nachricht und Kommentar unterscheiden?*

3 *Erläutern Sie anhand der folgenden Übersicht, warum der Kommentar eine Textsorte ist, in der sich Information, Meinung und Appell verbinden.*
Welches ist dabei das überwiegende Element?

Strukturbild eines Kommentars

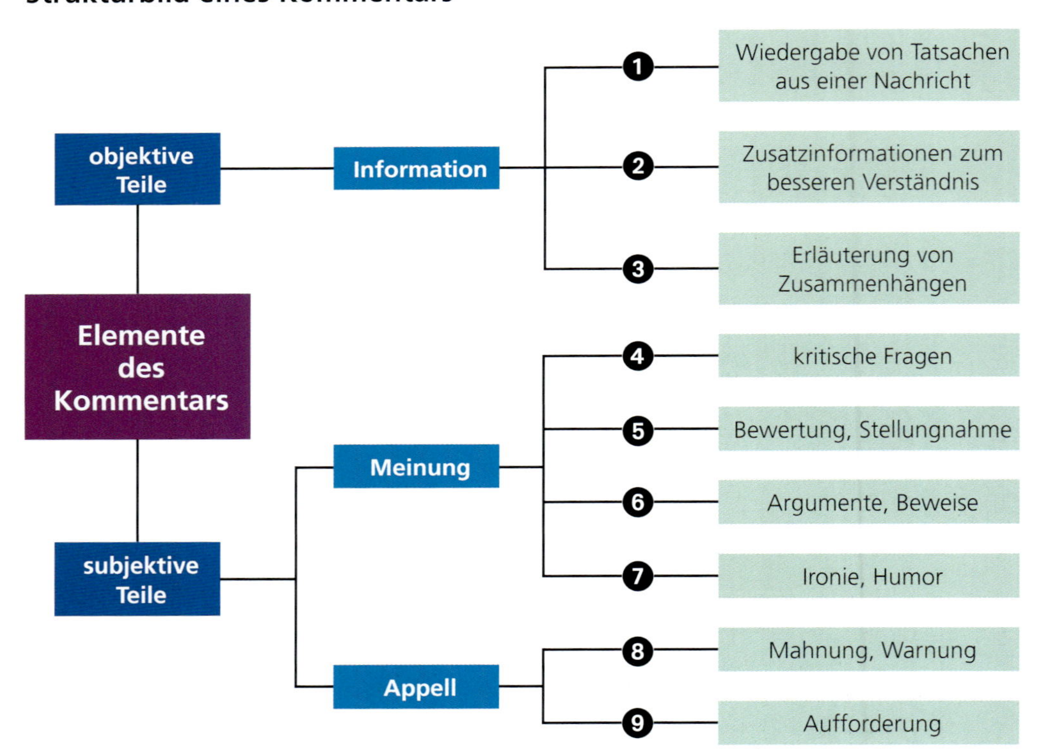

Kommentar

Nur Bock auf Bier?

A. Koch

Es sollte ein unvergessliches Erlebnis werden. Die Klassengemeinschaft sollte gestärkt, die kulturelle Bildung gefördert und die internationalen Erfahrungen sollten erweitert werden. Gemeinsam hatten Lehrer und Schüler die Fahrt ins Schullandheim vorbereitet. Doch alles kommt anders: Statt Stadtrundfahrt gibt´s Besuche in den regionalen Kneipen, statt Bootsfahrt nach Portovenere und Naturerlebnis am Mittelmeer Saufen bis zum Abwinken. Statt im Museum landeten sechs Schüler im Krankenhaus. Nur Bock auf Bier? Endet unsere Jugend im Suff?
20 % unserer Jugendlichen trinken regelmäßig Alkohol und über 9 % der Jungen und 8 % der Mädchen sind akut suchtgefährdet.
Schullandheimaufenthalte gehörten schon immer zu den unvergesslichen Erlebnissen im Leben, auch getrunken wurde immer schon. Doch sich bis zum totalen Blackout zu betrinken, sich um seinen Verstand zu bringen, das war eher uncool, das galt als schwach. Sich um die Wette ins Koma saufen, das ist neu. Schlimm auch, dass Mädchen inzwischen gleichauf ziehen.
Haben die Eltern versagt? Wo waren die Lehrer, die diese Schullandheimfahrt begleiteten? Saßen sie gemütlich bei ligurischem Wein?
Wissen die Jugendlichen nicht, wie dramatisch die Folgen von Rauschtrinken sind? Leistungsabfall, Schädigungen des zentralen Nervensystems, Depressionen und Wahnvorstellungen, sexuelle Störungen und allen voran aggressives Verhalten sind die Folgen. Bei jeder zweiten Gewalttat, die von Jugendlichen begangen wurde, war Alkohol im Spiel.
Mit Aufklärungsbroschüren ist es offensichtlich nicht getan. Was wird den Jugendlichen vorgelebt? Eltern, die ihr regelmäßiges Quantum vor den Augen der Kinder konsumieren; Lehrer, die morgens mit Fahne kommen; der Bürgermeister beim großartig ritualisierten Fassanstich zur Eröffnung von Festen; Alkoholwerbung, die beim Sofa-TV-Sport zum Biertrinken animiert; Politiker und eine Bischöfin, die mit Alkohol im Blut erwischt werden.
Wie kann man dem „Bock auf Bier“ entgegenwirken? Hohe Preise und strenge Kontrollen beim Verkauf von Alkohol, massive und kontinuierliche Aufklärung von Eltern und Schülern in den Schulen, 0 % Toleranz beim Motorrad- und Autofahren, Sport als fester Bestandteil des Schulalltags, systematische Aufklärung in den Schulen. Nichts geht jedoch über das Vorbild der Eltern, Lehrer, Vereinskameraden und insbesondere das von bekannten Persönlichkeiten aus Politik, Kultur und Sport.
Dann würde ein Schullandaufenthalt seinen Sinn erfüllen: Gemeinschaft erleben, Menschen und ihre Kultur kennenlernen.

Aus: Waiblinger Tagesblatt

1. *Lesen Sie den Kommentar und vergleichen Sie ihn mit der Nachricht auf S. 163.*
2. *Welche Einstellung hat der Kommentator zu dem Problem?*
3. *Nennen Sie die Textstellen, in denen der Kommentator seine Meinung äußert.*
4. *Welche Elemente eines Kommentars können Sie erkennen?*
   Beschreiben Sie seinen Aufbau mithilfe des Strukturbildes auf S. 164.
5. *Schreiben Sie einen Leserbrief an das Waiblinger Tagesblatt, in dem Sie Ihre Meinung zu den Vorschlägen von A. Koch deutlich zum Ausdruck bringen. Lesen Sie Ihren Brief der Klasse vor und diskutieren Sie, ob er für eine Veröffentlichung geeignet wäre.*
6. *Suchen Sie in einer Zeitung eine Nachricht und verfassen Sie einen Kommentar dazu.*
7. *Verfassen Sie einen Kommentar zu den Daten, die in der Grafik (s. S. 163) erfasst sind.*
   Übernehmen Sie die Überschrift der Grafik.

7

Medien nutzen

7.1 Medienbeschäftigung in der Freizeit

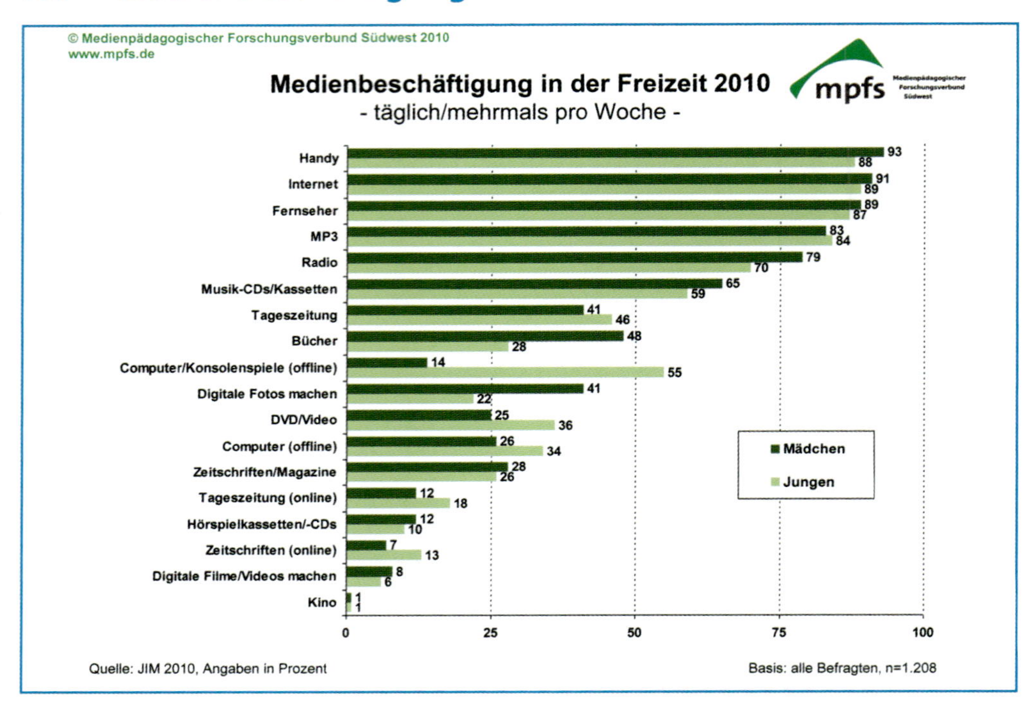

Die JIM-Studie, eine Studie zum Umgang mit Medien, zeigt, wie die 12- bis 19-Jährigen Medien in ihrer Freizeit nutzen.

1 *Im Schaubild sind die für junge Menschen wichtigsten Medien aufgeführt. Wie lassen sich die Unterschiede in der Nutzung von Medien zwischen Mädchen und Jungen erklären?*

2 *Welche Medien sind in Ihrem beruflichen und privaten Alltag von Bedeutung?*
- *Entwickeln Sie eine Übersicht (z. B. Tabelle oder Mindmap) an der Tafel.*
- *Führen Sie die Abfrage „Welche dieser Medien nutzen Sie täglich oder mehrmals in der Woche?" in der Klasse durch („Einpunktfrage", s. S. 198).*

3 ***Selbstbeobachtung:*** *Welche Medien nutzen Sie?*

a *Vereinbaren Sie in der Klasse einen Zeitraum (z. B. ein bis zwei Wochen), in dem Sie ein „Tagebuch meiner Mediennutzung" führen. Legen Sie dazu eine Tabelle an. Aus Ihren Eintragungen sollte hervorgehen, zu welcher Tageszeit Sie z. B. fernsehen, wie lange Sie sich mit dem Medium beschäftigen und warum Sie das Gerät einschalten (z. B. zur Information, Unterhaltung).*

b *Tauschen Sie sich in einer Kleingruppe über Ihre Gewohnheiten aus. Formulieren Sie Ihre Erkenntnisse und überlegen Sie sich, ob Sie an Ihren Gewohnheiten etwas ändern wollen und wie Sie das machen könnten.*

c *Vergleichen Sie Ihre Selbstbeobachtung mit den Ergebnissen der JIM-Studie. Wo sehen Sie Gemeinsamkeiten, wo Unterschiede? Wie lassen sich die Unterschiede erklären?*

Aufgabe 2 – für die berufliche und private Mediennutzung finden Sie je eine Mindmap-Vorlage unter BuchPlusWeb.

7.2 Das Urheberrecht in Deutschland

[1]

Sind wir alle Räuber und Piraten?

Als **Piraterie** wird das Kopieren von urheberrechtlich geschützter Ware bezeichnet. Das können urheberrechtlich geschützte Musik, PC-Programme oder auch Waren (Plagiate[2]) sein. Herstellung und Vertrieb von Kopien sind strafbar. Wer gewerblich, also gegen Bezahlung, solche Produkte verkauft, wird besonders hart bestraft und muss mit hohen Schadensersatzforderungen rechnen. Der Gesetzgeber hat mit dem Urheberrechtsgesetz (UrhG) dafür die gesetzliche Basis geschaffen. „Das Urheberrecht ist für jeden da, der Texte, Bilder, Fotos, Filme oder auch Computerprogramme erstellt." Die Grundidee ist: Wer etwas schafft, soll über die Verwendung entscheiden und entlohnt werden. Das Internet verleitet uns alle, gegen das Urheberrecht zu verstoßen. Allein in Deutschland laden laut GfK[3] knapp 10 Millionen Menschen Musik aus dem Internet herunter; 80 Prozent davon sollen illegale Kopien sein. Über 50.000 User wurden bereits erwischt. Zwischen 3.000 und 10.000 Euro sollen sie zahlen. Nach Schätzungen wird der deutschen Wirtschaft durch illegale Kopien ein Schaden von 2,2 Mrd. Euro zugefügt (vgl. GfK: www.vgwort.de/gfk.php).

1 *Definieren Sie mit eigenen Worten die Begriffe „Urheberrecht" und „Piraterie". Gehen Sie von der ursprünglichen Wortbedeutung aus und übertragen Sie die Bedeutung auf den Umgang mit Bild- und Tonträgern.*

Das Urheberrechtsgesetz in Deutschland

§1 Die Urheber von Werken der Literatur, Wissenschaft und Kunst genießen für ihre Werke Schutz nach Maßnahme dieses Gesetzes.

§2 (1) Zu den geschützten Werken der Literatur, Wissenschaft und Kunst gehören insbesondere:

1. Sprachwerke wie Schriftwerke, Reden und Computerprogramme;
2. Werke der Musik;
3. Pantomimische Werke einschließlich der Werke der Tanzkunst;
4. Werke der bildenden Künste einschließlich der Werke der Baukunst und der angewandten Kunst und Entwürfe solcher Werke;
5. Lichtbildwerke einschließlich der Werke, die ähnlich wie Filmwerke geschaffen werden;
6. Filmwerke einschließlich der Werke, die ähnlich wie Filmwerke geschaffen werden;
7. Darstellungen wissenschaftlicher oder technischer Art wie Zeichnungen, Pläne, Karten, Skizzen, Tabellen und plastische Darstellungen.

(2) Werke im Sinne dieses Gesetzes sind nur persönliche geistige Schöpfungen.

Auszug Artikel 1 und 2, Quelle: www.urheberrecht.org, 2005. (Der vollständige Text findet sich online unter www.urheberrecht.org.)

2 *Warum sah der Gesetzgeber sich veranlasst, das Urheberrecht zu beschließen?*

3 *Erstellen Sie eine Liste von Merkmalen, an denen man eine Original-CD, -DVD oder -Software erkennen kann.*

4 *Insbesondere über das Internet werden Raubkopien verkauft. Überlegen Sie in Kleingruppen, was Sie tun können, wenn Ihnen eine illegale Kopie angeboten wurde.*

5 *Recherchieren Sie im Internet, welche Möglichkeiten es gibt, sich legal Musik aus dem Internet zu besorgen. Stellen Sie eine Präsentation zusammen unter dem Titel „Download – aber legal!"*

6 *Wenn Sie ein Referat verfassen oder eine Präsentation erstellen, müssen Sie Quellen angeben und Zitate kennzeichnen (s. S. 119). Begründen Sie, warum das notwendig ist.*

---

[1] *Die Initiative RESPE©T COPYRIGHTS (www.respectcopyrights.de) möchte Informationen liefern, Fragen rund um die Themen geistiges Eigentum und Raubkopieren beantworten und zum Diskurs anregen.*

[2] *Aneignung des urheberrechtlich geschützten geistigen Eigentums eines anderen*

[3] *Growth from Knowledge, deutsches Marktforschungsinstitut*

7.3 Jugendmedienschutz

Medien spielen in unserem Alltag eine große Rolle. Einerseits bieten sie uns interessante und hilfreiche Nutzungsmöglichkeiten, andererseits bergen sie aber auch Risiken, die z. B. von gewaltverherrlichenden, pornografischen oder extremistischen Inhalten ausgehen können.

1 Erläutern Sie, was mit „gewaltverherrlichenden, pornografischen oder extremistischen Inhalten" gemeint ist.

2 Bilden Sie Kleingruppen und erstellen Sie eine Tabelle, in der Sie Ihre eigenen Erfahrungen und Ihre Meinung über Medien festhalten.

positive Seiten der Medien	negative/riskante Seiten der Medien

Sie finden diese Tabelle als Lösungshilfe unter BuchPlusWeb.

Der Gesetzgeber hat Vorsorge getroffen, Gefährdungen durch Medien zu begrenzen. Er hat festgelegt, dass Medien mit einem bestimmten Inhalt (Kriegsverherrlichung, Pornografie, Darstellung von Kindern und Jugendlichen in unnatürlicher, geschlechtsbetonter Körperhaltung sowie die Menschenwürde verletzende Darstellung von Menschen, die sterben oder schweren körperlichen oder seelischen Leiden ausgesetzt sind oder waren usw.) grundsätzlich immer eine schwer jugendgefährdende Wirkung haben. Sind Medien geeignet, die Entwicklung von Kindern oder Jugendlichen oder ihre Erziehung zu einer eigenverantwortlichen und gemeinschaftsfähigen Persönlichkeit zu gefährden, gelten sie als jugendgefährdend.

Auf Antrag bzw. Anregung entscheidet die Bundesprüfstelle für jugendgefährdende Medien (BPjM), ob eine Jugendgefährdung vorliegt (Indizierung). Der Antrag kann von anerkannten Trägern der freien Jugendhilfe oder einer sonstigen Behörde gestellt werden. Jede Bürgerin, jeder Bürger kann zudem bei einer Behörde oder anerkannten Jugendhilfeeinrichtungen in ihrer/seiner Nähe auf ein Medium mit möglicherweise jugendgefährdendem Inhalt hinweisen und so auf die Einleitung eines Indizierungsverfahrens hinwirken. Indizierte Medien dürfen weder beworben noch Kindern und Jugendlichen zugänglich gemacht werden.

Bayerisches Landesjugendamt, www.blja.bayern.de/themen/jugendschutz/jugendmedienschutz/index.html

3 Formulieren Sie vier wichtige Fragen, auf die der Text Antworten gibt. Notieren Sie die Antworten des Textes. Vergleichen Sie Ihre Ergebnisse mit denen Ihrer Mitschülerinnen und Mitschüler.

4 Entwerfen Sie in Gruppen ein Plakat zum Thema „Jugendmedienschutz". Stellen Sie Ihre Plakate in der Klasse vor.

5 Ergänzen Sie Ihre Tabelle aus Aufgabe 2 um eine dritte Spalte „Prävention". Sammeln Sie hier Vorschäge für Eltern, Erzieher/-innen und Lehrer/-innen zum Umgang mit Medien.

„FSK: Freigegeben ab sechzehn“ – das haben Sie schon bei Filmankündigungen oder auf DVDs gesehen. Dass diese Angaben gemacht werden, entspricht einer Forderung des Jugendmedienschutzes.
Das Bayerische Landesjugendamt erläutert das Jugendmedienschutzgesetz (BLJA) in seinem Mitteilungsblatt:

Jugendbeeinträchtigende Medieninhalte

a. **Filme, Videos, DVDs sowie Computer- und Konsolenspiele** dürfen nur dann an Kinder und Jugendliche verkauft oder ihnen auf andere Weise zugänglich gemacht werden (z. B. Kino oder Internetcafé), wenn sie eine Altersfreigabe erhalten haben.
Die **Altersfreigaben** werden von den Selbstkontrollorganen (Freiwillige Selbstkontrolle der Filmwirtschaft – FSK – Unterhaltungssoftware Selbstkontrolle – USK – für Spielprogramme) im Zusammenwirken mit den obersten Landesjugendbehörden erteilt.

- Freigegeben ohne Altersbeschränkung
- Freigegeben ab sechs Jahren
- Freigegeben ab zwölf Jahren
- Freigegeben ab sechzehn Jahren
- keine Jugendfreigabe

b. Bei **anderen Trägermedien** (z. B. CDs, Hefte, Bücher) sieht das Gesetz bei Jugendbeeinträchtigungen keine Altersfreigaben vor.

c. Im **Fernsehen und Internet** wird der Schutz junger Menschen vor jugendbeeinträchtigenden Inhalten durch technische oder sonstige Mittel oder durch die Wahl der Sendezeit gewährleistet (Art. 5 JMStV). Im Fernsehen dürfen Filme, die „ab 16 Jahren“ freigegeben wurden, erst nach 22 Uhr gesendet werden. Bei einer Kennzeichnung „ab 18“ darf eine Ausstrahlung erst nach 23 Uhr erfolgen.

Bayerisches Landesjugendamt, www.blja.bayern.de/themen/jugendschutz/jugendmedienschutz/index.html

6 *Überlegen Sie, inwiefern Filme oder Spiele die Entwicklung von Kindern und Jugendlichen gefährden können.*

7 *Stellen Sie zusammen, welche Voraussetzungen erfüllt sein müssen, damit Medien für Jugendliche zugänglich gemacht werden dürfen.*

8 *Berichten Sie von Ihren persönlichen Erfahrungen, die Sie mit dem Jugendmedienschutz gemacht haben.*

9 *Inwiefern halten Sie den Jugendmedienschutz für wirkungsvoll?*
Nehmen Sie mündlich oder schriftlich Stellung („Stellungnahme“, s. S. 204 ff.).

10 *Wie sieht Ihrer Meinung nach ein verantwortungsbewusster Umgang mit Medien aus?*

11 *Welche Möglichkeiten sehen Sie, Jugendliche zu einem verantwortungbewussten Umgang mit Medien anzuleiten?*

12 *Welche Verantwortung sehen Sie bei den Eltern der Jugendlichen?*

7.4 Mediensucht

Zocker auf Entzug – Im Heim für medienabhängige Kinder

Bis zu sechs Stunden sitzt Lukas jeden Tag vor der Glotze oder surft im Internet. Am liebsten guckt er Zeichentrickfilme auf RTL2 oder spielt am Computer „Kommissar Kugelblitz". Für Hausaufgaben, Hobbys oder Treffen mit Freunden hat er schon lange keine Zeit und Lust mehr. Lukas ist medienabhängig. So lautet zumindest die Diagnose von Diplom-Psychologin Simone Trautsch, die den zwölfjährigen Jungen im Wichernhaus im Ostseeheilbad Boltenhagen therapeutisch behandelt.
[...]
„Wenn ein Kind mehr als vier Stunden täglich vor dem Flimmerkasten sitzt oder Computer spielt, dann zeigt es bestimmte Symptome wie Konzentrationsschwäche, Gereiztheit oder Schlafstörungen", sagt Simone Trautsch. Wann genau es dann als medienabhängig diagnostiziert werden könne, müsse jedoch in jedem Fall individuell entschieden werden.

Die Bundeszentrale für gesundheitliche Aufklärung empfiehlt, dass Kinder zwischen zehn und 13 Jahren nicht mehr als 90 Minuten täglich fernsehen sollten und weist gleichzeitig darauf hin, dass der durchschnittliche Fernsehkonsum bei Kindern dieser Altersgruppe bei täglich 108 Minuten liegt. In den USA wird sogar noch mehr geglotzt und im Internet gesurft. Dort gucken 26 Prozent der Kinder mindestens vier Stunden täglich Fernsehen, 67 Prozent der Kinder sitzen mindestens zwei Stunden pro Tag vor dem TV.

Anders als bei Alkoholabhängigkeit oder Drogensucht kann man die abhängigen Kinder nicht auf Cold Turkey setzen, sprich: ihnen ihre Suchtstoffe für immer verbieten. Das Problem des völligen Kontrollverlusts im Umgang mit den elektronischen Medien kann nicht durch Entzug geheilt werden, weil Medien in unserer heutigen Welt viel zu wichtig und allgegenwärtig sind.
„Der Fall liegt ähnlich wie bei der Magersucht", erklärt Simone Trautsch, „aufs Essen kann man auch nicht vollständig verzichten. Wir müssen den Patienten daher einen verantwortungsvollen Umgang mit den Suchtstoffen beibringen, was natürlich viel schwieriger als totaler Entzug ist."

Wenn die Eltern schlechte Gewohnheiten vorleben, ist es erst recht schwierig, den Kindern langfristig ein gesünderes Verhalten im Umgang mit den Medien anzugewöhnen.

Seit Sommer 2003 bietet das Kinderkurheim Wichernhaus die nach eigenen Angaben weltweit erste Therapie gegen Medienabhängigkeit und Spielsucht von Kindern an. Die Nachfrage ist groß, besonders in den Schulferien gibt es wochenlange Wartezeiten. Für die Kinder heißt das zunächst, dass sie ihre Gameboys zu Hause lassen sollten, wenn sie zu der vierwöchigen Therapie anreisen. Auch gibt es in dem Heim nur einen einzigen Computer, den die Kinder nicht länger als eine halbe Stunde pro Tag benutzen dürfen und auch dann nur zum E-mailen – nach Spielen suchen sie hier vergeblich. Der Fernseher bleibt ebenfalls ausgeschaltet.

Kirsten Grieshaber

Grieshaber: Fluter

1 *Lesen Sie den Text aufmerksam durch.*

2 *Schreiben Sie die Ihnen unbekannten Wörter heraus. Klären Sie deren Bedeutung mithilfe eines Lexikons oder im Internet.*

3 *Beantworten Sie die folgenden Fragen zum Text in Stichworten:*
- **a** *Welche Anzeichen sprechen dafür, dass jemand medienabhängig ist?*
- **b** *Warum ist bei Medienabhängigkeit ein „Cold Turkey" keine Lösung?*
- **c** *Vergleichen Sie den Medienkonsum von Kindern in Deutschland mit dem von Kindern in den USA.*
- **d** *Welche Empfehlung gibt die Bundeszentrale für gesundheitliche Aufklärung für den Fernsehkonsum von Kindern?*
- **e** *Welche Maßnahmen werden in der Therapie ergriffen, um von der Medienabhängigkeit loszukommen?*

4 *Mündlich Stellung nehmen*
Wählen Sie sich eines der nachstehenden Themen aus und bereiten Sie eine mündliche Stellungnahme (s. S. 124 f.) vor. Notieren Sie sich die entsprechenden Stichworte auf einem Blatt:
- **a** *Welcher Medienkonsum sollte Kindern von zehn bis 14 Jahren Ihrer Meinung nach erlaubt sein?*
- **b** *Was verstehen Sie unter einem verantwortlichen Umgang mit Medien bei Jugendlichen von 14 bis 18 Jahren?*
- **c** *Nehmen Sie Stellung zu den Maßnahmen, die zum Medienentzug ergriffen werden.*

Bilden Sie Kleingruppen, losen Sie die Reihenfolge aus und tragen Sie Ihre Stellungnahme vor. Geben Sie einander anschließend ein Feedback (s. S. 43).

7.5 Fragen zur eigenen Mediennutzung

Neue Untersuchungen stellen fest, dass Kinder und Jugendliche, die sehr viel am Computer spielen, schwache Leistungen in der Schule bringen und in gewissem Sinne zu verblöden drohen. Vormittags erlernte Inhalte der Schule werden nachmittags durch den Computer regelrecht gelöscht. Wie bei anderen Suchtmitteln auch, führt der Weg über die Gewohnheit hin zur zwanghaften Abhängigkeit.

5 *Prüfen Sie sich:*
- *Hat sich Ihr Freizeitverhalten verändert?*
- *Richtet sich Ihr Tagesablauf nach dem Fernseher oder dem PC?*
- *Ist Ihnen Fernsehen oder Spielen am PC oft wichtiger als Verabredungen mit Freunden oder die Gemeinschaft in der Familie?*
- *Haben Sie Auseinandersetzungen mit Ihren Eltern, Geschwistern oder Freunden wegen Ihres Medienkonsums?*
- *Werden Sie unruhig, wenn Ihr Medium für Sie nicht zugänglich ist?*
- *Haben Sie gesundheitliche Beschwerden (z. B. Augenschmerzen, Kopfweh) im Zusammenhang mit Ihrem Mediengebrauch?*

6 *Vergleichen Sie Ihre Antworten mit den Ergebnissen der JIM-Studie zur Medienbeschäftigung (s. S. 166).*

7 *Sprechen Sie mit einer Mitschülerin / einem Mitschüler über die Ergebnisse Ihrer Selbstprüfung.*

8

Sachtexte analysieren und beurteilen

Häufig wird man auf Probleme aufmerksam, wenn man in der Zeitung einen Artikel liest oder im Fernsehen eine Äußerung zu einem Thema oder zu einem Sachverhalt sieht und hört. Man wird dazu angeregt, sich mit einem Thema auseinanderzusetzen und sich eine eigene Meinung zu bilden. Grundlage dafür ist meist ein **Sachtext** (Gebrauchstext), z. B. eine Rede, ein Bericht oder ein Kommentar. Im Kapitel „Inhaltsangabe von Sachtexten" (S. 91 ff.) haben Sie bereits die einfache Wiedergabe von Inhalten kennengelernt. Schwieriger ist dagegen die Analyse und Beurteilung von Sachtexten, insbesonders wenn diese auf Meinungsbildung angelegt sind. Auch im beruflichen Kontext ist es oft wichtig, solche Texte zügig und inhaltlich richtig zu erfassen.

Folgende Fragen helfen Ihnen, diese Aufgabe zu lösen:
1. Um was für einen Text handelt es sich?
2. Welche Gedanken äußert der Verfasser zu dem Problem?
3. Wie hat er den Text strukturiert und seine Argumentation angeordnet?
4. Zu welchen Ergebnissen gelangt er?
5. Welche Besonderheiten der Darstellungsweise (sprachliche Mittel) fallen auf?
6. Welche Meinung habe ich zu dem Problem?

1 Wenden Sie die Fragen auf einen der Texte auf S. 90 oder 207 an.

8.1 Sachtexte schriftlich analysieren

Die folgende **Gliederung**, die **Arbeitsschritte** und deren **Anwendung** auf ein Textbeispiel zeigen Ihnen, wie Sie eine schriftliche Analyse eines Sachtextes schrittweise erarbeiten können. Wenn Sie Übung und Erfahrungen gesammelt haben, können Sie die Gliederung und Ihre Vorgehensweise variieren.

A. Einleitung: zum Thema/Problem hinführen
aktuelles Beispiel

B. Hauptteil:

I. Textwiedergabe/Textbeschreibung:
1. Verfasser, Titel, Art des Textes und Art der Veröffentlichung
2. Thematik, Problemkern
3. Quelle, Datum, Anlass des Textes
4. Textwiedergabe mit eigenen Worten und Darstellung der Struktur und des Argumentationsganges[1]
5. Intention des Textes bzw. des Verfassers
6. Sprachliche Mittel des Textes

II. Stellungnahme (bestätigend – teilweise zustimmend – ablehnend)
- zu einzelnen Aussagen des Textes
- zur Gesamtaussage des Textes
- evtl. zur Argumentationsstruktur des Textes

C. Schluss: Gesamtbeurteilung des Textes, seine Wirkung auf den Leser

---

[1] *Weniger geübte Schüler/-innen werden zwei getrennte Texte schreiben:*
4a. Eine Inhaltsangabe ohne Hinweise auf den Argumentationsgang
4b. Eine Darstellung des Argumentationsganges

Arbeitsschritte

1. Text aufmerksam lesen
2. sprachliche und inhaltliche Unklarheiten klären
3. Thema/Kernproblem formulieren
4. Umfeld des Textes klären: Anlass, Ort, Zeit, Quelle, Verfasser/-in
5. Absicht der Verfasserin/des Verfassers ausdrücken
6. Textsorte bestimmen
7. stichwortartige Inhaltsangabe erarbeiten
8. Argumentationsgang und Begründungszusammenhänge erarbeiten
9. aus Inhalt, Struktur und Argumentationsgang (Arbeitsschritt 7 u. 8) eine strukturierte Inhaltswiedergabe verfassen
10. auffällige sprachliche Mittel herausarbeiten
11. zentrale Aussagen der Stellungnahme bestimmen
12. eigene Stellungnahme vorbereiten und ausführen

8.2 Ausführung der Arbeitsschritte

1. Text aufmerksam lesen

Zwickmühle

1 Lebensmittelskandal an Lebensmittelskandal. Was soll unsereiner noch essen? Naturrein ist eh' nichts mehr. Die Verbraucher sind verärgert und erbost über immer neue 5 Hiobsbotschaften. Und als Journalist gerät man mehr und mehr in die Zwickmühle. Denn berichten die Medien in großer Aufmachung kontinuierlich über den Betrug am Verbraucher, wird ihnen oft Panikmache vor- 10 geworfen. „Ihr übertreibt doch maßlos in euren Berichten." Einen Satz, den man als Journalist nicht selten zu hören bekommt. Lässt unsereiner dagegen das eine oder andere Rechercheergebnis unter den Tisch fallen, wird einem Totschweigen von Missständen 15 vorgeworfen. Da heißt es dann nicht selten, dass die Medien wieder einmal gemeinsame Sache mit mächtigen Interessenverbänden gemacht haben. Doch eines muss ganz klar sein: Journalisten verstehen sich generell 20 nicht als Macher von Nachrichten. Sie produzieren keine Skandale. Sie berichten nur darüber. Und die Öffentlichkeit hat ein Recht auf Information.

Also: Im Zweifelsfall kann die Devise nur 25 heißen: Berichten!

Thomas Satinsky

2. Sprachliche und inhaltliche Unklarheiten klären

Müssen außer den folgenden Begriffen weitere Begriffe geklärt werden?

Zwickmühle = ausweglose Lage, Begriff aus dem Mühlespiel – die Steine sind so gesetzt, dass mit jedem Zug eine Mühle geschlossen wird

kontinuierlich = stetig, fortdauernd

Rechercheergebnis = Ermittlungsergebnis, Nachforschungsergebnis

Hiobsbotschaft = Unglücksbotschaft

generell = allgemein, im Allgemeinen

Devise = Wahlspruch, Losung

3. Thema / Kernproblem formulieren

Stimmen Sie der unten stehenden Formulierung des Kernproblems zu oder sollte das Kernproblem anders formuliert werden?

Das Kernproblem lautet:

„Soll ein Journalist alle seine Ermittlungsergebnisse der Öffentlichkeit mitteilen oder soll er Erkenntnisse zurückhalten?"

4. Umfeld des Textes klären: Anlass, Ort, Zeit, Quelle, Verfasser / -in

Prüfen Sie, ob die aufgeführten Sachverhalte ausreichend sind oder ob sie ergänzt werden müssen. Untersuchen Sie, welche Sachverhalte direkt dem Text entnommen sind. Woher stammen die anderen Sachverhalte?

Anlass:	Berichterstattung über mehrere Lebensmittelskandale
Ort:	Deutschland
Zeit:	am vergangenen Wochenende erschienen
Quelle:	Sonntagszeitung „Sonntag Aktuell"
Verfasser:	Journalist, der sich offensichtlich mit Untersuchungen im Lebensmittelbereich auskennt, keine weiteren Informationen

5. Absichten der Verfasserin / des Verfassers ausdrücken

Stimmen Sie der hier ausgedrückten Absicht des Verfassers zu oder sind Sie zu einem anderen Ergebnis gekommen?

„Der Verfasser möchte bei den Leserinnen/Lesern Verständnis dafür wecken, dass es die Aufgabe der Journalistinnen/Journalisten ist, die Öffentlichkeit über Skandale zu informieren, auch wenn die Leserinnen/Leser über die Häufung der Skandale verärgert sind."

6. Textsorte bestimmen

Stimmt die angegebene Textsorte? Vergleichen Sie die genannten Merkmale mit den Elementen des Kommentars auf S. 164. Suchen Sie im Text Belege für die einzelnen Aussagen. Gibt es weitere Begründungen, die noch angeführt werden könnten?

Bei dem Text handelt es sich um einen **Kommentar**.

Begründung:
Der Text enthält Information, Meinung und Aufforderung:

- Er knüpft an einer nicht näher bezeichneten Nachricht an.
- Er erläutert Zusammenhänge.
- Er stellt kritische Fragen.
- Er enthält klare Stellungnahmen.
- Er ist durch eine Einrahmung von anderen Texten abgetrennt.

7. Stichwortartige Inhaltsangabe erarbeiten

Überprüfen Sie die angeführten Stichworte. Entscheiden Sie, ob Ergänzungen oder Streichungen nötig sind.

8. Argumentationsgang und Begründungszusammenhänge erarbeiten

Überprüfen Sie, ob der Argumentationsgang durch das Strukturbild vollständig veranschaulicht (visualisiert) wird.

- mehrere Lebensmittelskandale
- alle sind verunsichert, was man noch essen kann
- Verbraucher sind verärgert über Unglücksnachrichten
- Journalisten sind in einer Zwickmühle:
- berichten sie über Betrug am Verbraucher, wird ihnen Panikmache vorgeworfen,
- halten sie Nachforschungsergebnisse zurück, wird ihnen Zusammenarbeit mit mächtigen Interessengruppen unterstellt.
- Journalisten verursachen keine Skandale, sie berichten nur über Skandale.
- Öffentlichkeit hat Recht auf Information
- Verpflichtung zur Berichterstattung

Zwickmühle

Lebensmittelskandal an Lebensmittelskandal.
Was soll unsereiner noch essen? Naturrein ist eh' nichts mehr.
Die Verbraucher sind verärgert und erbost über immer neue Hiobsbotschaften. Und als Journalist gerät man mehr und mehr in die Zwickmühle. Denn berichten die Medien in großer Aufmachung kontinuierlich über den Betrug am Verbraucher, wird ihnen oft Panikmache vorgeworfen. „Ihr übertreibt doch maßlos in euren Berichten." Einen Satz, den man als Journalist nicht selten zu hören bekommt. Lässt unsereiner dagegen das eine oder andere Rechercheergebnis unter den Tisch fallen, wird einem Totschweigen von Missständen vorgeworfen. Da heißt es dann nicht selten, dass die Medien wieder einmal gemeinsame Sache mit mächtigen Interessenverbänden gemacht haben. Doch eines muss ganz klar sein: Journalisten verstehen sich generell nicht als Macher von Nachrichten. Sie produzieren keine Skandale. Sie berichten nur darüber. Und die Öffentlichkeit hat ein Recht auf Information.
Also: Im Zweifelsfall kann die Devise nur heißen: Berichten!

Thomas Satinsky

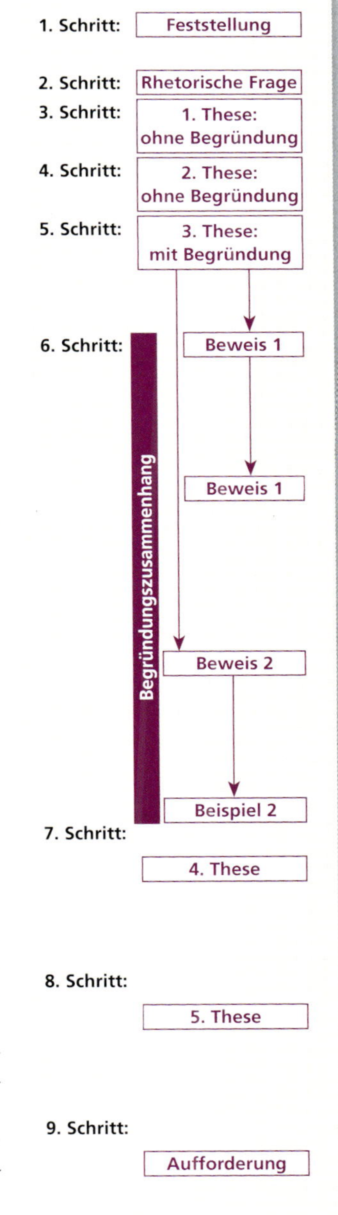

9. Aus Inhalt, Struktur und Argumentationsgang mit den Begründungszusammenhängen eine strukturierende Inhaltswiedergabe verfassen

Lesen Sie diese Inhaltsangabe sorgfältig durch. An welchen Stellen wird der Argumentationsgang deutlich? Schreiben Sie die Wörter heraus, durch die man die Argumentationsstruktur erkennen kann.

In dem Kommentar mit dem Thema „Zwickmühle" äußert sich der Journalist Thomas Satinsky zur Problematik der Presseberichterstattung über Lebensmittelskandale. Er will beim Leser Verständnis dafür wecken, dass immer wieder Skandalberichte notwendig sind. Der Kommentar erschien am vergangenen Wochenende in der Sonntagszeitung „Sonntag aktuell".
Der Text beginnt mit der Feststellung, dass sich ein Lebensmittelskandal an den anderen reiht. Dann stellt der Verfasser eine rhetorische Frage, deren Antwort die unbegründete erste These ist, dass Nahrungsmittel nicht mehr naturrein sind. Darauf folgt als zweite Aussage, dass die Verbraucher über die ständigen Unglücksnachrichten verärgert sind. Auch diese These bleibt unbegründet. Daran schließt sich die dritte, zentrale These an, dass sich die Journalisten in einer Zwickmühle befinden. Diese Behauptung wird mit zwei Beweisen belegt: Berichten Journalisten über den Betrug, wirft man ihnen Panikmache und Übertreibung vor. Dem hält der Verfasser entgegen, dass ein Journalist keine Untersuchungsergebnisse zurückhalten kann, da man ihm sonst vorwirft, er decke Interessenverbände.
Thomas Satinsky behauptet dann, dass Journalisten keine Skandale verursachen, sondern nur über sie berichten. Daran schließt sich als weitere Behauptung an, dass die Öffentlichkeit ein Recht auf Information hat. Auch diese Aussagen werden nicht begründet. Am Schluss seines Textes fordert er, dass im Zweifelsfall immer berichtet werden soll.

10. Auffällige sprachliche Mittel herausarbeiten

Überprüfen Sie die folgenden sprachlichen Mittel. Untersuchen Sie den Text, ob noch weitere in diese Zusammenstellung gehören (s. S. 157, Frage 11).

Der Text enthält einige auffällige sprachliche Mittel:

- auffälliges Schlagwort als Überschrift „Zwickmühle"
- unvollständiger Satz am Anfang, das Prädikat (Satzaussage) fehlt
- rhetorische Frage, die mit salopper Umgangssprache beantwortet wird „... ist eh' nichts mehr" (Z. 4)
- wörtliche Rede „Ihr übertreibt doch maßlos ..." (Z. 16)
- grammatikalisch unklare Satzkonstruktion: „Einen Satz, den man ..." (Z. 17)
- viele Substantive (Hauptwörter)
- Einwortsatz als Aufforderungssatz am Schluss „Berichten!" (Z. 41)

11. Zentrale Aussagen der Stellungnahme bestimmen

Stimmen Sie der getroffenen Auswahl zu oder sollten andere Aussagen des Textes genannt werden?

Der Kommentar enthält vier Aussagen, die nur kurz angesprochen werden, die aber so bedeutsam sind, dass man sich mit ihnen auseinandersetzen sollte:

1. Die erste wichtige Aussage des Textes ist die Behauptung: Ein Journalist gerät in eine Zwickmühle, wenn er Nachforschungsergebnisse besitzt. Veröffentlicht er diese, so kann man ihm Panikmache vorwerfen, veröffentlicht er sie nicht, wirft man ihm vor, mächtige Interessenverbände zu decken.

2. Die zweite wichtige Aussage besagt, dass Journalisten sich nicht als Nachrichtenmacher verstehen, sondern nur über Skandale berichten.
3. Als dritte Aussage sollte die These des Verfassers erörtert werden: Die Öffentlichkeit hat ein Recht auf Information.
4. In engem Zusammenhang mit dieser These steht die Folgerung, die Thomas Satinsky zieht und als Aufforderung formuliert: „Im Zweifelsfall: Berichten!"

12. Eigene Stellungnahme vorbereiten und ausführen

Zu den im 11. Arbeitsschritt formulierten vier Aussagen des Textes wird jetzt eine Stoffsammlung vorgenommen (s. S. 209). Dann wird der Stoff gegliedert und eine Stellungnahme geschrieben.

Lesen Sie das Beispiel aufmerksam durch und erstellen Sie die Gliederung. Was hätten Sie kürzer und was ausführlicher erörtert? Stimmen Sie den Aussagen zu?

8.3 Beispiel für die Analyse und Beurteilung eines Sachtextes

1 Betrachtet man die Berichterstattung in den Massenmedien, dann fällt auf, dass der überwiegende Teil der Informationen aus schlechten Nachrichten besteht. Unglücksfälle, Katastrophen und 5 Skandale beherrschen die Schlagzeilen. In den letzten Monaten waren auch immer wieder Berichte über Manipulationen im Lebensmittelbereich zu finden. Dabei wurden verdorbene Lebensmittel verkauft, unzulässige Ausgangsstoffe verarbeitet, 10 verbotene Arzneimittel verwendet und vorgeschriebene Untersuchungen nicht durchgeführt oder deren Ergebnisse gefälscht.

Die Häufung der Berichte über einen langen Zeitraum hat eine Abstumpfung der Leser oder deren 15 Verärgerung zur Folge. Daher stellt sich die Frage, ob der Leser immer wieder mit solchen Nachrichten konfrontiert werden soll.

In dem Kommentar mit dem Thema „Zwickmühle" äußert sich der Journalist Thomas Satinsky 20 zur Problematik der Presseberichterstattung über Lebensmittelskandale. Er will beim Leser Verständnis dafür wecken, dass immer wieder Skandalberichte notwendig sind. Der Kommentar erschien am vergangenen Wochenende in der Sonntagszei- 25 tung „Sonntag aktuell". Der Text beginnt mit der Feststellung, dass sich ein Lebensmittelskandal an den anderen reiht. Dann stellt der Verfasser eine rhetorische Frage, deren Antwort die unbegründete erste These ist, dass Nahrungsmittel nicht 30 mehr naturrein sind. Darauf folgt als zweite Aussage, dass die Verbraucher über die ständigen Unglücksnachrichten verärgert sind. Auch diese These bleibt unbegründet. Daran schließt sich die dritte, zentrale These an, dass sich die Journalisten in einer Zwickmühle be- 35 finden. Diese Behauptung wird begründet und mit zwei Beweisen belegt: Berichten Journalisten, wirft man ihnen Panikmache und Übertreibung vor. Dem hält der Verfasser entgegen, dass ein Journalist keine Untersuchungsergebnisse zurückhalten 40 kann, da man ihm sonst vorwirft, er decke Interessenverbände.

Thomas Satinsky behauptet dann, dass Journalisten keine Skandale verursachen, sondern nur über sie berichten. Daran schließt sich als weitere 45 Behauptung an, dass die Öffentlichkeit ein Recht auf Information hat. Auch diese Aussagen werden nicht begründet. Am Schluss seines Textes fordert er, dass im Zweifelsfall immer berichtet werden soll. 50

Untersucht man die Argumentationsweise des Kommentators, so fällt auf, dass er zwar fünf Thesen aufstellt, aber nur zwei davon begründet. Für die beiden ersten Thesen hält er wohl eine Begründung deshalb für überflüssig, weil er annimmt, 55 dass sich kein Widerspruch gegen diese allgemein anerkannten Aussagen erheben wird. Damit hat er recht. Denn wer wollte wohl den Aussagen widersprechen, dass unsere Nahrung nicht mehr naturrein ist und dass man als Verbraucher erbost ist 60 über die ständig neuen Skandalberichte?

Seine dritte These begründet er so einsichtig, dass man als Leser geneigt ist, ihm auch darin zu folgen, denn der Argumentationsgang ist in sich schlüssig. Aber hier sind doch gewisse Einwände angebracht. Sicher befindet sich ein Journalist in einer gewissen Entscheidungsschwierigkeit, ob er seine Informationen veröffentlichen soll oder nicht. Aber die Frage könnte auch anders gestellt werden: Sollen die Informationen nicht zurückhaltender und objektiver sein? Müssen es denn immer „Sensationsmeldungen“ sein, mit denen man den Leser aufschrecken will? Sicher zieht eine sensationelle Schlagzeile das Interesse des Lesers auf sich. Wenn aber der Inhalt übertrieben und unglaubwürdig ist und eine marktschreierische Sprache verwendet wird, dann wird sich der Leser / die Leserin schnell wieder anderen Meldungen zuwenden. Diese Form der Berichterstattung ist es auch, die den im Kommentar angesprochenen Überdruss auslöst.

Die Berichterstattung sollte sachlich und fundiert sein, sie sollte nicht nur Schlagworte, sondern Daten, Fakten und Hintergrundinformationen enthalten. Für den Leser ist eine solche Information hilfreich bei seiner eigenen Entscheidungsfindung und für sein zukünftiges Verhalten. Dadurch wird kein Verdruss über die Nachricht, sondern höchstens Verdruss über den Sachverhalt ausgelöst.

Der vierten These des Autors, Journalisten würden keine Skandale produzieren, sondern nur über sie berichten, kann man ebenfalls nicht ohne Weiteres zustimmen. Denn jedem von uns fallen Beispiele ein, in denen Journalisten „Macher von Nachrichten“ waren. Hier sei nur an die Berichterstattung über Katastrophen oder über Todesfälle bekannter Personen erinnert.

Der letzten These, dass die Öffentlichkeit ein Recht auf Information besitzt, wird gerade der kritische und interessierte Bürger zustimmen.

Thomas Satinsky leitet aus den Thesen drei bis fünf seine Forderung ab, dass im Zweifelsfalle berichtet werden muss. Auch hier kann er sicher sein, dass ihm viele Leser zustimmen werden. Trotzdem sei hier auf zwei weitere Sachverhalte hingewiesen: Ein Journalist sollte in seine Überlegungen auch einbeziehen, dass die Häufung von Nachrichten eine Abstumpfung des Lesers zur Folge hat. Unter Umständen kann also die Wirkung von sparsam dosierten Nachrichten größer sein als die einer Nachrichtenflut.

Wenn man auch generell der Forderung des Verfassers zustimmen wird, dass es im Zweifelsfalle richtig ist, eine Nachricht zu veröffentlichen, wird man als Leser doch auch die Forderung stellen, dass dies in einer angemessenen Weise geschieht. Dann wird das in diesem Kommentar angesprochene Problem, dass die Leser verärgert und erbost sind über die Berichterstattung, nur noch selten zu beobachten sein.

1 *Fertigen Sie eine Gliederung zu diesem Text an. Vergleichen Sie Ihre Gliederung mit der Arbeitsplanung auf Seite 179.*

2 *Vergleichen Sie die Berichterstattung über Lebensmittelskandale in den Printmedien mit der Berichterstattung in den verschiedenen Fernsehsendern.*

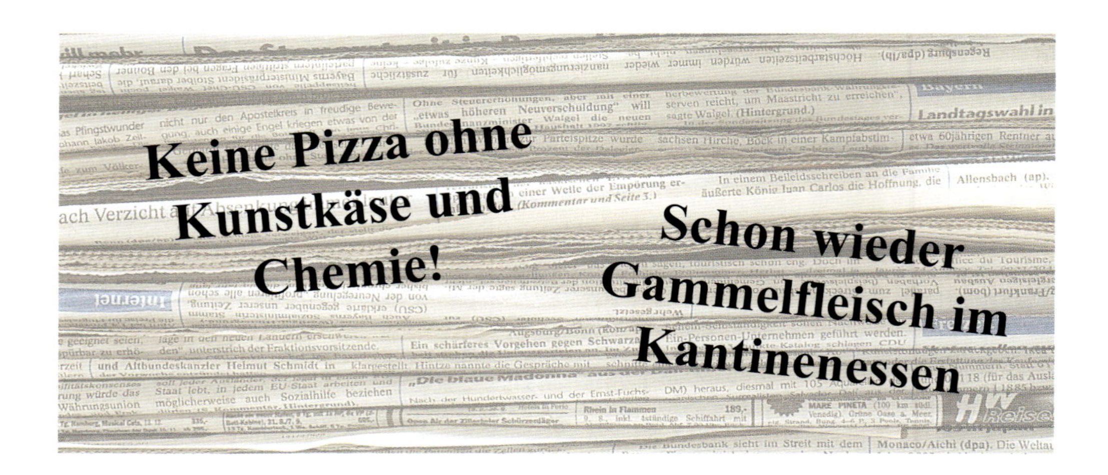

8.4 Sachtextanalyse — Arbeitsplanung

Lernziele

Sie können

- geeignete Leitfragen an einen Sachtext stellen,
- Struktur, Inhalt und Sprache eines Sachtextes untersuchen,
- die Beurteilung eines Sachtextes formulieren,
- eine Sachtextanalyse schriftlich ausarbeiten.

So gehen Sie vor:

Arbeitsschritte

1. Text aufmerksam lesen
2. Sprachliche und inhaltliche Unklarheiten klären
3. Thema/Kernproblem formulieren
4. Umfeld des Textes klären: Anlass, Ort, Zeit, Quelle, Verfasser/-in
5. Absicht der Verfasserin/des Verfassers ausdrücken
6. Textsorte bestimmen
7. Stichwortartige Inhaltsangabe erarbeiten
8. Argumentationsgang und Begründungszusammenhänge erarbeiten
9. Aus Inhalt, Struktur und Argumentationsgang (Arbeitsschritt 7 u. 8) eine strukturierte Inhaltswiedergabe verfassen
10. Auffällige sprachliche Mittel herausarbeiten
11. Zentrale Aussagen der Stellungnahme bestimmen
12. Eigene Stellungnahme vorbereiten und ausführen

Dabei sollten Sie beachten:

Gliederung

Einleitung

Hinführung zum Thema des Textes (z. B. aktuelles Beispiel)

Hauptteil

I.
- Inhaltsangabe: Darlegung der Argumentation des Verfassers
- Absicht des Textes/des Verfassers
- auffällige sprachliche Mittel

II.
- begründete Stellungnahme zum Text oder zu einzelnen Aussagen des Textes

Schluss

Wertendes Fazit (Wirkung des Textes)

Sprache

- Wiedergabe in eigenen Worten
- zentrale Fachbegriffe dürfen übernommen werden
- klare, leicht verständliche Sätze
- sachlicher Stil
- direkte Rede in indirekte Rede umwandeln
- Zeitform Präsens (Gegenwart)

Teil 3

1 Sich bewerben und vorstellen

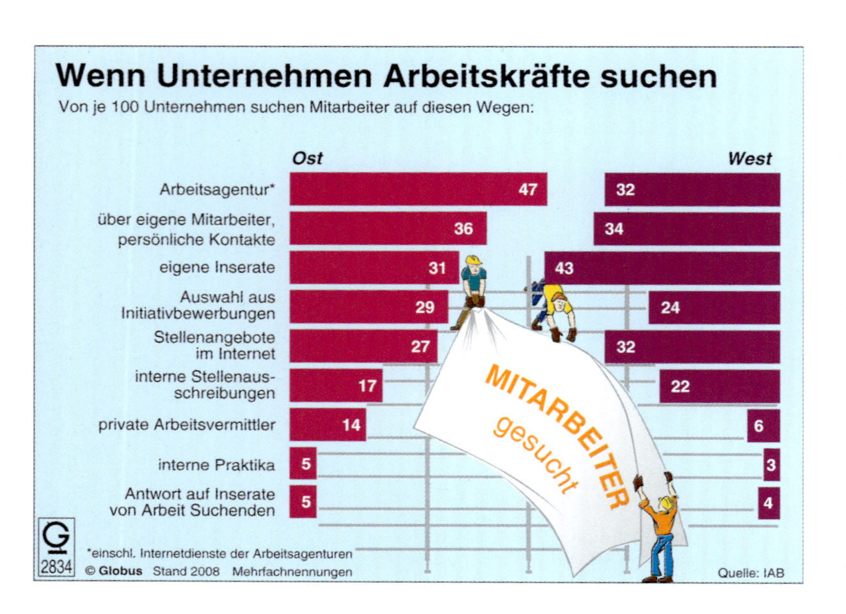

1.1 Stellenanzeigen

Die Grafik zeigt Ihnen, dass vor allem in Westdeutschland ein hoher Anteil der Stellenbesetzungen über Stellenanzeigen erfolgt. Wer sich beruflich verändern möchte, für den haben die Zeitungsinserate daher eine große Bedeutung.
Auch Stellenangebote im Internet spielen bei der Suche nach Arbeitskräften eine wichtige Rolle.

Stellenanzeigen analysieren

SANDWICH

Eine der größten Systemgastronomieketten der Welt sucht für das neue Sandwich-Restaurant am Flughafen Köln/Bonn

Verkaufsmitarbeiter (M/W)

in Voll-/Teilzeit und auf 400,- Euro-Basis

Sie haben:
- Spaß am Verkauf und am Umgang mit unseren internationalen Gästen
- ein gepflegtes Äußeres und beherrschen die deutsche Sprache in Wort und Schrift

Sie sind:
- bereit im Schichtdienst, auch am Wochenende, zu arbeiten
- teamfähig
- in der Lage, in Stresssituationen einen kühlen Kopf zu behalten

Interessiert?
Dann schicken Sie uns Ihre aussagefähige Bewerbung an:

Köln/Bonn Flughafen
Restaurationsbetriebe Walther GmbH
51144 Köln

www.creyfs.de

Für unsere namhaften Kunden im Großraum **Stuttgart** suchen wir

>>> Elektriker (m/w)

Sie haben eine Ausbildung als Energieanlagenelektroniker oder Starkstromelektriker und schon etwas Berufserfahrung sammeln können? Schichtarbeit und Montageeinsätze sind für Sie kein Fremdwort? Wenn Sie nun auch noch über einen PKW verfügen, sind Sie genau der richtige Bewerber für unsere Stelle.

>>> Heizungs- und Sanitärinstallateur (m/w)

Ihre Ausbildung haben Sie erfolgreich beendet und schon etwas Berufserfahrung sammeln können, Sie sind belastbar und lernen gerne verschiedene Einsatzorte kennen? Dann freuen wir uns über Ihre Bewerbung.

Bitte senden Sie Ihre kompletten Unterlagen an:

Creyf's Personalservice GmbH
z. Hd. Herrn Jürgen Arnold
Königstrasse 10 c
70173 Stuttgart
Tel: 0711/ 2255350
stuttgart@creyfs.de

Creyf's

Quelle: Stuttgarter Zeitung

Steuerbüro Kern zieht Bilanz:
Panoramastraße 37, 72461 Albstadt

Soll	Haben
Wir suchen: eine(n) nette(n) und engagierte(n) Mitarbeiter(in), evtl. auch Berufseinsteiger(in), fit in EDV-Buchhaltung, fähig zu selbstständigem Arbeiten	Wir bieten: einer Halb- oder Ganztagskraft eine verantwortungsvolle Position in unserem jungen, dynamischen Team. Ein modernes Arbeitsumfeld mit einem interessanten Aufgabengebiet. Eine abwechslungsreiche Tätigkeit bei leistungsgerechten Bezügen.
1 Mitarbeiter/in	

Wenn Sie Interesse haben, unsere Personalbilanz auszugleichen, dann setzen Sie sich bitte mit Herrn Kern, Telefon 07400 47..... in Verbindung.

1. *Arbeiten Sie den Aufbau und die inhaltliche Gliederung der Stellenanzeigen heraus.*
2. *Vergleichen Sie den Aufbau und den Inhalt der Anzeigen.*
3. *Welche Aussagen sind für Stellensuchende besonders wichtig?*
4. *Welche Kompetenzen werden vom Bewerber/von der Bewerberin verlangt?*
5. *An wen müsste eine Bewerbung jeweils gerichtet sein?*
6. *Suchen Sie in der Zeitung oder im Internet ein Ihnen zusagendes Stellenangebot und bearbeiten Sie es nach den Aufgaben 1, 3, 4 und 5.*

1.2 Stellengesuche

Gabelstaplerfahrer

sucht wegen Umzug Tätigkeit im Raum Ludwigsburg/Steinheim, Frühjahr 20...

Zuschriften unter 3098 an die Kreiszeitung.

Junger zielstrebiger **KAUFMANN**
25 Jahre, Abitur, Lehre und 2 Jahre Praxis in Konsumgüterindustrie, lernfähig und einsatzbereit, sucht Chance in der Einkaufsabteilung eines Metall verarbeitenden Unternehmens. Großraum Stuttgart.
Zuschriften erbeten unter Z 1108208 an den Verlag.

1. *Vergleichen Sie die äußere Aufmachung mit den Stellenangeboten.*
2. *Welche Informationen sind enthalten, was würden Sie in ein Stellengesuch hineinschreiben?*
3. *Entwerfen Sie ein Stellengesuch, in dem Sie für sich eine Stelle suchen.*
4. *In welcher Zeitung würden Sie Ihr Stellengesuch veröffentlichen?*

1.3 Stellenangebote im Internet

Im Internet sind ebenfalls Stellenangebote zu finden. Die Bundesagentur für Arbeit, viele Unternehmen und Zeitarbeitsfirmen nutzen die Möglichkeit, auf diesem Wege zukünftige Mitarbeiter anzusprechen.

1 *Suchen Sie Stellenangebote im Internet unter folgenden Adressen:*
- *www.arbeitsagentur.de*
- *www.google.de (Suchbegriff: Stellenangebote)*
- *www.jobpilot.de*

2 *Beurteilen Sie das Ergebnis der Internet-Jobsuche für Ihren Beruf.*

Tipp

Viele regionale und überregionale Zeitungen veröffentlichen die Stellenanzeigen auch im Internet. Sie finden diese in der Regel unter „www.Name der Zeitung.de", z. B. www.stuttgarter-zeitung.de. Sie müssen keine Ausgabe der Zeitung am Bahnhofskiosk erwerben, um sich über die Stellenangebote in Ihrer Region oder in einem anderen Teil Deutschlands zu informieren. Dies trifft auch für Stellenangebote in ausländischen Zeitungen zu.

1.4 Stellenanfrage (Initiativbewerbung)

Sie können sich bei einer Firma auch bewerben, ohne dass diese eine Stellenanzeige veröffentlicht hat. Solch eine unaufgeforderte Bewerbung nennt man „Initiativbewerbung". Wesentliche Informationen können Sie einem Firmenprospekt oder der Homepage des Betriebs entnehmen. Das Anschreiben entspricht in seiner Gestaltung dem normalen Bewerbungsschreiben. Begründen Sie Ihr Interesse an einem Arbeitsplatz gerade in dieser Firma. Stellen Sie Ihre besonderen beruflichen Fähigkeiten dar und engen Sie Ihre möglichen Einsatzgebiete nicht zu sehr ein.
Schicken Sie nur eine Kopie des letzten Zeugnisses mit und erklären Sie Ihre Bereitschaft, weitere Bewerbungsunterlagen nachzureichen. Erwecken Sie auf keinen Fall den Eindruck einer „Serienbewerbung".

Beispiel

Stellenanfrage

Sehr geehrte Damen und Herren,
zurzeit bin ich bei der Firma Stahl in Heilbronn in der Ausbildung als Technische Zeichnerin. Im Januar 20.. werde ich meine Facharbeiterprüfung ablegen. Im Laufe meiner Ausbildung habe ich mir besondere Kenntnisse im Arbeiten mit CAD erworben.
Nach Abschluss meiner Ausbildung möchte ich aus persönlichen Gründen in den Raum XX umziehen. Aus diesem Grunde frage ich bei Ihnen an, ob Sie nach diesem Zeitpunkt eine Arbeitsstelle zu besetzen haben, in der ich meine beruflichen Kenntnisse einsetzen kann. *[Evtl. Begründung, warum gerade in dieser Firma]*
Ich bin 19 Jahre alt und habe vor meiner Berufsausbildung die Realschule in Bad Rappenau besucht. *[Evtl. hier weitere Kenntnisse einfügen, z. B. Fremdsprachen usw.]*
Ich bin gerne bereit, Ihnen meine aussagekräftigen Bewerbungsunterlagen zuzusenden. Über die Einladung zu einem Vorstellungsgespräch würde ich mich sehr freuen.
Mit freundlichen Grüßen

1.5 Telefonische Kontaktaufnahme

In Stellenanzeigen wird manchmal angeboten, vor einer Bewerbung telefonisch Kontakt aufzunehmen. Sie haben dadurch die Möglichkeit, weitere Informationen und Auskünfte zu erhalten. Der Arbeitgeber kann mithilfe dieses Telefongesprächs eine Vorauswahl unter den Bewerberinnen und Bewerbern treffen.

> Fr engag. **ARZTHELFERIN** für Allgemeinarztpraxis in Vollzeit o. Teilzeit zum nächstmöglichen Termin ges. (Stgt.-Nord, Siemensstraße) ☎ 0160/98765432

Bevor Sie mit Ihrem möglichen neuen Arbeitgeber telefonieren, sollten Sie sich Gedanken darüber machen, was Sie gefragt werden könnten und welche Fragen Sie selbst stellen wollen.

1. *Überlegen Sie sich, wie Sie das Telefongespräch beginnen wollen, notieren Sie sich einige Stichworte.*
2. *Schreiben Sie acht bis zehn Fragen auf, die bei einer telefonischen Kontaktaufnahme an Sie gestellt werden könnten.*
3. *Notieren Sie sich Ihre Antworten auf diese Fragen.*
4. *Schreiben Sie die Fragen auf, die Sie Ihrem zukünftigen Arbeitgeber stellen möchten.*
5. *Vergleichen und besprechen Sie Ihre Fragen und Ihre vorgesehenen Antworten mit denen einer Mitschülerin/eines Mitschülers.*
6. *Führen Sie die telefonische Kontaktaufnahme als Rollenspiel in einer Gruppe durch.*
7. *Geben Sie sich gegenseitig ein Feedback über Ihre Gespräche.*

1.6 Mündliche Bewerbung

Der Aufwand für die Bearbeitung von schriftlichen Bewerbungen ist für eine Firma ziemlich hoch. In den meisten Fällen wird dazu noch ein Vorstellungsgespräch geführt.
Kleingewerbetreibende, Handwerker, Ärzte, Einzelhandelsbetriebe verzichten daher immer wieder auf schriftliche Bewerbungen, wenn sie einen neuen Mitarbeiter suchen. Sie fordern einen Arbeitssuchenden auf, zu einem bestimmten Termin zu einer mündlichen Bewerbung zu kommen. Bei diesem Gespräch können die Fragen von Arbeitgeber und Arbeitnehmer geklärt werden.

> Malerfachgeschäft **KUNTERBUNT** sucht zwei freundliche, einsatzbereite und vielseitige Mitarbeiter/-innen mit abgeschlossener Berufsausbildung. Kreative gestalterische Kundenberatung und sorgfältige handwerkliche Ausführung ermöglichen Ihnen eigenständiges und selbstständiges Arbeiten im Großraum Stuttgart bei flexibler Arbeitszeit. Bitte stellen Sie sich am Samstag in der Zeit von 09:00 bis 13:00 in unserer Fachwerkstatt in der Cannstatter Straße 422 b vor.

Häufig wird am Schluss einer mündlichen Bewerbung sofort über die Einstellung bzw. Ablehnung entschieden.

1. *Welche Unterlagen/Nachweise sollte ein Bewerber bei der in der obigen Anzeige ausgeschriebene Stelle vorlegen können?*
2. *Auf welche Fragen muss sich eine Bewerberin/ein Bewerber einstellen?*
3. *Welche Fragen sollte die Bewerberin/der Bewerber an den zukünftigen Arbeitgeber stellen?*
4. *Was unterscheidet eine solche mündliche Bewerbung von einem Vorstellungsgespräch (s. S. 190 f.)?*

1.7 Bewerbungsmappe

Bei einer Bewerbung werden neben dem Bewerbungsschreiben noch weitere Unterlagen vorgelegt:

- Lebenslauf mit Foto
- Abschlusszeugnis der Schule
- Abschlusszeugnis der Berufsschule
- Abschlusszeugnis der Berufsausbildung (Facharbeiterbrief/Gesellenbrief)
- Arbeitszeugnisse der bisherigen Arbeitgeber
- evtl. Bescheinigungen des Arbeitsamtes
- Zeugnisse/Bescheinigungen zusätzlicher Kenntnisse und Fertigkeiten, die im Bewerbungsschreiben erwähnt werden, z. B. VHS-Zertifikate, Fortbildungsdiplome

Diese Unterlagen werden nicht als Originale, sondern als Kopien der Bewerbung beigefügt. Heute erstellt man deshalb eine Bewerbungsmappe. Üblicherweise verwendet man dazu einen Klemmordner in gedeckter Farbe, die erste Seite wird als Deckblatt gestaltet.

Bewerbung als Außendienstmitarbeiter

von

Robert Wasmer

Anlagen:
Lebenslauf
Lichtbild
Schulzeugnis
Ausbildungsnachweis
Arbeitszeugnis

Siemensallee 17
51147 Köln
Tel/Fax: 0221 92624
r.wasmer@t-online.de

Bewerbung
als
Filialleiterin

bei

Schuhgeschäft
Maier und Hailer
Friedensallee 17
Mannheim

von
Birgit Milke

1 Vergleichen und beurteilen Sie die hier abgedruckten Deckblätter.

2 Entwerfen Sie ein Deckblatt für eine Bewerbung. Vergleichen Sie Ihren Entwurf mit den Entwürfen Ihrer Mitschülerinnen und Mitschüler.

3 Bewerbungsmappen kann man im gut sortierten Schreibwarenhandel erwerben. Gehen Sie in ein Fachgeschäft und lassen Sie sich verschiedene Bewerbungsmappen vorlegen. Vergleichen Sie deren Vor- und Nachteile.

1.8 Beispiel: Bewerbungsschreiben

Absender	Birgit Milke Ludwig-Uhland-Straße 14 68526 Ladenburg B.Milke@gmx.de Ladenburg, 20..–01–22
Empfänger	Schuhgeschäft Maier und Hailer Friedensallee 17 68199 Mannheim
Betreff	Bewerbung als Filialleiterin
Anrede	Sehr geehrte Damen und Herren,
Bewerbungsformel	in Ihrer Anzeige im „Mannheimer Morgen“ vom 18. Januar.. suchen Sie eine Filialleiterin. Ich bewerbe mich um diese Stelle, weil ich einen entwicklungsfähigen Aufgabenbereich anstrebe.
Vorstellung der Person	Ich bin 23 Jahre alt, ausgebildete Fachverkäuferin und zurzeit als erste Verkäuferin in der Firma Schuh-Groß in Mannheim tätig. Für die Bereiche Warenpräsentation und Verkauf trage ich alleine die Verantwortung. In den Bereichen Marktbeobachtung, Einkauf und Lagerhaltung arbeite ich sehr eng mit der Firmenleitung zusammen.
Tätigkeitsbereich	Zu meinen Aufgaben gehört es auch, Auszubildende und junge Verkäuferinnen zu betreuen.
besondere Eignung	Ich bin deshalb mit der Führung von Mitarbeiterinnen und dem Einsatz moderner Datenverarbeitung vertraut.
Begründung	Eine weitere Ausdehnung meines Verantwortungsbereiches ist aber wegen der Firmengröße nicht möglich. Daher bin ich stark an einer Veränderung interessiert.
Referenzadresse	Mein jetziger Arbeitgeber weiß dies und ist bereit, Auskunft über mich zu erteilen.
Einstellungstermin	Da ich in ungekündigter Stellung bin, könnte ich die Stelle frühestens am 1. April 20.. antreten.
Vorstellungsgespräch	Über einen Termin für ein Vorstellungsgespräch würde ich mich sehr freuen.
Grußformel	Mit freundlichen Grüßen
Unterschrift	Birgit Milke
Anlagen	Anlagen: 1 Lichtbild 1 Lebenslauf 3 Zeugniskopien

Einteilung nach DIN 5008

1. *Beurteilen Sie diese Bewerbung.*
2. *Welche beruflichen Kenntnisse und Fähigkeiten führt die Bewerberin an, welchen persönlichen Eindruck erweckt sie?*
3. *Welche weiteren Informationen sollten aus den Anlagen zu entnehmen sein?*
4. *Wie beurteilen Sie die Angabe von Referenzen? Warum ist es ratsam, die betreffende Person vorher um Erlaubnis zu bitten?*

1.9 Beispiel: Tabellarischer Lebenslauf

Neben dem Bewerbungsschreiben und den Zeugnissen ist der Lebenslauf wichtigster Bestandteil der Bewerbung. Vorgelegt wird er in tabellarischer Form, wenn nicht ausdrücklich ein ausführlicher Lebenslauf verlangt wird.

Der Lebenslauf sollte lückenlos sein und die berufliche Entwicklung erkennen lassen. Er sollte das aktuelle Datum tragen und original unterschrieben sein.

Robert Wasmer
Siemensallee 17
51471 Köln

Lebenslauf

Persönliche Daten:

Geburtsdatum	30. Juni 1991
Geburtsort	Stuttgart
Familienstand	ledig
*Eltern	Friedrich Wasmer, Bauingenieur Marlene, geb. Planer, Hausfrau
*Religion	evangelisch

Schulbesuche:

1997–2001	Grundschule Freiberg am Neckar
2001–2003	Realschule Freiberg am Neckar
2003–2007	Realschule Ludwigsburg Abschluss Mittlere Reife
2007–2008	Einjährige Berufsfachschule KFZ, Ludwigsburg
2008–2011	Gewerbl. Berufsschule Ludwigsburg

Berufsausbildung:

2008–2011	Werkzeugmacherausbildung bei Fa. Mann und Hummel, Ludwigsburg
2011	Vorzeitige Abschlussprüfung

Berufstätigkeit:

01.06.2011 bis 31.07.2012	Werkzeuginstandhaltung bei Fa. Mann und Hummel, Ludwigsburg
01.08.2012 bis zzt.	Außendienstmitarbeiter Werkzeugmaschinenvertrieb Fa. Baum, Stuttgart

Weiterbildung

2002 bis 2012	Verschiedene EDV-Lehrgänge Gute Kenntnisse in Englisch Gute Kenntnisse in Französisch (2003 VHS-Zertifikat) Gute Kenntnisse in Spanisch (2006 VHS-Zertifikat)

Köln, ...

Robert Wasmer

Tipp Einige der Angaben im Lebenslauf wie auch im Bewerbungsschreiben können beim Vorstellungsgespräch (siehe Seite 190 f.) Anlass sein für Nachfragen. Darauf sollten Sie sich vorbereiten.

Ein Beispiel für einen ausführlichen Lebenslauf finden Sie unter BuchPlusWeb.

* *Diese Angaben können nach Ihrer persönlichen Entscheidung weggelassen werden.*

1.10 Bewerbung als E-Mail versenden

Viele Bewerbungen werden mit dem Computer geschrieben. Da ist es naheliegend, die Bewerbung auch als E-Mail zu versenden. Wenn Sie die folgenden Hinweise beachten, werden Sie damit erfolgreich sein:

Absender	Geben Sie Ihre komplette Adresse an: Postadresse, Telefon- und Faxnummer, evtl. auch den Domainnamen Ihrer Homepage
Ihre E-Mail-Adresse	hasi@hotmail.de ist ungeeignet! Legen Sie sich eine seriöse Adresse zu: vorname.nachname@provider.de
Empfänger-Adresse	Möglichst nicht an die „poststelle@…“, sondern an die zuständige Person senden. Rufen Sie in der Firma an, um deren Namen herauszufinden.
Datum	Die Datumsangaben in der E-Mail, im Bewerbungsschreiben und im Lebenslauf sollten übereinstimmen.
Anschreiben	Das Anschreiben darf nicht den Eindruck einer Serienmail mit einem Standardtext erwecken. Nicht als „formlose“ E-Mail schreiben, sondern dem privaten Geschäftsbrief entsprechend (S. 139 ff.). Es sollte einen Hinweis auf die Anlagen und das Angebot enthalten, eine vollständige Bewerbungsmappe oder weitere Zeugniskopien zu schicken.
Anhänge	Maximal drei Anhänge (Anlagen): 1. Bewerbungsschreiben (siehe S. 185) 2. Lebenslauf mit integriertem Foto (siehe S. 186) 3. wichtigstes Zeugnis Anhänge mit 100 bis 300 KB, möglichst im PDF-Format, damit sich nichts verändert, niemals ZIP-Dateien, keine Makros
„Senden“	Schicken Sie sicherheitshalber als Erstes sich selbst Ihre E-Mail zu und prüfen Sie nochmals alles! Dann können Sie Ihre E-Mail mit gutem Gefühl an den Empfänger schicken. Wenn Sie nach einer Woche keine Antwort erhalten haben, rufen Sie an und vergewissern Sie sich, ob Ihre Mail eingegangen ist.

1 *Diskutieren Sie in der Klasse darüber, warum „hasi@hotmail.de“ als E-Mail-Adresse ungeeignet ist.*

2 *Warum ist es wichtig, dass die E-Mail als Anschreiben dem privaten Geschäftsbrief entspricht?*

3 *Entwerfen Sie eine E-Mail als Anschreiben. Wodurch können Sie den Eindruck eines Standardtextes oder einer Serienmail vermeiden?*

4 *Beim Versand der Bewerbung mit E-Mail sollte der Anhang nicht zu umfangreich sein. Sprechen Sie in der Klasse darüber, welche Zeugnisse wichtig sind und ob das Bild im Lebenslauf farbig oder schwarz-weiß sein sollte.*

1.11 Sich online bewerben

Ca. 80 Prozent der großen Firmen schätzen die Online-Bewerbung. Sie bieten auf ihrer Homepage ein Bewerbungsformular an, das ausgefüllt und „zurückgeschickt" werden soll. Beim Ausfüllen ist äußerste Sorgfalt gefordert! Das Formular ist Ihre Visitenkarte. Wenn Sie nach einer Woche keine Antwort erhalten haben, rufen Sie an und vergewissern Sie sich, ob Ihre Bewerbung eingegangen ist.

1 Welche Vorteile/welche Nachteile hat eine Online-Bewerbung für die Bewerber und für die Arbeitgeber? Diskutieren Sie in der Klasse darüber.

2 Warum ist es vorteilhaft, wenn sich die Bewerberin/der Bewerber das ausgefüllte Bewerbungsformular vor dem „Zurückschicken" als Kopie sichert?

1.12 Bewerbungsportfolio

Portfolio – zeigen Sie sich von Ihrer besten Seite!

Wenn Sie zum Bewerbungsgespräch eingeladen sind, können Sie die Gelegenheit nutzen und Ihr „Portfolio" (s. S. 13 f.) mitbringen. Sie haben in der Stellenbeschreibung genau analysiert, welche Fähigkeiten und Kenntnisse von dem Bewerber bzw. der Bewerberin erwartet werden. Darüber hinaus haben Sie sich gründlich und sorgfältig darüber informiert, welche besonderen Anforderungen an die Person gestellt werden, mit welcher der Arbeitsplatz besetzt werden soll.

Mithilfe eines Portfolios zeigen Sie sich von Ihrer besten Seite und präsentieren Ihre Lernerfolge, besonderen Leistungen und Fähigkeiten. Sie legen Dokumente vor, aus denen deutlich zu erkennen ist, dass Sie nicht nur behaupten über die geforderten Eigenschaften zu verfügen. Dazu können Sie Dokumente aus dem schulischen und außerschulischen Bereich verwenden.

Das Bewerbungsportfolio ergänzt und erweitert die mit der Bewerbungsmappe bereits vorgelegten Dokumente und ist eine gute Möglichkeit, sich von anderen Bewerbern abzuheben und Ihre persönlichen Stärken zu zeigen.

Das Bewerbungsportfolio ergänzt und erweitert die mit der Bewerbungsmappe bereits vorgelegten Dokumente und ist eine gute Möglichkeit, sich von anderen Bewerbern abzuheben und Ihre persönlichen Stärken zu zeigen.

Tipp Gute Beispiele, Hinweise und Übungen zur Online-Bewerbung finden Sie unter www.jova-nova.com/bewerb/formgw10.htm; www.jobware.de; www.stellenratgeber.de

1.13 Bewerbung

Arbeitsplanung

Lernziele

Sie können
- eine Stellenanzeige in der Zeitung oder im Internet analysieren,
- feststellen, welche Fähigkeiten und Kenntnisse von der Bewerberin/dem Bewerber erwartet werden,
- beurteilen, ob Sie den Anforderungen entsprechen,
- eine saubere und fehlerfreie Bewerbung erstellen.

So gehen Sie vor:

Vorüberlegungen
- Stellenausschreibung genau analysieren:
  - Was wird von der Bewerberin/vom Bewerber verlangt?
  - Was sind Ihre Stärken, wo haben Sie Schwächen?

Informationen einholen
- Wichtiges über den Betrieb, bei dem Sie sich bewerben wollen.
- An wen ist die Bewerbung zu richten?

Äußere Form
- alle Unterlagen in einer Bewerbungsmappe zusammenfassen
- DIN-A4-Format, weißes Papier
- möglichst mit PC, auf Wunsch in sauberer Handschrift
- Bewerbungsschreiben und Lebenslauf original unterschrieben mit aktuellem Datum
- andere Bewebungsunterlagen als Kopien (evtl. beglaubigt)
- DIN 5008 beachten

Inhalt
- Auf die in der Stellenausschreibung geforderten (Sprach-)Kenntnisse und Fähigkeiten eingehen und darlegen, wann und wo diese erworben wurden.
- Andere Kenntnisse und Fähigkeiten dann anführen, wenn dadurch die Eignung unterstrichen wird.
- Hobbys nur dann erwähnen, wenn sie die Eignung unterstützen oder eine Besonderheit sind, z. B. Sekretärin ist deutsche Meisterin im Maschinenschreiben oder Bewerber ist Juniorenmeister im Speerwurf.
- In der Bewerbung können wichtige eigene Wünsche geäußert werden, z. B. keine Nachtarbeit, Hilfe bei der Wohnungsbeschaffung.

Sprache
- sachlich und klar
- knapp formulieren
- fehlerfrei

Anlagen
- Anlagen einzeln nennen, nicht: „Anlagen: 3"
- Zeugnisse nie als Originale, sondern immer als Kopien
- Lichtbild mit Name und Adresse auf der Rückseite
- Lebenslauf nur dann ausführlich und handschriftlich, wenn es in der Stellenausschreibung ausdrücklich so verlangt wird; üblich ist heute die tabellarische Form

Sie finden vier Checklisten zur Bewerbung unter BuchPlusWeb.

1.14 Vorstellungsgespräch

Wenn Sie aufgrund Ihrer Bewerbung eingeladen werden, sich persönlich vorzustellen, dann hat das Bewerbungsschreiben seinen Zweck erfüllt. Der Personalleiter bzw. die -leiterin oder der Chef bzw. die Chefin will sich ein Bild von Ihnen machen und Sie sollten diese Chance nutzen.

Verlauf

Es lässt sich kaum voraussagen, wie ein Vorstellungsgespräch im Einzelnen ablaufen wird, denn der Einstellende kann dabei beliebig vorgehen. Die Angaben in Lebenslauf und Bewerbungsschreiben sind oft Anlass für Fragen, auf die man sich einstellen sollte. Manche der folgenden Fragen werden immer wieder gestellt. Darauf kann man sich vorbereiten:

a) Die Bitte, sich selbst kurz vorzustellen

b) Fragen zum persönlichen Umfeld:
Geschwister – Eltern – Wohnung – Vereinszugehörigkeit

c) Welche Unterrichtsfächer hatten Sie am liebsten?

d) Berichten Sie über Ihre Freizeitgestaltung und Ihre Hobbys!

e) Welche beruflichen Tätigkeiten üben Sie an Ihrem derzeitigen Arbeitsplatz aus? Welche Arbeiten liegen Ihnen besonders bzw. gefallen Ihnen nicht?

f) Warum haben Sie sich gerade bei unserer Firma beworben?

g) Warum halten Sie sich für die ausgeschriebene Stelle für geeignet?

h) Was gefällt Ihnen an dieser neuen Aufgabe?

i) Warum verlassen Sie Ihren bisherigen Arbeitgeber?

j) Wie ist Ihr Verhältnis zu Ihren derzeitigen Arbeitskollegen und -kolleginnen bzw. zu Ihrem Arbeitgeber?

k) Haben Sie für Ihre weitere berufliche Zukunft schon Pläne?

l) Welche Gehaltsvorstellung haben Sie?

m) Wann können Sie die Stelle antreten?

1 *Welche der oben angeführten Fragen sind Ihrer Meinung nach nicht leicht zu beantworten? Diskutieren Sie in der Klasse über geschickte Antworten.*

2 *Ergänzen Sie die Fragen durch andere, die Ihnen selbst schon einmal in einem Vorstellungsgespräch gestellt worden sind. Wie haben Sie reagiert, wie hätten Sie ggf. vorteilhafter reagieren können?*

3 *Überlegen Sie sich drei Fragen, die Sie selbst während eines Vorstellungsgesprächs auf jeden Fall stellen würden.*

Auftreten und Verhalten

Ein Vorstellungsgespräch ist keine Theatervorstellung, bei der Sie eine bestimmte Rolle spielen sollen, z.B. den siegesbewusst auftretenden Star: „Hoppla, jetzt komm' ich!" Bleiben Sie unverkrampft, natürlich und gelassen. Verwechseln Sie dabei jedoch nicht Gelassenheit mit Lässigkeit. (Siehe dazu auch das Kapitel „Gespräche führen" S. 64f.)

Nur in seltenen Fällen wird ein Vorstellungsgespräch mit einer verbindlichen Stellenzusage enden. Die Firma hat den verständlichen Wunsch, neben Ihnen noch weitere Bewerber zu prüfen. Wenn Sie dann eine Absage erhalten, war die Mühe doch nicht vergebens:

Tipp

Das beste Training für ein erfolgreiches Vorstellungsgespräch ist die Teilnahme an mehreren Vorstellungsgesprächen!

4 *Wer zu einem Vorstellungsgespräch geht, der wird von vielen guten Ratschlägen begleitet. Nehmen Sie die folgenden Aussagen kritisch unter die Lupe. Sind brauchbare Ratschläge darunter?*

- *„Vorher ein Bier zur Beruhigung, das hilft gegen Nervosität!"*
- *„Stelle selbst keine Fragen, das könnte vorlaut wirken!"*
- *„Entscheidend ist eine besonders korrekte Kleidung, bei Männern am besten dunkler Anzug mit Krawatte, bei Frauen ein dezentes Kostüm, Make-up und Parfum."*
- *„Es wird Eindruck machen, wenn du sagst, dass dich noch eine andere Firma zu einem Vorstellungsgespräch eingeladen hat."*

5 *Formulieren Sie in der Klasse gute Ratschläge für ein Vorstellungsgespräch, z. B. unter der Überschrift „10 REGELN FÜR EINE ERFOLGREICHE VORSTELLUNG".*

Üben Sie das Vorstellungsgespräch in einem Rollenspiel (z. B. die Bewerbung von Birgit Milke, s. S. 185).
Zwei aus der Klasse übernehmen die Rollen von Maier und Hailer, die das Vorstellungsgespräch gemeinsam führen werden.
Diese beiden stellen die Fragen zusammen, die im Verlauf des Gesprächs gestellt werden sollen, sie sprechen sich ab, wer welche Fragen stellt bzw. wer die Fragen von Birgit Milke beantwortet.
Eine Person übernimmt die Rolle von Birgit Milke. (Biografische Angaben entnehmen Sie, soweit möglich, dem Bewerbungsschreiben. Ergänzen Sie diese durch eigene Ideen.)
Stellen Sie dieser Person für die Vorbereitung zwei Berater/-innen zur Seite. Diese Gruppe sollte sich auch einige Fragen überlegen, die Birgit Milke während des Vorstellungsgesprächs stellen kann. Der Rest der Klasse übernimmt die Beobachter-Rolle.

Nach der Vorbereitung (etwa 20 Minuten) führen Sie das Vorstellungsgespräch in einer entsprechenden Sitzordnung durch, planen Sie dafür etwa 20 Minuten ein.

Besprechen Sie danach das Rollenspiel: Als Erstes äußert sich die Person, welche die Rolle der Birgit Milke übernommen hat, danach folgen die beiden Personen, welche die Rollen von Maier und Hailer ausführten. Dann sind die Beobachter/-innen am Zuge. Sie sollten zunächst das anführen, was ihnen positiv aufgefallen ist, dann sollten sie Hinweise zur Optimierung geben.

Weitere Hinweise zur Vorbereitung auf ein Vorstellungsgespräch finden Sie unter BuchPlusWeb.

2

Arbeitszeugnisse verstehen

einfaches Arbeitszeugnis

- enthält nur **Personalien** und **Angaben über Art und Dauer** der beruflichen Tätigkeit und der Aufgabengebiete bzw. Sonderaufgaben (auch **Arbeitsbescheinigung** genannt)
- genügt als Arbeitsnachweis für Behörden, bei Hilfsarbeitern oder sollte gewählt werden, wenn mit einem schlechten Arbeitszeugnis zu rechnen ist

qualifiziertes Arbeitszeugnis

- enthält zusätzlich **Beurteilungen** und **Wertungen**, vor allem über: Arbeitsgüte – Arbeitsbereitschaft – Belastbarkeit – Fachkenntnisse – Selbstständigkeit – Verantwortungsbereitschaft – Verhalten gegenüber Vorgesetzten und Mitarbeitern – Umgang mit Kunden – Führung von Mitarbeitern u. a.

Problem: Es gibt für die Beurteilung von Verhaltensweisen **keine objektiven und allgemein anerkannten Maßstäbe**. Sympathie oder Antipathie der beurteilenden Person sind ebenso wenig auszuschließen wie deren Unwissenheit über den Bewertungs-code.

Beispiele

- Eine sehr gute und nur schwer ersetzbare Arbeitskraft will den Betrieb verlassen und verärgert dadurch die Betriebsleitung. Das Arbeitszeugnis fällt zwar nicht schlecht aus, doch wird die Arbeitskraft nicht so positiv beurteilt, wie sie es eigentlich verdient hätte.
- Im umgekehrten Fall könnte eine schlechte Arbeitskraft ein durchaus gutes Zeugnis erhalten, weil der Betrieb froh ist, wenn sie endlich geht. Sie wird, wie man sagt, „hinausgelobt".
- In einem Kleinbetrieb ist der Arbeitgeber dem Arbeitnehmer oder der Arbeitnehmerin wohlgesonnen und meint, ein gutes Zeugnis ausgestellt zu haben. Da er schon lange kein Zeugnis mehr erteilt hat, schreibt er unwissentlich Formulierungen, die in der Zeugnissprache als schlechte Beurteilungen gelten.

Lösung: Aus den genannten Gründen erheben immer wieder Arbeitnehmer Klage vor dem Arbeitsgericht wegen eines ihrer Meinung nach ungerechten Arbeitszeugnisses.
Im Laufe der Jahre haben sich bei der **Rechtsprechung** Grundsätze ergeben, die den Arbeitnehmer vor willkürlich und ungerecht formulierten Zeugnissen schützen sollen: **die drei „W" des Arbeitszeugnisses:**

Grundsätze des Arbeitszeugnisses
- Wahrheitsgrundsatz
- Wohlwollen für den Arbeitnehmer soll bestimmend sein.
- Weiterkommen im Beruf darf nicht unnötig erschwert werden.
  (Deshalb werden im Arbeitszeugnis eindeutig negative Aussagen vermieden und solche Beurteilungen verschlüsselt formuliert.)

2.1 Arbeitszeugnisse analysieren

Wer sein eigenes Arbeitszeugnis (oder sein Ausbildungszeugnis) erhält, muss es richtig deuten können, d. h. er muss gelernt haben, die verschlüsselten Informationen des Textes richtig zu entschlüsseln. Dazu muss man wissen, dass es in einem Arbeitszeugnis **zwei Arten von verschlüsselten Informationen** geben kann. Die erste Art solcher Informationen ist in jedem Arbeitszeugnis durch sorgfältige Analyse zu finden. Die zweite Art von versteckten Informationen ist eine eigene „Geheimsprache", die Sie auf Seite 196 kennenlernen werden.

1 *Untersuchen Sie das Arbeitszeugnis auf der folgenden Seite mithilfe der unten stehenden sieben Analysepunkte. (Diese Untersuchung gelingt Ihnen, wenn Sie im Buch – oder bei geliehenen Büchern auf einer Kopie – Ihre Feststellungen mit den angegebenen Buchstaben und Ziffern markieren und mit unterschiedlichen Linien unterstreichen.)*

2 *Fassen Sie das Ergebnis Ihrer Analyse in einer geschätzten Gesamtnote für das ganze Zeugnis zusammen und vergleichen Sie diese mit den Ergebnissen Ihrer Mitschülerinnen und Mitschüler. Welche Erkenntnis lässt sich aus den unterschiedlichen Bewertungen ableiten?*

Analysepunkte

1. Eine besonders genaue und vollständige Beschreibung der **Tätigkeiten und Funktionen** (a, b, c, ...) im Betrieb ist bereits eine positive Aussage.
2. Auch die zu beurteilenden **Fähigkeiten** und **Eigenschaften** (1, 2, 3, ...) sollten vollständig sein.
3. Besondere, für einen speziellen Beruf wesentliche Eigenschaften, die im Arbeitszeugnis nicht erwähnt werden, gelten als mit „ungenügend" benotet **(= „beredtes Schweigen")**.
4. Worte wie „im Allgemeinen", „in der Regel", „im Wesentlichen" setzen ein nachfolgendes Urteil oder eine Bewertung stark herab.
5. Eine gewisse Geheimsprache besteht darin, dass es eine Notenskala in verschlüsselter Form gibt.
   1 = Er/sie hat **stets** zu unserer **vollsten** Zufriedenheit ...
   2 = Er/sie hat **stets** zu unserer **vollen** Zufriedenheit ...
   3 = Er/sie hat zu unserer **vollen** Zufriedenheit ...
   4 = Er/sie hat zu unserer Zufriedenheit ...
   5 = Er/sie hat im Wesentlichen (im Großen und Ganzen) ...
   6 = Er/sie hat sich bemüht ...
   Erst die **sprachliche Höchststufe** (!) ist die Bestnote.

6. Auch die **Schlussformel** hat bewertenden Charakter. Fehlen hier die guten Wünsche für die weitere berufliche Zukunft, so ist das negativ und kann als Hinweis gelten, dass man im Streit auseinandergegangen ist.
7. Der **Grund für die Beendigung** des Arbeitsverhältnisses muss nicht angegeben werden. Als **positiv** gilt: „Herr/Frau X verlässt unser Unternehmen auf eigenen Wunsch." **Negativ** ist die Schlussbemerkung: „Wir haben uns im gegenseitigen Einvernehmen getrennt." (= ... „gefeuert")
   (Zum **Kündigungsschreiben** siehe S. 140/8.)

Beispiel: Arbeitszeugnis

Im Originalzeugnis:
BRIEFKOPF DER FIRMA

20..-01-31

ZEUGNIS

Herr Lars Thomas, geb. am 1. Januar 19..,
wohnhaft in Neustadt,
war vom 22. Oktober 19.. bis 31. Januar 20..
in unserer Abteilung Vorserienbau
als Karosseriebauer tätig.

Zu seinem Aufgabengebiet gehörten das selbstständige Anfertigen von Blechteilen aus Stahl und Aluminium, das Erstellen von Schablonen und das Anpassen der gefertigten Teile an die Karosserien. Herr Thomas hat Schweißarbeiten mit Schutzgasschweißgeräten an den Karosserien und Teilen ausgeführt. Die von ihm durchgeführten Arbeiten hat er zu unserer vollsten Zufriedenheit ausgeführt. Durch seine schnelle Auffassungsgabe, seine Pünktlichkeit und Zuverlässigkeit konnte Herr Thomas als verantwortlicher Arbeitsgruppenleiter eingesetzt werden. Diese Aufgabe hat er mit großem Interesse und Einsatz bestens gemeistert.

Sein Verhalten gegenüber der Geschäftsleitung war stets tadellos und einwandfrei. Bei seinen Kollegen war er als ruhiger, besonnener Fachmann geschätzt.

Herr Thomas verlässt uns auf eigenen Wunsch, um sich beruflich weiterzubilden. Wir wünschen Herrn Thomas für seinen weiteren beruflichen und privaten Lebensweg alles Gute.

Unterschrift

Ein Arbeitszeugnis muss sauber und ordentlich geschrieben sein, darf keine Flecken, Radierungen und nachträgliche Änderungen enthalten und muss vom Arbeitgeber auf einem Firmenbogen ausgestellt werden.
Entscheidung des Bundesarbeitsgerichts (AZ: 5 AZR 182/92).

Beispiel: Ausbildungszeugnis

Im Originalzeugnis:
BRIEFKOPF DER FIRMA

ZEUGNIS

über die Berufsausbildung

Frau Sabine Meister, geb. am 16. März 19.., wurde in unserem Hause in der Zeit vom 01. August 20.. bis 14. Juni 20.. zur Bankkauffrau ausgebildet.

Die in der Verordnung über die Berufsausbildung zum Bankkaufmann/zur Bankkauffrau geforderten Kenntnisse und Fertigkeiten wurden in verschiedenen Abteilungen und Geschäftsstellen sowie in praxisbegleitenden Seminaren und in der Berufsschule vermittelt.
Frau Meister hat sich die zur Erreichung des Ausbildungsziels erforderlichen Fachkenntnisse angeeignet.

Außerdem verfügt sie über die im Ausbildungsrahmenplan aufgeführten Fertigkeiten und hat diese bei der Bearbeitung von Geschäftsvorfällen nach Anweisung überwiegend selbstständig angewandt. Bei neuen Aufgaben und Situationen erkannte sie das Wesentliche und gab Sachverhalte ansprechend und verständlich wieder.

Ihr Verhalten war jederzeit einwandfrei.
Sie war aufgeschlossen, kontaktfreudig und trat sicher und höflich auf.
Frau Meister zeigte reges Interesse für neue Ausbildungsinhalte und Bereitschaft, sich diese anzueignen.
Sie erledigte die ihr übertragenen Aufgaben zu unserer vollen Zufriedenheit.

Nach Abschluss der Ausbildung haben wir Frau Meister gerne in das Angestelltenverhältnis übernommen.

20. Juni 20.. Unterschrift

2.2 „Geheimsprache" in Arbeitszeugnissen

Eine besondere Art der verschlüsselten Informationen in Arbeitszeugnissen ist die sogenannte „Geheimsprache". Sie spielt im beruflichen Alltag kaum eine Rolle, ist aber viel bekannter als die auf Seite 193 dargestellten Analysepunkte. Das liegt daran, dass über diese „Geheimsprache" in den Medien immer wieder berichtet wird. Nach dem neuesten Urteil eines Landesarbeitsgerichts sind doppelbödige Formulierungen unzulässig.

Verschlüsselung	Bedeutung
Er hat alle Arbeiten ordnungsgemäß erledigt.	Er ist ein Bürokrat, der keine Initiative entwickelt.
Mit seinen Vorgesetzten ist er gut zurechtgekommen.	Er ist ein Mitläufer, der sich gut anpasst.
Sie war sehr tüchtig und wusste sich gut zu verkaufen.	Sie ist eine unangenehme Mitarbeiterin.
Wegen seiner Pünktlichkeit war er stets ein gutes Vorbild.	Er war in jeder Hinsicht eine Niete.
Wir haben uns im gegenseitigen Einvernehmen getrennt.	Wir haben ihm gekündigt.
Sie bemühte sich, den Anforderungen gerecht zu werden.	Sie hat versagt.
Sie hat sich im Rahmen ihrer Fähigkeiten eingesetzt.	Sie hat getan, was sie konnte, aber das war nicht viel.
Alle Arbeiten erledigte er mit Interesse.	Er war eifrig, aber nicht besonders tüchtig.
Er zeigte für seine Arbeit Verständnis.	Er war faul und hat nichts geleistet.
Wir lernten sie als umgängliche Kollegin kennen.	Viele Mitarbeiter sahen sie lieber von hinten als von vorn.
Sie ist eine durchaus zuverlässige (gewissenhafte) Mitarbeiterin.	Sie ist zur Stelle, wenn man sie braucht, allerdings ist sie nicht immer brauchbar.
Durch seine Geselligkeit trug er zur Verbesserung des Betriebsklimas bei.	Er neigt zu übertriebenem Alkoholgenuss.
Er war immer mit Interesse bei der Sache.	Er hat sich angestrengt, aber nichts geleistet. Man kann ihm nichts vorwerfen, aber man kann auch nichts von ihm erwarten.
Er bewies für die Belange der Belegschaft stets Einfühlungsvermögen.	Er sucht Sexkontakte bei Betriebsangehörigen.

§ 16 – Zeugnis (BBiG – Berufsbildungsgesetz)

(1) Ausbildende haben den Auszubildenden bei Beendigung des Berufsausbildungsverhältnisses ein schriftliches Zeugnis auszustellen. Die elektronische Form ist ausgeschlossen. Haben Ausbildende die Berufsausbildung nicht selbst durchgeführt, so soll auch der Ausbilder oder die Ausbilderin das Zeugnis unterschreiben.

(2) Das Zeugnis muss Angaben enthalten über Art, Dauer und Ziel der Berufsausbildung sowie über die erworbenen beruflichen Fertigkeiten, Kenntnisse und Fähigkeiten der Auszubildenden. Auf Verlangen Auszubildender sind auch Angaben über Verhalten und Leistung aufzunehmen.

1 *Analysieren Sie das Ausbildungszeugnis auf der vorhergehenden Seite.*

2 *Stellen Sie einem Mitschüler bzw. einer Mitschülerin ein Zeugnis aus.*

3 Moderieren und diskutieren

3.1 Moderieren – Gespräche leiten

Zeitraubende Diskussionen in Sitzungen und Besprechungen sind immer wieder ein Ärgernis. „Moderation" bedeutet, dass Gruppengespräche nach bestimmten Regeln geleitet werden. Sie dient der Meinungsbildung und der Entscheidungsfindung. Dabei werden die Gesprächs- und Arbeitsergebnisse durch Visualisierung für alle Teilnehmer sichtbar gemacht. Man kann Arbeits-, Projektsitzungen und Problemdiskussionen moderieren.

Ziel von Moderation ist es, Probleme zu analysieren, Interessen und Konflikte zu bearbeiten, Lösungen zu entwickeln, Arbeits- und Projektziele zu vereinbaren. Dabei sollen alle Betroffenen beteiligt werden. Auch gegensätzliche Meinungen und „verrückte Ideen" werden akzeptiert.

Als neutraler Dritter enthält der Moderator bzw. die Moderatorin sich jeglicher wertenden Aussagen und gibt keine Kommentare über die Beiträge der Teilnehmer und Teilnehmerinnen ab (auch nicht: „Das ist wichtig", „gut"...). Er oder sie vergewissert sich immer wieder, welchen Weg die Gruppe einschlagen will, und versteht sich als „Diener" der Gruppe. Das wird deutlich an folgenden Formulierungen: „Möchten Sie das diskutieren?"; „Ist das Ihr Thema?"; „Interessiert das alle?"; „Entspricht das Ihrem Wunsch?".

3.1.1 Aufgaben der Moderatorin / des Moderators

Wer erfolgreich moderieren möchte, sollte Folgendes beachten:

- klare Themenformulierung; alle Teilnehmer/-innen beachten; durch Fragen strukturieren; zusammenfassen; Strittiges benennen; keine Bewertungen abgeben; Ergebnisse festhalten und visualisieren (s. „Diskussionsordnung", S. 202)
- Material bereitstellen (vier bis sechs Metaplan-Tafeln, Karten, Stifte)
- Moderationstechniken beherrschen

Die Moderatorin/der Moderator präsentiert der Gruppe immer wieder ihre Ergebnisse. Insofern spielen die Präsentation (S. 34 ff.) und Visualisierung (S. 84 ff.) eine Rolle.

Metaplan-Tafeln sind ein geeignetes Arbeitsmittel für die Moderation. Sie benötigen für eine Moderation – je nach Gruppengröße – bis zu sechs Pinnwände, die mit Packpapier bestückt werden. Zum Schreiben verwenden Sie Stifte mit breiter Kante. Die Schrift soll auch von Weitem gut lesbar sein, sie soll Anonymität gewährleisten und als Gesamtbild gut aussehen. In Untersuchungen stellte man fest, dass das Schriftbild diese Bedingungen erfüllt, wenn

- man mit der breiten Seite des Stiftes schreibt,
- Groß- und Kleinschreibung beachtet wird, die kleinen Buchstaben fast so groß sind wie die großen und die Buchstabenlängen nach oben und unten kurz sind (Beispiel S. 41),
- nicht mehr als drei Zeilen auf einer Karte stehen.

3.1.2 Moderationsmethoden im Überblick

Methode	Zweck	Beispiele / Verfahren
1. Einpunktfrage Der Moderator gibt eine Frage und eine Grafik vor; die Teilnehmer bekommen einen Punkt zum Kleben.	kurze Erfassung der Meinung; grober Überblick über Stimmung, Interesse, Wichtigkeit zu Beginn oder Schluss einer Veranstaltung oder Besprechung	*„Wie waren Ihre bisherigen Erfahrungen mit ...?"* ++ + – –– *„Wie haben Sie die Sitzung erlebt?"* Stimmungsbarometer gut mittel schlecht
2. Zuruffrage Sammeln kurzer Statements, diese werden stichwortartig aufgeschrieben	Möglichkeit der Meinungsäußerung ohne Diskussion	*„Was halten Sie davon, dass ...?"* *„Haben Sie dieses Ergebnis erwartet?"*
3. Mehrkartenfrage offene Frage, Teilnehmer bekommen je nach Gruppengröße drei bis fünf Karten, schreiben nur einen Gedanken auf eine Karte, alle Karten werden angepinnt und mit der Gruppe nach Themen sortiert.	Brainstorming; Erfassen der Vielfalt von Themen, Gründen, Möglichkeiten, Ideen, Gemeinsamkeiten und Unterschieden	Offene Frage: *„Wenn ich an ... denke, fallen mir folgende Vorschläge, Ideen, Wünsche ein ..."* Ordnen der Karten in Gruppen (clustern), Cluster nummerieren und mit Überschriften versehen
4. Mehrpunktfrage Je nach Zahl der Cluster und Gruppengröße erhält jeder Teilnehmer drei bis fünf Punkte. Alle gehen gemeinsam nach vorne und punkten.	Gewichtung, Wertung, Meinungsbild der Gruppe ohne Diskussion, ohne Bloßstellung, anonym	*„Was soll zuerst geschehen?"* *„Welche Themenbereiche sind für Sie besonders wichtig?"*
5. Themenfrage Teilnehmer formulieren in Kleingruppen Themen zu den Kartengruppen, stellen sie vor und pinnen sie an.	Arbeitsschwerpunkte herausfinden, Liste von Themen erstellen	Wie-Fragen: *„Wie kann die Zusammenarbeit verbessert werden?"* Durch die erneute Mehrpunktfrage können die wichtigsten Themen festgelegt werden. Dann können die Teilnehmer ihren Namen bei dem Thema eintragen, das sie bearbeiten möchten.
6. Tätigkeitskatalog festlegen, was bearbeitet werden soll	Teams zur Bearbeitung bilden, festlegen, wer was bearbeitet; Aufgaben, Verantwortliche, Zeit, Form des Ergebnisses sollen festgelegt werden	Was? | Wer? | Bis wann? | In welcher Form?
7. Blitzlicht Meinungen stichwortartig festhalten	Rückmeldungen und Bedenken können geäußert werden.	*„Zu wenig Zeit!"* Einwände zulassen und visualisieren.

3.1.3 Übungen zur Moderation

Die Moderation, z. B. einer Besprechung, ist dann gut gelungen, wenn die Gruppe in der geplanten Zeit das gesetzte Ziel erreicht hat und bereit ist, sich an das Ergebnis zu halten. Zur Dokumentation bzw. als Protokoll können die Metaplantafeln mit einer digitalen Kamera fotografiert werden und die Bilder an die Teilnehmerinnen und Teilnehmer ausgeteilt werden. Die folgenden Übungen vermitteln Ihnen Sicherheit in der Moderation.

1 *Führen Sie eine* ***Einpunktfrage*** *zum Themenbereich „Ausbildung in Schule und Betrieb" durch.*
- *Stellen Sie sicher, dass alle Teilnehmer die Fragestellung verstanden haben.*
- *Lassen Sie Zeit zum Überlegen.*
- *Alle stehen gleichzeitig auf und kleben ihren Punkt in die Grafik.*
- *Stellen Sie das Ergebnis vor (s. S. 100 ff., Interpretation eines Schaubildes und S. 34 ff., Präsentation).*

2 *Schließen Sie nun eine* ***Zuruffrage*** *an.*
- *Fragen Sie die Teilnehmer, ob das Ergebnis ihren Erwartungen entspricht oder ob sie überrascht sind.*
- *Fragen Sie auch nach den Gründen dafür.*
- *Notieren Sie alle Kommentare stichwortartig auf dem Papier unter Ihrer Einpunktfrage. Widerspricht ein Teilnehmer der Meinung eines anderen, können Sie ein „Blitz-Zeichen" dazu zeichnen.*
- *Diskutieren Sie nicht mit den Teilnehmerinnen und Teilnehmern und lassen Sie auch keine Diskussion unter ihnen zu.*

3 *Formulieren Sie nun für die* ***Mehrkartenfrage*** *eine offene Frage (s. S. 198).*
- *Pinnen Sie alle Karten an und ordnen Sie diese mithilfe der Gruppe nach Themenbereichen (Cluster bilden, s. S. 198).*

4 *Stellen Sie nun den Teilnehmern der Diskussion eine* ***Mehrpunktfrage*** *(s. S. 198).*
- *Teilen Sie vier bis fünf Klebepunkte aus und lassen Sie alle Teilnehmer gleichzeitig ankleben.*
- *Zählen Sie dann die Punkte aus und schreiben Sie das Ergebnis neben die Cluster.*

5 *In Kleingruppen von drei bis vier Teilnehmern lassen Sie nun zwei bis drei* ***Themenfragen*** *formulieren, z. B. „Wie können Berufsschule und Betrieb die Inhalte der Ausbildung besser absprechen?".*
- *Hängen Sie die Themenfragen sortiert untereinander, Doppelungen rücken Sie ein.*

6 *Vervollständigen Sie nun mit der Gruppe den bereits angelegten* ***Tätigkeitskatalog*** *(s. S. 198), indem Sie gemeinsam festlegen, wer welche Aufgabe übernimmt.*

7 *Blicken Sie in einem* ***Blitzlicht*** *mit der Gruppe auf den Moderationsprozess und das Ergebnis zurück:*
- *„Sind Sie zufrieden mit der Moderation?"*
- *„Haben Sie Bedenken?"*
- *„Wie geht es Ihnen mit dem Ergebnis?"*

Tipp

Wenn Sie sich mit dem Thema „Moderation" intensiver beschäftigen wollen, finden Sie gute Hinweise im Internet. Geben Sie den Suchbegriff „Moderation" ein.

3.2 Diskutieren – Meinungen austauschen

In einer Diskussion werden von den Teilnehmerinnen und Teilnehmern Gedanken, Informationen und Meinungen über ein bestimmtes Thema ausgetauscht. Das Wort „Diskussion" stammt vom lateinischen „discutere" ab; es bedeutet „zerteilen, zerlegen, zerschlagen".

Eine Diskussion entwickelt sich, wenn zwei oder mehr Meinungen zu einem Thema vorhanden und die Teilnehmer bereit sind, über ihre eigenen Einstellungen zu reden und sich für die Meinung der Diskussionspartner interessieren.

Eine Diskussion kann Teil eines anderen Gesprächs sein, zum Beispiel eines Unterrichtsgesprächs, einer Besprechung oder einer Unterhaltung. Viele Diskussionen sind aber eigenständige Gesprächssituationen, in denen man durch bestimmte Diskussionsformen bestimmte Diskussionsziele erreichen möchte.

Mögliche **Diskussionsziele** sind:
- ein Informations- und Meinungsaustausch soll stattfinden
- Wissenslücken der Teilnehmer/-innen sollen geschlossen werden
- die Standpunkte anderer sollen verständlicher werden
- offene Kritik soll geübt werden
- eine Beschlussfassung soll vorbereitet werden
- eine Entscheidung soll getroffen werden

1 *Berichten Sie, an welchen Diskussionen Sie selbst schon teilgenommen haben.*

2 *An welche Diskussionen in den Medien erinnern Sie sich?*
Welche der oben genannten Diskussionsziele wurden dabei angestrebt?

Schlichtungsgespräch zum umstrittenen Bahnprojekt Stuttgart 21

3.2.1 Diskussionsformen

1. Die Gruppendiskussion (Rundgespräch)

- Alle Teilnehmer/-innen diskutieren miteinander.
- Ein Moderator, eine Moderatorin leitet die Diskussion.
- Die Teilnehmerzahl ist auf 12 bis 15 begrenzt.
- Sie ist die häufigste Diskussionsform.
- Mit ihr lassen sich alle Diskussionsziele erreichen.

Die Teilnehmer/-innen sollen
- sich gut vorbereitet haben,
- sich als gleichberechtigt betrachten,
- sich aktiv beteiligen, aber dabei die Diskussionsordnung einhalten,
- darauf achten, dass sie nicht vom Thema abweichen (s. „Moderation", s. S. 197).

2. Die Diskussion nach einem Vortrag (Vortragsdiskussion)

- ist eine weitverbreitete Diskussionsform bei Besprechungen und Seminaren,
- ist auch bei großer Teilnehmerzahl möglich,
- dient hauptsächlich der Beseitigung von Unklarheiten.

Die Zuhörer/-innen haben dabei die Gelegenheit,
- Verständnisfragen zu stellen,
- zusätzliche Informationen zu erhalten,
- den Vortrag mit eigenen Erfahrungen zu ergänzen.

3. Die Kleingruppendiskussion (X x 6 Methode)

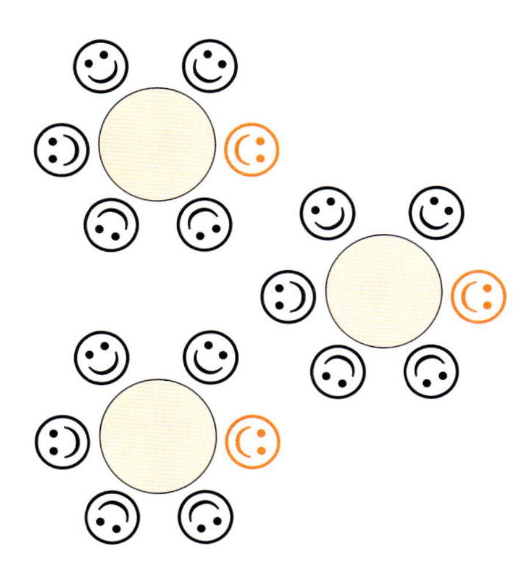

- Sie ist eine Sonderform der Gruppendiskussion.
- Eine große Gruppe wird in Kleingruppen aufgeteilt.
- Ideal sind sechs Personen in jeder Kleingruppe.
- Die geringe Teilnehmerzahl erleichtert vielen die Meinungsäußerung.
- Die Kleingruppe wählt eine Diskussionsleitung (Moderator/-in).
- Das Thema wird in der Kleingruppe diskutiert.
- Die Diskussionsleiter/-innen tragen die „Ergebnisse" der Kleingruppendiskussion in der Großgruppe vor.
- Die anderen Teilnehmer/-innen hören aktiv zu.

1 ***Debatte*** *und* ***Podiumsdiskussion*** *sind weitere Diskussionsformen. Recherchieren Sie beide Begriffe online.*

3.2.2 Diskussionsordnung

Wird diese elementare „Spielregel" bei einer Diskussion nicht beachtet, spricht bald jeder mit jedem und man versteht sein eigenes Wort nicht mehr. In einer Diskussion müssen sich deshalb alle Beteiligten an einige grundlegende Regeln halten, die sich aus den Aufgaben der Diskussionsteilnehmer/-innen und den Aufgaben der Diskussionsleitung ergeben.

Aufgaben der Diskussionsteilnehmer/-innen:

- Die Teilnehmer/-innen bereiten sich auf die Diskussion vor, dazu gehört auch, dass notwendige Unterlagen in ausreichender Zahl vorhanden sind.
- Wer reden möchte, meldet sich erkennbar, aber nicht störend, und redet nur, wenn ihr bzw. ihm von der Diskussionsleitung das Wort erteilt wurde.
- Die Teilnehmer/-innen fassen sich kurz, sie halten sich an eine Redezeitbegrenzung.
- Die Teilnehmer/-innen weichen nicht vom Diskussionsthema ab.
- Die Teilnehmer/-innen hören aktiv zu, das heißt, sie zeigen ihr Interesse, machen sich Notizen und beteiligen sich an der Diskussion.
- Die Teilnehmer/-innen bleiben sachlich und greifen andere nicht persönlich an.

Aufgaben der Diskussionsleitung:

- Sie lädt die Teilnehmer/-innen rechtzeitig zu der Diskussion ein und gibt ihnen das Thema und das Diskussionsziel bekannt.
- Die Diskussionsleitung eröffnet die Diskussion, indem sie die Teilnehmer/-innen begrüßt und das Thema sowie das Ziel der Diskussion noch einmal nennt.
- Sie achtet auf die Einhaltung der Regeln.

- Sie fasst die Ergebnisse der Diskussion zusammen und schließt die Diskussion ab.

1 *Temperament und Veranlagung der Menschen sind unterschiedlich. Bei welcher Aufgabe würde Ihnen die Erfüllung schwerfallen?*

2 *Sie haben sicher schon Diskussionen miterlebt oder selbst daran teilgenommen. Was ist Ihnen dabei am Verhalten der Teilnehmer/-innen positiv oder negativ aufgefallen? Gegen welche Regeln wurde dabei häufiger verstoßen?*

3.2.3 Diskussionstechniken

Ein wichtiges Ziel der Diskussion ist es, die Gesprächspartner/-innen von den eigenen Ansichten zu überzeugen. Verwendet man dabei unterschiedliche Diskussionstechniken, wirken die Beiträge abwechslungsreich und überzeugend.

1. Befragetechnik	Man stellt dem anderen Fragen, damit er sich zu einem bestimmten Aspekt äußern muss.
2. Vergleichstechnik	Man vergleicht zwei Positionen und zieht die entsprechenden Schlüsse aus dem Vergleich.
3. Bestreitetechnik	Man bestreitet, dass der angeführte Sachverhalt richtig ist oder als Beweis angeführt werden kann.
4. Kehrseitentechnik	Sie wird auch „ja – aber"-Technik genannt. Man stimmt scheinbar der Aussage zu, schränkt dann aber Teile der Aussage ein, durch Hinweise auf die Kehrseite der Medaille.
5. Zergliederungstechnik	Die Aussagen der Vorrednerin bzw. des Vorredners werden in einzelne Abschnitte aufgeteilt, jeder Abschnitt wird einzeln kritisiert.
6. Autoritätstechnik	Aussagen bekannter Personen werden zitiert, um den eigenen Standpunkt zu bestärken oder den der Gesprächspartnerin bzw. des Gesprächspartners infrage zu stellen.
7. Auf- und Abwertungstechnik	Die eigenen Stärken werden betont, die eigenen Schwächen bagatellisiert, die Schwächen des anderen dagegen herausgestellt und seine Stärken herabgesetzt.

1 *Einigen Sie sich in der Klasse auf ein Diskussionsthema, z. B. durch eine Kartenabfrage (siehe dazu S. 198). Losen Sie eine Mitschülerin oder einen Mitschüler als Diskussionsleitung aus, losen Sie weitere Mitschüler aus, die als Beobachter eingesetzt werden. Führen Sie dann die Diskussion durch und besprechen Sie anschließend gemeinsam Ihre Beobachtungen und Erfahrungen.*

4

Schriftlich Stellung nehmen

Wenn Sie im Berufsleben oder im privaten Bereich zu einer Stellungnahme aufgefordert werden, so ist das ein Zeichen dafür, dass man Sie ernst nimmt und dass auf Ihr persönliches Urteil Wert gelegt wird (s. S. 124 f.). Deshalb sollten Sie Ihre Meinung sprachlich gewandt und mit treffenden Argumenten ausdrücken und Ihren Gesprächspartner nicht mit nichtssagenden Äußerungen enttäuschen.

Umfang und Form einer Stellungnahme sind immer von der Situation abhängig, in der Sie sich gerade befinden. Es kann in bestimmten Fällen genügen, wenn Sie nur mit zwei, drei Sätzen antworten, so wie z. B. bei der Umfrage auf der rechten Seite. Es gibt aber auch Situationen, in denen eine umfangreiche Stellungnahme erwartet wird. Stellungnahmen können sowohl in mündlicher als auch in schriftlicher Form erfolgen. Im Lehrbuch wird die mündliche Form auf S. 124 f. ausführlich dargestellt.

Die Chance, andere mit einer Stellungnahme zu beeindrucken, besteht nur dann, wenn man darin seine Meinung mit guten Argumenten begründet. Deshalb bildet ein folgerichtig geordneter Argumentationsgang den Kern jeder Stellungnahme. Auf S. 120–129 wird ausführlich darüber informiert, wie man Argumente schrittweise entwickelt. Das Beispiel auf S. 121 zeigt, wie dabei vorzugehen ist. An diesen Argumentationsgang können mit entsprechenden Anknüpfungen weitere Argumentationsschritte angehängt werden. Auf diese Weise entsteht ein Text mit einer linearen Struktur.

1 *Eine Stellungnahme, sie mag noch so kurz sein, sollte eine persönliche Entscheidung enthalten. Prüfen Sie nach, ob das in den Stellungnahmen der Umfrage auf der folgenden Seite immer der Fall ist.*

2 *Entscheiden Sie sich, ob Sie für oder gegen den Mopedführerschein mit 15 sind, und schreiben Sie die zu Ihrem Urteil passenden Argumente aus der Umfrage heraus. Fügen Sie gegebenenfalls noch eigene Argumente hinzu und ordnen Sie alles in einer sinnvollen Reihenfolge. Verfassen Sie dann eine eigene schriftliche Stellungnahme dazu. (Diese könnte mithilfe der Gliederung von S. 125 auch mündlich vorgetragen werden.)*

4.1 Umfrage: Mopedführerschein mit 15?

In Österreich, Frankreich und Spanien gibt es ihn schon, den Mopedführerschein mit 15. Jetzt wird auch in Deutschland über seine Einführung nachgedacht. Sachsen und Thüringen haben signalisiert, dass sie bereit sind, den Probelauf zu machen; sie kennen diese Fahrerlaubnis noch aus DDR-Zeiten. Die Verkehrsclubs melden Bedenken an. In Österreich sei die Zahl der tödlichen Unfälle durch Kollisionen mit Mopedfahrern explodiert. Wir haben mehrere Personen unterschiedlichen Alters nach ihrer Meinung gefragt:

Klaus Haberkern, LKW-Fahrer

Als 15-jähriger Kerl wär ich begeistert, wenn ich schon den Führerschein machen dürfte. Als LKW-Fahrer muss ich sagen: Niemals. Die Jungen haben nicht den Überblick, die wollen Gas geben. Das sieht man ja bei den Motorradfahrern. Die haben keine Ahnung, wie unsichtbar sie für einen LKW-Fahrer sind. Und was für einen Bremsweg ein LKW hat!

Christian Buck, Schüler

Das ist eine gute Idee. Ich mach ein Praktikum in einer Großbäckerei. Da muss ich morgens früh die erste Straßenbahn nehmen. Wehe, wenn ich die verpasse! Und am Wochenende könnte ich zum Fußballspielen fahren, meine Eltern brauchten mich nicht immer hinzubringen und stundenlang rumstehen.

Marcus Meier, Fahrlehrer

Es ist höchste Zeit, dass wir uns unseren Nachbarländern anpassen. Unsere jungen Leute sind nicht mehr und nicht weniger verkehrstüchtig und verantwortungsbewusst als die dort. Das eine Jahr macht keinen Unterschied im Sicherheitsbewusstsein. Vom Fahrradfahren her kennen die Jugendlichen die Verkehrsverhältnisse. Große Strecken fahren sie sowieso nicht. Das ist eine gute Vorbereitung aufs Autofahren.

Maria Melters, Lehrerin und Mutter

Bloß das nicht; mir reicht es, wenn mein Junge mit 16 die Straßen unsicher macht. Ich bin jedes Mal froh, wenn er heil wieder zu Hause ist. Wettrennen mit den Kumpels oder vor Mädchen großtun und schon passiert es: Sie fahren zu schnell, kommen aus der Kurve. Oder Autofahrer übersehen die Zweiräder. Gerade die Jungs sind oft so kopflos.

Sarah Carle, Auszubildende

Das ist klasse. Ich würde den Führerschein sofort machen. Ich wohne acht Kilometer von der Stadt entfernt, muss mich immer nach dem Bus richten. So wäre ich unabhängig und könnte auch abends mal später nach Hause fahren.

Otto Kühnle, Landwirt

Oh, da fragen Sie den Richtigen! Ich hab da genug mitgemacht. Mein Sohn hatte den Motorradführerschein grade drei Monate. Da hat ein Autofahrer ihm die Vorfahrt genommen. Er ist über das Auto drüber geflogen. Er hatte einen komplizierten Armbruch und ist sonst nochmal davongekommen. Er steigt auf kein Zweirad mehr. Die jungen Kerle rechnen nicht mit der Dummheit der anderen. Die denken: Ich bin ein guter Fahrer. Dann legen sie los.

4.2 Kommentar zum Mopedführerschein mit 15

Machwerk der Lobbyisten?

Ursula A. Koch

Noch letztes Jahr stand der Bundesverkehrsminister den Vorschlägen sehr skeptisch gegenüber. Doch seine Parteikollegen aus CDU und CSU drängen. Sie wollen es den Österreichern gleichtun: Seit 1997 können dort 15-Jährige den Mopedführerschein machen. Auch in der DDR konnte man bereits mit 15 aufs Moped steigen. Darum zeigen sich besonders Sachsen und Thüringen bereit, am Modellversuch teilzunehmen.

Vor allem junge Männer werden begeistert sein. Sie können es in der Regel gar nicht abwarten, unabhängig von Eltern und Freunden zu sein. Vor allem am Wochenende ist Mobilität gefragt. Auch für Mama und Papa wäre es eine Erleichterung, wenn sie den Sohnemann nicht ständig herumkutschieren müssten. Wer auf dem Land wohnt, weiß, wovon ich rede.

Die Bundesanstalt für Straßenwesen bestätigt allerdings die Bedenkenträger, die noch mehr Unfälle mit jungen Menschen befürchten. Je jünger und unerfahrener Zweiradfahrer sind, desto größer ist das Risiko, dass sie an einem Unfall beteiligt sind, heißt es von dort. Auch Entwicklungspsychologen sind der Ansicht, dass ein 16-Jähriger sich deutlich besser im Straßenverkehr orientieren und Entfernungen und Risiken abschätzen kann als ein 15-Jähriger. In Österreich ist die Zahl der verunglückten Mopedfahrer von 32 (1997) auf 1.700 (2009) gestiegen! Nach Angabe der Weltgesundheitsorganisation (WHO) sind Verkehrsunfälle die weltweit häufigste Todesursache für Jugendliche zwischen 15 und 19 Jahren, wobei junge Männer dabei fast dreimal so gefährdet sind wie junge Frauen.

Ein Bürger mit gesundem Menschenverstand fragt sich da: Was bringt das eine Jahr frühere Motorisierung? Ein Blick hinter die Kulissen lässt vermuten: Nachdem jetzt 17-Jährige bereits den Führerschein machen können, nimmt die Zahl der Anwärter für den Mopedführerschein ab. Den Fahrschulen und Mopedproduzenten fehlen diese Käufer; folglich versuchen ihre Lobbyisten, Druck auf die Politik auszuüben.

Man tut den jungen Menschen jedoch keinen Gefallen, wenn man diese Tür öffnet, wohl aber den Fahrschulen und Mopedproduzenten und -verkäufern. Wenn selbst der Auto Club Europa (ACE) vor einem „dramatischen Anstieg der Toten und Verletzen" warnt, sollte die Politik die Finger davon lassen.

Waiblinger Tagesblatt

1 *Lesen Sie den Kommentar, in dem eine Journalistin zum Thema „Mopedführerschein mit 15" Stellung genommen hat.*
- *Welche Meinung vertritt sie?*
- *Mit welchen Argumenten stützt sie ihre Meinung?*
- *Wozu fordert sie auf (Appelle)?*

2 *Verschaffen Sie sich einen Überblick über den Aufbau eines Kommentars (S. 164) und entwerfen Sie dazu ein entsprechendes Strukturbild.*

3 *Entwerfen Sie selbst einen Kommentar zu diesem Thema.*
Bilden Sie Kleingruppen und verbessern Sie mithilfe der Methode Textlupe (S. 21) Ihren Entwurf. Wählen Sie in der Kleingruppe die zwei besten Kommentare aus.

4.3 Beispiel für eine Problemstellung

Die Anrede – ein glattes Parkett

Der tröstliche Rahmen der alten Konventionen bröckelt in der New Economy. Unter die kleinen quälenden Unsicherheiten des Arbeitslebens reiht sich längst auch die Frage, wen man denn nun duzen und wen siezen soll: Die Fettnäpfchen lauern überall.

Fest steht: Das Du liegt im Trend wie einst nach dem wilden Jahr '68. Mitverantwortlich dafür ist der Internet-Boom: Sich im Chat zu siezen würde so befremdlich wirken, als würde man in einem Gespräch mit den Ohren wackeln. Auch die Globalisierung hat neben weltweit agierenden Konzernen einen Vormarsch der Vertraulichkeit gebracht. In den angelsächsischen und skandinavischen Ländern gibt es entweder überhaupt kein „Sie" oder es wird kaum benutzt. In den deutschen Niederlassungen bleibt das nicht folgenlos: „Als ich bei *Plessey Semiconductors* in München gearbeitet habe, war es dort Usus, dass sich alle Leute geduzt haben. So richtig wohl war aber nicht allen dabei. Das hat zu der Mischform geführt, dass sich alle mit Vornamen genannt und gesiezt haben", erzählt der 35-jährige Christian Münker, heute Entwicklungsingenieur beim Chiphersteller Infineon. Auch bei *Nokia, Hennes & Mauritz* und *Ikea* wird aus Prinzip geduzt – das beginnt schon in der Stellenanzeige. „Jeder, der bei uns anfängt, wird darauf hingewiesen. Es ist aber kein Bestandteil des Arbeitsvertrags, sondern ein Gentlemens' Agreement", erklärt Mathias Gedun, 33, Pressesprecher von *H&M*. „Das Duzen hat sich sehr bewährt, man kann sich Dinge viel schneller sagen, weil alles nicht so förmlich ist. Außerdem ist es ja sehr motivierend, wenn die Aushilfe den Vorstandsvorsitzenden duzen darf."

Doch nicht alle waren glücklich mit dieser Situation: *H&M* war der Schauplatz der ersten gerichtlichen Auseinandersetzung über die korrekte Anrede. „Unser Mandant legt Wert darauf, dass korrekte Umgangsformen gewahrt werden und er sich nur mit denjenigen Freunden und Mitarbeitern duzen muss, die er hierfür auswählt", schrieb der Anwalt eines H&M-Mitarbeiters 1997 an die Bekleidungsfirma – auf dem Spiel stehe für den Mitarbeiter nichts weniger als seine Menschenwürde. Doch das Gericht schmetterte die Klage ab: Schließlich habe der Angestellte das Du vorher schon zwei Jahre lang klaglos ertragen.

In vielen Redaktionen, Agenturen und kleineren IT-Unternehmen hat sich das allgemeine Du schon durchgesetzt, munter werden auch völlig Fremde aus anderen Firmen beim Vornamen genannt. In anderen Branchen – zum Beispiel in Banken, wo ja auch noch die Kleiderordnung floriert – bleibt das Du ein seltener Ritterschlag. Oft gewöhnen sich gerade ältere Mitarbeiter nur schwer an die wahllosen Vertraulichkeiten. Hilfe bei der delikaten Etikettefrage sucht so mancher im guten alten Knigge, zum Ratgeber „Knigge 2000" aufgemöbelt von der Benimm-Expertin Franziska von Au. „Das Du bietet im Betrieb der Höherstehende an oder die Dame dem Herrn – diese Grundregel gilt immer noch", ist sie überzeugt. „Aber das Parkett ist glatter geworden."

Das erfuhr Sabine Koke, Personalchefin bei der *Sinner Schrader* AG in Hamburg, am eigenen Leib: Bei ihrem ersten Vorstellungsgespräch nannte sie der Chef zu ihrer Verblüffung sofort „Biene" – ein Kosename, den sonst nur ihre Eltern und ihre Freunde verwenden. Mit damals 70 Angestellten war *Sinner Schrader*, das für andere Unternehmen Internet-Auftritte gestaltet, gerade der hemdsärmeligen Start-up-Phase entwachsen. Heute duzen sich die mittlerweile 200 Mitarbeiter zwar immer noch, aber bei Bewerbern ist man mit der Anrede selektiver geworden: „Erfahrene Consultants zum Beispiel duzen wir nicht mehr, weil sie dann meist etwas verwirrt waren", meint Koke.

Werden wir uns in zehn Jahren im Arbeitsleben alle duzen? Der Bamberger Germanistik-Professor Helmut Glück, bei der Gesellschaft für deutsche Sprache Experte für Anredekonventionen, glaubt nicht daran: „Das Vordringen des Du ist unbestreitbar, aber das Sie hat ein stabiles Hinterland. Und es hat neue Freunde bekommen, seit es seine Front zurückverlegen musste."

Englert: Süddeutsche Zeitung, S. 40

1 *Lesen Sie den Text aufmerksam.*

2 *Schreiben Sie Ihnen unbekannte Fremdwörter und Fachbegriffe auf ein Blatt und klären Sie deren Bedeutung, indem Sie im Internet nach Worterklärungen suchen.*

4.4 Eine Stellungnahme ausarbeiten

Erster Arbeitsschritt: Vom Problem zur Themenstellung

1. *Fassen Sie das in dem Artikel aus der Süddeutschen Zeitung (S. 207) dargestellte Problem zusammen.*
2. *Visualisieren Sie den Aufbau des Textes in einem Strukturbild (s. S. 84 ff.).*
3. *Diskutieren Sie in der Klasse über das Duzen im Betrieb.*
4. *Formulieren Sie eine Überschrift für Ihre Stellungnahme zu diesem Problem.*
   - *Vergleichen Sie Ihre Themenstellung mit den Vorschlägen Ihrer Mitschülerinnen und Mitschüler.*
   - *Worin unterscheiden sich die verschiedenen Themenstellungen?*

FIFA-Frauen-WM 2011 in Deutschland

Die Abbildung weist ebenfalls auf ein Problem hin, denn das Vordringen von Frauen in sogenannte Männersportarten ist umstritten. Es gibt Befürworter und Gegner dieser Entwicklung.

In einer schriftlichen Stellungnahme könnte das Thema der Frauenemanzipation mit unterschiedlichen Themenstellungen bearbeitet werden:

Aufgaben für Übungen

A Frauen haben viele Sportarten erobert, die lange den Männern vorbehalten waren. Beschreiben Sie diese Entwicklung und nehmen Sie Stellung.

B Frauen haben sich in vielen Lebensbereichen emanzipiert. Wie ist Ihre persönliche Meinung dazu?

C Wie beurteilen Sie das Vordringen von Frauen in Sportarten, die lange als reine Männersportarten gegolten haben?

5. *Erklären Sie bei jedem Thema, was bei seiner Bearbeitung verlangt wird.*
6. *Vergleichen Sie die Themen miteinander. Welche Unterschiede ergeben sich durch die verschiedenen Themenstellungen, wo liegen Gemeinsamkeiten?*

Zweiter Arbeitsschritt: Stoffsammlung

Für die Stoffsammlung sollten Sie sich genügend Zeit lassen, um die Argumente möglichst vollständig zusammenzutragen. Natürlich ist dieser Vorgang damit nicht abgeschlossen, denn bei der späteren Ausarbeitung können sich noch weitere Gesichtspunkte ergeben. Bereits hier entscheidet sich, ob das Thema vollständig und vertieft oder lückenhaft und oberflächlich behandelt wird. Notieren Sie zunächst alle Ideen, die Ihnen zum Thema einfallen. Anschließend werden die Stichworte mit Ziffern so geordnet, dass eine sinnvolle Reihenfolge entsteht. Zur Vorbereitung der Gliederung werden dabei Gruppen von zusammenpassenden Stichworten gebildet.

Beispiel

Welche Gründe sprechen nach Ihrer Meinung für einen Urlaub im Ausland?

Stoffsammlung (Argumente)

- anderes Klima
- Kostengründe
- landschaftliche Besonderheiten
- Verbesserung der Sprachkenntnisse
- Prestigegründe
- Interesse für fremde Kulturen
- Sport- und Freizeitmöglichkeiten
- andere Sitten und Gebräuche

7 *Überprüfen und ergänzen Sie die Stoffsammlung. Ordnen Sie zusammenpassende Stichworte einander zu.*

8 *Ergänzen Sie die in der Stoffsammlung gefundenen Argumente mit Beweisen und Beispielen und evtl. auch mit Folgerungen und Einschränkungen. (Auf S. 121 finden Sie Beispiele dazu.)*

9 *Erstellen Sie eine geordnete Stoffsammlung zu einem der folgenden Themen:*
- **a** *Welche Gründe sprechen für einen Urlaub in Deutschland (s. S. 101)?*
- **b** *Nehmen Sie Stellung zu der Behauptung, das Auto sei das beste Verkehrsmittel, um in den Urlaub zu fahren.*
- **c** *Halten Sie die Beschäftigung mit Computerspielen für eine sinnvolle Freizeitgestaltung?*

Dritter Arbeitsschritt: Gliederung

Nach der Stoffsammlung werden die geeigneten Gesichtspunkte in einer sinnvollen Weise gegliedert. Dadurch behält ein Leser die Übersicht und kann dem Gedankengang leichter folgen.

Nicht nur im schriftlichen Bereich ist diese Gedankenordnung erforderlich. Auch beim Vortrag hängt das Verständnis der Zuhörer davon ab, dass die Gedanken übersichtlich geordnet sind.

Es gibt verschiedene Möglichkeiten, Gedankenschritte so zu ordnen, dass eine wirkungsvolle Steigerung entsteht:

- vom weniger Wichtigen zum Wichtigen
- vom Kleinen zum Großen
- vom allgemein Bekannten zum nicht Bekannten
- vom Nahen zum Fernen
- vom Leichteren zum Schwierigeren
- vom Vergangenen zum Aktuellen
- vom Allgemeinen zum Besonderen (oder umgekehrt)

10 *Sind Ihrer Meinung nach die Gedanken in der unten stehenden Gliederung sinnvoll geordnet und vollständig?*

Beispiel

Gliederung einer Stellungnahme

Thema Bei den Eltern wohnen oder in eine eigene Wohnung ziehen? Welche Lebensweise bevorzugen Sie?

A Einleitung Der Wunsch vieler Jugendlicher ist die Selbstständigkeit in den eigenen vier Wänden.

B Hauptteil **These (meine Behauptung): Es ist besser, bei den Eltern zu wohnen.**
Argumente (Gründe) dafür:

1. geringere finanzielle Belastung
2. weniger (oder gar keine) Hausarbeit (dadurch mehr Freizeit)
3. kein organisatorischer Aufwand (wie z. B. Ummeldung bei den Behörden u. Ä., Überweisung von Miete und Gebühren, Hausordnung)
4. durch Nähe zu den Eltern Ansprechpartner und Hilfe bei persönlichen Problemen
5. keine Arbeit mit anfallenden Reparaturen und der Anschaffung und Wartung von Haushaltsgeräten

C Schluss Zusammenfassende Stellungnahme (evtl. mit Mahnung oder Aufforderung, z. B. kein „Hotel Mama")[1]

[1] *Auf S. 214 f. können Sie nachlesen, wie ein Schüler zu diesem Thema ausführlich Stellung genommen hat.*

Vierter Arbeitsschritt: Einleitung und Schluss

Funktion einer Einleitung
- Sie will das Interesse des Lesers/der Leserin wecken.
- Sie führt zum Thema hin, ohne dabei schon Gedanken des Hauptteils vorwegzunehmen.
- Sie macht bewusst, warum es sinnvoll ist, sich mit dem Problem zu beschäftigen.

11 *Warum sollte eine Einleitung nicht zu weit ausholen?*

12 *Welcher Umfang der Einleitung ist nach Ihrer Erfahrung bei einer zweiseitigen Stellungnahme angemessen: 1/4 Seite, 1/2 Seite, 3/4 Seite oder eine Seite?*

Verschiedene Formen der Einleitung	Nehmen Sie Stellung zu der Behauptung: „Sparen ist wieder zeitgemäß."
1. **eine wichtige Tatsache,** die mit dem Thema zu tun hat, auch eine Beobachtung in letzter Zeit, statistische Angaben, Zahlen	Zunahme der Sparleistung der Bevölkerung gegenüber dem Vorjahr – Auswirkungen auf die Wirtschaft
2. **eine aktuelle Begebenheit,** auch eine bestimmte Zeitungsmeldung oder Fernsehsendung	Werbespruch „Wer spart, hat mehr Geld."
3. **Klärung (Definition) eines Begriffs des Themas,** nur wenn es sinnvoll erscheint	Abgrenzung des Sparens als Geldanlage gegenüber Sparen im Sinne von Einteilen und Haushalten
4. **eigenes Erlebnis,** wenn es von allgemeinem Interesse ist und direkten Bezug zum Thema hat	Ich habe gespart und konnte mir ein teures Rennrad kaufen.
5. **geschichtlicher Rückblick,** mit engem Zusammenhang zum Thema, ohne zu weit auszuholen	geschichtliches Ereignis: 1923 Inflation – oder geschichtliche Entwicklung: Sparen als Urtrieb des Menschen, der als Jäger und Sammler begonnen hat – oder geschichtliche Persönlichkeit: Raiffeisen, ein Pionier des Spargedankens
6. **ein treffendes Zitat,** die Quelle sollte immer angegeben werden	Der erste Bundespräsident Theodor Heuss sagte: „Sparen ist die richtige Mitte zwischen Geiz und Verschwendung."

13 *Welche der aufgeführten Einleitungsbeispiele finden Sie für das Thema „Sparen" gut geeignet? Welche sind Ihrer Meinung nach weniger passend? Begründen Sie Ihre Auswahl.*

14 *Die Idee zu einer Einleitung ist nur brauchbar, wenn Ihnen dazu auch genug einfällt, um sie in einigen Sätzen auszubauen. Schreiben Sie eine ausführliche Einleitung zu dem Beispiel, das Sie am besten ausgestalten können.*

15 *Schreiben Sie eine Einleitung zu einem der beiden folgenden Themen:*
a *Nehmen Sie Stellung zu der Forderung, die Werbung für Alkohol zu verbieten.*
b *„Maut auch für Pkw auf deutschen Autobahnen!" Nehmen Sie Stellung.*

Die Aufgabe des Schlussteils

- Er soll die Stellungnahme abrunden.
- Er will die Leserin/den Leser zum weiteren Nachdenken anregen.

Verschiedene Formen des Schlusses	Beispiele zum Thema „Sparen"
1. **Ausblick in die Zukunft** auf die mögliche Entwicklung des Problems	Es besteht die Gefahr, dass in der jüngeren Generation die Bereitschaft zum Sparen nachlässt.
2. **Appell** in Form einer Hoffnung, einer Mahnung oder einer Aufforderung	Wegen der Bedeutung des Sparens muss der Staat seine Maßnahmen zur Sparförderung noch verstärken.
3. **Fortführung** eines Gedankens der Einleitung	Zum Heuss-Zitat: Bereits die Kinder müssen zur Sparsamkeit erzogen werden, um die richtige Mitte zwischen Geiz und Verschwendung erkennen zu können.
4. **Hinweis** auf weiterhin **ungelöste Teile des Problems**	So viele Gründe auch für das Sparen sprechen, es bleibt doch das „Restrisiko" einer Währungskrise. Ratschlag: Auch andere Wege zur Vermögensbildung wählen.
5. **Zusammenfassung** als Gesamtüberblick, ohne dass einfach der Hauptteil wiederholt wird	Sparer haben eindeutige Vorteile. Der zeitweilige Verzicht auf Konsum lohnt sich.
6. **abschließende Stellungnahme (Wertung, Urteil)**	Sparen als Geldanlage ist sinnvoll, wenn es auf einen bestimmten Zweck ausgerichtet ist. Sparen nur als Selbstzweck kann leicht in Geiz ausarten.

16 *Auch die aufgeführten Schlussbeispiele unterscheiden sich in ihrer Qualität. Welche Beispiele sind Ihrer Meinung nach am besten geeignet?*

17 *Erweitern Sie eines der Beispiele zu einem ansprechenden Schluss zum Thema „Sparen".*

Tipp

Einleitung und Schluss sollten zusammen nicht länger als ein Drittel des Hauptteils sein, eher kürzer.

Fünfter Arbeitsschritt: Ausarbeitung

Wenn Sie mit der Ausarbeitung beginnen, sollten Sie drei Grundregeln beachten:

Erste Grundregel: Nicht einfach behaupten, sondern begründen

„Das kann ja jeder sagen!" – so reagieren Menschen oft auf die Behauptung eines anderen. Erst wenn dieser seine These durch stichhaltige Argumente, Beweise und Beispiele untermauert, lassen sie sich überzeugen.
Deshalb wirken Aussagen wenig überzeugend, wenn man nur Behauptung an Behauptung reiht. Erst durch richtiges Argumentieren gewinnen Gedanken an Aussagekraft, weil dabei die Behauptungen durch die Argumentationsschritte gestützt werden.
Nicht jede Behauptung muss mit allen Argumentationsschritten ausgebaut werden. Weniger wichtige Gesichtspunkte werden auch weniger ausführlich entfaltet.

Zweite Grundregel: Nicht einfach aufzählen, sondern verbinden und überleiten

Wenn die Gedanken ohne jede Verknüpfung aufeinanderfolgen, wirkt das abgehackt und eintönig. Werden dagegen die einzelnen Gedanken durch geeignete Formulierungen verbunden, so entsteht ein sinnvoller Zusammenhang. Ähnliches gilt auch für die Überleitung zwischen den einzelnen Teilen.
Die folgende Übersicht bietet eine Auswahl solcher verbindender Formulierungen, die jedoch überlegt und maßvoll verwendet werden sollten.

Überleitungen – Gedanken miteinander verbinden	
aneinanderreihend	**gegensätzlich**
Hinzu kommt, dass ...	Ganz anders ist es bei ...
Weiterhin sind ...	Im Gegensatz/Unterschied dazu ...
Nicht vergessen sollte man, dass ...	Auf der anderen Seite aber ...
Außerdem ist zu bedenken ...	
Darüber hinaus ...	**einschränkend**
Ebenso nachteilig ist ...	Allerdings ...
Besonders wichtig ist ...	Andererseits jedoch ...
Zu beachten ist auch, dass ...	Dabei ist jedoch zu bedenken ...
Dazu kommt noch ...	Es darf dabei nicht vergessen werden, dass ...
Eine weitere Ursache ...	Trotz dieser Nachteile ...
Vor allem aber ...	

Dritte Grundregel: Nicht einfach losschreiben, sondern die Arbeitszeit einteilen

Drei **Fehler bei der Zeiteinteilung** können zu einem schlechten Ergebnis führen:
- Man hält sich zu lange mit der Themenauswahl und der Stoffsammlung auf und gerät dann in Zeitnot.
- Man gestaltet den ersten Teil zu umfangreich und schreibt den Rest unüberlegt und zu kurz.
- Man arbeitet zu lange am Konzept und die Reinschrift wird nicht fertig.

4.5 Stellungnahme eines Schülers[1]

Beispiel

Bei den Eltern wohnen oder in eine eigene Wohnung ziehen? Welche Lebensweise bevorzugen Sie?

Mit der Volljährigkeit erhält der Jugendliche mehr Rechte, aber auch mehr Pflichten. Kaum 18 Jahre alt geworden, wollen viele junge Menschen, sobald es möglich ist, in eine eigene Wohnung ziehen. Das ist auch meine Wunschvorstellung, denn viele Argumente sprechen dafür, das „Hotel Mama“ möglichst bald zu verlassen.

Ein Hauptgrund dafür, in den eigenen vier Wänden leben zu wollen, ist für mich der Wegfall der Bevormundung durch die Eltern. Der Jugendliche kann selbst entscheiden, wen er mitbringt. Er bestimmt jetzt selbst, wann er ausgehen will und wann er heimkommt. Darüber hinaus wird das Verhältnis zu einer Freundin bzw. zu einem Freund nicht gestört und wer will, kann mit seinem Partner zusammenleben. Dabei ist es jedoch möglich, dass durch das frühe Zusammenleben die Partnerschaft auf eine harte Probe gestellt wird. Mancher entdeckt beim Partner Charaktereigenschaften, die ihm bisher verborgen geblieben sind, und ist von ihm enttäuscht. Andererseits kann sich die Partnerschaft auch bewähren und die Liebe zueinander sich vertiefen. Man erkennt die Verantwortung gegenüber seinem Partner und kann prüfen, ob man mit ihm sein ganzes Leben verbringen will.

Ein weiteres wichtiges Argument für ein Leben außerhalb des Elternhauses ist, dass der Jugendliche ein hohes Maß an Selbstständigkeit und Selbstvertrauen gewinnt, weil er jetzt für sich allein verantwortlich ist. Durch die eigene Wohnung lernt er, seine finanziellen Mittel sinnvoll einzuteilen. Diese Fähigkeit kann später von großem Nutzen sein. Ein weiterer Vorteil ist der, dass sich durch den Umzug kürzere Wege zur Arbeitsstelle oder zur Schule ergeben können.

Für diese Selbstständigkeit bin ich auch bereit, manches Opfer zu bringen. Ich bin mir im Klaren darüber, dass ich auf einige Annehmlichkeiten verzichten muss, wenn ich von zu Hause ausziehe.

Selbstverständlich sollte die Entscheidung, aus der elterlichen Wohnung auszuziehen, gründlich überlegt werden. Ich finde diesen Entschluss immer dann richtig, wenn sichergestellt ist, dass dieser Schritt später auch wieder rückgängig gemacht werden kann. Falsch aber ist es nach meiner Meinung, wenn jemand aus einer augenblicklichen Verärgerung heraus seine Sachen packt und das Elternhaus verlässt. Wer sich dafür entschieden hat, von daheim auszuziehen, sollte die Beziehungen zu seinen Eltern nicht abbrechen, weil unvorhersehbare Schwierigkeiten auftreten könnten, bei denen man auf die Hilfe seiner Eltern angewiesen ist.

Die Lage auf dem Wohnungsmarkt kommt den Wünschen vieler Jugendlicher nach einem unabhängigen Leben nicht entgegen und daran wird sich auch in absehbarer Zukunft nichts ändern. Durch die hohen Wohnungsmieten bleiben die eigenen vier Wände für viele nur ein Traum, leider auch für mich.

1 *Lesen Sie die Stellungnahme aufmerksam durch. Notieren Sie sich auf einem Blatt die Argumente in Kurzform.*

2 *Prüfen Sie die Argumente auf Vollständigkeit und Stichhaltigkeit. Beziehen Sie dabei die Karikatur auf der nächsten Seite ein.*

[1] *Schülerarbeit, unveränderter, nur auf Rechtschreibung korrigierter Abdruck*

4.6 Stellung nehmen zu einem Text

Sie haben die schriftliche Stellungnahme zu einem Problem kennengelernt. Meinungen werden oftmals in Textform dargelegt. Insbesondere der Kommentar oder der Leserbrief eignen sich dazu.
In der schriftlichen Stellungnahme zu einem Text geht es darum, ein fundiertes Urteil über den Ausgangstext zu formulieren. Dabei werden der Inhalt, die Gliederung und die innere Logik der Gedanken beurteilt.
Die Aufgabenstellung kann auch dazu auffordern, die eigene Meinung des Stellungnehmenden zu dem Problem darzulegen oder seine Meinung mit der Meinung des Autors zu vergleichen.

Fragen zur Untersuchung und Beurteilung eines Textes

1. Welche Teile einer Gliederung können Sie erkennen?
2. Welche Gesichtspunkte werden im Hauptteil behandelt?
   Schreiben Sie diese stichwortartig aus dem Text heraus.
3. Reichen die Gesichtspunkte aus, um das Thema vollständig zu behandeln, oder fehlt ein wichtiger Gedanke?
4. Werden die Argumente ausreichend begründet? Wo werden sie mit treffenden Beispielen verdeutlicht?
5. Wird das Thema immer im Auge behalten oder gibt es Abschweifungen?
6. Genügt die Einleitung oder sollte sie noch verbessert werden?
7. Reicht der Schluss in der vorliegenden Form aus?
   Formulieren Sie evtl. einen eigenen Schluss.
8. An welchen Stellen ist der sprachliche Ausdruck zu verbessern?
   Wo ist etwas zu allgemein oder nicht treffend ausgedrückt?

Auf der folgenden Seite (s. S. 216) nimmt eine Schülerin Stellung zu dem Text des Schülers von S. 214.

1 *Lesen Sie die Stellungnahme auf S. 216 aufmerksam durch und beantworten Sie dann die oben stehenden Fragen.*

2 *Ergänzen Sie diese schriftliche Stellungnahme um zwei Gesichtspunkte, die Sie der Karikatur entnehmen können.*

3 *Stellen Sie weitere Argumente zusammen, die dafür sprechen, bei den Eltern zu wohnen.*

4 *Vergleichen Sie Ihre Argumente mit den Gegenargumenten in der Stellungnahme des Schülers (s. S. 214). Wer hat Ihrer Meinung nach die besseren Argumente?*

Beispiel

Stellungnahme einer Schülerin zu einem Text[1]

Gliederung	Stellungnahme zum Text: Bei den Eltern wohnen …
1. Einleitung	Ich wurde aufgefordert, mich mit dem Text „Bei den Eltern wohnen …" zu beschäftigen und eine Stellungnahme abzugeben.
2. kurze Inhaltsangabe	In dem Text, der im Schulbuch „Sprachpraxis" steht, beschäftigt sich ein nicht genannter Verfasser mit Vorteilen, die eine eigene Wohnung für junge Menschen hat.
3. Aussagen des Textes	Er behauptet, dass die eigenen vier Wände viele Vorzüge hätten. Er stützt diese Aussage mit drei Argumenten: Die Bevormundung durch die Eltern falle weg, das Verhältnis zu einem Partner bleibe ungestört, der Jugendliche gewinne ein hohes Maß an Selbstständigkeit. Diese Aussagen werden durch Beweise und Beispiele belegt. Ein weiteres Argument, eine eigene Wohnung könne kürzere Wege zur Arbeitsstelle zur Folge haben, wird nicht weiter entwickelt. Der Verfasser weist nur kurz darauf hin, dass es auch Nachteile gäbe. Er folgert, dass die Entscheidung gut überlegt sein müsse, und schließt seine Ausführungen mit dem Hinweis, dass die Beziehung zu den Eltern bestehen bleiben solle.
4. eigene Stellungnahme	Ich stimme den Aussagen des Textes zu,
5. Begründung, Argument	weil die drei wesentlichen Argumente gut begründet sind und mit Beispielen belegt werden. Sie könnten aber teilweise noch vertieft werden. Das vierte Argument wirkt angehängt und wenig überzeugend, zumal der Verfasser keine weiteren Ausführungen macht. Inhaltlich ist auch zu beanstanden, dass der Verfasser bei seinen Aussagen über die Partnerschaft vom Thema abschweift. Meiner Meinung nach fehlt in dem Text ein wichtiger Gedanke: Eine eigene Wohnung kann man nach seinen eigenen Vorstellungen einrichten. Der Hinweis auf Nachteile hätte durch einige Beispiele ergänzt werden können. Der Text ist sprachlich gut verständlich und leicht zu lesen, da die Sätze nicht zu lang sind und keine Fremdwörter verwendet werden.
6. Schluss	Der Text hat mich dazu veranlasst, mir über die Problemstellung selbst Gedanken zu machen, die aufgezeigten Vorteile überzeugen mich. Bevor ich mich selbst entscheiden würde, müsste ich mich noch über die Nachteile informieren.

5 *Schreiben Sie eine eigene Stellungnahme zu einem Text des Lehrbuchs, z. B. zu dem Brief auf S. 144, zu dem Kommentar auf S. 206 bzw. auf S. 165.*

[1] *Schülerarbeit, unveränderter, nur auf Rechtschreibung korrigierter Abdruck*

4.7 Schriftlich Stellung nehmen — Arbeitsplanung

Lernziele

Sie können
- Argumente zu einer Themenstellung sammeln und gewichten,
- Argumentationsschritte entwickeln,
- Einleitung, Hauptteil und Schluss einer schriftlichen Stellungnahme formulieren.

So gehen Sie vor:

Arbeitsschritte

1. Formulierung einer Themenstellung zu einem Problem
2. Stoffsammlung anlegen: Argumente finden und notieren
3. Gliederung: Argumente sinnvoll gewichten
4. Einleitung und Schluss schreiben
5. Ausarbeitung:
   - Begründung von Argumenten
   - Verknüpfung von Gedanken durch Überleitungen

Gliederung

A. Einleitung: Aufhänger, aktueller Bezug, Begriffserklärung, eigenes Erlebnis
B. Hauptteil: These mit Argumenten begründen, dazu passende Beispiele, Folgerungen und Aufforderungen anführen
C. Schluss: Fazit, abschließende Stellungnahme, Ausblick

Form

- kurze Einleitung, kurzer Schluss
- Hauptteil bildet den Schwerpunkt

Aufgaben für Übungen

A Nach der Ausbildung erst einmal eine „Auszeit“ nehmen, das ist für viele junge Erwachsene eine reizvolle Vorstellung. Halten Sie eine „Auszeit“ für sinnvoll oder eher für Zeitverschwendung?

B Nach der Aussetzung der Wehrpflicht fehlen den sozialen Einrichtungen und Krankenhäusern die Zivildienstleistenden. Es wird überlegt, ein soziales Jahr verpflichtend für alle einzuführen. Was halten Sie davon?

C Wer sein erstes Geld verdient, möchte meist gerne auf eigenen Füßen stehen. Eine Wohnung mieten oder kaufen, diese Frage stellt sich dann. Nehmen Sie Stellung dazu.

5 Medien nutzen

5.1 Gewalt in den Medien

Gewalt im Fernsehen

Auf allen Kanälen des öffentlich-rechtlichen und privaten Fernsehens nehmen Gewaltdarstellungen einen großen Raum ein. Etwa 70 Prozent der im Fernsehen gezeigten Todesfälle sind eine Folge von Gewalteinwirkung. Amokläufe Jugendlicher lösen immer wieder Diskussionen darüber aus, ob Kinder und Jugendliche durch Gewaltdarstellungen in den Medien zur Nachahmung angeregt werden.
Unter „Gewalt" wird jede absichtliche Handlung verstanden, die darauf abzielt, einen anderen körperlich oder seelisch zu verletzen.

1 *Bilden Sie Dreiergruppen. Reflektieren Sie gemeinsam die letzten drei bis vier Fernsehsendungen, die Sie gesehen haben.*
Tragen Sie Beispiele für Gewaltdarstellungen in eine Tabelle nach folgendem Muster ein:

Physische Gewalt	Psychische Gewalt	Verbale Gewalt

2 *Suchen Sie nach Erklärungen, warum die Darstellung von Konflikten in den Medien interessant ist.*

3 *Warum kann die Konfliktlösung durch Gewalt für den Zuschauer faszinierend sein?*

„Killerspiele"

In vielen Spielen für PC und Spielkonsolen geht es ausschließlich um gewalttätige Auseinandersetzungen: Es werden häufig Fantasiewesen gejagt und zur Strecke gebracht.
In sogenannten Ego-Shooter-Spielen sieht sich der Spieler als Verlängerung seiner Waffe. Er nimmt ein Ziel ins Visier und löst den „Schuss" aus. Für unter 16-Jährige sind diese Spiele von der USK (Unterhaltungssoftware Selbstkontrolle – eine freiwillige Selbstkontrolle der Medien/Produzenten) verboten. Aber fast 90 Prozent der 12-Jährigen haben solche Spiele schon selbst gespielt.

4 *Bilden Sie Kleingruppen zu je drei oder vier Schülerinnen und Schülern.*
- *Formulieren Sie in der Gruppe so viele Argumente für und gegen Ego-Shooter-Spiele, wie die Gruppe Mitglieder hat.*
- *Schreiben Sie jedes Argument in großer Schrift auf ein DIN-A4-Blatt.*
- *Legen Sie alle Blätter mit der Schrift nach unten in die Mitte Ihres Klassenzimmers.*
- *Dann zieht jede Schülerin/jeder Schüler ein Blatt.*
- *Lesen Sie einem Partner das Argument vor, das Sie gezogen haben, und bitten Sie ihn um eine kurze Stellungnahme hierzu. Dann nehmen Sie zu dem Argument Stellung, das Ihre Partnerin/Ihr Partner gezogen hat.*
- *Wechseln Sie nach ca. drei Minuten den Partner und wiederholen Sie den Vorgang.*
- *Pinnen Sie alle Argumente an eine Metaplantafel.*
- *Ergänzen Sie die Sammlung um die Gesichtspunkte, die bei Ihren Gesprächen neu aufgetaucht sind.*

Sie haben nun eine gute Grundlage für eine mündliche oder schriftliche Stellungnahme.

5.2 Auswirkungen von Gewaltspielen

Und sie schaden doch!
Langzeitstudien: Gewaltspiele und Horrorfilme machen aggressiv

„Wie erdrossle ich meinen Gegner?“ „Was weißt du über dich, wenn du noch nie geprügelt hast?“ – So werben Computerspiele.

Worauf die Gehirnforschung schon seit Jahren hinweist, beweisen nun auch internationale Langzeitstudien der Medienforschung. Gewaltspiele und Horrorfilme machen aggressiv. Spiele- und Videoindustrie boomen. Kinder verwahrlosen, nicht nur sozial, sondern auch medial. Medien sind Vorbilder. Was dort gezeigt wird, machen Kinder und Jugendliche im positiven wie negativen Sinne nach. 30 % der Fünftklässler spielen bereits Computerspiele, die erst für die 16- bis 18-Jährigen erlaubt sind.

Gewalttätiges Verhalten hakt sich im Hirn ein und wird zur Handlungsmaxime in Konfliktsituationen. Statt einzulenken, wird geboxt, getreten, der „Gegner“ fertiggemacht. Handlungsmotor werden Hass und Rache. Die Studien der Universitäten Iowa/USA, Potsdam, Berlin zeigen einen direkten Zusammenhang zwischen Medienkonsum, aggressiven Verhaltensweisen, Verlust von Einfühlungsvermögen und Hilfsbereitschaft, zunehmender Isolation und Entfremdung von der Realität, aber auch schlechten Noten und höherer Lärmtoleranz. Noch mehr als Armut, soziales Milieu, Eltern-Kind-Beziehung beeinflussen aggressive Medien das Verhalten der Kinder. Nur die Mitgliedschaft in einer Gang hat noch fatalere Auswirkungen.

Trainingsstudien in Potsdamer Schulen zeigen, wie in siebten und achten Klassen nach regelmäßigem Konsum von Gewaltspielen die Fähigkeit zu Mitleidsfähigkeit und Hilfsbereitschaft deutlich abnimmt. Die Mädchen kommen bei den Untersuchungen besser weg, weil sie weniger Interesse an Spielen haben. Doch wenn sie spielen, verändert sich ihr Verhalten u. U. genauso ins Aggressive wie das der Jungen. Sie werden desensibilisiert[1] und verlieren ihre moralischen Wertvorstellungen.

Bisherige Maßnahmen sind fragwürdig.

91 % der Computerspiele sind gewalttätig, 50 % der Eltern wissen nicht, was ihre Kinder über die Medien konsumieren.

Altersbegrenzungen und Indizierung[2] greifen nicht, zumal die Unterhaltungsselbstkontrolle (USK) mit den Verbänden der Unterhaltungsindustrie zusammenarbeitet. Kriegsverherrlichende Spiele werden häufig als Strategiespiele auf den Markt gebracht. Altersbeschränkte Spiele können nicht mehr indiziert[3] werden. So wird das Jugendschutzgesetz elegant umgangen und das Geschäft mit den Gewaltspielen boomt weiter.

Der freie Markt von Angebot und Nachfrage wird zusehends zur Gefahr für Kinder und Jugendliche. Eltern stehen der gesellschaftlichen Entwicklung hilflos gegenüber. Dr. Hopf, Schulberater in Oberbayern, fordert deshalb ein rigoroses Verbot von Gewaltspielen und eine unabhängige Instanz mit klaren Kriterien für die Indizierung. Medienerziehung funktioniert in erster Linie über das Elternhaus. Kinder sollen mit Kindern spielen und dabei die Wirklichkeit kennenlernen und nicht in virtuelle Welten abtauchen.

Michaela Schabel, Landshut

aus: WirtschaftsSpiegel, S. 5, leicht gekürzt

1. *Welche Auswirkungen haben Gewaltspiele auf Kinder und Jugendliche, die diese Spiele über einen längeren Zeitraum spielen?*
2. *Wer sollte Gewaltspiele und Horrorfilme verbieten?*
3. *Warum ist es schwierig, das Spielen von Gewalt- und Horrorspielen auf eine bestimmte Altersgruppe einzuschränken?*
4. *Worauf sollten Eltern achten, wenn ihre Kinder am Computer spielen?*
5. *Diskutieren Sie in Kleingruppen über Ihre eigenen Erfahrungen mit Computerspielen.*

---

[1] abgestumpft, die Empfindlichkeit herabgesetzt
[2] Verbot der Spiele
[3] auf die Liste der verbotenen Spiele gesetzt

5.3 Persönliche Daten im Internet

„Du stehst auf blonde Frauen, oder?“

Ein französisches Magazin googelt sich Porträts zusammen und veröffentlicht sie.

Der Artikel fängt nett an. „Herzlichen Glückwunsch zum Geburtstag“, wünschte der Verfasser, aber schon dann wird es gruselig: „Wir dürfen doch du sagen, Michel, nicht wahr? Gewiss, du kennst uns nicht. Aber wir wissen sehr viel über dich. Du bist heterosexuell und Single. Im Frühjahr hattest du eine Geschichte mit Claudia, charmant, kleine Brüste, kurzes Haar, schöne Beine.“ Dazu druckte das Magazin Bilder: Eine Umarmung am 31. Mai, Händchenhalten am 22. Juni.

Als der 29-jährige Michel aus Mérignac seine Geschichte in „Le Tigre“ gelesen hatte, konnte er mehrere Nächte nicht schlafen. Danach entschloss er sich, gegen das Medium, das so ungeniert aus seiner Privatsphäre geplaudert hatte, zu klagen. Doch die Anwälte machten ihm wenig Hoffnung: Denn alles, was Le Tigre verbreitet hatte, war zuvor von Michel selbst ins Netz gestellt worden; auf Seiten wie Youtube, Facebook und Flickr. Aber erst der gedruckte Artikel hatte ihm vor Augen geführt, wie viel er von sich schon preisgegeben hatte.

Freiwillig löschte Le Tigre auf seinen Wunsch zumindest in der Online-Ausgabe die persönlichsten Dinge und anonymisierte die Handynummer. Für Michel sei es ein heilsamer Schock gewesen, sagt ein Redakteur des Magazins. „Die Naivität und der Exhibitionismus vieler Menschen sind grenzenlos.“

Wißmann: Fluter, S. 14, gekürzt

1. *Klären Sie die Begriffe „Naivität“ und „Exhibitionismus“ und erläutern Sie, was der Redakteur mit dem letzten Satz sagen will.*
2. *Diskutieren Sie in Kleingruppen, was Menschen dazu bewegt, persönliche Informationen ins Netz zu stellen.*
3. *Sammeln Sie auf einer Metaplantafel die Gründe, die dafür (pro) und die dagegen sprechen (kontra), in sozialen Netzwerken wie „Schüler VZ“, „Facebook“ oder „Flickr“ auch persönliche Daten und Erlebnisse bekannt zu machen.*
4. *Welche Risiken sind mit der Bekanntgabe persönlicher Daten verbunden?*
5. *Wie kann man sich vor dem Missbrauch persönlicher Daten schützen? Tragen Sie Informationen zusammen (s. TIPP) und bitten Sie eine Fachlehrerin oder einen Fachlehrer Ihrer Schule um Rat bezüglich des persönlichen Datenschutzes.*
6. *Gestalten Sie mit Ihren Erkenntnissen ein Plakat: „Persönliche Daten im WWW“.*
7. *Sie stellen fest, dass die Firma We-Will-WEB Ihre persönlichen Daten oder Bilder verwendet, ohne dass Sie das erlaubt hatten. Verfassen Sie einen Brief an die Firma.*

Tipp

Weitere Informationen finden Sie unter: Verbraucherzentrale Baden-Württemberg, in der Rubrik „Medien und Telekommunikation“, insbesondere unter „Abzocke im Internet“.

Sprachliche Grundlagen

Grammatik

1.1 Die zehn Wortarten

Substantiv, Verb, Adjektiv (Die drei wichtigsten Wortarten)

Bezeichnung lateinisch / deutsch	Beispiele	Funktion
1. Substantiv oder Nomen Hauptwort (Nennwort)	Kind, Taube, Pflanze, Fisch Zufriedenheit, Angst, Freundschaft, Reise Christa, Peter, Ulm	**Substantive** • benennen konkrete Dinge, Lebewesen, Gegenstände, • benennen abstrakte Dinge, Zustände, Vorstellungen, Gefühle, Eigenschaften, • sind Namen.
2. Verb – Zeitwort (Tätigkeitswort) a) Vollverben: Tätigkeitsverben Vorgangsverben Zustandsverben b) Hilfsverben c) Modalverben	a) spielen, laufen, bauen, blühen, wachsen, fallen, hängen, liegen, wohnen b) haben, sein, werden c) dürfen, können, müssen, wollen, sollen ...	**Verben** bezeichnen eine Tätigkeit oder einen Vorgang oder einen Zustand. • Damit werden zusammengesetzte Verbformen gebildet. • Sie verändern die Aussage eines Verbs.
3. Adjektiv Eigenschaftswort a) steigerbare Adjektive b) nicht steigerbare Adjektive	Das <u>große</u> Haus ... Der Bus fährt <u>leise</u>. Der Vater ist <u>krank</u>. alt, schön, gut älter, schöner, besser am ältesten, am schönsten, am besten tot, rund, ledig ...	**Adjektive** benennen die Eigenschaften von Dingen, von Tätigkeiten und von Zuständen. **Steigerung** (Komparation) Grundstufe (Positiv) Steigerungsstufe (Komparativ) Höchststufe (Superlativ)

1 *Suchen Sie aus den folgenden Sprichwörtern Substantive (Hauptwörter), Verben (Zeitwörter) und Adjektive (Eigenschaftswörter) heraus:*
a *Die Axt im Haus erspart den Zimmermann.*
b *Hunde, die bellen, beißen nicht.*
c *Der Abend rot, der Morgen grau, bringt das schönste Tagesblau.*
d *Handwerk hat goldenen Boden.*
e *Schlechter Wein macht böse Köpfe.*

Sie finden eine Tabelle als Lösungshilfe unter BuchPlusWeb.

Artikel, Pronomen und Numerale (Begleiter und Stellvertreter des Substantivs)

Bezeichnung lateinisch / deutsch	Beispiele	Funktion
4. Artikel Geschlechtswort	**der** Baum, **die** Blume, **das** Haus **der** Baum – **Singular (Einzahl)** **die** Bäume – **Plural (Mehrzahl)** **der** Schüler, **des** Schülers, **dem** Schüler, **den** Schüler	**Artikel** zeigen das grammatische **Geschlecht (Genus),** • machen die **Zahl (Numerus)** deutlich • zeigen den **Fall (Kasus)** an.
bestimmter Artikel	**der** Baum, **die** Blume, **das** Tier (Sing.) **die** Bäume, **die** Blumen, **die** Tiere (Plural)	> Er weist auf bestimmte Wesen oder Dinge hin.
unbestimmter Artikel	**ein** Baum, **eine** Blume, **ein** Tier (Sing.)	> Er weist auf unbestimmte Wesen oder Dinge hin.
5. Pronomen Fürwort		**Pronomen** stehen stellvertretend für ein anderes Wort oder begleiten es anstelle des Artikels.
a) **Personalpronomen** Persönliches Fürwort	a) ich, du, er, sie, es (Singular), wir, ihr, sie (Plural) **ich** arbeite, **du** ...	
b) **Reflexivpronomen** Rückbezügliches Fürwort	b) mich, dich, sich, uns, euch, sich, ich freue **mich**, sie freuen **sich**	Unterscheide: reflexiv: Ich ärgere mich. nicht reflexiv: Du ärgerst mich.
c) **Possessivpronomen** Besitzanzeigendes Fürwort	c) mein, dein, sein, unser, euer, ihr **mein** Auto, **dein** Fahrrad	
d) **Demonstrativpronomen** Hinweisendes Fürwort	d) dieser, jener, solcher, ... **dieses** Ergebnis, **jener** Abend	
e) **Relativpronomen** Bezügliches Fürwort	e) der, die, das, welcher, welche Das Buch, **das** du gelesen hast. ...	
f) **Interrogativpronomen** Fragendes Fürwort	f) wer, was, welche, welcher, ... **Wer** kennt das Buch?	
g) **Indefinitpronomen** Unbestimmtes Fürwort	g) man, jemand, niemand, alle, andere, ... **Niemand** hat es gesehen.	
6. Numerale Zahlwörter		**Numerale** benennen
a) Grundzahlen	a) eins, zwei, drei ...	a) eine Anzahl,
b) Ordnungszahlen	b) der Erste, zweitens ...	b) eine Reihenfolge,
c) Bruchzahlen	c) die Hälfte, ein Viertel ...	c) einen Bruchteil,
d) Vervielfältigungszahlwörter	d) einfach, tausendfach, mehrfach, vielfältig ...	d) eine Häufigkeit
e) Unbestimmte Zahlwörter	e) wenige, einige, viele ...	

Partikel (Teilchen)

Bezeichnung lateinisch / deutsch	Beispiele	Funktion
7. Adverb Umstandswort a) der Zeit (temporal) b) des Ortes (lokal) c) des Grundes (kausal) d) der Art und Weise (modal)	a) jetzt, heute, nie ... Sie arbeitet **jetzt**. b) hier, oben, dort ... Sie arbeitet **hier**. c) daher, trotzdem ... Sie arbeitet **trotzdem**. d) gern, sehr, umsonst ... Sie arbeitet **gern**.	**Adverbien** beschreiben eine Handlung oder einen Zustand näher, sie stehen „beim Verb" (ad = beim).
8. Präposition Verhältniswort a) der Zeit b) des Ortes c) der Art d) des Grundes	a) ab, von, an, bis, seit ... b) an, auf, in, zu, bei ... c) aus, in, bei ... d) durch, infolge, wegen ...	**Präpositionen** kennzeichnen das Verhältnis, das zwischen Personen, Sachen und Begriffen besteht. Sie verändern den Fall, z. B. der Schrank, **auf** <u>dem</u> Schrank.
9. Konjunktion Bindewort a) nebenordnende b) unterordnende	a) und, oder, aber, denn ... b) als, wie, ob, indem, da, weil, dass, wenn, falls, damit, obgleich ...	**Konjunktionen** verbinden Wörter, Satzglieder oder Sätze miteinander.
10. Interjektion Empfindungswort Ausruf	ja, nein, au, o weh, pfui, hatschi, wau ...	**Interjektionen** sind Ausdruck von Empfindungen und Aufforderungen oder Nachahmung von Geräuschen.

2 *Bestimmen Sie in folgenden Sprichwörtern die Wortarten:*
- **a** *Mit albernen Narren soll man nicht scherzen.*
- **b** *Ein guter Name ist besser als bares Geld.*
- **c** *Die Axt im Haus erspart den Zimmermann.*
- **d** *Verschlossener Mund und offene Augen haben noch nie jemand geschadet.*
- **e** *Morgen, morgen, nur nicht heute, sagen alle faulen Leute.*
- **f** *Schlecht gefahren ist besser als gut gelaufen.*
- **g** *Auf dem Markt lernt man die Leute besser kennen als in der Kirche.*
- **h** *Wer nicht kommt zur rechten Zeit, der muss nehmen was übrig bleibt.*
- **i** *Wer die Leiter hinauf will, muss mit der untersten Sprosse anfangen.*
- **j** *Mit einem Handwerk kommt man weiter als mit tausend Gulden.*
- **k** *Wer zu spät kommt, den bestraft das Leben.*

Sie finden einen Vordruck als Lösungshilfe unter BuchPlusWeb.

1.2 Leistung des Substantivs (des Hauptworts)

Singular und Plural der Substantive (Einzahl und Mehrzahl)

Der **Singular** sagt aus, dass etwas **einfach** vorhanden ist:	Baum	Kind	Haus
Der **Plural** sagt aus, dass etwas **mehrfach** vorhanden ist:	Bäume	Kinder	Häuser

Aber:
Es gibt **Singularwörter ohne Plural**: Liebe, Milch, Rauch, Schnee
Es gibt **Pluralwörter ohne Singular**: Alpen, Eltern, Ferien, Unkosten

Substantive ändern in einigen Fällen bei der Pluralbildung ihre Form:
Hauptmann – Hauptleute, Atlas – Atlanten (auch: Atlasse), Praktikum – Praktika

Genus der Substantive (Geschlecht der Hauptwörter)

Der Artikel zeigt das Geschlecht (Genus) der Substantive (Hauptwörter) an.
In der deutschen Sprache kennt man drei verschiedene Geschlechter (Genera):

1. **männlich – maskulin:**	der Verkäufer	der Baum	der Tisch
2. **weiblich – feminin:**	die Verkäuferin	die Blume	die Lampe
3. **sächlich – neutrum:**	das Geschäft	das Blatt	das Bett

Besonderheiten beim Geschlecht der Substantive (Hauptwörter):

1. Bei vielen Substantiven zeigt der Artikel das natürliche Geschlecht an:
die Frau, die Tochter, die Stute
der Vater, der Junge, der Hengst

2. Oft zeigt der Artikel das natürliche Geschlecht **nicht** an, man spricht dann vom grammatischen Geschlecht:

das Kind, der Besuch, das Pferd	>	männlich oder weiblich?
der Baum, die Pflanze	>	häufig männlich **und** weiblich!

3. Selten kommt es vor, dass Gegensätze im Geschlecht verwendet werden:
Der Atomfrachter, **die Otto Hahn**, legt im Hafen an.

4. Verschiedene Substantive gibt es auch mit doppeltem Geschlecht bei gleichbleibender Bedeutung:

der oder **das** Breisgau	**der** oder **das** Filter
der oder **das** Liter	**der** oder **das** Radar

5. Andere Substantive lauten zwar gleich, haben jedoch mit verschiedenem Geschlecht verschiedene Bedeutung:

der Bauer	>	Landwirt	das Bauer	>	Vogelkäfig
der Gehalt	>	Wert/Inhalt	das Gehalt	>	Arbeitsentgelt
der See	>	Binnengewässer	die See	>	offenes Meer
der Schild	>	Schutzschild	das Schild	>	Verkehrsschild

1 Erläutern Sie die unterschiedlichen Bedeutungen:
***a** der/das Verdienst, **b** der/das Bund, **c** der/das Harz, **d** der/die Kiefer,*
***e** der/die Weise, **f** die/das Steuer, **g** der/die Leiter, **h** das/der Tor*

Die vier Fälle des Substantivs (Kasusbildung)

Entsprechend der Aufgabe, die das Substantiv im Satz übernimmt, verändert es seine Form (Deklination). Für diese veränderte Substantivform gibt es in der deutschen Sprache die **vier Fälle**:

1. Fall – Nominativ	(Werfall)	Wer oder was?	der Hund, die Katze, das Tier
2. Fall – Genitiv	(Wesfall)	Wessen?	des Hundes, der Katze, des Tieres
3. Fall – Dativ	(Wemfall)	Wem?	dem Hund, der Katze, dem Tier
4. Fall – Akkusativ	(Wenfall)	Wen oder was?	den Hund, die Katze, das Tier

Deklination des Substantivs (Die Beugung des Hauptworts)

	Maskulinum		Femininum		Neutrum	
	Singular	Plural	Singular	Plural	Singular	Plural
Nominativ	der Baum	die Bäume	die Frau	die Frauen	das Kind	die Kinder
Genitiv	des Baumes	der Bäume	der Frau	der Frauen	des Kindes	der Kinder
Dativ	dem Baum	den Bäumen	der Frau	den Frauen	dem Kind	den Kindern
Akkusativ	den Baum	die Bäume	die Frau	die Frauen	das Kind	die Kinder

2 *Bilden Sie mit den folgenden Wörtern die entsprechenden Fälle:*
Akkusativ Plural, Dativ Singular, Genitiv Singular, Nominativ Plural, Dativ Plural
***a** Vater, **b** Maschine, **c** Arbeitsplatz, **d** Unfall, **e** Krankenhaus, **f** Fluss*

Sie finden eine Tabelle als Lösungshilfe unter BuchPlusWeb.

Tipp

Hilfe beim Deklinieren

- Wenn Sie den **3. Fall** bilden müssen, setzen Sie in Gedanken das Wort „helfen" davor: z. B. **die** Natur – Ich helfe **der** Natur.
- Beim **4. Fall** setzen Sie in Gedanken „sehen" davor, z. B. **der** Wald – Ich sehe **den** Wald.

1.3 Leistung des Verbs (des Zeitworts)

Der Infinitiv – die Grund- oder Nennform

1. Die Grundform des Verbs endet mit **-en**. Die Grund- oder Nennform heißt „Infinitiv“:
   denken, arbeiten, prüfen, lachen
2. Der Infinitiv kann substantiviert werden (zu einem Hauptwort werden):
   das Denken, beim Arbeiten, das Prüfen, sein Lachen

Die Konjugation – die Beugung

Die konjugierte (gebeugte) Form des Verbs (Zeitworts) wird bestimmt durch

Beispiel	Person	Zahl vgl. S. 224	Zeit vgl. S. 229	Aktiv / Passiv vgl. S. 227	Aussageweise vgl. S. 227
ich lobe	1.	Singular	Präsens	Aktiv	Indikativ
wir wurden gelobt	1.	Plural	Präteritum	Passiv	Indikativ

1 Bilden Sie andere Verbformen von „loben“ (z. B. 2. Person / Singular, Präsens / Passiv / Indikativ).

Die Partizipien – die Mittelwörter

Die Partizipien sind Adjektive (Eigenschaftswörter), sie werden aus dem Verb gebildet. Es gibt zwei Formen:

1. Partizip I – Mittelwort I

Das Partizip I endet mit **-(e)nd**: denk**end**, arbeit**end**, spring**end**, lächel**nd**
Das **schwankende** Boot wirkte **beruhigend**. Die **lächelnde** Kundin kommt wieder.

2. Partizip II – Mittelwort II

gedacht gearbeitet gesprungen gelächelt

Das Partizip II beginnt mit der Vorsilbe **ge-** und endet mit **-t** oder **-en**.
Es spielt eine wichtige Rolle bei der Bildung der zusammengesetzten Zeiten.
Er **hat gedacht**. Sie **hatte gearbeitet**. Er **war gesprungen**.

2 Bestimmen Sie bei folgenden Sätzen die Partizipien:
- *Prüfend schaute er die Kundin an: Hatte er sich getäuscht oder hatte er richtig gehört?*
- *Doch die abwartende Haltung bestätigte ihm: Die Kundin hatte den großen roten Hut gewünscht, der im Schaufenster so auffallend ausgestellt war.*
- *Innerlich seufzend öffnete er die Tür zum Fenster, um das geforderte Stück zu holen.*

3 Formen Sie folgende Verben in die beiden Partizipien um und bilden Sie Sätze:
a singen, b prüfen, c lesen, d fallen, e loben, f erwachen, g mithören

Für Aufgabe 3 finden Sie eine Lösungshilfe unter BuchPlusWeb.

Aktiv (Tatform) und Passiv (Leideform)

Das Aktiv – die Tatform

In dieser Form werden nicht nur Handlungen, sondern auch Zustände oder Vorgänge ausgedrückt:

Der Bauer erntet das Obst. > Handlung
Der Apfel fällt vom Baum. > Vorgang
Die Birnen liegen im Lagerraum. > Zustand

Das Passiv – die Leideform

In dieser Form wird ausgedrückt, dass mit einer Person oder einer Sache etwas geschieht, dass sie davon betroffen wird, die Person muss das Geschehen nicht als unangenehm oder „leidend" erleben. Passiv-Formen bildet man mit dem Hilfsverb „werden" und dem Partizip II:

Der Hund **wird geschlagen**.
Die Äpfel **werden geerntet**.
Der Junge **wird geküsst**.
Der Auszubildende **wird gelobt**.

4 *Übertragen Sie die Tabelle und setzen Sie folgende Verben ein:*

Grundform	Partizip I	Partizip II	Aktiv	Passiv
nennen	nennend	genannt	ich nenne	er wird genannt
spielen				
rufen				
laufen				
kommen				

Sie finden diese Tabelle als Lösungshilfe unter BuchPlusWeb.

Bei der Umwandlung eines Satzes von der Aktivform in die Passivform wird das Subjekt zum Objekt des neuen Satzes. Das Objekt wiederum wird zum Subjekt.

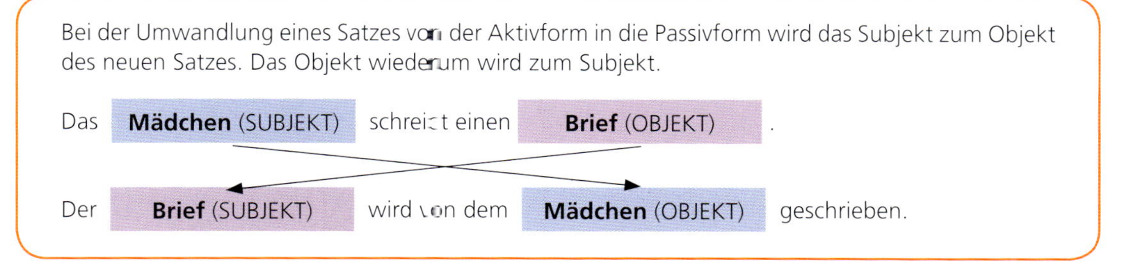

Die drei Aussageweisen des Verbs

1. Der Indikativ – die Wirklichkeitsform

Mit dem Indikativ wird ausgedrückt, dass eine Tätigkeit oder eine Handlung wirklich ist.

Ich komme. Er geht. Sie bleiben. Das Wetter ist schön.

2. Der Imperativ – die Befehlsform

Der Imperativ wird bei einer Aufforderung oder einem Befehl verwendet.

Komm! Geht! Bleiben Sie!

Im Singular sind i-Formen häufig:

Gib! Iss! Lies! Nimm!

3. Der Konjunktiv – die Möglichkeitsform

a) Man benutzt den Konjunktiv in Gedankenspielen und bei Gedankenexperimenten, um deutlich zu machen, dass es sich um Überlegungen handelt:

Das **wäre** sehr gut, wenn wir endlich **gewönnen**.
Dann **würden** wir uns aber freuen.

b) Bei der indirekten Rede macht der Konjunktiv deutlich, dass nicht der Schreiber diese Aussage gemacht hat, sondern sie nur wiedergibt:

Er sagte, er **habe** das gesuchte Auto gesehen.
Sie sagten, sie **hätten**[1] das gesuchte Auto gesehen.

c) In kurzen Äußerungen wird die Aufforderung dadurch deutlich, dass eine Konjunktivform verwendet wird:

Edel **sei** der Mensch, hilfreich und gut!
In kritischen Situationen **wahre** der Mensch Gelassenheit!

d) In Bedingungssätzen (Konditionalsätzen) ist der Konjunktiv notwendig, um die gegenseitige Abhängigkeit der Aussagen herauszustellen:

Die Arbeit **wäre** besser ausgefallen, wenn der Schüler aufgepasst **hätte**.
Wenn ich viel Geld **hätte**, **könnte** ich eine Weltreise machen.

Es gibt **zwei Konjunktivformen**:

a) Mit dem Konjunktiv I gibt man die indirekte Rede wieder, seltener wird er auch bei der Wunschform verwendet.
Der Konjunktiv I wird mit dem Präsensstamm gebildet.

Er **komme**. Er **gebe**. Sie **bleibe**. Das Wetter **sei** schön.

b) Mit dem Konjunktiv II drückt man etwas Gedachtes oder Vorgestelltes aus.
Der Konjunktiv II wird gebildet mit dem Präteritumstamm.

Er **käme**. Er **gäbe**. Er **bliebe**. Das Wetter **wäre** schön.

5 *Bestimmen Sie die Aussageweisen und deren Wirkung im folgenden Gedicht.*

Der eingebildet Kranke

Eugen Roth

1 Ein Griesgram denkt mit trüber List,
Er wäre krank. (was er nicht ist!)
Er müsste nun, mit viel Verdruss,
Ins Bett hinein. (was er nicht muss!)
5 Er hätte, spräch der Doktor glatt,
Ein Darmgeschwür. (was er nicht hat!)
Er soll verzichten, jammervoll,
Aufs Rauchen ganz. (was er nicht soll!)
Und werde, heißt es unbeirrt
10 doch sterben dran. (was er nicht wird!)
Der Mensch könnt, als gesunder Mann
recht glücklich sein. (was er nicht kann!)
Möcht glauben er nur einen Tag,
Dass ihm nichts fehlt. (was er nicht mag!)

aus: Roth, Heiter und nachdenklich, S. 67

Weitere Übungen zu den Aussageweisen finden Sie unter BuchPlusWeb.

[1] Die indirekte Rede steht dann im Konjunktiv II, wenn der Konjunktiv I und der Indikativ gleich lauten. Im Konjunktiv II steht auch der Wunschsatz.

1.4 Die Zeiten

Vergangenheit	Gegenwart	Zukunft
Vergangenheit	Gegenwart	Zukunft
vollendete Vergangenheit	vollendete Gegenwart	vollendete Zukunft

Überblick über die Zeiten

Zeit	wird bei einem Geschehen verwendet,	Beispiel	
		Aktiv	Passiv
Präsens Gegenwart	• das jetzt geschieht, • bei Aussagen die allgemein gelten.	Der Verkäufer lobt die Ware.	Die Ware wird vom Verkäufer gelobt.
Perfekt vollendete Gegenwart	• das bereits abgeschlossen ist, aber in die Gegenwart hineinwirkt.	Der Verkäufer hat die Ware gelobt.	Die Ware ist vom Verkäufer gelobt worden.
Präteritum Vergangenheit	• das zurückliegt und keinen direkten Bezug zur Gegenwart hat.	Der Verkäufer lobte die Ware.	Die Ware wurde vom Verkäufer gelobt.
Plusquamperfekt vollendete Vergangenheit	• das bereits in der Vergangenheit abgeschlossen war.	Der Verkäufer hatte die Ware gelobt.	Die Ware war vom Verkäufer gelobt worden.
Futur I Zukunft	• das geschehen wird.	Der Verkäufer wird die Ware loben.	Die Ware wird vom Verkäufer gelobt werden.
Futur II vollendete Zukunft	• das in der Zukunft bereits vollendet ist.	Der Verkäufer wird die Ware gelobt haben.	Die Ware wird vom Verkäufer gelobt worden sein.

1 Suchen Sie in den Sätzen die Verben und bestimmen Sie die Zeiten:
- **a** *Im Fliegen erfüllt sich ein uralter Menschheitstraum.*
- **b** *Um 1880 beschäftigte sich Otto von Lilienthal mit Gleitflügen.*
- **c** *Er hatte den Vogelflug beobachtet.*
- **d** *Darauf konstruierte er die ersten erfolgreichen Fluggleiter.*
- **e** *Den Brüdern Wright ist 1903 der erste Motorflug auf einer Wiese geglückt.*
- **f** *Heute ist Fliegen für viele Menschen selbstverständlich geworden.*
- **g** *Sie fliegen jedes Jahr in den Urlaub.*
- **h** *Nächstes Jahr werden es wieder mehr sein als in dieser Saison.*
- **i** *Wie wird sich der Flugverkehr entwickeln?*
- **j** *Die Flugzeuge werden immer größer und schneller.*
- **k** *Vielleicht wird man schon in wenigen Jahren Flugzeuge entwickelt haben, in denen mehr als 1.000 Fluggäste mitfliegen werden.*

1.5 Die Satzglieder

Werden mehrere Wörter zu einer sinnvollen Aussage zusammengefügt, sprechen wir von einem **Satz**. Ein Satz besteht aus mehreren **Satzgliedern (Satzteilen)**, die durch eine **Umstellprobe** voneinander abgegrenzt werden können, wie das folgende Beispiel zeigt:

Beispiel

Umstellprobe

Der Koch kauft heute frisches Gemüse auf dem Markt.

Auf dem Markt kauft heute der Koch frisches Gemüse.

Heute kauft der Koch auf dem Markt frisches Gemüse.

Zusammen mit dem Prädikat „kaufen“, das seinen Platz immer beibehält, ergeben sich aus der Umstellung fünf Satzglieder. Diese lassen sich wie die auswechselbaren Glieder einer Kette visualisieren.

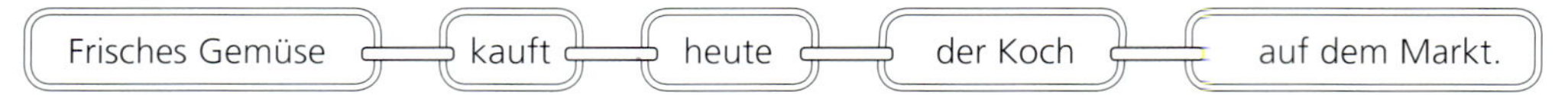

Wie diese Satzglieder nach ihrer Funktion im Satz benannt werden, können Sie mithilfe der nachfolgenden Erläuterungen herausfinden.

1 Der Satzkern

Zu einem vollständigen Satz gehören das **Subjekt (der Satzgegenstand)** und **das Prädikat (die Satzaussage)**. Zusammen bilden sie den Satzkern.

Nach dem **Subjekt (dem Satzgegenstand)** fragt man:
Wer tut etwas? Wer „erleidet“ etwas?

Die Frage nach dem **Prädikat (der Satzaussage)** kann lauten:
Was tut das Subjekt? Was „erleidet“ das Subjekt? Was ist das Subjekt?

Der Hund	**bellt**.
(Wer tut etwas? Subjekt)	(Was tut der Hund? Prädikat)

1 Bestimmen Sie Subjekt und Prädikat in der Satzgliederkette oben und in folgenden Sätzen:
***a** Beißt er? **b** Sandra ist pünktlich. **c** Sie kommt. **d** Das Motorschiff legt an. **e** Es wird entladen.*

2 Die Satzerweiterungen

Das Objekt (die Satzergänzung)
Um sinnvolle Aussagen zu machen, kann jeder Satz erweitert werden; viele Sätze verlangen geradezu nach einer Erweiterung. Die Erweiterung kann durch **Objekte (Satzergänzungen)** und durch **Umstandsbestimmungen (adverbiale Bestimmungen)** vorgenommen werden.

- **Akkusativ-Objekt (Satzergänzung im 4. Fall):**
  Peter besucht **das Fußballspiel**. (Wen oder was besucht Peter?)
- **Dativ-Objekt (Satzergänzung im 3. Fall):**
  Die Frau hilft **dem Rentner**. (Wem hilft die Frau?)
- **Genitiv-Objekt (Satzergänzung im 2. Fall):**
  Der Redner gedenkt **der Toten**. (Wessen gedenkt er?)

2 *Bestimmen Sie in der Satzgliederkette (S. 230 oben) und in den folgenden Sätzen die Objekte:*
a *Petra kauft ein Buch.* ***b*** *Sie schenkt es ihrem Bruder.* ***c*** *Dem Skiläufer fehlt die Übung.*
d *Er besucht eine Skischule.*

In einem Satz können auch **mehrere Objekte** verwendet werden. Handelt es sich dabei um Objekte, die sich im Fall unterscheiden, steht zwischen ihnen kein Komma.

Der Richter beschuldigte	**den Angeklagten** (Objekt im 4. Fall: Wen oder was beschuldigte der Richter?)	**der Unterschlagung.** (Objekt im 2. Fall: Wessen beschuldigte ihn der Richter?)
Der Verkäufer zeigt	**dem Kunden** (Objekt im 3. Fall: Wem zeigt er das Bild?)	**das Bild.** (Objekt im 4. Fall: Wen oder was zeigt er dem Kunden?)

Mehrere Objekte mit demselben Fall werden als Aufzählung durch Komma getrennt, z. B.:

Die Einkäuferin bestellte	**Rosinen, Datteln, Mandeln und Haselnüsse.** (Objekte im 4. Fall: Wen oder was bestellte die Einkäuferin?)

Die adverbiale Bestimmung

Durch die **Umstandsbestimmungen (adverbiale Bestimmungen)** wird die Satzaussage (das Prädikat) näher erklärt. **Umstandsbestimmungen** werden eingeteilt in:

- **Umstandsbestimmungen der Zeit (temporale adverbiale Bestimmung)**
  Der Hund bellt **morgens**. **Am Abend** bellt der Hund. (Wann bellt er?)
  Er bellt **seit einer Stunde**. (Wie lange bellt er?)

- **Umstandsbestimmungen des Ortes (lokale adverbiale Bestimmung)**
  Der Hund bellt **im Garten**. Er bellt **dort**. (Wo bellt er?)

- **Umstandsbestimmungen der Art und Weise (modale adverbiale Bestimmung)**
  Der Hund bellt **laut**. Er bellt **mit Ausdauer**. (Wie bellt er?)

- **Umstandsbestimmungen des Grundes und Zweckes (kausale adverbiale Bestimmung)**
  Der Hund bellt **zur Abschreckung. Deshalb** bellt er. (Wozu, warum bellt er?)

3 *Bestimmen Sie in der Satzgliederkette (S. 230 oben) und in den folgenden Sätzen die* ***adverbialen Bestimmungen****:*
a *Morgens fährt der Omnibus schnell durch die Straße.*
b *An der Haltestelle bremst er scharf.*
c *Der Fahrer hält dort nur kurz.*
d *Er hat Verspätung und fährt daher schnell wieder los.*

Für die Aufgaben 2 und 3 finden Sie Lösungshilfen unter BuchPlusWeb.

Attribute – Beifügungen

Durch **Attribute** kann ein Satz noch anschaulicher und ausdrucksvoller werden; mit ihnen können die Besonderheiten eines Sachverhalts sprachlich genauer ausgedrückt werden.

Attribute stehen vor allem bei Substantiven (Hauptwörtern) und bestimmen das Wort näher, auf das sie sich beziehen.

Beispiele

1. Er will das **große** Auto. (Adjektiv/Eigenschaftswort)
2. Vorher verkauft er **sein** Motorrad. (Pronomen/Fürwort)
3. Dafür findet er **drei** Interessenten. (Numerale/Zahlwort)
4. Daher bietet er die Maschine **des Freundes** an. (Subst. im Genitiv/Hptw. im 2. Fall)
5. Klaus holt einen Prospekt **über Autos**. (Präposition/Verhältniswort mit Subst.)
6. Der Entschluss **zu kaufen** steht fest. (Infinitiv/Nennform des Zeitwortes mit „zu")
7. Er prüft ein **gebrauchtes** Auto. (Partizip/Mittelwort)
8. Das Auto **vor ihm** ist ein Jahr alt. (Präposition/Verhältniswort mit Pronomen/Fürwort)

4 *Bestimmen Sie in der Satzgliederkette (S. 230 oben) und in den folgenden Sätzen die* ***Attribute****:*
- **a** *Das junge Mädchen kauft im größten Geschäft der Stadt ein spannendes Buch.*
- **b** *Sie schenkt es ihrem jüngeren Bruder.*
- **c** *Dem ältesten Skiläufer der Gruppe fehlt die notwendige Übung.*
- **d** *In der Skischule am Ort bucht er einen modernen Skikurs.*
- **e** *Der teure Kurs nützt ihm wenig.*
- **f** *Als er schnell den steilen Hang hinunterfährt, verliert er seine neue Skibrille.*

Mehrere Attribute derselben Art bilden **eine Aufzählung** und werden durch Komma getrennt oder durch Konjunktionen (Bindewörter) verbunden, z. B. „Er will ein **neues, großes, schnelles und sicheres** Auto kaufen."
Mehrere Attribute unterschiedlicher Art bilden **keine Aufzählung** und werden nicht durch Komma voneinander getrennt, z. B. „Das **älteste** Haus **der Stadt am Neckar** ist baufällig."

Manchmal werden zu viele Attribute einem Substantiv zugeordnet. Solche Häufungen von Attributen sind stilistisch unschön, weil sie übertrieben wirken.
Hier kann die **Weglassprobe** helfen, d. h. die Überlegung, welche Attribute überflüssig sind und besser weggelassen werden sollten.

5 *Machen Sie bei folgenden Attributen die Weglassprobe.*
- **a** *ein empfehlenswertes, spannendes und unterhaltsames Buch*
- **b** *ein beeindruckender, faszinierender, aufregender Film*
- **c** *eine sympathische, hilfsbereite, bescheidene und freundliche Kollegin*
- **d** *ein schreckliches, furchtbares, entsetzliches Unglück*

Apposition / Beisatz

Eine weitere Form einer Beifügung, die aus einem Substantiv (Hauptwort) besteht, ist **die Apposition, der Beisatz**. Der Beisatz besitzt zwei wichtige Merkmale:
1. Der Beisatz steht im gleichen Fall wie das Substantiv oder Pronomen, zu dem er gehört.
2. Der nachgestellte Beisatz unterbricht den glatten Ablauf des Satzes und wird deshalb durch Kommas vom übrigen Satz getrennt.

Beispiele

Axel, **mein bester Freund**, besucht mich heute. (Beisatz im 1. Fall – Nominativ)
Ich werde von Axel, **meinem besten Freund**, heute besucht. (Beisatz im 3. Fall – Dativ)
Morgen besuche ich Axel, **meinen besten Freund**. (Beisatz im 4. Fall – Akkusativ)

Für die Aufgabe 4 finden Sie eine Lösungshilfe unter BuchPlusWeb.

1.6 Die Satzarten

Man unterscheidet vier Satzarten:

Satzarten	Beispiele
1. **Aussagesatz** Er gibt einen Sachverhalt berichtend wieder. Am Ende des Aussagesatzes steht ein **Punkt**.	Thomas hat einen Ausbildungsberuf gefunden. Er fährt jeden Tag mit dem Zug.
2. **Fragesatz** Er beginnt mit einem Fragewort (z. B. **was, wer**) oder mit einer gebeugten Verbform (z. B. **habt, wollt**) und will einen Sachverhalt klären oder fragt nach einer Person oder einer Sache. Am Ende steht ein **Fragezeichen**.	Was werdet ihr als Nächstes tun? Habt ihr euch das überlegt?
3. **Wunschsatz** Er drückt die Erwartung aus, dass die angesprochene Person eine bestimmte Handlung ausführen wird. Den Wunschsatz gibt es auch in der Form des **Befehls- oder Aufforderungssatzes**. Bei diesen beiden Satzarten steht das Verb im Imperativ (Befehlsform). Am Satzschluss steht immer ein **Ausrufezeichen**!	Wäre die Fahrprüfung doch schon vorbei! Besuchen Sie uns doch! Komm her!
4. **Ausrufesatz** Er drückt die innere Anteilnahme an einem Sachverhalt aus. Auch hier steht am Satzschluss ein **Ausrufezeichen**.	Das tut mir aber leid! Schön hast du das gemacht!

Zur Beachtung: Die Satzarten sind nicht immer eindeutig voneinander abzugrenzen:

Sie fahren nach München .	→	Aussagesatz
Sie fahren nach München **!**	→	Aufforderungssatz
Sie fahren nach München **!**	→	Ausrufesatz
Sie fahren nach München **?**	→	Fragesatz

1 *Sprechen Sie diese vier Sätze so aus, dass durch den verschiedenartigen Klang unterschiedliche Bedeutungen entstehen **(Klangprobe)**.*

2 *Machen Sie auch mit den folgenden Sätzen aus einem Lotterieprospekt die Klangprobe und bestimmen Sie die Satzart und das jeweilige Satzschlusszeichen.*

__a__ Jetzt reiß ich mir die ganz große Geldquelle auf ● __b__ Ach, Sie auch ● __c__ Bitte hier ● __d__ 105 Millionen EUR warten: Das große Geld kommt ● __e__ Sie werden doch nicht abseitsstehen wollen ● __f__ Sie doch nicht ● __g__ Wenn Sie uns den Teilnahmeschein zusenden, erhalten Sie Originallose ● __h__ Warum zögern Sie noch ● __i__ Nutzen Sie diese einmalige Chance.

2 Rechtschreibung

2.1 Groß- und Kleinschreibung (Grundlagen)

Regel

Substantive (Hauptwörter) werden großgeschrieben: *Der Wald, die Farbe, das Klima, ein Dach, eine Frage, über Nacht, Rad (fahren), Angst (haben)*
An ihren **Endungen** erkennt man viele Wörter bereits als Substantive: *Frei**heit**, Heiter**keit**, Herr**schaft**, Verhäng**nis**, Hoffn**ung**, Reich**tum***

Fünf **Ausnahmen** bestätigen die Regel:
Zusammen- und Kleinschreibung, weil ohne substantivischen Sinn: *leidtun, eislaufen, kopfstehen, wundernehmen, standhalten.*
Dagegen mit substantivischem Sinn: *jemandem ein Leid zufügen, Ski laufen, auf dem Kopf stehen, Wunder wirken, einen schweren Stand haben*

Bei vielen Wörtern hat man die **Wahl zwischen Groß- und Kleinschreibung**: *zugrunde* <u>oder</u> *zu Grunde (gehen); infrage* <u>oder</u> *in Frage (stellen); achtgeben* <u>oder</u> *Acht geben; haltmachen* <u>oder</u> *Halt machen; recht/unrecht (geben, haben, bekommen, behalten)* <u>oder</u> *Recht/Unrecht (geben, haben, bekommen, behalten).*
Beachte: „recht" im Sinne von „richtig": *Das ist mir recht.*

1 Übertragen Sie die Sätze in der richtigen Schreibweise auf ein gesondertes Blatt. Die Anfangsbuchstaben wurden versetzt, damit sich kein falsches Wortbild einprägt.

- **a** *Er wurde von der ●ehrheit (mM) der ●ereinsmitglieder (vV) zum ●orsitzenden (vV) gewählt.*
- **b** *Jana muss darauf ●chten (aA), dass sie noch die ●cht (aA) ●uro (eE) zurückzahlt, die sie ihrer ●reundin (fF) Sybille schuldet.*
- **c** *Es tut mir ●eid (lL), aber Kritik ist angebracht: Die ●annschaft (mM) muss in Zukunft mehr ●eistung (lL) zeigen. Derzeit ist sie nicht sehr ●eistungswillig (lL).*
- **d** *Im ●ürstentum (fF) Liechtenstein ist ●eutsch (dD) die Amtssprache. Dies stellt niemand ●nfrage (iI).*
- **e** *Jörg hat das ●agnis (wW) unternommen, ●llein (aA) im ●ald (wW) zu übernachten.*
- **f** *●kilaufen (sS) ist nicht nach Tamaras ●eschmack (gG), sie möchte ●islaufen (eE).*
- **g** *Alle Teilnehmer meinten, dass nur Frau Knapp für diese Aufgabe in ●rage (fF) komme.*
- **h** *Auch wenn er jetzt ●opfsteht (kK), ich mache jetzt ●alt (hH), um ●cht (aA) zu geben.*
- **i** *Er hatte ●echt (rR), dass die Arbeit mit drei ●tunden (sS) ●echt (rR) lang dauerte.*

Regel

Jede Wortart kann zum Substantiv werden, wenn ...

a) ein Artikel dabeisteht: *das Gute, im (in dem) Guten*
b) ein Artikel mitgedacht werden kann: *lautes (das) Rufen, langes (das) Warten*
c) eine Präposition vorangestellt ist: *bei Rot anhalten, durch Kochen*
d) ein Pronomen vorangestellt ist: *sein Lächeln, unser Geschäft*
e) Mengenangaben davorstehen: *alles Gute, viel Schlechtes, etwas Sauberes, genug Süßes, wenig Ergiebiges, nichts Neues*

2 *Entscheiden Sie, ob die jeweiligen Wörter groß- oder kleingeschrieben werden.*

- **a** *Im ●ertrauen (vV) gesagt, deine ●hancen (cC) stehen gut, den ●usbildungsplatz (aA) zu bekommen.*
- **b** *Nicht ●ünschenswert (wW) ist ständiges ●uspätkommen (zZ) von Schülern.*
- **c** *Nachdem sie ●ange (lL) gewartet hatten, verloren sie die ●eduld (gG).*
- **d** *Eure ●elbst (sS) gestaltete ●omepage (hH) kann mich zur ●änze (gG) überzeugen, ich finde alles ●ut (gG) an ihr.*
- **e** *Die ●iederholte (wW) ●orderung (fF), mehr Windräder zu bauen, ist in der Politik nichts ●eues (nN).*
- **f** *Hauptsache ist, man hat genug ●ssen (eE) und ●rinken (tT) eingepackt, wenn man viel ●andern (wW) will.*
- **g** *Es ist ●ut(gG), stabile Schuhe zu tragen, wenn man lange ●andern (wW) will.*

Regel

Präpositionen werden kleingeschrieben:
kraft ihres Amtes im Sinne von: *durch ihr Amt; dank seiner Hilfe* im Sinne von: *durch seine Hilfe;* mangels *eindeutiger Beweise* im Sinne von: *wegen fehlender Beweise;* angesichts *der Not* im Sinne von: *gegenüber der Not;* zeit *seines Lebens* im Sinne von: *während seines Lebens*
Folgende Präpositionen können **klein- und zusammengeschrieben oder getrennt und großgeschrieben werden:**
Mithilfe/mit Hilfe eines Wörterbuchs, vonseiten/von Seiten des Parlaments, aufseiten/auf Seiten der Regierung, aufgrund/auf Grund der Wirtschaftslage, anstelle/an Stelle meines Bruders, zugunsten/zu Gunsten der Behinderten, zulasten/zu Lasten der Verbraucher, imstande/im Stande sein, eine Maschine instand/in Stand setzen

3 *Schreiben Sie die Sätze ab und setzen Sie den richtigen Anfangsbuchstaben ein.*

- **a** *Die Heizung muss auf ●rund (gG) eines Mangels ●nstand (iI) gesetzt werden.*
- **b** *Wir sind jetzt ●mstande (iI), das Problem mit ●ilfe (hH) des Computers zu lösen*
- **c** *Wegen deiner ●eistung (lL) kommst du für diese Aufgabe ●nfrage (iI).*
- **d** *Von ●eiten (sS) des Betriebsrats wurde Kurzarbeit ●nstelle (aA) von Entlassungen vorgeschlagen.*
- **e** *Wenn der Vertrag nicht ●ustande (zZ) kommt, geht die Firma ●ugrunde (zZ), und zwar zu ●asten (lL) der Gläubiger.*

Regel

Adverbien (Umstandswörter) werden kleingeschrieben.
Sie hatte anfangs großes Interesse im Sinne von: *Sie hatte zuerst großes Interesse.*
Wir waren seinerzeit gute Freunde im Sinne von: *Wir waren damals gute Freunde.*
Es arbeitet heutzutage niemand mehr stundenlang umsonst.

4 *Groß- oder Kleinschreibung? Begründen Sie Ihre Entscheidung.*

- **a** *Während sie ●nfangs (aA) noch Langeweile hatte, war sie ●päter (sS) mehrere ●inuten (mM) lang bei der Sache. So verstrich ●tunde (sS) um ●tunde (sS).*
- **b** *Da Joey jeden Tag ●tundenlang (sS) im Internet surft, läuft er ●eicht (lL) Gefahr, seine ●ozialen (sS) Kontakte zu vernachlässigen.*
- **c** *Wer ●agsüber (tT) viel auf den Beinen ist und Aufgaben erledigt, wird ●achts (nN) in der ●egel (rR) tief und fest schlafen können.*
- **d** *Er ist ein Kind ●einer (sS) Zeit und das merkte man ihm am ●nfang (aA) an.*
- **e** *Ständige ●eiterbildung (wW) im Beruf ist ●eutzutage (hH) das ●(aA) und ●(oO).*
- **f** *Beim ●ufbauen (aA) des Zeltes gab es von ●eginn (bB) an nur ●chwierigkeiten (sS).*

2.2 Groß- und Kleinschreibung (Vertiefung)

Regel

Verben (Zeitwörter) können zu Substantiven werden
a) durch einen dazugehörigen Artikel: das Betreten, ein Lachen, ein Dröhnen;
b) durch einen mit einer Präposition verschmolzenen Artikel: beim (bei dem) Tanzen, ins (in das) Schleudern;
c) durch bloße Präposition: vor lauter Lachen, durch Massieren;
d) durch Pronomen: dein Schnarchen, unser Singen;
e) durch einen mitzudenkenden Artikel: Das Kind lernte (das) Gehen. Wir hörten (ein) lautes Schreien.

1 *Schreiben Sie die folgenden Sätze ab und ergänzen Sie die fehlenden Buchstaben.*
- **a** *In der Schwimmhalle herrschte ein ständiges ●ommen (kK) und ●ehen (gG).*
- **b** *Wenn Teilnehmer beim ●chwimmen (sS) ●ehlen (fF), müssen sie ihr ●ehlen (fF) sofort ●ntschuldigen (eE). Das ●ürfen (dD) sie nicht ●ergessen (vV).*
- **c** *Alles ●ahnen (mM) war vergeblich, auch sein ständiges ●rohen (dD) mit ●trafen (sS) konnte nichts ●ndern (äÄ). Es war zum ●einen (wW).*
- **d** *Sie reagierten darauf nur mit ●achen (lL) und gingen ●chlafen (sS).*
- **e** *Es wäre falsch, jetzt etwas mit ●chreien (sS) ●rreichen (eE) zu ●ollen (wW).*
- **f** *Nur durch richtiges ●rgumentieren (aA) kann man sie davon ●berzeugen (üÜ), dass jeder ●chwimmen (sS) können sollte, denn ●chwimmen (sS) ist gesund.*

Regel

Adjektive (Eigenschaftswörter) können zu Substantiven werden, z. B.
a) **durch** dazugehörigen oder mitgedachten Artikel: das Gute, der Letzte
b) **durch Präpositionen** (Verhältniswörter): mit Rot anstreichen, im Großen und Ganzen, ins Blaue
c) durch **Pronomen (Fürwörter)**, vor allem die **Mengenangaben „alles, viel, etwas, wenig, nichts"**: diese Kleine, unser Jüngster, alles Gute, etwas Wichtiges
d) als einmalige, oft fachsprachliche Bezeichnung: das Rote Meer, die Deutsche Bahn, die Olympischen Spiele, die Dritte Welt, der Heilige Abend, die Schwäbische Alb
- bei geografischen Bezeichnungen zu erkennen an der Endung „-er": der Kölner Dom, das Ulmer Münster, das Wiener Schnitzel
- bei Endung „-isch" Kleinschreibung: die britische Krone, die schwäbische Mundart

Adjektive können in folgenden festen Verbindungen wahlweise groß- oder kleingeschrieben werden: von neuem/Neuem, von weitem/Weitem, seit kurzem/Kurzem, seit längerem/Längerem, ohne weiteres/Weiteres. Für den alltäglichen Sprachgebrauch empfiehlt sich die Großschreibung.

2 *Übertragen Sie die Beispielsätze in der richtigen Schreibweise auf ein Extrablatt.*
- **a** *Unser ●ltester (äÄ) ist bereits mit einer ●olländischen (hH) Reisegesellschaft am ●chwarzen (sS) Meer. Er ist bis auf ●eiteres (wW) verreist.*
- **b** *Das Kennzeichen des ●oten (rR) Kreuzes ist ein ●otes (rR) Kreuz im ●eißen (wW) Feld, in der ●ritten (dD) Welt bei ●roß (gG) und ●lein (kK) bekannt.*
- **c** *Der ●lügere (kK) gibt nach, auch wenn die Verkehrsampel auf ●rün (gG) steht.*
- **d** *Das ●lmer (uU) Münster ist etwas ●inmaliges (eE).*
- **e** *So etwas ●ummes (dD), bis zum nächsten ●rsten (eE) reicht mein Geld nicht.*
- **f** *Der Vertreter des ●echnischen (tT) Hilfswerks hat uns über die ●rste (eE) Hilfe manches ●ützliche (nN) gesagt, das gefiel uns allen ●ut (gG).*
- **g** *Ich habe leider nichts ●utes (gG) erfahren. Das ist nicht ●rfreulich (eE).*
- **h** *Auf der ●rankfurter (fF) Automobilausstellung gab es wenig ●eues (nN).*

Regel

Zeitangaben werden großgeschrieben

- wenn „gestern, heute, morgen" davorstehen: gestern Abend, heute Nacht, morgen Nachmittag
- wenn ein Begleitwort davorsteht: eines Abends, gegen Morgen, über Nacht, gute Nacht, zu Mittag essen, der Morgen

Zeitangaben werden kleingeschrieben

- wenn sie **kein Begleitwort** haben und **auf „-s" enden**: morgens, nachts, dienstags essen, (bis) abends arbeiten
- **Merke:** bis morgen, morgen früh (auch: morgen Früh), die Technik von morgen

3 *Üben Sie die Schreibung der folgenden Zeitangaben.*
am ●bend, guten ●bend, heute ●acht, gegen ●ittag, über ●acht, des ●orgens, zu ●bend essen, eines ●orgens, jeder ●bend, in der ●acht, gestern ●ormittag, bei ●acht, jeden ●bend, morgen ●achmittag, jede ●acht. Ich bin ●orgens nicht zu Hause. Hast du ●bends Zeit? Es hat ●achts geschneit.

4 *Formulieren Sie mithilfe der folgenden Zeitangaben ganze Sätze.*
Dienstagabend, jeden Dienstag, dienstagabends, am Dienstagabend, immer dienstags, dienstags abends

Regel

Unbestimmte Zahlwörter werden **kleingeschrieben**, selbst wenn ein Artikel davorsteht. Sie gelten nicht als Substantive, sondern nur als eine Mengenangabe.

- Merken Sie sich die vier Wortstämme **„viel, wenig, ein, ander"** (in allen Formen und Steigerungen) und die Wörter **„ein bisschen, die beiden, ein paar"** (Unterscheiden Sie: Ein Paar Schuhe)
- **Hinweis:** Wenn Sie mit einem dieser Wörter etwas Substantivisches ausdrücken wollen (z. B. eine Personengruppe), können Sie dieses Wort auch großschreiben: Die Einen sagen dies, die Anderen das. Die Meisten stimmten meiner Meinung zu. Ich plane etwas ganz Anderes (= völlig Neues).

5 *Übung zur Wiederholung*

a Die ●inen (eE) tappten den ganzen Tag über im ●unkeln (dD).
b Im ●roßen (gG) und ●anzen (gG) sind wir mit der Arbeit auf dem ●aufenden (lL). Wir haben deshalb ●reitags (fF) ●achmittags (nN) frei.
c Die ●roßen (gG) freuten sich ebenso wie die ●leinen (kK) über die Show.
d Wir können die ●brigen (üÜ) bis auf ●eiteres (wW) in einem Zelt unterbringen.
e Das war eine ●reude (fF) für ●ung (jJ) und ●lt (aA), als die ●eiden (bB) ihre Lieder sangen und der ganze Saal im ●unkeln (dD) lag.
f Die ●enigsten (wW) wollten ihm glauben, dass er in seiner Schulzeit immer der ●rste (eE) der Klasse gewesen war. Darüber ließ er uns im ●nklaren (uU).
g Herzlichen Dank im ●oraus (vV), dass Sie mich über das ●esentliche (wW) auf dem ●aufenden (lL) halten wollen. Sie ist die ●inzige (eE), die hilft.
h In der nächsten Instanz werden die ●nderen (aA) den ●ürzeren (kK) ziehen.
i Die Lehrerin bedauerte es ein ●isschen (bB), dass die ●eisten (mM) ihren Text nicht mehr ins ●eine (rR) schreiben konnten.

2.3 Worttrennung auf einen Blick

am Zeilenende

Ein Wort kann **am Ende jeder Silbe getrennt** werden, die sich beim langsamen Sprechen erkennen lässt.

Beispiele: An – gel – ru – te, trin – ken, ab – rei – ßen, Lie – fe – rung, Städ – te, Emp – fang, Eu – ro – pä – i – sche Uni – on, Ei – er

Ein einzelner Vokal darf am Wortanfang oder -ende (auch in zusammengesetzten Wörtern) nicht getrennt werden:

Beispiele: *Acker, Bio-müll, Fei-er-abend, ge-gen-über, Kleie*

Trennung von „st"

s – t (ähnlich wie bei s – p: Wes – pe)

Beispiele: Wes – te, Fens – ter, Tas – te, Ins – tinkt

Trennung von „ck"

ck auf die nächste Zeile

Beispiele: Zu – cker – bä – cker, He – cke, Pa – ckung

Besonderheiten

Bei manchen Wörtern ist die Trennung nach den Sprechsilben oder nach der Zusammensetzung des Wortes erlaubt.

Beispiele: da – rum/dar – um, wa – rum/war – um, ei – nander/ein – ander

Diese doppelte Möglichkeit gilt auch für einige Fremdwörter:

inte – ressant/inter – essant, Indus – trie/Indust – rie, Qua – drat/Quad – rat, Ma – gnet/Mag – net, Pub – likum/Pu – blikum

Übung zur Worttrennung am Zeilenende

In der folgenden Übung machen Sie es bitte den Chinesen nach: Schreiben Sie von oben nach unten, jeweils nur eine Silbe in jede Zeile; wenn Sie unten auf der Seite ankommen, fahren Sie oben wieder fort. Beachten Sie dabei die Regeln zur Worttrennung.

Gestern Abend sahen wir ein interessantes Stück im Theater. Außer uns saßen noch viele junge Leute im Parkett. Alle waren begeistert. Zunächst trauten wir unseren Augen nicht: Fünf Fenster bildeten den Hintergrund der Bühne. Jedes war individuell gestaltet. Die Ausstattung des Bühnenraumes war einfach. Sie bestand nur aus einem Tisch und sechs Stühlen. Auch beim Theater üben Handwerker attraktive Tätigkeiten aus. Sie müssen stets neue Ideen verwirklichen.

2.4 Vokale (Selbstlaute)

Arbeitsweise

1. Erklären Sie zuerst anhand der Beispielwörter, die einer Übung vorangestellt sind, die Rechtschreibschwierigkeit.
2. Lesen Sie dann die zugehörige ▶ Rechtschreibstrategie, die bei der Übung der Aufgabe hilft.
3. Zeichnen Sie zu jeder Übung eine Tabelle mit zwei bzw. drei Spalten und tragen Sie darin die Lösungswörter ein, nach Schreibweisen geordnet.
4. Eine verkürzte Übungsmöglichkeit: Schreiben Sie aus jeder Aufgabe die Wörter heraus, die Ihrer Meinung nach am ehesten falsch geschrieben werden können. Begründen Sie Ihre Antwort.
5. Die Übungen können auch als mündlicher Test oder als Partnerdiktat durchgeführt werden.

a ah aa **Mal / Mahl – malen / mahlen – Nachname / Nachnahme**

Merkm●l, N●men, S●t, F●ndung, D●rlehen, Sch●r, nach●men, gew●ren, P●r, Denkm●l, Bem●lung, Str●l, schm●l, Gew●rsam, Personenw●ge, Kraftw●gen, Sch●le, Sch●l, M●ßn●me, Pflugsch●r, w●gerecht, Org●n, Auss●t, Pottw●l, bej●en, Holzsp●n

▶ Eselsbrücke: Me**h**l ma**h**len – mit h! Der Wagen steht auf der W**aa**ge. Er steht dort w**aa**gerecht.

ä äh **nämlich – Pärchen – allmählich**

H●rchen, S●le, gef●rlich, F●rte, Verm●lung, m●en, s●en, S●mann, Aff●re, Geb●rde, Gem●lde, Gew●r, N●te, g●ren, qu●len, ungef●r, abw●gen, Font●ne, B●ndel

▶ Bei einigen dieser Wörter können sie die richtige Schreibweise von einem verwandten Wort ableiten, z. B. nämlich = Namen, säen = Sämann.

Zum Einprägen: **Bei Fremdwörtern** wird das gesprochene ä **mit ai**, in manchen Fällen auch **mit a** geschrieben.
Airbus, Trainer, Drainage, Baisse, fair, Mayonnaise (auch Majonäse), Saison,
Camping, Catcher, Gag, Happy End (auch Happyend), Match, Sandwich, Software

▶ Eine sehr sichere Rechtschreibstrategie ist die Ableitung der Schreibweise vom Wortstamm. Nennen Sie bei jedem der folgenden Wörter den Wortstamm, z. B. Gämse = Gams. Merken Sie sich diese Strategie.

Bändel, belämmert, Gämse, Stängel, behände, aufwändig (auch: aufwendig), Schänke (auch: Schenke), schnäuzen, verbläuen, Gräuel, gräulich (= grauenhaft oder Farbe)

e eh ee **lehren / leeren – Rede / Reede**

beg●ren, B●te, G●ste, S●leute, F●de, L●m, T●r, R●derei, Lorb●r, w●rlos, Probl●m, verh●rend, verm●ren, St●greifrede, L●rung, Bel●rung, M●rrettich, schw●len, G●rung, S●ne, unvers●rt, s●lisch, s●lig, absch●ren, Besch●rung, Id●

Zum Einprägen: **Fremdwörter mit ee:** Allee, Gelee, Matinee, Moschee, Püree, Renommee, Tournee, Paneel, Frottee, Klischee, Komitee, Orchidee, Haschee.

i ie ieh Lid / Lied – Mine / Miene – Stil / Stiel – Fiber / Fieber

(ih nur in Pronomen [Fürwörtern] wie ihn, ihr usw.)
präz●se, ausg●big, erg●big, erg●bt, Bleistiftm●ne, Augenl●d, Pr●mzahl, F●bel, Pr●se, Br●se, ster●l, Sat●re, M●nensuchgerät, Tar●f, Baust●l, Besenst●l, Prof●l, z●mlich, B●nz●n, M●nenspiel, Kl●ma, Kr●se, nachg●big, qu●ken, Pr●mel, Rad●schen, Vent●l, Zw●back, Masch●ne, illustr●-ren, Zw●tracht, Mot●v, ziv●l, V●transport, Apfels●ne, Viol●ne, Inval●de, er schr●, Stab●lität, Volksl●d, Kal●ber, s●den, B●bel, Dev●se, R●siko, T●gel, S●gel, schm●rgeln, qu●tschen, er st●lt, er verz●t keine M●ne, er bef●lt, er fl●t, es gesch●t, er empf●lt

▶ Achten Sie bei dieser Übung auf die Fremdwörter, denn diese werden mit i geschrieben, deutsche Wörter dagegen mit ie, z. B. die Mine (im Bleistift) – die Miene (im Gesicht)

▶ Bei der Schreibung der Verben in der letzten Linie der Übung hilft es Ihnen, wenn Sie die Grundform (Infinitiv) des Wortes bilden und diese in ihren getrennten Silben leise sprechen. Beispiele: Er zieht – wir zie-hen (mit h!), er zielt – wir zie-len (ohne h!) – es geschieht – geschehen (mit h!)

Zum Einprägen: **Fremdwörter**, mit i gesprochen, aber **mit ea oder ee** geschrieben:
Beat, Leasing, Sexappeal, Teakholz, Team, Beefsteak, Barkeeper, Jeep, Teenager.

wider wieder

das Für und W●der, der W●derstand, W●dergabe, W●derhaken, W●derholung, erw●dern, W●dergeburt, W●derspruch, w●derstrebend, w●derfahren, zuw●derhandeln, W●deraufbau, W●dergutmachung, w●dersprechen, W●dersacher, w●dersetzen, W●derrede, W●derkehr, w●dererkennen, w●derrechtlich, unw●derruflich, w●derlich, W●derentdeckung, w●derlegen, die Freiheit w●dergeben, W●dervereinigung, W●derspruch, w●derwillig, W●derbelebungsversuche, auf W●derhören!, W●derverkäufer, W●derhall, w●derspiegeln

▶ Wörter mit **„wider" (mit i!)** haben den Wortsinn „**gegen** etwas gerichtet sein". Beispiele: widersprechen = etwas gegen eine Behauptung sagen, Widerstand = sich gegen jemand wehren
(Dies gilt auch für die zwei letzten Wörter der Übung, denn die Schallwellen bzw. die Lichtwellen fallen „gegen" die Fläche – entsprechend der Regel „Einfallswinkel ist gleich Ausfallswinkel".)

„Wieder" (mit ie!) hat in einem Wort die Bedeutung, dass sich etwas wiederholt, dass etwas **noch einmal** geschieht.

o oh hole Nüsse / hohle Nüsse – Mohr/Moor

▶ Wörter mit **oo** bereiten keine Probleme, denn es gibt davon im Deutschen nur eine Handvoll: Boot – Moor – Moos – Zoo – doof

Alkoh●l, die B●len, Chr●m, ausb●ten, er fr●r, geb●ren, wir h●len, die h●len Nüsse, schm●ren, Sch●nung, Leders●le, Thr●n, er verl●r, Schabl●ne, Symb●l, b●ren, ●m, monot●n, synchr●n, Str●m, S●g, S●le (= salzhaltiges Wasser), Gew●nheit

Zum Einprägen: **Fremdwörter**, die man zwar mit o spricht, aber ganz anders schreibt:
Niveau, Plateau, Sauce (auch: Soße), Bowle, Hausse.

ö öh persönlich / versöhnlich

B●, argw●nisch, h●ren, aush●len, die M●ren, schw●ren, dr●nen, h●nisch, geh●ren, Geh●r, Schmier●l, str●men, f●nen, st●nen, zerst●ren, St●rung, bet●ren, emp●rend, por●s, Fris●r, l●ten, pers●nlich, vers●nlich, mysteri●s, Nadel●r, ●len

▶ Bei diesem Rechtschreibproblem kann die Vorstellung helfen, wie ein verwandtes Wort geschrieben wird, z. B. schwören – Schwur (ohne h!), höhnisch – Hohn (mit h!) usw.

Zum Einprägen: **Fremdwörter,** mit ö gesprochen, aber **mit eu** geschrieben.
Dabei handelt es sich vorwiegend um Berufsbezeichnungen, die aus dem Französischen stammen, wie das Wort „Ingenieur". Andere Wörter sind z. B. Amateur, Deserteur.

Übung

Stellen Sie eine Liste der Berufe zu folgenden Tätigkeiten zusammen. (Beispiel: exportieren – Exporteur). Nennen Sie, wenn es sie gibt, auch die weibliche Form.

dekorieren – frisieren[1] – gravieren – hypnotisieren – importieren – instruieren – jonglieren – kommandieren – konstruieren – kontrollieren – massieren – montieren – inspizieren – arrangieren – soufflieren – spedieren (= verfrachten) – installieren

u uh Urzeit / Uhrzeit

●rheber, ●rwerk, ●rproduktion, ●rahn, ●rgestein, im ●rzeigersinn, Ausf●r, Gl●t, Kons●m, R●ne, R●m, R●m, Invent●r, Sch●macher, Schw●r, absp●len, Sp●r, Polit●r, ●rwald, Prok●ra, Zens●r, ●rzustand

ü üh Tribüne / Bühne

verbl●t, Bl●te, br●ten, er hat sich verbr●t, H●ne, Kost●m, Men●, zusammenschn●ren, sch●ren, Geb●ren, Trib●ne, Willk●r, M●le, er verspr●t, das Feuer gl●t, sp●len, Lekt●re, Ouvert●re, Brosch●re, K●rlauf, K●lwasser, K●ken

▶ Überlegen Sie, wie bei den unterstrichenen Verben die Grundform (Infinitiv) geschrieben wird, z. B. das Feuer glüht – glühen. (Beim leisen Vorsprechen der Grundform hören Sie das h.)

Keine Rechtschreibprobleme gibt es bei den Fremdwörtern dieser Übung, denn sie werden nur mit ü geschrieben, nie mit üh. (Deutsche Wörter gibt es mit ü und üh.)

Zum Einprägen: **Fremdwörter**, mit u gesprochen, **aber mit ou oder oo** geschrieben:
Coupon (auch: Kupon), Bouillon, Boulevard, Bouquet (auch: Bukett), Boutique, Nougat (auch Nugat), Roulade, Route, Routine, Souvenir, Souveränität, Tourist, Toupet, Tournee, Boom, Chatroom, Pool, Zoom.

ai ei

Waise / Weise – Saite / Seite – Laib / Leib – Hain / Hein – Laich / Leiche – Laie / Leihe

Erklären Sie die unterschiedliche Bedeutung der oben stehenden Wörter.

---

[1] *auch: Frisör*

2.5 Konsonanten (Mitlaute)

Rechtschreibprobleme treten bei Konsonanten (Mitlauten) deshalb auf, weil sie oft gleich oder ähnlich klingen. Die folgenden Übungen enthalten eine Auswahl solcher Rechtschreibfälle.

Mit den angeführten ▶ Rechtschreibstrategien können Sie Ihre eigene Rechtschreibsicherheit verstärken.

d t

1.

die Stä**dt**e		▶ **dt:** abgeleitet von Sta**dt**
	die Stä**tt**e	▶ **tt:** abgeleitet von Sta**tt** (= Stelle) z. B. Ruhestatt, Ruhestätte

Hauptstä●e, Brandstä●e, Gaststä●e, die Stä●er, an Kindes sta●, eidessta●lich, Hafenstä●e, Lagerstä●e, Sta●halter, stä●isch, sta●lich, Werksta●, sta●finden

2.

endgültig		▶ **end-:** immer betont gesprochene Vorsilbe, = **Ende**
	entschieden	▶ **ent-:** unbetonte Vorsilbe

en●erben, en●los, en●lasten, En●scheidung, en●schuldigen, unen●lich, En●gelt, unen●geltlich, unen●schieden, En●spurt, En●eignung, En●stück, en●decken, En●runde, unen●behrlich, En●station, En●bindung, en●ziffern, die En●ziffern

3.

die bedeute**nd**ste Stadt	▶ Die Stadt ist bedeuten**d**. – mit **d**!
die entlege**ns**te Stadt	▶ Die Stadt ist entlegen. – ohne **d**!

(Machen Sie im Zweifelsfall vorher die Probe.)

die anstrengen●ste Arbeit, der bescheiden●ste Mitarbeiter, der dringen●ste Auftrag, das reizen●ste Städtchen, der hervorragen●ste Politiker, der erfahren●ste Trainer, die auffallen●ste Erscheinung, der überzeugen●ste Vorschlag, die gelungen●ste Ausführung, in den leuchten●sten Farben

4.

todmüde		▶ **d** in Zusammensetzungen mit Adjektiven (Eigenschaftswörtern)
	sich **tot**lachen	▶ **t** in Zusammensetzungen mit Verben (Zeitwörtern)

Wörter wie „Todfeind", „Todesfall", „Todesurteil", usw. sind mit dem Substantiv (Hauptwort) „Tod" zusammengesetzt und werden mit **d** geschrieben.

Dagegen steht **t**, wenn von den Toten abgeleitet wird: Totenbett, Totenstille.

Übung

Bilden Sie mit folgenden Wörtern Zusammensetzungen mit tod / Tod oder tot / Tot:
krank – schlagen – Strafe – ernst – Ursache – Opfer – treten – schießen – sicher – unglücklich – fahren – (sich ...) arbeiten – Anzeige – (sich ...) stellen – Kopf

Merke: to**d**blass/to**t**enblass – Scheinto**d**/scheinto**t** – to**d**bringend – tö**d**lich – To**t**punkt

5.

Das Versan**d**haus	▶ abgeleitet vom Substantiv der Versand
hat die Ware versan**dt**	▶ versenden → versen**det** → versan**dt**

Nur bei drei Verben (Zeitwörtern) und deren Ableitungen kommt diese Schwierigkeit vor:

senden **laden** **wenden**

Der Gesan●e, das Gewan●, er lä● uns ein, sie wan●e sich um, sie ist sehr gewan●, Versan● auf eigene Gefahr, mit großer Gewan●heit, verwan●, die Verwan●en, er entlä● den Lkw, eine besondere Bewan●nis, der Einwan●, du entlä●st den Lkw

6.

A**th**let, **Th**eke u. a.		▶ **th** nur in Fremdwörtern
	Ka**t**alysator	▶ nur wenige Fremdwörter mit **t**

Apo●eke, Biblio●ek, Ka●apult, Syn●ese, Disko●ek, syn●etisch, Leichta●letik, Rhy●mus, Hypo●ek, rhy●misch, Me●ode, Ka●egorie, ●eoretisch, Ma●ematik, ●ema, ●eorie, ●ron, ●ermosflasche, Sympa●ie, ●ermometer, Ka●astrophe, ●eater, ●unfisch, Pan●er

g gg

Wa**g**en		
	Wa**gg**on	▶ Es gibt nur ganz wenige Wörter mit **gg**.

A**gg**ression – A**gg**regat – Ba**gg**er – E**gg**e – Fla**gg**e – Do**gg**e – Ro**gg**en – Schmu**gg**ler

befla●en, einschmu●eln, Blute●el, a●ressiv, ausba●ern, A●regatzustand, Wa●enachse, Fischro●en, Ro●enbrot, das Feld wird gee●t, Le●ierung

k kk ck

Fabri**k**		▶ In Fremdwörtern nur **k,** nie ck. Ausnahmen: Picknick, Hockey, Jockei (-y), Stuckateur
	A**kk**ord	▶ **kk** nur in ganz wenigen Fremdwörtern, wie z. B. Akkusativ, Akklamation, sich akklimatisieren, Sakko, Akkumulator, Makkaroni

abha**k**en		In deutschen Wörtern **k,** z. B. er ha**k**t ab, es spu**k**t
	abha**ck**en	aber auch **ck**: er hackt ab, es spuckt.

Di●tat, Ba●terien, Ba●stube, A●ademie, Salmia●, Spu●geschichte, Pa●et, Pä●chen, Blo●ade, A●ordlohn, Lü●e, Lu●e, A●ustik, A●ordeon, Schi●sal, Ele●trizität, Ma●ler, Na●theit, He●enschere, Fra●tion, A●tie, A●u, Lo●vogel, Lo●omotive, a●tiv, Produ●t, Fa●tor, A●robat, Ta●ti●, Taba●fabri●, Bri●ett, Inse●t, a●zeptieren, erschre●en, sie erschra●en, a●tuell

l ll

Pa**l**ast		**l** oder **ll** klingen in der Aussprache oft gleich.
	Ba**ll**ast	▶ Schwierige Wörter mit **ll** muss man sich besonders einprägen.

Schwierige Wörter mit ll:
paral**l**el, A**ll**ee, inte**ll**igent, inte**ll**ektuell, Ba**ll**ett, Ba**ll**ade, Insta**ll**ation, Ko**ll**ektion, Ko**ll**ision

Para●e●ogramm, ebenfa●s, fa●zen, du fä●st zurück, Wa●fahrt, Wa●ze, Do●metscher, Geschwu●st, Inte●igenz, Para●e●klasse, Ba●spiel, Sate●it, Ta●g, Ta●kum, Porze●an, insta●ieren, Ta●isman, sich etwas aufha●sen, i●ustrieren, Tunne●, To●eranz, Fa●z, Wa●ze, Ko●ektiv, Ko●oss, vie●eicht, a●armieren, A●emannen

s ss ß

rei**s**en		abrei**s**en – Rei**s**stroh – Wei**s**heit
	rei**ß**en – Ri**ss**	abrei**ß**en – Rei**ß**wolle – Wei**ß**glut – Wi**ss**begier

▶ Bei ß – ss erreichen Sie durch leises Vorsprechen eines Wortes 100 %ige Rechtschreibsicherheit, denn die Schreibweise ist dann ganz deutlich zu hören wie in dem Beispiel Pass – Straße (kurz – lang gesprochen).

Nach lang gesprochenem Vokal und nach Doppellaut wird ß geschrieben.	Nach kurz gesprochenem Vokal folgt ss, gleichgültig, wo der s-Laut im Wort steht.
• reißen – Gruß – Grüße – Floß • Maße – Maßkontrolle – mäßig • ich gieße – Gießkanne – Gießstab	• Riss – Fluss – Flüsschen – es floss • Masse – Passkontrolle – massig • ich goss – Stahlguss – Gussstahl (sss)

Drei zusammentreffende gleiche Buchstaben bleiben ausnahmslos erhalten.
Beispiele: Missstand, Betttuch, Schlussstrich, Seeelefant, Sauerstoffflasche

Zur besseren Lesbarkeit kann ein Bindestrich gesetzt werden: Miss-Stand
See-Elefant, Schwimm-Meister, Stall-Laterne, Schiff-Fahrt, Tee-Ei

Übung

Bestimmen Sie die richtige Schreibweise:
au●erordentlich, Au●enpolitik, au●gedehnt, Bi●tum, bi●her, ein bi●chen, Bi●, Gefä●, bewei●en, Wegwei●er, Burgverlie●, sie verlie●, hei●, Hei●erkeit, Ma●arbeit, A●, Kompa●, Ma●stab, Pa●bild, ra●en, ra●ieren, mi●lingen, Mi●verständni●, Kürbi●, Grie●brei, Rei●korn, Mei●e, Mei●el, Gei●el (Gefangener), Gei●el (Peitsche), Lo●, Rei●verschlu●, Abrei●e, Abrei●kalender, Erlö●, Klö●e, rie●engro●, nasewei●, Globu●, Ro●t, Fri●t, er fri●t, Kongre●, Korro●ion, Frä●maschine, Hinderni●, durchnä●t, anprei●en, prei●wert, Wei●bier, Wei●heitszahn, Imbi●, Bei●zange, ungenie●bar, Sträu●chen, Glä●chen, Rö●chen, Tä●chen, Gä●chen, Kü●chen, Radie●chen

Er hasst jede Hast.

das		**Das** ist nicht **das** Buch, **das** ich bestellt habe. Demonstrativpronomen (hinw. Fürwort) — Artikel — Relativpronomen (bezügl. Fürwort)
	dass	Ich glaube, **dass** hier ein Irrtum vorliegt. Konjunktion (Bindewort)

▶ **das** (mit **s**) wird geschrieben, wenn man dafür „dies(-es)" oder „welches" einsetzen kann. Passt keines der beiden Wörter, steht **dass** (mit **ss**).

Beispiel: Er behauptet, **dass das** nicht **das** Buch ist, **das** er bestellt hat.

dies dieses welches

Übung

Setzen Sie **das / dass** ein:

Ich glaube da●, weil du da● sagst. Ich glaube, da● du da● verstehst. Wir merkten bald, da● da● nicht da● Gasthaus war, da● er uns empfohlen hatte. Hättest du da● gedacht, da● er da● schafft? Da● er dir da● Geld zurückgegeben hat, da● er dir schon lange schuldet, da● überrascht mich. Ist da● da● Kleid, da● sie dir geschenkt hat? Wir erwarten, da● er sich entschuldigt und da● er den Schaden ersetzt.

Zum Einprägen: 10 schwierige Paarungen

1. Symmetrie – Sympathie
2. ein Weiser – ein Weißer
3. Immission – Emission
4. Korrosion – Erosion
5. Karren – Karosserie
6. Stanniol – Standard
7. jedermann – man
8. Branntwein – Weinbrand
9. genießen – niesen
10. geradeaus – aufs Geratewohl

Das waren noch (Rechtschreib-)Zeiten!

Wie das Bier summer un winter auf dem Land sol geschenckt und prauen werden Wo auch ainer nit Mertzn sonder annder Bier prawen oder sonst haben würde sol Er doch das kains wegs höher dann die maß umb ainen pfenning schencken und verkauffen.

Wir wöllen auch sonderlichen das füran allenthalben in unsern Stetten Märckthen un auff dem Lande zu keinem Bier merer Stückh dan allain Gersten Hopffen un wasser genomen und gepraucht sölle werdn.

Das bayerische Reinheitsgebot für Bier (Originaltext) im Jahre 1516 zu Ingolstadt erlassen.

2.6 Getrennt- und Zusammenschreibung

Es hängt vor allem von der Gesamtbedeutung des Wortes ab, wie etwas geschrieben wird. Gibt es eine Hauptbetonung, wird zusammengeschrieben, bei Doppelbetonung getrennt.
In vielen Fällen ist sowohl Zusammen- als auch Getrenntschreibung möglich.

- **Getrennt geschrieben wird in folgenden Fällen:**
  - wenn **ein Verb vor einem weiteren Verb** steht, z. B. spazieren gehen, lesen üben
  - **Verbindungen mit -bleiben und -lassen** können auch zusammengeschrieben werden, wenn sich aus der Fügung eine neue Bedeutung ergibt: *(auf dem Stuhl) sitzen bleiben / (in der Schule) sitzenbleiben, (die Jacke) hängen lassen / (jmdn.) hängenlassen.* Dasselbe gilt für *kennen lernen / kennenlernen* (= über jmdn. mehr erfahren).
  - wenn **ein Partizip vor dem Verb** steht, z. B. getrennt leben, getrennt schreiben
  - wenn **der erste Bestandteil ein Adjektiv** ist in der ursprünglichen Bedeutung, z. B.: einen Aufsatz gut schreiben, eine Rede frei halten, ein Kind fest halten

- **Zusammengeschrieben wird in folgenden Fällen:**
  - wenn die **Verbindung von Adjektiv und Verb** eine ganz **neue Bedeutung** ergibt, z. B. einen Betrag gutschreiben, einen Gast freihalten, eine Behauptung richtigstellen
  - wenn das Wort mit **irgend** beginnt, z. B. irgendein, irgendwo, irgendetwas
  - wenn der erste Bestandteil in dieser Form als selbstständiges Wort nicht vorkommt, z. B. **fehl**schlagen, **feil**bieten, **weis**machen, **heim**kommen, **preis**geben
  - wenn der erste Bestandteil mit **-einander** oder **-wärts** gebildet ist und der Hauptakzent auf dem Adverb liegt, z. B. *aufeinanderliegen, aneinanderkleben, vorwärtsfahren.* Liegt der Hauptakzent auf dem Verb, wird getrennt geschrieben, z. B. aufeinander achten, aneinander denken, vorwärts einparken.

- **Wahlweise Getrennt- oder Zusammenschreibung in den folgenden Fällen:**
  - Ein einfaches Adjektiv (z. B. klein) steht vor einem Verb (z. B. schneiden) und beschreibt das Ergebnis einer Tätigkeit (z. B. klein schneiden / kleinschneiden). Weitere Beispiele: blau färben / blaufärben, glatt streichen / glattstreichen, leer trinken / leertrinken, kalt stellen / kaltstellen *(Hierbei beachten: Bei anderer Betonung nur Getrenntschreibung, z. B. (Gemüse) kleiner schneiden, ein Glas ganz leer trinken usw.)*
  - Ein einfaches Adjektiv gibt die Stärke oder den Umfang des nachfolgenden Wortes an, z. B. ein schwer verständlicher / schwerverständlicher Text, eine leicht verletzte / leichtverletzte Frau, eine dünn besiedelte / dünnbesiedelte Region, ein dicht bewölkter / dichtbewölkter Himmel. *(Aber nur getrennt, wenn eine weitere Bestimmung hinzukommt und dadurch anders betont wird, z. B. ein sehr schwer verständlicher Text, eine ganz dünn besiedelte Region.)*

Übung: Zusammen oder getrennt?

A Ich werde meine Rede frei / halten. – Ich werde den Platz für dich frei / halten.

B Die beiden Schüler muss man auseinander / setzen. – Mit ihm werde ich mich noch auseinander / setzen. Wenn er immer blau / macht, wird er sitzen / bleiben.

C Bei diesem Projekt sollten alle zusammen / arbeiten. – In diesem Zimmer werden wir zusammen / arbeiten. Wir werden darin dicht / gedrängt sitzen und miteinander / lernen

D Diesen Irrtum werde ich richtig / stellen. – Die werden mich noch kennen / lernen.

E Der Lehrer darf die Lösung nicht vorher / sagen. – Ich kann doch das Wetter nicht vorher / sagen.

F Irgend / jemand wird den Termin bekannt / geben, wann wir heim / fahren können.

G Sie will im Beruf nicht stehen / bleiben, sondern vorwärts / kommen.

H Ihr könnt jetzt das Holz zusammen / tragen und es dann aufeinander / setzen.

I Er ist ein viel / versprechender Vertreter. – Er ist ein viel / versprechender Auszubildender.

2.7 Straßennamen

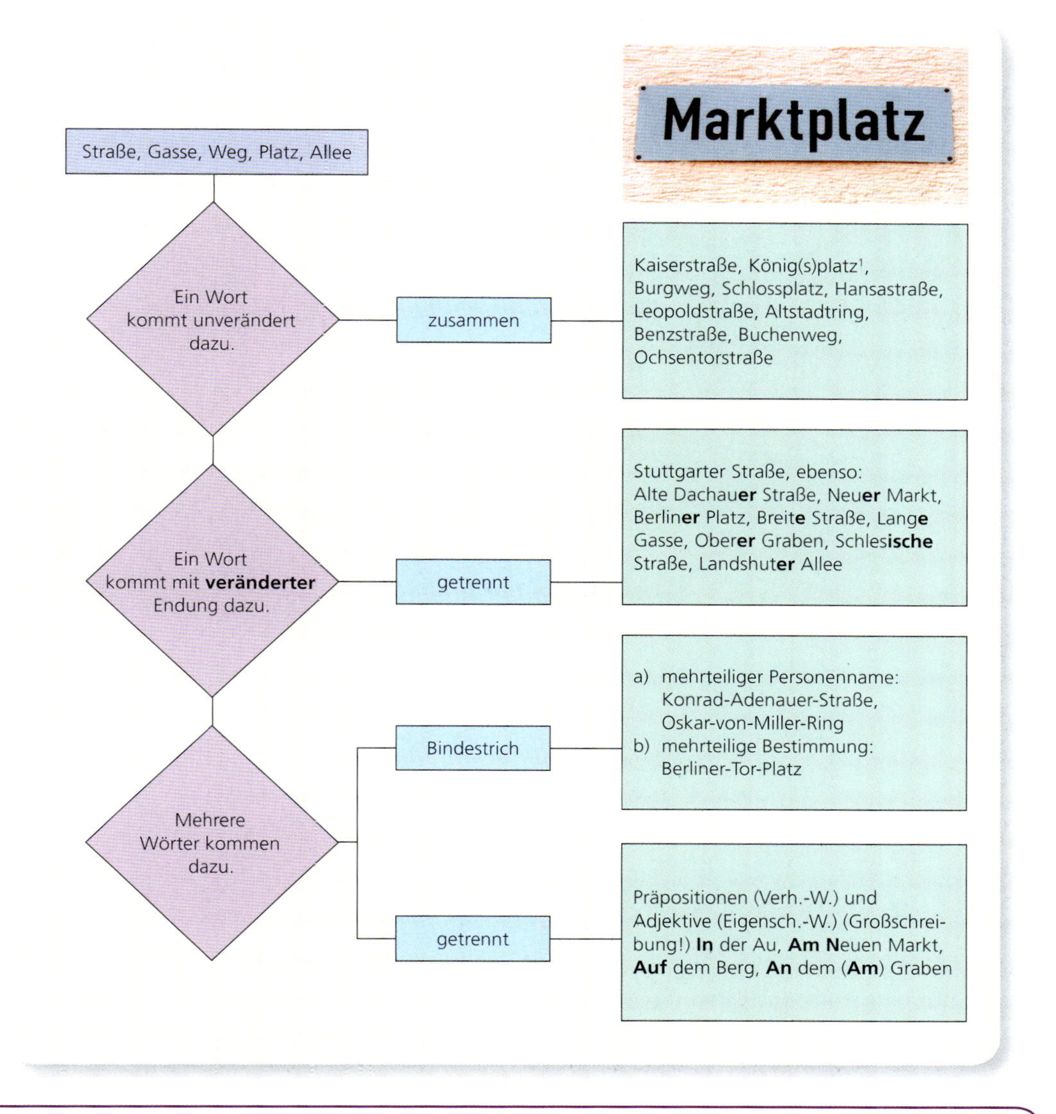

1 *Die Regeln über die Schreibweise von Straßennamen sind hier übersichtlich dargestellt. Formulieren Sie diese Regeln mit Ihren eigenen Worten. Erläutern Sie sie an einem Beispiel (z. B. Marktgasse – Neuer Markt – Am Neuen Markt).*

2 *Bilden Sie zu jeder Regel drei Straßennamen.*

3 *„Ulmerstraße" wäre so eigentlich falsch geschrieben – oder in einem bestimmten Fall doch nicht?*

4 *Schreiben Sie die Straßennamen in der richtigen Weise:*
THEODORHEUSSALLEE – INDENGÄRTEN – MURRSTRASSE – FÄRBERSTRASSE – RÖMERSTRASSE – FICHTENWEG – KONSTANZERSTRASSE – SÜDWESTRING – RICHARDWAGNERPLATZ – LEINENWEBERGASSE – MANNHEIMERALLEE – AUFDEMWALL – FÜRTHERSTRASSE – IMALTENWEINBERG – PAPPELALLEE – AMSTADTGARTEN – OBERWALDSTRASSE – PETERUNDPAULPLATZ – BAHNHOFSTRASSE – LANDGRABENSTRASSE – AMTURMBERGWEG –

[1] *Ein eingefügtes „s" spielt bei der Schreibung keine Rolle.*

3 Zeichensetzung

Das Komma ist ein Gliederungszeichen, es dient dazu, einen Satz übersichtlicher zu gestalten und dem Leser das Verständnis zu erleichtern. Die Schreiberin bzw. der Schreiber kann durch die Kommasetzung besondere Aussageabsichten oder Einstellungen deutlich machen. Daher lassen die Kommaregeln den Schreiberinnen und Schreibern eines Textes in einigen Fällen die freie Entscheidung, ob sie ein Komma setzen wollen oder nicht.[1]

3.1 Komma bei Aufzählungen

Regel

Das Komma steht bei Aufzählungen zwischen gleichrangigen Wörtern und Wortgruppen. Ein Komma steht auch dann, wenn eine Aufzählung mithilfe folgender Konjunktionen erfolgt: nicht nur, sondern auch, einerseits / andererseits, teils / teils, je / desto, bald / bald (z. B. bald hier, bald dort).

Aufzählung von gleichrangigen Wörtern	Tim sägte, hobelte, hämmerte den ganzen Tag. Julia kauft ein neues, schönes, schnelles Auto. Sie erlebten einen kurzen, schönen Urlaub. **Ausnahme:** Vor einem feststehenden Begriff (Einheit) steht kein Komma: Sie schabt gute schwäbische Spätzle. Der linke vordere Kotflügel wurde beschädigt. **Probe:** Kann ein **und** oder **sehr** zwischen den Wörtern stehen, dann liegt eine Aufzählung vor und es wird **ein Komma gesetzt**.
Aufzählung von gleichrangigen Wortgruppen	Der Nachbar hatte versprochen den Briefkasten zu leeren, die Blumen zu gießen, den Garten zu mähen. Sie freute sich über den neuen Computer, die vielen Geschenke, den großen Blumenstrauß. Wolfgang hatte mehrere Filzstifte, zwei Geodreiecke, ein Lineal, einen Radiergummi in seiner Schultasche.

[1] *Im Lehrbuch werden solche Stellen mit „(,)“ gekennzeichnet.*

Das Komma entfällt, wenn die gleichrangigen Wörter oder Wortgruppen durch und, oder, beziehungsweise, sowie, wie, entweder … oder, sowohl … als auch, sowohl … wie auch oder weder … noch verbunden sind.

Regel

Aufzählung von gleichrangigen Wörtern	Lea kauft ein neues, schönes **und** schnelles Auto. Er sägte, hobelte **oder** hämmerte den ganzen Tag. Sie erlebten einen kurzen **und** schönen Urlaub.
Aufzählung von gleichrangigen Wortgruppen	Der Nachbar hatte versprochen den Briefkasten zu leeren, die Blumen zu gießen **und** den Garten zu mähen. Sie freute sich über den neuen Computer, die vielen Geschenke **und** den großen Blumenstrauß. Sie waren **sowohl** völlig erschöpft **als auch** vom Regen durchnässt. Sie fährt **entweder** mit dem Auto **oder** mit dem Zug.

Übungen[1]

Stellen Sie fest, um welche Form der Aufzählung es sich jeweils handelt. Übertragen Sie die Sätze in Ihr Heft und setzen Sie die erforderlichen Kommas:

A Das Obst war frisch einwandfrei und geschmackvoll.
B Das Gebäck war weder frisch noch schmackhaft.
C Er konnte entweder den Schal oder die Krawatte tragen.
D Frisches bayerisches Bier wurde angeboten.
E Die allgemeine wirtschaftliche Lage wird positiv eingeschätzt.
F Die Schüler freuen sich auf die nächsten großen Ferien.
G Er trug einen schwarzen auffällig gemusterten Pullover.
H Ihre neue blaue Bluse gefiel ihm sehr gut.
I Der junge dynamische Lehrer führte lehrreiche physikalische Versuche vor.
J Marco Sophia und Damir treffen sich bei Lukas in seiner Wohnung.
K Sein neues Handy hat eine Digitalkamera und ein Navigationssystem.
L Er pflegte weder sein Fahrrad noch seine Inliner.
M Bei diesem Regen kann man weder Rad fahren noch bummeln gehen.
N Gabel Messer Schere Licht sind für kleine Kinder nicht.

Vor entgegenstellenden Konjunktionen (Bindewörtern) wie aber, doch, jedoch, sondern steht ein Komma.

Regel

entgegenstellende Konjunktionen (Bindewörter)	Sie will kein normales Fahrrad, sondern ein Mountainbike. Die Farbe ist schön, jedoch sehr empfindlich. Der Juni war sonnig, aber zu kühl.

Übungen[1]

Übertragen Sie die Sätze in Ihr Heft. Prüfen Sie, wo ein Komma gesetzt werden muss. Begründen Sie Ihre Entscheidung.

A Tom ist arm aber zufrieden.
B Er fliegt nicht nur bei gutem sondern auch bei schlechtem Wetter.
C Das Fernsehprogramm war gut aber er ging doch lieber zu seinem Freund.
D Sie übersah ihn nicht nur sondern flirtete auch noch mit anderen.
E Sie erlebten einen kurzen jedoch schönen Urlaub.
F Der Blumenstrauß war eine Pracht aber viel zu teuer.
G Das Getränk war gut gekühlt jedoch zu süß.

[1] *Bei geliehenen Büchern dürfen die Lösungen nicht ins Buch eingetragen werden.*

3.2 Komma zwischen Hauptsätzen

Regel

Hauptsätze, die inhaltlich zusammengehören, können zu gleichrangigen Teilsätzen eines Ganzsatzes werden. Sie werden dann durch ein Komma (oder einen Strichpunkt) getrennt. Kein Komma wird gesetzt, wenn die Teilsätze durch und oder oder verbunden werden. (Will man die Gliederung des Ganzsatzes deutlich machen, kann aber auch ein Komma gesetzt werden.)

gleichrangige Teilsätze	Das Postauto kam, es hielt vor dem Haus, der Fahrer stieg aus. Die Musik wird leiser, der Vorhang hebt sich(,) und das Spiel beginnt. Ich fotografierte die Schiffe(,) und meine Freundin lag in der Sonne.

Übungen[1]

Übertragen Sie die Sätze in Ihr Heft. Entscheiden Sie, ob ein Komma gesetzt werden muss. Begründen Sie Ihre Entscheidung.

A Er dachte angestrengt nach seine Geheimzahl fiel ihm nicht ein.

B Die Meisterin erklärte die Maschine die Auszubildenden hörten aufmerksam zu.

C Der Film gefiel ihm doch das Buch hatte ihn mehr gefesselt.

D Der Tee schmeckte sehr gut und das Gebäck war frisch.

E Er dachte lange nach und ihr Name fiel ihm doch noch ein.

F Dem Mädchen gefiel die Arbeit am Computer und sie fand eine gut bezahlte Stelle aber sie erhielt nur einen befristeten Arbeitsvertrag.

G Der Vater liest die Mutter löst Rätsel und die Tochter surft im Internet.

H Ich habe sie oft besucht oder wir trafen uns im Restaurant und häufig saßen wir bis spät in die Nacht zusammen.

3.3 Komma zwischen Haupt- und Nebensätzen

Regel

Das Komma trennt Haupt- und Nebensätze.

nachgestellter Nebensatz	Viele Menschen vermuten, *dass die Technik die Natur negativ beeinflusst.* Die Beeinflussung ist nicht einfach zu beweisen, *da viele Vorgänge nicht direkt betrachtet werden können.*
eingeschobener Nebensatz	Wissenschaftler, *die Schäden vorbeugen wollen*, untersuchen die Zusammenhänge. Dazu sind, *weil vieles in der Natur nicht beobachtbar ist*, komplizierte Laborversuche nötig.
vorgestellter Nebensatz	*Da die Ergebnisse häufig nicht eindeutig sind*, bleiben sie oft unberücksichtigt. *Dass dies bedenklich ist*, wissen wir alle.

[1] *Bei geliehenen Büchern dürfen die Lösungen nicht ins Buch eingetragen werden.*

Übungen[1]

Übertragen Sie die Sätze in Ihr Heft. Unterscheiden Sie Haupt- und Nebensätze, setzen Sie die Kommas:

A Es freut mich sehr dass ihnen unsere Waren gefallen.
B Wenn es möglich ist wird die Bestellung sofort bearbeitet.
C Ich vermute sie ist nicht ausführbar da ein Teil der Waren fehlt.
D Man darf gespannt sein wie sich der Betrieb entwickeln wird.
E Da die Konjunktur schwach ist müssen viele Firmen vorsichtig disponieren.
F Wir merkten sehr spät dass ein Gewitter aufzog.
G Der Donner den man hörte war sehr laut.
H Die Hagelkörner die am Anfang fielen waren sehr groß.
I Der Regen war so heftig dass man nichts mehr sah.
J Das Gewitter verging so schnell wie es gekommen war.
K Da der Rasen nass war rutschten die Spieler immer wieder aus.
L Die Heimmannschaft die den Platz kannte stellte sich schnell auf die neuen schwierigeren Verhältnisse ein.
M Sie konnte durch die Überlegenheit die sie nun erreicht hatte deutliche Vorteile erringen.
N Es war schade dass trotzdem keine Tore fielen.
O Die Zuschauer die ein interessantes Spiel gesehen hatten waren dennoch zufrieden.
P Als wir nach Hause kamen war es schon spät.

3.4 Komma bei Anrede, Ausruf und Stellungnahme

Die Kommasetzung soll dazu beitragen, dass die Absicht beim Schreiben deutlich wird. Daher erlauben es die Regeln in einigen Fällen den Schreiberinnen und Schreibern(,) selbst zu entscheiden, ob sie etwas hervorheben und ein Komma setzen wollen oder nicht:

Regel

Anreden, Ausrufe oder Stellungnahmen, die besonders hervorgehoben werden sollen, werden mit Komma abgegrenzt.

Anreden	Herr Maier, bitte kommen Sie zu mir. Wie gut kennen Sie, Frau Unger, den neuen Mitarbeiter? Würden Sie das bitte wiederholen, Kevin.
Ausrufe, Empfindungen (Interjektionen)	Schnell, kommen Sie! Hurra, wir haben gewonnen! Hallo, wo wollen Sie hin? Ach, war das aufregend! (auch: Ach war das aufregend!)
vorgesetzte Stellungnahme, Bejahung, Verneinung oder Bitte	Richtig, das hätten wir beachten sollen. Sicher, es hat auch geregnet. Ja, dieser Plan entspricht meinen Vorstellungen. Nein, um diese Zeit ist niemand mehr zu sprechen. Bitte, komm pünktlich. (auch: Bitte komm pünktlich.)

Übungen[1]

Welche Unterschiede gibt es, wenn in den folgenden Sätzen Kommas gesetzt werden oder nicht?
A Karin meine Schwester und ich gehen ins Kino. **B** Au das tut weh!
C Gehst du mit in die Disko Luis? **D** Jawohl wir bestehen auf dem Vertrag.
E Nein um diese Zeit kann man nicht mehr anrufen. **F** Ach lass mich doch in Ruhe!

[1] *Bei geliehenen Büchern dürfen die Lösungen nicht ins Buch eingetragen werden.*

3.5 Komma bei Besonderheiten im Satz

Regel

Zusätze oder Nachträge werden mit Kommas abgetrennt.

Parenthesen (zusätzliche Erklärungen)	Eines Tages, es war mitten im Februar, hagelte es. Ihre Forderungen, das wollen wir noch einmal betonen, halten wir für unangemessen.
Beisatz (Apposition)	Unser Meister, ein großer Mann, arbeitet gerne in seinem Garten. Seine Frau, unsere Nachbarin, hat eine Ferienreise gewonnen. Frau Schwalbe, die Sekretärin, lächelt freundlich.
mehrteilige Orts-, Wohnungs- und Zeitangaben	Die Carl-Schaefer-Schule, Ludwigsburg, Hohenzollernstraße (,) besitzt eine sehr alte Dampfmaschine. Frau Monika Vogel, 28 Jahre, Nürnberg, Brückenstraße 12(,) hat eine Heiratsanzeige aufgegeben. Die Tagung soll Freitag, den 13. Mai, um 13 Uhr(,) beginnen.
nachgestellte Erläuterungen, genauere Bestimmung	Wir besuchen dich nächste Woche, und zwar am Mittwoch. Sie isst gerne getrocknete Früchte, besonders Birnen und Äpfel. Sie reist gerne, zum Beispiel nach Amerika. Am Sonntag ist mit Regen zu rechnen, vor allem im Süden. **Wichtig:** Folgende Wörter leiten eine genauere Bestimmung ein: abzüglich, also, allerdings, auch, ausgenommen, außer, besonders, bis auf, das heißt (d. h.), das ist (d. i.), freilich, genauer, insbesondere, nämlich, namentlich, trotz, und das, und zwar, vor allem, wenn auch, zum Beispiel (z. B.)
Wörter oder Wortgruppen, die angekündigt werden	Sie, die Lehrerin, weiß das ganz genau. Laut lachend, so kam sie auf mich zu. So, die Tasche in der Hand, standen wir wartend da.

Übungen[1]

Übertragen Sie die Sätze in Ihr Heft und setzen Sie die Kommas. Begründen Sie Ihre Entscheidung.

A Sie fährt am Montag den 15. Mai in Urlaub.

B Die Fähre fährt täglich zweimal und zwar morgens und abends.

C Die Regierung muss etwas gegen die Arbeitslosigkeit tun und zwar bald.

D Deinem Bruder meinem ehemaligen Klassenkameraden dem bin ich oft begegnet.

E Herr Maier ist von Rosenheim Bahnhofstraße 12 nach Heidelberg Bismarckplatz 15 3. Stock links umgezogen.

F Wir besuchen Herrn Müller unseren Meister morgen Dienstag 14:00 Uhr im Krankenhaus 5. Stock Station C2 Zimmer 15.

G Jedes Jahr nämlich im Frühjahr muss er sich mit der Gartenarbeit beeilen.

H Er schaut zum Fenster hinaus müde und gelangweilt.

I Mein Freund Felix Dahn Augsburg und Petra Helene März Fürth verloben sich am Sonntag 24. Dezember auf Mallorca.

J Petra fährt gerne nach Mallorca besonders im Winter.

[1] *Bei geliehenen Büchern dürfen die Lösungen nicht ins Buch eingetragen werden.*

3.6 Komma bei Infinitiv- und Partizipialgruppen

bei Infinitiv- und Partizipialgruppen	Infinitivgruppen werden in drei Fällen mit Komma abgegrenzt: 1. **Die Infinitivgruppe wird eingeleitet von *um zu – ohne zu – statt zu – anstatt zu – als zu*.** **Beispiele:** Sie öffnete das Fenster, um zu lüften. Er rannte über die Straße, ohne auf den Verkehr zu achten. Statt zu lernen, ging er ins Kino. 2. **Die Infinitivgruppe bezieht sich auf ein Substantiv.** **Beispiele:** Er fasste den Plan, heimlich abzureisen. Sein Ziel, die Prüfung zu bestehen, ist gefährdet. *(Welchen Plan? – Welches Ziel?)* 3. **Die Infinitiv- oder Partizipialgruppe hängt von einem Verweiswort ab.** **Beispiele:** Er hat es nie bereut, ins Ausland gegangen zu sein. Die Prüfung zu bestehen, das war sein größter Wunsch. Laut singend, so kamen sie aus dem Stadion.

Sonst ist die Kommasetzung bei Infinitiv- und Partizipialgruppen freigestellt.
Beispiele: Sie nahm sich vor(,) ihre Eltern zu besuchen. Ein Buch in der Hand haltend(,) stand er an der Tür. Sie weigerte sich(,) zu bezahlen. Sie weigerte sich(,) die Rechnung zu bezahlen. Laut singend(,) kamen sie aus dem Stadion.

3.7 Zeichen der wörtlichen Rede (direkte Rede)

Wörtlich Wiedergegebenes (direkte Rede) wird durch Anführungszeichen eingeschlossen.

Regel

Die direkte Rede wird am Anfang und am Schluss durch Anführungszeichen bzw. Ausführungszeichen gekennzeichnet. Die Anführungszeichen sind nur dann zu setzen, wenn der Sprecher wechselt.

Der Begleitsatz, der erkennen lässt, wer spricht, gehört nicht zur direkten Rede. Er wird durch Doppelpunkt oder Komma von der direkten Rede abgegrenzt.

vorgestellter Begleitsatz	**Tom sagte:** „Es tut mir leid, dass ich das Bild vergessen habe."
nachgestellter Begleitsatz	„Es tut mir leid, dass ich das Bild vergessen habe", **sagte Tom zu seinem Freund.**
eingeschobener Begleitsatz	„Es tut mir leid", **sagte Tom zu seinem Freund,** „dass ich das Bild vergessen habe."

Besteht die wörtliche Rede aus einer Frage oder einem Ausruf, so wird das entsprechende Satzzeichen am Ende der wörtlichen Rede gesetzt. Folgt ein Begleitsatz, so setzt man nach dem anschließenden Anführungszeichen **immer** ein Komma, also auch dann, wenn die wörtliche Rede mit einem Ausrufe- oder Fragezeichen endet.

„Kommst du mit?", fragte Martina ihre Schwester.
„Ich bleibe hier!", rief sie zurück.

Kreativ schreiben

1 *Recherchieren Sie online den Begriff „kreativ schreiben" und halten Sie Ihre Ergebnisse in Form einer Mindmap fest (s. S. 87).*

2 *Welche kreativen Schreibformen haben Sie bereits kennengelernt?*

1

Einen Erzählkern ausgestalten

Deckeneinsturz in Neckar-Eis-Arena

Ober-Abruhlingen (sma). Am gestrigen Mittwoch veranstaltete der Eis-hockey-Verein Ober-Abruhlingen eine „Disco on Ice" in der Neckar-Eis-Arena, zu der zahlreiche begeisterte Schlittschuhläufer erschienen. Während sich vor dem Eingang eine lange Warteschlange bildete, zogen drinnen bereits die ersten Schlittschuhläufer im Rhythmus der Musik ihre Bahnen. Aufgrund der großen Schneelast stürzte plötzlich ein Teil der Hallendecke ein und Stahlträger und Holzbalken landeten direkt auf der Eisfläche. Besucher, darunter der bekannte DJ Beatz, blieben unverletzt und konnten sich rechtzeitig in Sicherheit bringen. Die Neckar-Eis-Arena wurde umgehend evakuiert. Es laufen Ermittlungen.

1 *Notieren Sie in Stichworten die Kerninformationen (Thema, Personen, Zeit und Ort) des Berichts.*

2 *Gestalten Sie die Kerninformationen des Berichts als Erzählkern zu einer Erzählung (s. S. 107) aus. Beachten Sie dazu die unten stehenden Hinweise.*

3 *Bilden Sie Kleingruppen und überarbeiten Sie Ihre Erzählungen mithilfe der Methode „Textlupe" (s. S. 21).*

4 *Suchen Sie in einer Regionalzeitung (oder auf deren Homepage) nach einer interessanten Zeitungsmeldung. Verwenden Sie die Kerninformationen als Erzählkern für eine neue Geschichte.*

Hinweise

- Achten Sie stets darauf, dass Sie den Erzählkern nicht aus den Augen verlieren.
- Ergänzen Sie den Erzählkern um weitere Ideen.
- Überlegen Sie, welche Gefühle und Gedanken die Personen jeweils haben könnten. Machen Sie sich Notizen dazu.
- Wählen Sie eine Erzählperspektive (Person, aus deren Sicht erzählt wird): Ich-/ oder Er-Erzählperspektive.
- Wählen Sie ein Erzähltempus: Präsens (Gegenwart) oder Präteritum (Vergangenheit).
- Berücksichtigen Sie die Erzählschritte einer Erzählung (s. S. 107) und führen Sie die Handlung zu einem Höhepunkt.
- Formulieren Sie spannend (s. S. 108) und abwechslungsreich.
- Verwenden Sie wörtliche Rede.
- Geben Sie Ihrer Geschichte einen neuen spannenden Titel.
- Prüfen Sie, ob Sie logisch, verständlich und lebendig geschrieben haben.

2 Eine literarische Erzählung fortsetzen

Die Kündigung

Theo Schmich

„Im Zuge notwendiger Personaleinsparungen müssen wir leider auch Sie entlassen", sagte der Personalchef zu dem Mann, den er in sein Büro gerufen hatte, und der ihm nun gegenüber saß. Bekümmert hob er die Arme und ließ sie wieder sinken, um darzutun, wie leid ihm diese Entscheidung tat. [...]

„Wieso bin gerade ich dabei?", fragte er schließlich. „Bin ich – habe ich denn so schlecht gearbeitet?"

„Das weiß ich nicht!", antwortete der Personalchef. „Ich teile Ihnen Ihre Entlassung nur mit. Sie brauchen es nicht persönlich zu nehmen. Unser Elektronenrechner hat Sie und die achtzig anderen ausgesucht." „Wie das?", fragte der Mann verwirrt. „Wir haben dem Rechenautomaten die Daten aus den Akten sämtlicher Belegschaftsmitglieder eingegeben", erklärte der Personalchef ungeduldig. „Nun, und dabei hat der Automat eben entschieden, dass Sie am ehesten für eine Entlassung in Frage kommen. So leid es uns natürlich tut, überhaupt einen Mann entlassen zu müssen."

„Aber – ich verstehe nicht –", stotterte der Mann. „Mehr kann ich Ihnen dazu nicht sagen", fiel der Personalchef ihm ins Wort. „Ich wünsche Ihnen für die Zukunft alles Gute. Sie entschuldigen mich. [...]"

Er blieb noch einen Moment sitzen. Das Ganze kam ihm so unwirklich vor. Doch schließlich erhob er sich, murmelte „Danke" und ging hinaus. Während er durch die vertrauten Flure des Bürogebäudes schritt, wiederholte er sich ständig, was der Personalchef gesagt hatte. Und allmählich wurde er sich der ganzen Tragweite seiner Entlassung bewusst. Er war versucht, zurückzulaufen und den Personalchef um Gnade zu bitten. Aber dann ließ er es. O ja, er glaubte schon, dass er nach Ablauf der Kündigungsfrist eine andere Arbeit würde gefunden haben. Aber wer gab ihm die Sicherheit, dass es so war? [...]

aus: Karst (Hrsg.), Texte aus der Arbeitswelt, S. 147 ff.

1 *Lesen Sie den Textauszug. Besprechen Sie das vorliegende Kündigungsbeispiel mit Ihrem Wirtschaftskundelehrer: Warum würde diese Kündigung vor einem Arbeitsgericht keinen Bestand haben?*

2 *Welche Gedanken und Gefühle bewegen den Mann, nachdem er von seiner Kündigung erfahren hat?*

3 *Führen Sie die Erzählung fort. Berücksichtigen Sie die folgenden Ratschläge:*

Hinweise

- Behalten Sie grundlegende Vorgaben der Erzählung bei: Handlungsort, -zeit, Personen, Erzählperspektive (Person, aus deren Sicht erzählt wird: Ich-/Er-Erzähler), Erzähltempus Präsens (Gegenwart) oder Präteritum (Vergangenheit) und Schreibstil (z. B. kurze oder lange Sätze).
- Bauen Sie die in der Vorlage vorhandenen Konflikte aus. Führen Sie die Handlung zu einem Höhepunkt und zu einem Schluss.
- Formulieren Sie spannend und abwechslungsreich.
- Prüfen Sie, ob Sie logisch, verständlich und lebendig geschrieben haben.

3

Perspektivwechsel – aus einer anderen Perspektive erzählen

Meist steht in einer Erzählung eine Person im Mittelpunkt. Daher wird vor allem beschrieben, wie diese Person handelt, was ihr geschieht, was sie empfindet. Beim Perspektivwechsel wird die Geschichte aus der Sicht einer anderen am Geschehen beteiligten Person erzählt. Es ist wichtig, sich vorzustellen, wie diese Person handelt, was sie wahrnimmt oder wie sie sich fühlt.

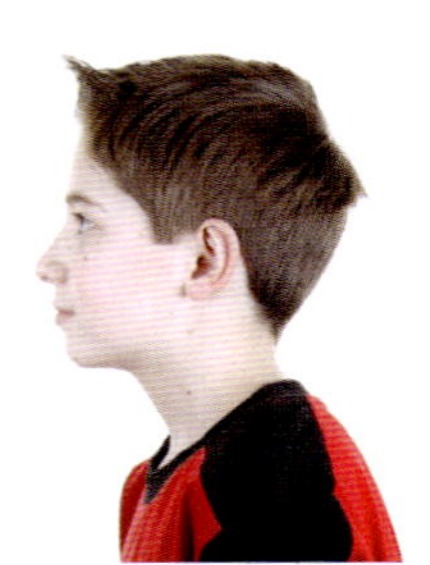

1 *Lesen Sie den Text „Geier" auf S. 262. Notieren Sie, was Sie über Harold erfahren.*

2 *Was erfahren Sie über die anderen Figuren im Text?*

3 *Schreiben Sie den Text „Geier" aus der Perspektive von Harold als Ich-Erzähler neu. Beachten Sie dabei die unten stehenden Hinweise*

4 *Lesen Sie die Erzählung „Kaffee verkehrt" (s. S. 293). Welche Wirkung hätte ein Tausch der Männer- und der Frauenrolle in diesem Text? Schreiben Sie die Geschichte in dieser Weise um.*

Hinweise
- Versetzen Sie sich in die Lage der Person, aus deren Sicht Sie die Erzählung schreiben. Berücksichtigen Sie deren mögliche Gedanken und Gefühle.
- Wählen Sie eine Erzählperspektive: Ich-/Er-Erzählperspektive.
- Passen Sie Sprachstil und Ausdrucksweise der von Ihnen gewählten Person an.
- Behalten Sie die Vorgaben des Textes bei: Handlungsschritte, Konflikte, Personen, Zeit, Ort, Erzähltempus Präsens (Gegenwart) oder Präteritum (Vergangenheit)
- Ergänzen Sie die Vorgaben des Textes um weitere Ideen, die zur Handlung passen.
- Formulieren Sie spannend und abwechslungsreich.
- Prüfen Sie, ob Sie logisch, verständlich und lebendig geschrieben haben.

Tipp

Folgende weiteren Texte können aus einer anderen Perspektive geschrieben werden: „Anekdote zur Senkung der Arbeitsmoral" (S. 260), „Spaghetti für zwei" (S. 274), „Lächeln im Regen" (S. 296).

4

Einen Brief oder eine E-Mail schreiben

Der Brief oder die E-Mail als eine Form des kreativen Schreibens hat meist einen literarischen Text, z. B. eine Erzählung, als Anlass und richtet sich immer an eine bestimmte Person. Dies kann eine Person der Handlung oder eine der/dem Schreibenden nahestehende Person sein. Bei einem Brief entscheiden Sie, was und wie Sie schreiben, es gibt aber Kriterien, mit deren Hilfe die Qualität eines Briefes beurteilt werden kann.

1 *Stellen Sie sich vor, der Mann aus „Die Kündigung" (s. S. 255) würde einem Freund einen Brief schreiben und diesen über seine Kündigung und das Gespräch mit dem Personalchef informieren. Versetzen Sie sich in die Situation des Mannes und schreiben Sie einen Brief (Umfang: ca. eine Seite). Schildern Sie, wie aufgewühlt Sie sind.*

2 *Was für einen Brief müsste der Mann schreiben, wenn er sich bei seinem Arbeitgeber schriftlich nach dem Kündigungsgrund erkundigen möchte?*

3 *Gehen Sie von folgender Annahme aus: Der Mann aus der Kurzgeschichte „Lächeln im Regen" (s. S. 296) kommt in seine Wohnung und will eine E-Mail an die Frau schreiben, mit der er reden wollte. Schreiben Sie aus der Perspektive des Mannes diese E-Mail (Umfang: ca. eine halbe Seite).*

Hinweise

- Lesen Sie den Text mehrmals sorgfältig durch und beachten Sie die Sprachebene der Person.
- Versetzen Sie sich in die Lage, die Gedanken und Gefühle der Person, aus deren Blickwinkel heraus Sie den Brief oder die E-Mail verfassen.
- Beachten Sie in Ihrer Rolle: Was ist der Zweck Ihres Briefes oder Ihrer E-Mail?
- Beachten Sie den formalen Aufbau eines Briefes oder einer E-Mail (s. S. 139 f.).
- Formulieren Sie in der Ich-Perspektive.
- Geben Sie Personen, die im Text namenlos bleiben, einen Namen.
- Passen Sie Sprachstil und Ausdrucksweise der von Ihnen gewählten Person an.

Tipp

Geeignete Textvorlagen für mögliche Briefe sind: „Anekdote zur Senkung der Arbeitsmoral" (S. 260 f.) – der Tourist schreibt einen Brief an einen Freund; „Nora hat Hunger" (S. 278) – Nora schreibt an eine Freundin; „Fünfzehn" (S. 272) – das Mädchen schreibt einer Freundin; „Spaghetti für zwei" (S. 274) – Heinz schreibt seinem älteren Bruder.

5

Einen Tagebucheintrag oder Post verfassen

Viele Menschen halten regelmäßig ihre Alltagserlebnisse fest, sei es in einem Tagebuch oder online in Weblog-Einträgen (s. S. 148), den sogenannten Posts. Im Unterschied zum Blogger formulieren Tagebuchschreiber allerdings Gedanken und Gefühle, welche sie niemandem anvertrauen wollen. Wer über Ängste, Sehnsüchte oder Probleme schreibt, setzt sich aktiv mit ihnen auseinander. Somit kann das Schreiben eines Tagebuches helfen, persönliche Konflikte zu bewältigen.

1 *Beschreiben Sie mögliche Gedanken und Gefühle der Frau in der Kurzgeschichte „Lächeln im Regen" (s. S. 296), nachdem der Mann gegangen ist.*

2 *Stellen Sie sich vor, die Frau in „Lächeln im Regen" würde einem Tagebuch täglich ihre Erlebnisse und Emotionen anvertrauen. Nehmen Sie die Perspektive der Frau ein und schreiben Sie einen Tagebucheintrag (Umfang: ca. eine Seite). Sie können z. B. mit folgenden Worten beginnen: „Vorhin hat* [Name] *wieder geklingelt ... Habe mir gleich gedacht, dass er es ist, und bin auch noch so doof, an die Tür zu gehen. [...]"*

3 *Lesen Sie den Textauszug „Verhängnisvoller Piepser" (s. S. 270). Versetzen Sie sich in die Lage des Ich-Erzählers und verfassen Sie einen Post für einen Weblog „Reise-Aufregungen".*

Hinweise
- Versetzen Sie sich in die Lage der jeweiligen Person und in deren Gedanken und Gefühle, aus deren Blickwinkel heraus Sie den Tagebucheintrag oder den Post schreiben.
- Beachten Sie den formalen Aufbau eines Tagebucheintrags oder eines Posts: Notieren Sie Wochentag und Datum oben links. Formulieren Sie in der Ich-Perspektive.
- Geben Sie Personen, die im Text namenlos bleiben, einen Namen.
- Passen Sie Sprachstil und Ausdrucksweise der von Ihnen gewählten Person an.

6

Einen Dialog gestalten

1 *Lesen Sie den Text „Eine Maschine" von Thomas Bernhard (s. S. 264). Gehen Sie von folgender Annahme aus: Zwei Arbeiterinnen unterhalten sich am Tag nach dem Unfall über die Maschine. Schlüpfen Sie mit Ihrer Tischnachbarin / Ihrem Tischnachbarn in deren Rollen und schreiben Sie gemeinsam einen Dialog zwischen den beiden. Orientieren Sie sich an den folgenden Ratschlägen.*

2 *Tragen Sie Ihre Dialoge in Form eines Rollenspiels vor.*

Hinweise
- Versetzen Sie sich in die Lage der jeweiligen Personen, aus deren Blickwinkel heraus Sie den Dialog verfassen. Berücksichtigen Sie deren Gedanken und Gefühle. – Sammeln Sie Ideen und legen Sie den Aufbau des Gespräches fest: Wie und womit beginnen Sie das Gespräch, welche „Höhepunkte" setzen Sie und wie endet der Dialog?
- Geben Sie Personen, die im Text namenlos bleiben, einen Namen.
- Wählen Sie **Sprachstil** und Ausdrucksweise so, dass sie den jeweiligen Personen gerecht werden. Beachten Sie die Sprachebenen der Personen.
- Lassen Sie Personen annähernd gleiche Redeanteile am Dialog haben.
- Ergänzen Sie die wörtliche Rede mit **Regieanweisungen** zum Tonfall (z. B. „in barschem Ton") und zur Körpersprache („verzieht das Gesicht"), um mehr Lebendigkeit zu erzielen.

Eine Anleitung für das Szenische Spiel finden Sie unter BuchPlusWeb.

Literatur in Themenkreisen

1

Themenkreis Arbeitswelt

Das Pferd und der Esel

Äsop

1 Ein Mann hatte ein Pferd und einen Esel und ging einst mit ihnen auf Reisen. Da sagte unterwegs der Esel zu dem Pferd: „Nimm mir einen Teil meiner Last ab, wenn du willst, dass ich am Leben bleibe!"
5 Aber das Pferd wollte nicht und nun fiel der Esel erschöpft zu Boden und verendete.
Jetzt packte der Herr alles dem Pferd auf und dazu noch die Haut des Esels, worauf es jammernd ausrief: „Ich Elendster der Elenden, wie geht es mir! Eine kleine Last wollte ich nicht auf mich nehmen 10 und jetzt muss ich alles und die Haut noch dazu tragen!"

aus: Binder (Hrsg.), Fabeln von Äsop, S. 74

Äsop (Aisopos) (6. Jh. v. Chr.)
Lebte wahrscheinlich als Sklave auf der griechischen Insel Samos. Seine Lebensgeschichte ist in einem Roman mit vielen Fabeln dargestellt. Diese erschienen als eigenständige Fabelsammlung. Äsop beeinflusste die gesamte Fabeldichtung.

Die Fabel ist eine kurze Erzählung, manchmal in Versform. Sie endet mit einem moralischen Satz oder enthält eine (oft unausgesprochene) „Lehre". In ihr reden und handeln meist Tiere wie Menschen – dies wird als **Bildebene** bezeichnet. Man muss sie erst auf eine **Bedeutungsebene** übertragen, um zu erschließen, was gemeint ist. Schon im Altertum benutzten Dichter die Fabel, um Kritik an Mächtigen zu äußern und ihre Meinung hinter den Tiergestalten zu verbergen.

1 *An welchen Merkmalen ist sofort zu erkennen, dass es sich um eine Fabel handelt?*
2 *Beschreiben Sie den Aufbau der Fabel mit Stichworten. Geben Sie ihren Inhalt wieder.*
3 *Aus welchen Gründen könnte das Pferd die Bitte des Esels abgeschlagen haben? Wie beurteilen Sie dieses Verhalten?*
4 *Übertragen Sie die Bildebene auf die Bedeutungsebene und setzen Sie an die Stelle der Tiere Menschen.*
5 *Welche Lehre will diese Fabel vermitteln? Wie bewerten Sie selbst diese Lehre?*

KREATIV schreiben

- Erzählen Sie ein Beispiel aus dem menschlichen Leben, das zu diesem Handlungsverlauf passt, z. B. aus der Arbeitswelt.

Heinrich Böll (1917–1985)
In Köln geboren. Von 1939 bis 1945 war er Soldat. Seit 1951 freier Schriftsteller in Köln, prägte mit seinen Erzählungen, Hörspielen und Romanen die deutsche Literatur der Nachkriegszeit. Böll erhielt 1972 den Nobelpreis für Literatur.

Die Anekdote
bezeichnet eine kurze Erzählung, die wie der Witz eine merkwürdige Begebenheit zum Inhalt hat. Oft endet sie mit einem überraschenden Schluss. Das Wort kommt aus dem Griechischen: „nicht veröffentlichte Geschichten". Sie dient zur Charakterisierung von Persönlichkeiten und soll sowohl unterhalten als auch belehren, z. B. soll sie das Bild einer (historischen) Person im Sinne des Verfassers beeinflussen.

Anekdote zur Senkung der Arbeitsmoral

Heinrich Böll

In einem Hafen an der westlichen Küste Europas liegt ein ärmlich gekleideter Mann in seinem Fischerboot und döst. Ein schick angezogener Tourist legt eben einen neuen Farbfilm in seinen Fotoapparat, um das idyllische Bild zu fotografieren: blauer Himmel, grüne See mit friedlichen, schneeweißen Wellenkämmen, schwarzes Boot, rote Fischermütze. Klick. Noch einmal: Klick, und da aller guten Dinge drei sind und sicher sicher ist, ein drittes Mal: klick. Das spröde, fast feindselige Geräusch weckt den dösenden Fischer, der sich schläfrig aufrichtet, schläfrig nach seiner Zigarettenschachtel angelt, aber bevor er das Gesuchte gefunden, hat ihm der eifrige Tourist schon eine Schachtel vor die Nase gehalten, ihm die Zigarette nicht gerade in den Mund gesteckt, aber in die Hand gelegt, und ein viertes Klick, das des Feuerzeuges, schließt die eilfertige Höflichkeit ab. Durch jenes kaum messbare, nie nachweisbare Zuviel an flinker Höflichkeit ist eine gereizte Verlegenheit entstanden, die der Tourist – der Landessprache mächtig – durch ein Gespräch zu überbrücken versucht.

„Sie werden heute einen guten Fang machen."

Kopfschütteln des Fischers.

„Aber man hat mir gesagt, dass das Wetter günstig ist."

Kopfnicken des Fischers.

„Sie werden also nicht ausfahren?"

Kopfschütteln des Fischers, steigende Nervosität des Touristen. Gewiss liegt ihm das Wohl des ärmlich gekleideten Menschen am Herzen, nagt an ihm die Trauer über die verpasste Gelegenheit.

„Oh, Sie fühlen sich nicht wohl?"

Endlich geht der Fischer von der Zeichensprache zum wahrhaft gesprochenen Wort über. „Ich fühle mich großartig", sagt er. „Ich habe mich nie besser gefühlt." Er steht auf, reckt sich, als wollte er demonstrieren, wie athletisch er gebaut ist. „Ich fühle mich fantastisch."

Der Gesichtsausdruck des Touristen wird immer unglücklicher, er kann die Frage nicht mehr unterdrücken, die ihm sozusagen das Herz zu sprengen droht: „Aber warum fahren Sie dann nicht aus?"

Die Antwort kommt prompt und knapp. „Weil ich heute Morgen schon ausgefahren bin."

„War der Fang gut?"

„Er war so gut, dass ich nicht noch einmal auszufahren brauche, ich habe vier Hummer in meinen Körben gehabt, fast zwei Dutzend Makrelen[1] gefangen."

Der Fischer, endlich erwacht, taut jetzt auf und klopft dem Touristen beruhigend auf die Schultern. Dessen besorgter Gesichtsausdruck erscheint ihm als ein Ausdruck zwar unangebrachter, doch rührender Kümmernis.[2]

„Ich habe sogar für morgen und übermorgen genug", sagte er, um des Fremden Seele zu erleichtern. „Rauchen Sie eine von meinen?"

„Ja, danke."

Zigaretten werden in Münder gesteckt, ein fünftes Klick, der Fremde setzt sich kopfschüttelnd auf den Bootsrand, legt die Kamera aus der Hand, denn er braucht jetzt beide Hände, um seiner Rede Nachdruck zu verleihen.

„Ich will mich ja nicht in Ihre persönlichen Angelegenheiten mischen", sagt er, „aber stellen Sie sich mal vor, Sie führen heute ein zweites, ein drittes, vielleicht ein viertes Mal aus und Sie würden drei, vier, fünf, vielleicht gar zehn Dutzend Makrelen fangen – stellen Sie sich das mal vor."

Der Fischer nickt.

„Sie würden", fährt der Tourist fort, „nicht nur heute, sondern morgen, übermorgen, ja, an jedem günstigen Tag zwei-, dreimal, vielleicht viermal ausfahren – wissen Sie, was geschehen würde?"

Der Fischer schüttelt den Kopf.

„Sie würden sich in spätestens einem Jahr einen Motor kaufen können, in zwei Jahren ein zweites Boot, in drei oder vier Jahren könnten Sie vielleicht einen kleinen Kutter haben, mit zwei Booten oder dem Kutter würden Sie natürlich viel mehr fangen – eines Tages würden Sie zwei Kutter haben, Sie würden ...", die Begeisterung verschlägt ihm für ein paar Augenblicke die Stimme, „Sie würden ein kleines Kühlhaus bauen, vielleicht eine Räucherei, später eine Marinadenfabrik[3], mit einem eigenen Hubschrauber rundfliegen, die Fischschwärme ausmachen und Ihren Kuttern[4] per Funk Anweisung geben. Sie könnten die Lachsrechte[5] erwerben, ein Fischrestaurant eröffnen, den Hummer ohne Zwischenhändler direkt nach

[1] **Makrele:** torpedoförmiger Hochseefisch
[2] **Kümmernis:** Besorgtheit
[3] **Marinade:** würzige Flüssigkeit zum Einlegen von Fisch oder Fleisch
[4] **Kutter:** kleines Fischereifahrzeug
[5] **Lachsrechte:** Erlaubnis innerhalb der Fangquote

Paris exportieren – und dann ...", wieder verschlägt die Begeisterung dem Fremden die Sprache. Kopfschüttelnd, im tiefsten Herzen betrübt, seiner Urlaubsfreude schon fast verlustig, blickt er auf die friedlich hereinrollende Flut, in der die ungefangenen Fische munter springen.

„Und dann", sagt er, aber wieder verschlägt ihm die Erregung die Sprache. Der Fischer klopft ihm auf den Rücken, wie einem Kind, das sich verschluckt hat. „Was dann?", fragt er leise. „Dann", sagte der Fremde mit stiller Begeisterung, „dann könnten Sie beruhigt hier im Hafen sitzen, in der Sonne dösen – und auf das herrliche Meer blicken."

„Aber das tu ich ja schon jetzt", sagt der Fischer, „ich sitze beruhigt am Hafen und döse, nur Ihr Klicken hat mich dabei gestört."

Tatsächlich zog der solcherlei belehrte Tourist nachdenklich von dannen, denn früher hatte er auch einmal geglaubt, er arbeite, um eines Tages einmal nicht mehr arbeiten zu müssen, und es blieb keine Spur von Mitleid mit dem ärmlich gekleideten Fischer in ihm zurück, nur ein wenig Neid.

aus: Böll, Erzählungen 1950–1970, S. 362 ff.

1. *Wo findet das Gespräch zwischen den beiden Männern statt? Suchen Sie die Angaben heraus, mit denen der Ort näher beschrieben wird.*
2. *Suchen Sie die Informationen über die Kleidung, die Tätigkeiten und das Verhalten der beiden Männer heraus. Beurteilen Sie, ob das Verhalten der beiden Männer ihrer augenblicklichen Situation nicht widerspricht.*
3. *Der Tourist entwickelt dem Fischer dreizehn Stationen des wirtschaftlichen Aufstiegs. Stellen Sie diese Stationen optisch dar (Visualisierung).*
4. *Was tut der Fischer am Anfang der Erzählung? Was soll der Fischer tun, wenn er den wirtschaftlichen Aufstieg erreicht hat? Welche Unterschiede gibt es dabei?*
5. *Fischer und Tourist vertreten unterschiedliche Auffassungen über den Zweck der Arbeit. Beschreiben Sie die beiden Auffassungen. Welche Vorteile und Nachteile bringt jede Auffassung mit sich?*
6. *Was möchte Böll mit dieser Anekdote beim Leser erreichen? Beachten Sie den Schluss des Textes und seinen Titel.*

- Schreiben Sie einen Brief, in dem der Tourist einem Verwandten seine Ferieneindrücke schildert (siehe dazu S. 257).
- Erzählen Sie die Begebenheit aus der Sicht des Fischers (Perspektivwechsel, s. S. 256).

Theo Schmich (*1935)
Geboren in Essen. Nach Schule und Studium wurde er Chemie-Ingenieur. Seine Kurzgeschichten haben vor allem die Arbeitswelt zum Thema.

Geier

Theo Schmich

Geier waren wir. Unser Opfer war Harold. Manchmal kommt mir alles im Traume wieder.
Wir hocken auf dem Rande unserer Büroschränke. Mit kahlen, hässlichen, lauernden Geierköpfen. Unter uns, an seinem Schreibtisch, Harold.
Mit seiner Beförderung zum Prokuristen hatte Harolds Ende begonnen. Er strahlte an diesem Tage, schritt energiegeladen durch die Flure. Siegessicher. Er hatte es geschafft, er würde es weiterhin schaffen.
Wir, seine Kollegen, waren jenseits allen Neides. Längst schon hatte er uns überrundet, hatte seine Beförderung sich abgezeichnet. Unseren Neid hatten wir hinter uns gebracht, zu einem früheren Zeitpunkt. Und resigniert angesichts Harolds Energie. Jetzt standen wir auf. Nicht gegen Harold, sondern um aus sicherem Abstande seinen Kampf zu beobachten.
„Ob er es schafft?"
„Kaum. Zu viel Arbeit. Und es wird noch mehr, verlasst euch darauf!"
„Abwarten. Harold ist zäh."
Die Geier bezogen ihre Posten.
Schon bald nach seiner Beförderung erschien Harold verändert. Betont freundlich war er bisher gewesen, frei von Launen. Nun wurde er gereizt, fuhr seine Untergebenen an. Meist zwar fand er hinterher eine Entschuldigung. Doch war dies nur ein Beweis dafür, wie schwer ihm bereits die Kontrolle über sich selber fiel.
„Was habe ich gesagt? Es wird zu viel für ihn." Vielsagend zwinkerten wir uns zu.
Harolds rechtes Augenlid begann zu zucken. Es war nicht zu übersehen, dies ständig zuckende Augenlid. Bemerkte Harold es nicht? Jedenfalls sah er uns beim Gespräch unbefangen an, während wir Mühe hatten, ihm nicht ins Gesicht zu lachen. Es war zu komisch, dies zuckende Augenlid!
Dann wurde Harold wieder stiller. Nicht eigentlich, dass er seine Gereiztheit überwand. Nur ihre „Wogen" schlugen weniger hoch. Harold verlor an Energie.
„Er schafft es nicht", urteilten wir einmütig und wiegten dabei unsere Köpfe. Keine schadenfrohe Feststellung! Ein leidenschaftsloses Urteil.
Harold hetzte von einer Aufgabe zur anderen, konnte aber nie etwas vollständig erledigen, da sich hinter jeder dringenden Arbeit eine noch dringendere versteckte. Seine Gesichtszüge wurden schlaffer. Die Mundpartie bekam etwas Raubtierhaftes. Der Glanz seiner Augen wurde matter. Doch gleichzeitig verengten sie sich zu lauernden Spalten.
„Urlaub!", sagte einer von uns.
Mit geringschätzigem Staunen sahen wir ihn an. Erkannte er die Situation nicht? Einen Urlaub konnte Harold sich nicht leisten. Zwar, seinen Posten erobern, hätte keiner von uns vermocht. Aber wir hätten seine Stellung erschüttert während seiner Abwesenheit, ihm Befugnisse entrissen, uns Entscheidungen angemaßt. Geier, die auf eine Schwäche ihres Opfers warteten.
„Mein Arm schmerzt, meine Schulter", klagte Harold. Für einen Augenblick empfanden wir Mitleid. Ein klagender Harold, das war neu, das war ungewohnt. Alarmierend! Schmerzen im Arm, in der Schulter. Herz.
„Zum Arzt", sagten wir.
Harold sah uns an, durch uns hindurch. Nickte schließlich langsam, als hätte er begriffen, und ging müde zurück an seinen Schreibtisch. Und er hatte begriffen!
„Ruhe!", würde der Arzt anordnen. Teure Medikamente, jedes Medikament hätte Harold sich leisten können. Aber keine Ruhe. Eines nur gab es: durchhalten. Die Stellung festigen, ausbauen. Dann vielleicht: Ruhe. Andere drängten nach. Auch wir. Eine Schwäche von ihm hätte uns gestärkt. Harold wusste das.
An einem Freitag sahen wir ihn zum letzten Male. Samstags war er zusammengebrochen. Er hatte noch gelebt, als man ihn ins Krankenhaus schaffte. So jedenfalls hörten wir, als wir montags darauf zur gewohnten Arbeit erschienen.

aus: Karst (Hrsg.), Texte aus der Arbeitswelt, S. 81

1 *Warum wurde Harolds beruflicher Aufstieg auch sein Untergang?*

2 *Welche Gründe können dazu führen, dass sich Arbeitskollegen so verhalten?*

3 *Wie hätte Harold verhindern können, dass er nach seinem Aufstieg scheitert?*

4 *„Mobbing" nennt man das Verhalten von Kolleginnen und Kollegen, die gemeinsam ein einzelnes Mitglied der Belegschaft „fertigmachen" wollen. Stellt das Verhalten von Harolds Kollegen bereits eine solche Form von „Mobbing" dar?*

Mobbing (engl. to mob = über jemanden herfallen) Wiederholte böswillige Handlungen gegen eine Person am Arbeitsplatz. Die Person wird schikaniert, isoliert (Kontaktverweigerung) und denunziert (üble Nachrede).

KREATIV *schreiben*

- Erzählen Sie die Vorgänge aus der Perspektive von Harold (Ich-Form) (siehe S. 256).
- Unterbrechen Sie den Handlungsablauf an einer von Ihnen gewählten Stelle und erzählen Sie, wie das Leben Harolds eine Wende zum Positiven nimmt, z. B. durch Kooperation (siehe dazu S. 255).
- Führen Sie mit Harold ein Interview.

Thomas Bernhard (1931–1989)
In Heerlen (Holland) geboren, war einer der bekanntesten österreichischen Schriftsteller nach 1945. Verfasser von Prosa, u. a. „Das Kalkwerk", 1970) und Dramen (u. a. „Heldenplatz", 1988).

Eine Maschine[1]

Thomas Bernhard

Eine Maschine, die wie eine Guillotine ist, schneidet von einer sich langsam fortbewegenden Gummimasse große Stücke ab und läßt sie auf ein Fließband fallen, das sich einen Stock tiefer fortbewegt und an welchem Hilfsarbeiterinnen sitzen, die die abgeschnittenen Stücke zu kontrollieren und schließlich in große Kartons zu verpacken haben. Die Maschine ist erst neun Wochen in Betrieb, und den Tag, an welchem sie der Fabrikleitung übergeben wurde, wird niemand, der bei dieser Feierlichkeit anwesend war, vergessen. Sie war auf einem eigens für sie konstruierten Eisenbahnwaggon in die Fabrik geschafft worden, und die Festredner betonten, daß diese Maschine eine der größten Errungenschaften der Technik darstelle. Sie wurde bei ihrem Eintreffen in der Fabrik von einer Musikkapelle begrüßt, und die Arbeiter und die Ingenieure empfingen sie mit abgenommenen Hüten. Ihre Montage dauerte vierzehn Tage, und die Besitzer konnten sich von ihrer Arbeitsleistung und Zuverlässigkeit überzeugen. Sie muß nur regelmäßig, und zwar alle vierzehn Tage, mit besonderen Ölen geschmiert werden. Zu diesem Zweck muß eine Arbeiterin eine Stahlwendeltreppe erklettern und das Öl durch ein Ventil langsam einfließen lassen. Der Arbeiterin wird alles bis ins kleinste erklärt. Trotzdem rutscht das Mädchen so unglücklich aus, daß es geköpft wird. Sein Kopf platzt wie die Gummistücke hinunter. Die Arbeiterinnen, die am Fließband sitzen, sind so entsetzt, daß keine von ihnen schreien kann. Sie behandeln den Mädchenkopf gewohnheitsmäßig wie die Gummistücke. Die letzte nimmt den Kopf und verpackt ihn in einen Karton.

aus: Bernhard, Ereignisse, S. 23

KREATIV schreiben

- Erzählen Sie die Geschichte ab Zeile 26 mit einem lustigen Ausgang neu. Versuchen Sie, den Schreibstil von Bernhard nachzuahmen.

1 *Geben Sie den Inhalt der Erzählung in eigenen Worten wieder.*

2 *Wie verhalten sich die Arbeiterinnen vor und nach dem Unfall?*

3 *Untersuchen Sie die Sprache des Textes (s. S. 157, Frage 11). Übertragen Sie dazu die Tabelle auf ein Blatt und ergänzen Sie Beispiele und Zeilenangaben.*

Sprache in Thomas Bernhards „Eine Maschine"		
Wortwahl	Satzbau	Satzart
Häufung von Verben (Z. 1–5: „schneidet", „lässt ... fallen", „fortbewegt")		

4 *Beschreiben Sie, in welchem Zusammenhang Sprache und Inhalt des Textes stehen.*

5 *Welche Kritik übt der Autor mit diesem Text?*

6 *Nehmen Sie Stellung: Maschinen – Fluch oder Segen?*

[1] Der Text folgt aus urheberrechtlichen Gründen der alten Rechtschreibung.

Das **szenische Spiel** kann Ihnen helfen, einen literarischen Text unter einem anderen Blickwinkel neu zu betrachten und ihn dadurch besser zu verstehen. Im szenischen Spiel wird die Handlung eines literarischen Textes mittels Pantomime[1] und **Choreografie**[2] nachgespielt. Sie müssen ohne Worte auskommen, dürfen aber zur Handlung passende Geräusche selber machen. Alltagsgegenstände wie Bleistift-Mäppchen, Jacken, Stühle o. Ä. sollten fantasievoll eingesetzt werden. Schaffen Sie mit minimalem Aufwand Theater-Atmosphäre in der Klasse.
In Kleingruppen (vier bis sechs Spielerinnen und Spieler) werden eigenverantwortlich die Rollen und Aufgaben verteilt. Alle Schülerinnen und Schüler sollten sich beteiligen. Bitte planen Sie keine lange Probezeit, sondern improvisieren[3] Sie. Nach jedem Spiel sollten Sie immer eine Bewertung Ihrer Vorführung von den Zuschauern einholen (ein Feedback geben, s. S. 43). Beachten Sie dabei: Es gibt keine „misslungene" oder „falsche" Darbietung, jede einzelne Vorführung ist Ausdruck von Kreativität. Bleiben Sie bei Kritik bitte sachlich und kritisieren Sie nicht Ihre Mitschülerinnen und Mitschüler, sondern ausschließlich deren Rollenverhalten.

7 *Im Folgenden finden Sie zwei „Aufwärmübungen" zum szenischen Spiel:*
- **a** *Bilden Sie eine Kleingruppe. Ein Gruppenmitglied überlegt sich ein Wort, die übrigen stellen es in Form einzelner Buchstaben pantomimisch dar. Danach gibt ein anderes Gruppenmitglied ein Wort vor.*
- **b** *Sechs Schüler/-innen verteilen sich im Klassenzimmer. Sie überlegen sich einen bestimmten Gefühlsausdruck, stellen ihn durch Gesichts- und Körperausdrücke dar und verharren dann als Statuen. Die übrigen Mitschüler/-innen wählen sich eine Statue aus und erraten deren Gefühlsausdruck.*

8 *Setzen Sie in Kleingruppen die Handlung des Textes „Eine Maschine" mit Pantomime und Choreografie um.*

Eine Auswahl weiterer szenischer Spiele finden Sie online unter BuchPlusWeb.

[1] Darstellung nur durch Gesichts- und Körperausdrücke, ohne Sprache

[2] gezielte Anordnung und Bewegung von Spielern auf der „Bühne"

[3] etwas ohne lange Vorbereitung tun

Theodor Fontane (1819–1898)
In Neuruppin (Preußen) geboren, wurde erst Apotheker, später Journalist und Schriftsteller in Berlin. Reisen und seine Arbeit als Kriegsberichterstatter lieferten ihm den Stoff für viele seiner Balladen. Erst mit sechzig Jahren schrieb er seinen ersten Roman.

Eine **Ballade** erzählt ein Ereignis, indem sie die Stationen des Geschehens in Bildern veranschaulicht, dabei die Handlung dramatisch zuspitzt und szenisch gestaltet. Es geht in ihr oft um den Kampf von Personen oder Weltbildern, um tragische Liebe oder geheimnisvolle Vorgänge in Natur und Geisterwelt. Die Form eines Gedichtes zeigt ihre Herkunft aus Helden-, Liebes- oder Tanzliedern und aus volkstümlichem Bänkelsang, der auf dem Jahrmarkt vorgetragen wurde.

1. Ein Überlebender der Katastrophe verfasst an seine Verwandten einen Brief über das Ereignis.
2. Sie standen bei einer Reise an dem Gedenkstein. Schreiben Sie einen Weblog oder einen Tagebucheintrag über Ihre Empfindungen.

2

Themenkreis Mensch und Technik

John Maynard

Theodor Fontane

1 John Maynard!
„Wer ist John Maynard?"
„John Maynard war unser Steuermann,
Aushielt er, bis er das Ufer gewann,
5 Er hat uns gerettet, er trägt die Kron',
Er starb für uns, unsre Liebe sein Lohn.
John Maynard."

Die „Schwalbe" fliegt über den Erie-See,
10 Gischt schäumt um den Bug wie Flocken von Schnee;
Von Detroit fliegt sie nach Buffalo –
Die Herzen aber sind frei und froh,
Und die Passagiere mit Kindern und Fraun
15 Im Dämmerlicht schon das Ufer schaun,
Und plaudernd an John Maynard heran
Tritt alles: „Wie weit noch, Steuermann?"
Der schaut nach vorn und schaut in die Rund:
„Noch dreißig Minuten ... Halbe Stund."
20

Alle Herzen sind froh, alle Herzen sind frei –
Da klingt's aus dem Schiffsraum her wie Schrei,
„Feuer!" war es, was da klang,
Ein Qualm aus Kajüt und Luke drang,
25 Ein Qualm, dann Flammen lichterloh,
Und noch zwanzig Minuten bis Buffalo.

Und die Passagiere, bunt gemengt,
Am Bugspriet stehn sie zusammengedrängt,
30 Am Bugspriet vorn ist noch Luft und Licht,
Am Steuer aber lagert sich's dicht,
Und ein Jammern wird laut: „Wo sind wir? wo?"
Und noch fünfzehn Minuten bis Buffalo. –

35 Der Zugwind wächst, doch die Qualmwolke steht,
Der Kapitän nach dem Steuer späht,
Er sieht nicht mehr seinen Steuermann,
Aber durchs Sprachrohr fragt er an:
„Noch da, John Maynard?"
40 „Ja, Herr. Ich bin."

„Auf den Strand! In die Brandung!"
„Ich halte drauf hin."
Und das Schiffsvolk jubelt: „Halt aus! Hallo!"
Und noch zehn Minuten bis Buffalo. –
45

„Noch da, John Maynard?" Und Antwort schallt's
Mit ersterbender Stimme: „Ja, Herr, ich halt's!"
Und in die Brandung, was Klippe, was Stein,
Jagt er die „Schwalbe" mitten hinein.
Soll Rettung kommen, so kommt sie nur so. 50
Rettung: der Strand von Buffalo!

Das Schiff geborsten. Das Feuer verschwelt.
Gerettet alle. Nur einer fehlt!
55

Alle Glocken gehn; ihre Töne schwell'n
Himmelan aus Kirchen und Kapell'n,
Ein Klingen und Läuten, sonst schweigt die Stadt,
Ein Dienst nur, den sie heute hat:
Zehntausend folgen oder mehr 60
Und kein Aug' im Zuge, das tränenleer.

Sie lassen den Sarg in Blumen hinab,
Mit Blumen schließen sie das Grab,
Und mit goldner Schrift in den Marmorstein 65
Schreibt die Stadt ihren Dankspruch ein:

„Hier ruht John Maynard! In Qualm und Brand
Hielt er das Steuer fest in der Hand,
Er hat uns gerettet, er trägt die Kron, 70
Er starb für uns, unsre Liebe sein Lohn.
John Maynard."

aus: Nürnberger, Theodor Fontane. Werke, Schriften und Briefe, S. 287

1 *Beschreiben Sie die Wirkung der Ballade auf Sie. Notieren Sie dazu drei oder vier Stichwörter.*

2 *Haben Sie auch schon Situationen erlebt, in denen Menschen anderen selbstlos halfen? Berichten Sie.*

3 *Stellen Sie die Ballade nach. Benennen Sie einen Vorleser, besetzen Sie die verschiedenen Rollen und tragen Sie die Ballade gemeinsam vor.*

4 *Formulieren Sie eine Inhaltsangabe der Ballade.*

5 *Eine Ballade hat Merkmale eines Gedichts und einer Erzählung. Suchen Sie die erzählenden Teile heraus (Zeilenangabe). Welche Merkmale eines Gedichts finden Sie?*

6 *Der Ballade liegt vermutlich der unten abgedruckte Zeitungsartikel zugrunde. Lesen Sie den Artikel und stellen Sie die Unterschiede heraus.*

Gewerbe-Blatt für Sachsen
Nr. 79
VI. Jahrgang 1841
Ausgegeben den 8.Oktbr.

Der Untergang des Dampfbootes Erie.

Der Untergang des Dampfbootes Erie auf dem Eriesee und die Umstände unter denen dieser gräßliche Vorfall stattfand, sind von solchem Interesse, daß wir unsere Leser nicht zu ermüden fürchten, wenn wir das Ausführliche darüber nach den Angaben der nordamerikanischen Zeitungen mittheilen: „Es ist nun mit Gewißheit erhoben, daß der Erie 230 Reisende an Bord hatte [...]. Kurz vor 8 [...] ertönte ein Knall, nicht anders als würde ein Fels gesprengt. Herr Clemens sah sich nach der Ursache um, und seine Augen begegneten einer Feuermasse, die sich längs des Kamins am Promenadendeck hinaufzog [...]. Der Kapitän [...] befahl aber dem Piloten[1] gegen das Ufer zu steuern.

Das ganze Schiff mit Ausnahme eines kleinen Theils des vordern untern Verdecks bildete eine einzige zum Himmel emporlodernde Feuermasse. Beim Hin- und Herwehen der Flamme konnte er die Körper einiger Passagiere in ihrer Todesagonie sich windend erblicken, andere suchten über Bord zu springen, besaßen aber augenscheinlich nicht genug Kraft, über das Geländer zu kommen. [...]

Aber die Krone des Märtyrerthums[2] erwarb sich der Pilot, indem er sich seiner Pflicht zum Opfer brachte. Beim Ausbruch des Feuers steuerte er dem etwa vier Meilen entfernten Ufer zu; er blieb auf seinem Posten und ließ das Steuer, die einzige Hoffnung der Unglücklichen, nicht eher aus den Händen, bis das Feuer sie verzehrte.

Eine solche heroische[3] Selbstaufopferung verdient ein dauerndes Andenken.

Möge Thomas Fuller's Name eine bleibende Stätte in den Herzen finden.

[1] Steuermann

[2] Aufopferung für ein höheres Ziel

[3] heldenhaft

Die Rechtschreibung und Zeichensetzung wurden in ihrer ursprünglichen Form belassen.

Christa Wolf (1929–2011)
In Landsberg (Warthe) geboren. Sie wurde u. a. von Bertolt Brecht und Anna Seghers beeinflusst. In der ehemaligen DDR und in der Bundesrepublik Deutschland eine sehr bekannte, kritische Schriftstellerin.

Störfall
Nachrichten eines Tages

Christa Wolf

Unter dem Eindruck der Reaktorkatastrophe in Tschernobyl 1986 schreibt die Erzählerin an einen (erfundenen) Bruder, der sich im Krankenhaus einer gefährlichen Gehirnoperation unterziehen muss. Zwischen ihr fiktives Zwiegespräch mit dem Patienten schieben sich immer wieder Reflexionen über die Schreckensnachrichten aus dem Katastrophengebiet, wobei sich die Erzählebenen miteinander verbinden.

Der folgende Auszug stammt aus dem Schlussteil der Erzählung:

An jenem Abend haben sie auf mehreren Fernsehkanälen zum ersten Mal den Umriß des verunglückten Reaktors gezeigt, ein Schema, das sich uns mit der Zeit ebenso einprägen müßte wie das Symbol des Atompilzes. Herren haben sie vor die Kameras gesetzt, die allein durch ihre gutgeschnittenen grauen oder graublauen Anzüge, durch die dazu passenden Krawatten, den dazu passenden Haarschnitt, ihre besonnene Wortwahl und ihr ganzes amtlich beglaubigtes Dasitzen eine beruhigende Wirkung ausgestrahlt haben – ganz im Gegensatz zu den paar jüngeren, bärtigen Pulloverträgern, die durch ihr aufgeregtes Reden und heftiges Gestikulieren den Verdacht erwecken, sie hätten die Mikrofone widerrechtlich erobert, und ich habe an die Leute im Lande denken müssen, an die arbeitsamen, stillen Leute in den beiden Ländern[1], die ihre Blicke abends auf dem Bildschirm vereinen, und mir ist klar geworden: Auf die im Pullover werden sie weniger hören als auf die in den Maßanzügen mit ihren maßvollen Meinungen und ihrem maßvollen Verhalten: sie wollen nach den Mühen des Tages am Abend im Sessel sitzen, wie ich, und ihr Bier trinken – bei mir ist es Wein, na schön –, und sie wollen etwas vorgeführt kriegen, was sie freut, und das kann gerne ein verzwickter Mordfall sein, aber es soll sie nicht zu sehr angehn und das ist das normale Verhalten, das uns anerzogen wurde, so daß es ungerecht wäre, ihnen dieses Verhalten jetzt vorzuwerfen, bloß weil es dazu beiträgt, uns umzubringen. Auch in mir habe ich einen starken Hang zu diesem Normalverhalten gespürt, mein Wein war gut gekühlt und hat grünlich gefunkelt, wenn ich das Glas gegen die Lampe hielt, und ich habe mich wohl gefühlt in meinem Sessel, in diesem Raum und in dem alten Haus, auch du, Bruder, würdest gesund werden und warum sollten nicht auch eine ganze Menge anderer Probleme einer gütlichen Lösung zugeführt werden. So hätte meinetwegen eine Weile noch alles so bleiben können, wie es war, und in dieser geheimen Hoffnung habe ich auch den Fernsehherren zugehört. Auf dem einen Kanal haben sie sich ausführlicher mit der Wolke[2] beschäftigt, die ja nun auch schon zu unserer großen Fernsehfamilie gehört hat, als das Schmuddelkind sozusagen, und wenn ich sie recht verstanden habe, muß unsere Wolke sich irgendwann geteilt haben oder sie ist auf der einen Bahn hin-, auf der anderen zurückgezogen; jedenfalls sind der Norden und der Süden Europas getadelt worden für ihre bedauerlichen radioaktiven Werte, aber den Bauern, die ganz wild in die Kamera geschimpft haben, weil niemand ihnen sagen konnte, wer ihnen den untergepflügten Salat bezahlen würde, habe ich ja auch nicht helfen können; ihr Geld war ihr Problem. Mein Problem dagegen ist die Überlegung gewesen, ob wir uns in einem Ernstfall wie diesem tatsächlich zu Nordeuropa zählen mußten, was wir sonst leichtfertigerweise und eigentlich aus Eitelkeit tun oder ob wir nicht, genaugenommen, noch zu Mitteleuropa gehören. Inzwischen haben die Herren in den Anzügen sich gegenseitig alle Sicherheitsfaktoren aufgezählt, die einen Reaktorunfall ausschließen, und sie haben sich und uns auch nochmals alle Gründe genannt, welche die sogenannte friedliche Nutzung des Atoms als unverzichtbar – dies war ihr Wort – erscheinen ließen und wenn der eine von ihnen auf irgendein Argument nicht gleich gekommen ist, dann hat der andere ihm geholfen, es war wie in einer guten Schulstunde und ich habe ihnen so aufmerksam zugehört, daß ich nach einigen Minuten so weit gewesen bin, ihnen nun meinerseits vorsagen zu können, und das tat ich versuchsweise und es hat fast immer gestimmt. Aber dann hat der Moderator, der an der Verbreitung einer besonnenen, gefaßten Stimmung interessiert gewesen ist, geglaubt, nun könne er unbesorgt einen der beiden Herren auf ihre Aussage festnageln, daß also auch bei diesem besonders fortschrittlichen Bereich von Wissenschaft und Technik absolut fehlerfreie Prognosen[3] für die Sicherheit der in Frage kommenden Anlagen zu treffen seien. – Selbstverständlich! habe ich dem Befragten einhelfen wollen, aber da bin ich voreilig gewesen; denn nun haben der Moderator

[1] **beide Länder:** BRD und DDR (geteiltes Deutschland)
[2] **Wolke:** gemeint ist eine Luftströmung mit radioaktivem Staub
[3] **Prognose:** Vorhersage

und ich zu unserer schmerzlichen Überraschung erleben müssen, daß er sich bei aller Bereitschaft zum Entgegenkommen auf diese Aussage nicht hat 90 festnageln lassen wollen. Nun, haben wir ihn sagen hören. Absolut fehlerfreie Prognosen – die gebe es für einen so jungen Zweig der Technik allerdings nicht. Da müsse man, wie immer bei neuen technischen Entwicklungen, mit einem gewissen Risiko 95 rechnen, bis man auch diese Technik vollkommen beherrsche. Dies sei ein Gesetz, das auch für die friedliche Nutzung der Atomenergie gültig sei. Nun hätte mir kalt werden sollen.

Nun hätte ich erschrocken oder empört sein sol- 100 len. Nichts davon. Ich habe ja gewußt, daß sie es wissen. Nur, daß sie es auch aussprechen würden, und sei es dieses eine Mal – das hätte ich nicht erwartet. Mir ist ein Brieftext durch den Kopf gegangen, in dem ich – beschwörend, wie denn sonst 105 – irgend jemandem mitteilen sollte, daß das Risiko der Atomtechnik mit fast keinem anderen Risiko vergleichbar sei und daß man bei einem auch nur minimalen Unsicherheitsfaktor auf diese Technik unbedingt verzichten müsse. Mir ist für meinen 110 Brief im Kopf keine reale Adresse eingefallen, also habe ich einige Schimpfwörter ausgestoßen und den Kanal abgeschaltet. Das Fernsehen überhaupt auszuschalten, habe ich meistens nicht die Kraft, schon gar nicht an jenem Abend. Das kannst du nun „Sucht“ nennen, Bruderherz, und du hast es 115 mit sanftem Tadel so genannt; ich werde dir das nicht bestreiten. Einem jeden seine Taste, wie den Ratten die ihre, einem jeden seine Schwachstelle, an der die Segnungen der Zivilisation in ihn eindringen können. 120

Ich habe zwischen zwei Filmen die Wahl gehabt, die ich beide schon kannte. In dem älteren Schwarz-Weiß-Streifen hat der Schauspieler, der den Mann von Ingrid Bergman[4] spielte, versucht, sie, seine Frau, verrückt zu machen – mit Hilfe 125 flackernder Gaslampen und ähnlich primitiver Erscheinungen. In dem anderen gelingt es einem alternden englischen Geheimdienstoffizier, der eigentlich schon pensioniert ist, mit seinen guten alten psychologischen Methoden einen Agenten 130 der Feindseite im Herzen der eigenen Zentrale zu entlarven. In geschmackvollen Brauntönen, mit bewährten Schauspielern. Ich habe andauernd die Taste gedrückt und von jedem Film ungefähr die Hälfte gesehen. Ob nun dieses andauernde Um- 135 schalten ein gutes Gehirntraining ist oder ob es die Konzentrationsfähigkeit schwächt, ist an jenem Abend meine geringste Sorge gewesen.

aus: Wolf, Störfall, S. 150–155

Tschernobyl: Stadt in der Ukraine (rd. 20.000 Einw.). 1986 kam es zu einem sehr schweren Reaktorunfall, verursacht durch Bedienungsfehler und mangelhafte Sicherheitseinrichtungen. Nach Regierungsangaben starben bis 1994 in der Ukraine 125.000 Menschen an Strahlenkrankheiten, darunter 6.000 Helfer, die an den Lösch- und Bergungsarbeiten beteiligt waren.

1 *Welche Zeitspanne umfasst die Erzählung? Beachten Sie den Anfang und den Schluss des Textes.*

2 *Infolge der auf sie einprasselnden Informationen verändert die Erzählerin ihr Verhalten. Beschreiben Sie diese Veränderungen und Reaktionen von den ersten Fernsehinformationen bis zum Ende der Erzählung.*

3 *Welche Einstellung zur Atomtechnik hat die Erzählerin? Welche Textstellen zeigen ihre Einstellung besonders deutlich?*

4 *Mit welchem Bild veranschaulicht die Erzählerin, dass eine Reaktorkatastrophe vor Grenzen nicht Halt macht?*

5 *Wie werden die „Fernsehherren“ charakterisiert? Wie ihre Gegenspieler?*

6 *Das Verhalten von Fernsehzuschauern wird an zwei Textstellen dargestellt (Zeile 23–43 und ab Zeile 133).*
Mit welcher Absicht weist die Autorin auf dieses „Normalverhalten“ bei der Nutzung von Medien (selbst-)kritisch hin?

7 *Die Bundesrepublik hat unter dem Eindruck der japanischen Reaktorkatastrophe den Ausstieg aus der Atomenergie beschlossen. Welche Chancen und Risiken birgt die neue Energiepolitik?*

[4] **Ingrid Bergman:** Schwedische Filmschauspielerin († 1982)

(Text aus urheberrechtlichen Gründen in alter Rechtschreibung)

Jan Weiler (*1967)
Geboren in Düsseldorf. Arbeitete als Werbetexter, besuchte die Deutsche Journalistenschule und arbeitete als Redakteur. 2003 veröffentlichte er seinen ersten Roman „Maria, ihm schmeckt's nicht“, in dem Antonio Marcipane die Hauptfigur ist. 2005 erschien als Fortsetzung „Antonio im Wunderland“.

Verhängnisvoller Piepser

Auszug aus dem Roman „Antonio im Wunderland“

Jan Weiler

In seinem Roman schildert der Ich-Erzähler seine Erlebnisse.
Er begleitet seinen italienischen Schwiegervater Antonio Marcipane und dessen Freund Benno Tiggelkamp auf einer Reise nach New York.

Der Textauszug steht am Anfang des Romans:

Schon der Sicherheitscheck auf dem Flughafen erweist sich als schwierig.
[...]

Wenn man sich in einem Flughafen befindet, ist es egal, wo der steht, denn Flughäfen sind auf der ganzen Welt gleich.
Es sind künstliche Städte mit asphaltiertem Land drum herum, geschlossene Systeme, in denen nach immergleichen Gesetzen dieselben Schilder dieselbe Bedeutung haben. Das hat auch sein Gutes, denn es nimmt mir die Angst. [...]

Benno und Antonio sitzen bereits am Abfluggate und unterhalten sich in einer Fantasiesprache. Womöglich ist das eine von Bennos Englischlektionen. Vor einer halben Stunde habe ich einen ersten Vorgeschmack auf die Reise mit meinem Schwiegervater und seinem Busenfreund bekommen. Antonio hatte mir feierlich mein Ticket überreicht und mich links und rechts auf die Wange geküsst. Dann standen wir am Security Check. Benno zog brav seine Jacke aus und ging hindurch. Es piepste. Er wurde zurückgeschickt und zog seinen Gürtel aus. Es piepste immer noch. Er kehrte nochmals um und entledigte sich seines Kleingelds, seiner Brille, seiner Schuhe, seines Feuerzeuges und einer Anzahl von Kleinstgegenständen aus seiner Hosentasche. Hinter uns wurden eilige Fluggäste nervös. Er ging abermals durch das Tor, und es piepste.

Ein Herr mit einem Metalldetektor machte sich daran, ihn zu untersuchen. Da sagte Benno: „Die Bombe is eh im Koffer.“
Das sollte man nie tun. Niemals. Augenblicklich ließ der Detektormann von Benno ab und winkte einen Kollegen herbei. Dieser befahl Benno in ein kleines Räumchen neben der Kontrolle. Benno winkte uns verzweifelt mit der linken Hand. Die rechte brauchte er, um seine Hose festzuhalten. So verschwand er mit dem Beamten.

Dann ging Antonio durch die Sicherheitsschleuse, natürlich ohne der Aufforderung, die Jacke auszuziehen, nachzukommen. Das ist eine der typischen Eigenschaften an ihm. Wenn ihm Befehle einer Staatsmacht verkörpernden Person nicht gefallen, überhört er sie zunächst. Man kann es ja wenigstens mal versuchen. Das ist natürlich aussichtslos, auch in Italien übrigens. Es kostet nur Zeit und Energie. Er ging also los. Natürlich piepste es wie der Zeitzünder einer Atombombe in einem „James Bond“-Film, und natürlich wurde er postwendend zurückgeschickt. Erste Passagiere in unserer Schlange wechselten nach links. Ich versuchte auszustrahlen, dass ich nicht zu diesen Typen gehörte, aber genügend Zeit hatte, um in dieser Marx-Brother-Schlange weiter zu warten.

Antonio zog mit Bedacht zuerst seine Winterjacke, dann sein Jackett sowie seine Strickjacke aus und verlangte nach einem Kleiderbügel. Die Frau hinter dem Monitor sagte:
„Da sind Kästen. Legen Sie alles in den Kasten. Und leeren Sie bitte Ihre Hosentaschen aus. Schlüssel, Kleingeld, Zigaretten, Feuerzeug. Bitte alles in ... “
„Nää. Habe Sie bitte ein Kleiderbugel?“
„Tut mir leid, bitte legen Sie jetzt Ihre Sachen in den Kasten.“

Ein Mann mit einer großen Nase hob einen roten Plastikkasten von einem Stapel und hielt ihn vor Antonios Brust. „Hier rein“, sagte Nase tonlos. Nicht unfreundlich, eher mechanisch.
„Nein“, sagte Antonio.
„Bitte, Antonio, leg die Scheißsachen in den Kasten“, hörte ich mich rufen. Mein Vorsatz, die Reise mit unbeteiligter Miene und guter Laune einfach durchzustehen, zerstob bereits nach dreißig Meter Fußweg.
„Nee, magi nickte. Wisse Sie, junge Mann, zusammenlegen von der gute Kleidung bedeute Falte und Kummer fur die Saake.“
Das mag schon sein. Wenn man in einem Abendkleid durch die Sicherheitskontrolle will. Aber Antonio trägt heute kein Abendkleid.
„Legen Sie Ihre Sachen hier hinein, oder Sie können nicht passieren“, sagte der Mann.
„Sie können ihn doch hinterher mit diesem Handdings absuchen. Ich garantiere Ihnen, er ist völlig harmlos.“
„Ich muss darauf bestehen.“

Ich schlug einen Kompromiss vor. Völlige Entleerung aller Kleidungsstücke und Transport der darin befindlichen Güter in einem Kasten durch das Röntgengerät gegen die Erlaubnis, ausnahmsweise alle Jacken anzubehalten. Antonio nickte heftig. „Meinetwegen“, brummte der Mann. Nach gefühlten sieben Stunden hatte ich alles aus Antonio herausdiskutiert, was er dabeihatte. Es füllte einen Kasten fast bis zur Hälfte. Er ging abermals durch die Schleuse, ich hielt den Atem an.
Piiiiiieeeeeeps. Na klar, völlig logisch.
Ein Mann mit einer eindrucksvollen Maschinenpistole vor dem Bauch begleitete Antonio dorthin, wo schon Bruno war. Ich ging – ohne Piepsen – durch das Tor und rannte hinterher. Vor dem Raum musste ich warten. Ich rechnete nicht fest damit, heute noch nach New York zu kommen. Nach drei Minuten öffnete sich die Tür und der Mann mit der Knarre sah sich um. Er fragte mich: „Gehören Sie zu den beiden Herren?“ Ich bejahte und wurde hineingebeten.

In dem Raum befanden sich zwei Umkleidekabinen mit Vorhängen. Unten konnte ich die Schuhe von Benno und ein Stück käsiger Beine sehen. In der Nebenkabine stand Antonio, der sich singend anzog. Auf einem kleinen Tisch lagen konfiszierte Gegenstände. Benno hatte versucht, ein in Alufolie eingepacktes Leberwurstbrot durch die Kontrolle zu schmuggeln. Er hatte es sich in den Bund seiner Unterhose gesteckt.

„Nanu?“, sagte ich zu dem Beamten. „Ein Wurstbrot? Das ist natürlich gefährlich.“
„Darum geht es nicht. Ihr Begleiter hat davon gesprochen, Sprengstoff in seinem Koffer zu transportieren. Haben Sie davon Kenntnis?“
Ich beugte mich leicht vor, damit Benno mich nicht hörte, und antwortete leise: „Mein Begleiter ist ein totaler Spinner.“ „Aha. Sie reisen mit einem Spinner“, erwiderte er ebenso leise. „Nein, mit zweien. Mein Schwiegervater ist auch einer.“
„Den Eindruck kann man haben.“
„Ich passe auf die beiden auf. Ich verbürge mich für sie. Sie sind vollkommen harmlos. Nur anstrengend, aber ganz und gar nicht gefährlich.“
„Also gut. Bitte schärfen Sie ihm ein, künftig keine Witzchen dieser Art mehr im sicherheitsrelevanten Bereich zu machen.“
Ich war erleichtert. Dann fiel mir ein, dass es auch bei Antonio gepiepst hatte.
„Darf ich fragen, wieso mein Schwiegervater gepiepst hat?“, flüsterte ich.
Darauf hob der Beamte ein Blatt Papier hoch. Darunter lag Antonios Goldkettchen. Und ein weiteres, silbernes mit einem Anhänger. Es war eine Münze von übernatürlicher Größe, darauf stand „Toro“, und darunter war ein Stier abgebildet, Antonios Sternzeichen. Ich wäre einverstanden gewesen, wenn man dieses Monster von Amulett als Waffe bezeichnet und einbehalten hätte. Antonio kam aus der Kabine und lachte mich an.
„Eine Reise, die is lustig“, sang er in Abwandlung eines Seemannsliedes. Und wir sind noch nicht einmal losgefahren.

aus: Weiler, Antonio im Wunderland, S. 7–9

1. *Sicher haben auch Sie beim Lesen dieses Textes geschmunzelt. Wodurch entsteht die Komik?*
2. *Die Sicherheitskontrolle an Flughäfen macht viele Reisende nervös. Wodurch werden die Probleme der beiden Männer ausgelöst?*
3. *Wie will sich der Reisebegleiter verhalten, als er hinter den beiden Männern in der Schlange wartet? Warum setzt er seine Absicht nicht um?*
4. *Die beiden älteren Männer haben offenbar wenig Flugerfahrung. Was hätte der junge Mann tun können, um die Probleme bei der Sicherheitskontrolle zu vermeiden?*

- Der Reisebegleiter schreibt aus New York einen Brief an seine Frau, in dem er ihr seine Erlebnisse schildert. Formulieren Sie diesen Brief (s. S. 257).

Reiner Kunze (*1933)
Wurde im Erzgebirge geboren, studierte Philosophie und Journalistik in Leipzig. Arbeitete als Hilfsschlosser im Maschinenbau, weil seine persönliche Meinung nicht mit der politischen Richtung übereinstimmte. Er übersiedelte 1977 von der DDR in die Bundesrepublik.

3

Themenkreis Anderssein

Fünfzehn

Reiner Kunze

Sie trägt einen Rock, den kann man nicht beschreiben, denn schon ein einziges Wort wäre zu lang. Ihr Schal dagegen ähnelt einer Doppelschleppe: Lässig um den Hals geworfen, fällt er in ganzer Breite über Schienbein und Wade. (Am liebsten hätte sie einen Schal, an dem mindestens drei Großmütter zweieinhalb Jahre gestrickt haben – eine Art Niagara-Fall aus Wolle. Ich glaube, von einem solchen Schal würde sie behaupten, daß er genau ihrem Lebensgefühl entspricht. Doch wer hat vor zweieinhalb Jahren wissen können, daß solche Schals heute Mode sein würden.) Zum Schal trägt sie Tennisschuhe, auf denen jeder ihrer Freunde und jede ihrer Freundinnen unterschrieben haben. Sie ist fünfzehn Jahre alt und gibt nichts auf die Meinung uralter Leute – das sind alle Leute über dreißig.

Könnte einer von ihnen sie verstehen, selbst wenn er sich bemühen würde? Ich bin über dreißig.

Wenn sie Musik hört, vibrieren noch im übernächsten Zimmer die Türfüllungen. Ich weiß, diese Lautstärke bedeutet für sie Lustgewinn. Teilbefriedigung ihres Bedürfnisses nach Protest. Überschallverdrängung unangenehmer logischer Schlüsse. Trance[1]. Dennoch ertappe ich mich immer wieder bei einer Kurzschlußreaktion: Ich spüre plötzlich den Drang in mir, sie zu bitten, das Radio leiser zu stellen. Wie also könnte ich sie verstehen – bei diesem Nervensystem?

Noch hinderlicher ist die Neigung, allzu hochragende Gedanken erden zu wollen.

Auf den Möbeln ihres Zimmers flockt der Staub. Unter ihrem Bett wallt er. Dazwischen liegen Haarklemmen, ein Taschenspiegel, Knautschlacklederreste, Schnellhefter, Apfelstiele, ein Plastikbeutel mit der Aufschrift „Der Duft der großen weiten Welt", angelesene und übereinandergestülpte Bücher (Hesse, Karl May, Hölderlin), Jeans mit in sich gekehrten Hosenbeinen, halb- und dreiviertel gewendete Pullover, Strumpfhosen, Nylon und benutzte Taschentücher. (Die Ausläufer dieser Hügellandschaft erstrecken sich bis ins Bad und in die Küche.) Ich weiß: Sie will sich nicht den Nichtigkeiten des Lebens ausliefern. Sie fürchtet die Einengung des Blicks, des Geistes. Sie fürchtet die Abstumpfung der Seele durch Wiederholung! Außerdem wägt sie die Tätigkeiten gegeneinander ab nach dem Maß an Unlustgefühlen, das mit ihnen verbunden sein könnte, und betrachtet es als Ausdruck persönlicher Freiheit, die unlustintensiveren zu ignorieren. Doch nicht nur, daß ich ab und zu heimlich ihr Zimmer wische, um ihre Mutter vor Herzkrämpfen zu bewahren, – ich muß mich auch der Versuchung erwehren, diese Nichtigkeiten ins Blickfeld zu rücken und auf die Ausbildung innerer Zwänge hinzuwirken.

Einmal bin ich dieser Versuchung erlegen.

Sie ekelt sich schrecklich vor Spinnen. Also sagte ich: „Unter deinem Bett waren zwei Spinnennester."

Ihre mit lila Augentusche nachgedunkelten Lider verschwanden hinter den hervortretenden Augäpfeln und sie begann „Iix! Ääx! Uh!" zu rufen, so daß ihre Englischlehrerin, wäre sie zugegen gewesen, von so viel Kehlkopfknacklauten – englisch „glottal stops" – ohnmächtig geworden wäre. „Und warum bauen die ihre Nester gerade bei mir unterm Bett?"

„Dort werden sie nicht oft gestört." Direkter wollte ich nicht werden und sie ist intelligent. Am Abend hatte sie ihr inneres Gleichgewicht wiedergewonnen. Im Bett liegend, machte sie einen fast überlegenen Eindruck. Ihre Hausschuhe standen auf dem Klavier. „Die stelle ich jetzt immer dorthin", sagte sie. „Damit keine Spinnen hineinkriechen können."

aus: Kunze, Die wunderbaren Jahre, S. 162

[1] **Trance:** Bewusstseinstrübung, schlafähnlicher Zustand, z. B. durch Hypnose

(Text aus urheberrechtlichen Gründen in alter Rechtschreibung)

1 *Beschreiben Sie das 15-jährige Mädchen mit Ihren eigenen Worten.*

2 *Wie steht der Vater zu seiner Tochter? Können Sie sich vorstellen, wie Sie sich später einmal als Vater oder Mutter verhalten würden, wenn Sie eine solche Tochter hätten?*

3 *Wenn wir einem Menschen begegnen, empfinden wir diesen als sympathisch oder unsympathisch. Wie wirkt dieses Mädchen auf Sie?*

4 *Gibt es Gemeinsamkeiten zwischen Ihnen selbst und dem Menschentyp, den dieses Mädchen verkörpert?*

5 *Beschreiben Sie, ähnlich wie in diesem Text, einen jungen Menschen, den Sie gut kennen.*

KREATIV *schreiben*

- Das Mädchen und sein Vater führen jeder für sich ein Tagebuch. Schreiben Sie auf, was jeder der beiden am Ende eines Tages in sein Buch eintragen könnte (siehe S. 258).
  Führen Sie ein Interview mit dem Mädchen in dieser Geschichte – oder stattdessen mit seinem Vater.

Merkmale der Kurzgeschichte:
Offenheit: Kurzgeschichten beginnen unvermittelt ohne Einleitung (offener Anfang) und enden häufig mit ungewissem Ausgang (offener Schluss).
Alltäglichkeit: Erzähltes Geschehen, Personen und Orte sind nicht außergewöhnlich. Die Sprache ist durch die Wortwahl und die kurzen Sätze einfach.
Begrenzung: Die Kurzgeschichte erzählt eine begrenzte Handlung von wenigen Personen an einem Handlungsort über eine sehr kurze Handlungszeit.

Federica de Cesco (*1938)
In Italien geboren, lebte als Kind in mehreren Ländern, seit 1962 in der Schweiz. Sie schreibt meist in französischer Sprache, die Völkerverständigung ist ihr ein großes Anliegen.

Rechtschreibung:
Spaghetti, auch: Spagetti

Spaghetti für zwei

Federica de Cesco

Heinz war bald vierzehn und fühlte sich sehr cool. In der Klasse und auf dem Fußballplatz hatte er das Sagen. Aber richtig schön würde das Leben erst werden, wenn er im nächsten Jahr seinen Töff bekam und den Mädchen zeigen konnte, was für ein Kerl er war. Er mochte Monika, die Blonde mit den langen Haaren aus der Parallelklasse, und ärgerte sich über seine entzündeten Pickel, die er mit schmutzigen Nägeln ausdrückte. Im Unterricht machte er gerne auf Verweigerung. Die Lehrer sollten bloß nicht auf den Gedanken kommen, dass er sich anstrengte.
Mittags konnte er nicht nach Hause, weil der eine Bus zu früh, der andere zu spät abfuhr. So aß er im Selbstbedienungsrestaurant, gleich gegenüber der Schule. Aber an manchen Tagen sparte er lieber das Geld und verschlang einen Hamburger an der Stehbar. Samstags leistete er sich dann eine neue Kassette, was die Mutter natürlich nicht wissen durfte. Doch manchmal – so wie heute – hing ihm der Big Mac zum Hals heraus. Er hatte Lust auf ein richtiges Essen. Einen Kaugummi im Mund, stapfte er mit seinen Cowboy-Stiefeln die Treppe zum Restaurant hinauf. Die Reißverschlüsse seiner Lederjacke klimperten bei jedem Schritt. Im Restaurant trafen sich Arbeiter aus der nahen Möbelfabrik, Schüler und Hausfrauen mit Einkaufstaschen und kleinen Kindern, die Unmengen Cola tranken, Pommes frites verzehrten und fettige Fingerabdrücke auf den Tischen hinterließen.
Viel Geld wollte Heinz nicht ausgeben; er sparte es lieber für die nächste Kassette. „Italienische Gemüsesuppe" stand im Menü. Warum nicht? Immer noch seinen Kaugummi mahlend, nahm Heinz ein Tablett und stellte sich an. Ein schwitzendes Fräulein schöpfte die Suppe aus einem dampfenden Topf. Heinz nickte zufrieden. Der Teller war ganz ordentlich voll. Eine Schnitte Brot dazu, und er würde bestimmt satt.
Er setzte sich an einen freien Tisch, nahm den Kaugummi aus dem Mund und klebte ihn unter den Stuhl. Da merkte er, dass er den Löffel vergessen hatte. Heinz stand auf und holte sich einen. Als er zu seinem Tisch zurückstapfte, traute er seinen Augen nicht: Ein Schwarzer saß an seinem Platz und aß seelenruhig seine Gemüsesuppe!
Heinz stand mit seinem Löffel fassungslos da, bis ihn die Wut packte. Zum Teufel mit diesen Asylbewerbern! Der kam irgendwo aus Uagadugu, wollte sich in der Schweiz breitmachen, und jetzt fiel ihm nichts Besseres ein, als ausgerechnet seine Gemüsesuppe zu verzehren! Schon möglich, dass so was den afrikanischen Sitten entsprach, aber hierzulande war das eine bodenlose Unverschämtheit! Heinz öffnete den Mund, um dem Menschen lautstark seine Meinung zu sagen, als ihm auffiel, dass die Leute ihn komisch ansahen. Heinz wurde rot. Er wollte nicht als Rassist gelten. Aber was nun?
Plötzlich fasste er einen Entschluss. Er räusperte sich vernehmlich, zog einen Stuhl zurück und setzte sich dem Schwarzen gegenüber. Dieser hob den Kopf, blickte ihn kurz an und schlürfte ungestört die Suppe weiter. Heinz presste die Zähne zusammen, dass seine Kinnbacken schmerzten. Dann packte er energisch den Löffel, beugte sich über den Tisch und tauchte ihn in die Suppe. Der Schwarze hob abermals den Kopf. Sekundenlang starrten sie sich an. Heinz bemühte sich, die Augen nicht zu senken. Er führte mit leicht zitternder Hand den Löffel zum Mund und tauchte ihn zum zweiten Mal in die Suppe. Seinen vollen Löffel in der Hand, fuhr der Schwarze fort, ihn stumm zu betrachten. Dann senkte er die Augen auf seinen Teller und aß weiter. Eine Weile verging. Beide teilten sich die Suppe, ohne dass ein Wort fiel. Heinz versuchte nachzudenken. „Vielleicht hat der Mensch kein Geld, muss schon tagelang hungern. Dann sah er die Suppe da stehen und bediente sich einfach. Schon möglich, wer weiß? Vielleicht würde ich mit leerem Magen ähnlich reagieren? Und Deutsch kann er anscheinend auch nicht, sonst würde er da nicht sitzen wie ein Klotz. Ist doch peinlich. Ich an seiner Stelle würde mich schämen. Ob Schwarze wohl rot werden können?"
Das leichte Klirren des Löffels, den der Afrikaner in den leeren Teller legte, ließ Heinz die Augen heben. Der Schwarze hatte sich zurückgelehnt und sah ihn an. Heinz konnte seinen Blick nicht deuten. In seiner Verwirrung lehnte er sich ebenfalls zurück. Schweißtropfen perlten auf seiner Oberlippe, sein Pulli juckte, und die Lederjacke war verdammt heiß! Er versuchte, den Schwarzen abzuschätzen. „Junger Kerl. Etwas älter als ich. Vielleicht sechzehn oder sogar schon achtzehn. Normal angezogen: Jeans, Pulli, Windjacke. Sieht eigentlich nicht wie ein Obdachloser aus. Immerhin, der hat meine halbe Suppe aufgegessen und sagt nicht einmal danke! Verdammt, ich habe noch Hunger!"
Der Schwarze stand auf. Heinz blieb der Mund offen. „Haut der tatsächlich ab? Jetzt ist aber das Maß voll! So eine Frechheit! Der soll mir wenigstens die halbe Gemüsesuppe bezahlen!" Er wollte aufspringen und Krach schlagen. Da sah er, wie sich der

Schwarze mit einem Tablett in der Hand wieder anstellte. Heinz fiel unsanft auf seinen Stuhl zurück und saß da wie ein Ölgötze. „Also doch: Der Mensch hat Geld! Aber bildet der sich vielleicht ein, dass ich ihm den zweiten Gang bezahle?"

Heinz griff hastig nach seiner Schulmappe. „Bloß weg von hier, bevor er mich zur Kasse bittet! Aber nein, sicherlich nicht. Oder doch?"

Heinz ließ die Mappe los und kratzte nervös an einem Pickel. Irgendwie wollte er wissen, wie es weiterging.

Der Schwarze hatte einen Tagesteller bestellt. Jetzt stand er vor der Kasse und – wahrhaftig – er bezahlte! Heinz schniefte. „Verrückt!", dachte er. „Total gesponnen!"

Da kam der Schwarze zurück. Er trug das Tablett, auf dem ein großer Teller Spaghetti stand, mit Tomatensauce, vier Fleischbällchen und zwei Gabeln. Immer noch stumm, setzte er sich Heinz gegenüber, schob den Teller in die Mitte des Tisches, nahm eine Gabel und begann zu essen, wobei er Heinz ausdruckslos in die Augen schaute. Heinz' Wimpern flatterten. Heiliger Strohsack! Dieser Typ forderte ihn tatsächlich auf, die Spaghetti mit ihm zu teilen. Heinz brach der Schweiß aus. Was nun? Sollte er essen? Nicht essen? Seine Gedanken überstürzten sich. Wenn der Mensch doch wenigstens reden würde! „Na gut. Er aß die Hälfte meiner Suppe, jetzt esse ich die Hälfte seiner Spaghetti, dann sind wir quitt!" Wütend und beschämt griff Heinz nach der Gabel, rollte die Spaghetti auf und steckte sie in den Mund. Schweigen. Beide verschlangen die Spaghetti. „Eigentlich nett von ihm, dass er mir eine Gabel brachte", dachte Heinz. „Da komme ich noch zu einem guten Spaghetti-Essen, das ich mir heute nicht geleistet hätte.

Aber was soll ich jetzt sagen? Danke? Saublöde! Einen Vorwurf machen kann ich ihm auch nicht mehr. Vielleicht hat er gar nicht gemerkt, dass er meine Suppe aß. Oder vielleicht ist es üblich in Afrika, sich das Essen zu teilen? Schmecken gut, die Spaghetti. Das Fleisch auch. Wenn ich nur nicht so schwitzen würde!" Die Portion war sehr reichlich. Bald hatte Heinz keinen Hunger mehr. Dem Schwarzen ging es ebenso. Er legte die Gabel aufs Tablett und putzte sich mit der Papierserviette den Mund ab. Heinz räusperte sich und scharrte mit den Füßen. Der Schwarze lehnte sich zurück, schob die Daumen in die Jeanstaschen und sah ihn an. Undurchdringlich. Heinz kratzte sich unter dem Rollkragen, bis ihm die Haut schmerzte. „Heiliger Bimbam! Wenn ich nur wüsste, was er denkt!" Verwirrt, schwitzend und erbost ließ er seine Blicke umherwandern. Plötzlich spürte er ein Kribbeln im Nacken. Ein Schauer jagte ihm über die Wirbelsäule von den Ohren bis ans Gesäß. Auf dem Nebentisch, an den sich bisher niemand gesetzt hatte, stand – einsam auf dem Tablett – ein Teller Gemüsesuppe.

Heinz erlebte den peinlichsten Augenblick seines Lebens. Am liebsten hätte er sich in ein Mauseloch verkrochen. Es vergingen zehn volle Sekunden, bis er es endlich wagte, dem Schwarzen ins Gesicht zu sehen. Der saß da, völlig entspannt und cooler, als Heinz es je sein würde, und wippte leicht mit dem Stuhl hin und her.

„Äh ...", stammelte Heinz, feuerrot im Gesicht. „Entschuldigen Sie bitte. Ich ..."

Er sah die Pupillen des Schwarzen aufblitzen, sah den Schalk in seinen Augen schimmern. Auf einmal warf er den Kopf zurück, brach in dröhnendes Gelächter aus. Zuerst brachte Heinz nur ein verschämtes Glucksen zustande, bis endlich der Bann gebrochen war und er aus vollem Halse in das Gelächter des Afrikaners einstimmte. Eine Weile saßen sie da, von Lachen geschüttelt. Dann stand der Schwarze auf, schlug Heinz auf die Schulter.

„Ich heiße Marcel", sagte er in bestem Deutsch. „Ich esse jeden Tag hier. Sehe ich dich morgen wieder? Um die gleiche Zeit?"

Heinz' Augen tränten, sein Zwerchfell glühte und er schnappte nach Luft.

„In Ordnung!", keuchte er. „Aber dann spendiere ich die Spaghetti!"

aus: de Cesco, Freundschaft hat viele Gesichter, S. 79

- Formulieren Sie, was sich der Schwarze im Verlauf des Geschehens gedacht haben könnte. (Schreiben Sie seinen inneren Monolog auf.)
- Erzählen Sie die Geschichte ab Zeile 58 mit einem anderen (lustigen oder auch ernsten) Ausgang (siehe dazu S. 255 oben).
- Schreiben Sie aus der Sicht des Schwarzen einen Brief an seinen Bruder (oder seine Schwester) in der Heimat, in dem er sein Erlebnis schildert. Schreiben Sie in Ichform (siehe dazu S. 257).

1 *Ist nach Ihrer Lebenserfahrung der Ausgang dieser Geschichte eher die Regel oder die Ausnahme?*

2 *Es wird an vielen Stellen erzählt, welche Gedanken Heinz durch den Kopf gehen. Suchen Sie diese Gedanken aus dem Text heraus.*

3 *„Aber was soll ich jetzt sagen?", fragt sich Heinz (Zeile 141). Was hätte Ihrer Meinung nach Heinz in dieser Situation sagen können? Wie hätte er Kontakt aufnehmen können?*

Dirk Kurbjuweit (*1962)
Geboren in Wiesbaden, war 1990 bis 1999 Redakteur der „Zeit", seit 1999 ist er Reporter beim „Spiegel". Er ist verheiratet, Vater von zwei Kindern und lebt in Berlin.
1998 und 2002 erhielt er den Egon-Erwin-Kisch-Preis für die beste Reportage.

Zweier ohne

(Textauszug)

Dirk Kurbjuweit

In der Novelle „Zweier ohne" wird die Geschichte von Johann, dem Ich-Erzähler, und Ludwig erzählt, deren Freundschaft über sieben Jahre lang wächst. Sie sind begeisterte Ruderer und Hoffnungsträger in ihrem kleinen Ruderverein. Doch dann treffen sie auf Zwillinge aus Potsdam und verlieren zwei Rennen nacheinander. Da entwickelt Ludwig einen Plan.

Ich sah ihn erst am Montag wieder, als wir zusammen trainierten. Wir fuhren Zweier ohne. Ich muss dazu vielleicht ein paar Dinge erklären. Der Zweier ohne ist ein besonderes Boot. Es gibt keinen Steuermann, deshalb Zweier ohne. Jeder hat einen Riemen, Ludwig zieht Backbord, ich ziehe Steuerbord. Weil jeder auf einer Seite zieht, müssen wir gleich stark sein, damit sich das Boot nicht im Kreis dreht. Zwar gibt es eine kleine Steueranlage, die der Schlagmann mit den Füßen bedient, aber je mehr er steuern, je mehr er Ungleichheiten austarieren muss, desto unruhiger läuft das Boot. Wir hatten gute Voraussetzungen für den Zweier ohne, wir waren gleich groß, gleich schwer, gleich kräftig, technisch gleich begabt, und wir waren Freunde, wir dachten gleich. In unserer ersten Saison im Zweier ohne gewannen wir jedes Rennen in der Leichtgewichtsklasse.

In unserer zweiten Saison bekamen wir neue Gegner, Zwillingsbrüder aus Potsdam. Zwillinge, besonders eineiige, sind für den Zweier ohne naturgemäß besonders geeignet. Wir verloren das erste Rennen, wir verloren das zweite. Am Abend danach, als wir bei Ludwig zu Abend gegessen hatten, sagte er, komm, wir gehen auf die Brücke. Wir hatten das lange nicht mehr gemacht, die Zeit der Spiele war längst vorbei. Ich folgte ihm hinauf, und wir gingen bis zur Mitte. Das Tal war dunkel, wir sahen die Lichter der Gehöfte und des Städtchens. Es herrschte wenig Verkehr. Ludwig zog sich den Zaun hinauf, bis er mit seinem Unterleib gegen die Kante des Zaunes drückte. So hielt er sich, es sah aus, als könne er beim nächsten Windzug eines Lasters nach vorne kippen. Wenn ich jetzt springen würde, sagte er, würdest du dann auch springen? Ich war genauso verzweifelt wie er, wir waren es nicht gewöhnt zu verlieren, aber das war kein Grund, sich umzubringen. Komm runter! sagte ich. Das ist gefährlich. Sag schon, sagte er, würdest du auch springen? Er drückte seine Arme ganz durch und presste nun die Oberschenkel gegen den Zaun. Ich hörte einen Laster in der Ferne. Lass das!, schrie ich. Er kam herunter, er packte mich an den Schultern. Du wärst nicht gesprungen, sagte er. Ein paar verlorene Rennen sind auch kein Grund, sich umzubringen. Aber diese verdammten Burschen sind Zwillinge, verstehst du, und wenn wir sie schlagen wollen, müssen wir auch Zwillinge sein. Wir können nicht zurück in ein gemeinsames Ei kriechen, aber wir können auf unsere Art gleich werden, mehr als bisher. Wir müssen immer das Gleiche tun, wir müssen immer das Gleiche wollen, wir müssen immer das Gleiche denken. Er schrie. Und wenn einer von uns einen Grund hat, von dieser Brücke zu springen, dann muss das auch ein Grund für den anderen sein, von dieser Brücke zu springen, verstehst du? Willst du das? Ich wollte. Ich war sehr glücklich an diesem Abend. Wir waren Freunde und jetzt würden wir Zwillinge werden.

Ich hoffe jedem ist klar, was es heißt, ein solches Angebot zu bekommen. Wir waren sechzehn, als er das sagte, wir fanden uns hässlich, wir fanden uns unerträglich, und wir hofften so, dass es Menschen gibt, die das anders sehen. Nie hat man größere Zweifel und nie größere Hoffnungen, in derart raschem Wechsel. Es ist kaum zu ertragen. Und dann kommt jemand und sagt: Ich will genauso sein wie du. Wie phantastisch das ist. Wie sicher einen das macht. Denn weil wir uns so unsicher waren, stellte jeder andere eine Bedrohung dar. Jede neue Jacke, die ein anderer trug, warf die Frage auf, ob damit nicht alle Jacken, die man selbst hatte, erledigt waren, ob man nicht sofort auch diese Jacke haben müsse. Wir lauschten jedem Wort nach, jeder Betonung, um herauszufinden, ob das nun das neue Wort, die neue Betonung werden könnte. Wir mussten schnell sein, wir waren sehr nervös. Einen Zwilling zu haben konnte einen von vielem befreien. Ein Zwilling, so verstand ich Ludwig, ist einer, der einen nie erschüttert, weil das, was er tut und sagt und trägt, immer auch das Eigene ist.

Ich war von da an nur noch zum Schlafen zu Hause und auch das nicht immer. Fast jede wache Minute verbrachten wir miteinander, sahen fern, spielten dieselben Computerspiele, lasen Bücher gemeinsam, aßen gleich viel von denselben Gerichten, erzählten uns jeden Gedanken, damit er auch zum Gedanken des anderen werden konnte. Wir verloren noch zwei Rennen, der Rest der Saison ging an uns. Das war in dem Jahr, bevor wir mit Josefine schliefen.

Unser Bootshaus war klein und eng. Es gab nicht einmal Umkleideräume. Wir zogen uns in der Werkstatt um, wo es nach Schweiß und Dollenfett

- „Wir verloren das erste Rennen, wir verloren das zweite." (Zeile 23) Erzählen Sie ab dieser Stelle aus der Perspektive Ludwigs weiter.

roch. Hier war auch unser Kraftraum, wir hatten nur eine Bierzeltbank und eine Hantel, deren Gewichte rosteten. An der Decke hing ein Holzbrett, das wir bei Strecksprüngen berühren mussten. In der Bootshalle lagen ein Dutzend Boote, meist alte Kähne in Klinkerbauweise, zwei, drei Rennskiffs aus Kunststoff und unser Zweier ohne, das einzige neue Boot. Der Verein hatte es für uns gekauft, weil wir die Hoffnung des Vereins waren. Auf einem Hänger lag ein kleines Motorboot für den Trainer, aber wir fuhren meist ohne Trainer raus und arbeiteten nach eigenem Plan ...

aus: Kurbjuweit, Zweier ohne, S. 46–50

KREATIV schreiben

- Schreiben Sie einen Tagebucheintrag, in dem einer der beiden Jungen auf die Schwierigkeiten der Freundschaft zurückblickt.

1. *Wie unterscheiden sich die beiden Jungen in der Geschichte? Wer ist nach Ihrer Einschätzung der Willensstärkere von beiden?*
2. *Was verbindet die beiden Freunde?*
3. *Die beiden Jungen sind sehr vertraut miteinander. Suchen Sie die Textstellen heraus, an denen dies deutlich wird.*
4. *In Zeile 35 stellt sich dem Leser eine spannende Frage: Wie wird sich die Freundschaft zwischen den beiden Jungen entwickeln?*
5. *„Ich will genauso sein wie du", sagt Ludwig zu Johann (Z. 67). Gibt es einen Menschen, dem Sie selbst ähnlich werden wollen, der für Sie ein Vorbild sein könnte?*
6. *Gestalten Sie eine* ***Collage*** *mit den Fotos von Personen, die für Sie als Vorbilder gelten. Schreiben Sie unter jedes Bild den Namen der Person und eine kurze Begründung, warum sie ein Vorbild ist. – Als Projektarbeit können Sie auch zusammen mit Ihren Mitschülerinnen und Mitschülern eine* ***Wandzeitung*** *gestalten, auf der die Vorbilder der ganzen Klasse eingefügt werden.*

Als Johann später mit Ludwigs Schwester Vera schläft, versucht er das geheim zu halten. Ludwig scheint nichts zu merken, wird aber immer seltsamer. Statt zu fasten, um die notwendigen 62,5 Kilo für den Wettkampf zu halten, beginnt er maßlos zu fressen. Immer häufiger klettert er hinauf zur Autobahnbrücke. Von dort stürzen sich manchmal nachts die Selbstmörder und landen im Garten seiner Eltern. Schließlich wird Johann klar, dass Ludwig ihr Zwillingsgelübde bis über alle Grenzen hinaus austesten will.

Sibylle Berg (*1962)
Geboren in Weimar, arbeitet als Tierpräparatorin in Zürich und Hamburg. Schreibt Romane und Erzählungen, die in der Gegenwart spielen.

Nora hat Hunger

Sibylle Berg

Ich wiege mich jeden Morgen. Morgens ist es immer ein bisschen weniger. Seit einem halben Jahr esse ich nur noch Gurken, Äpfel und Salat. Alles ohne Zusätze, versteht sich. Zuerst war mir übel.
Ich hatte Bauchkrämpfe. Aber jetzt geht alles einfach. Wenn ich Essen rieche, habe ich keinen Hunger mehr. Mir wird direkt schlecht, wenn ich Essen rieche. Gestern waren es 40 Kilo. Ich bin 1,75 groß. Vielleicht wachse ich noch. Dünner werde ich auf jeden Fall. Ich habe es mir geschworen. Seit ich nicht mehr esse, brauche ich niemanden mehr. Meine Eltern sind fremde Personen geworden. Es ist mir egal, ob sie mich beachten oder nicht. Ich bin sehr stark. Meine Mutter hat geweint, neulich. Ich habe zugesehen, wie das Wasser ihr Make-up verschmiert hat. Ich bin rausgegangen. Es sah hässlich aus. Ich habe auch gesehen, wie dick sie ist. Sie sollte etwas dagegen tun. Ich verstecke mich in der Schule nicht mehr. Als ich noch dick war, bin ich in der Pause immer aufs Klo gegangen, damit sie mich nicht ignorieren können. Jetzt stehe ich offen da und denke mal, dass sie mich beneiden. Ich sehe noch immer nicht ganz schön aus. Ich bin noch zu dick. Die Arme sind gut, da ist kaum noch Fleisch dran. Ich finde Fleisch hässlich. Und die Rippen sieht man auch schon gut. Aber die Beine sind zu dick. Als ich noch richtig dick war, hatte ich irgendwie keine Persönlichkeit. Jetzt ist das anders. Ich bin innen so wie außen. Ganz fest. Mit einem Ziel ist keiner alleine, weil ja dann neben dem Menschen immer noch das Ziel ist. Ich kann mich noch erinnern, wie es war, dick zu sein. Mal ging es mir gut und im nächsten Moment musste ich heulen und wusste nicht, warum. Ich meine, das kam mir alles so sinnlos vor. Dass ich bald mit der Schule fertig bin und dann irgendeinen Beruf lernen muss. Und dann würde ich heiraten und würde in einer kleinen Wohnung wohnen und so. Das ist doch zum Kotzen. Mit so einer kleinen Wohnung, meine ich. Das kann doch nicht Leben sein. Aber eben, wie das Leben sein soll, das weiß ich nicht. Ich denke mir, dass ich das weiß, wenn ich schön bin. Ich werde so schön wie Kate Moss[1] oder so jemand. Vielleicht werde ich Model. Meine Mutter war mit mir bei einem Psychologen. Ein dicker, alter Mann. Mutter ließ uns allein, und er versuchte mich zu verarschen. Mich verarscht keiner so leicht. Ich hab so einiges gelesen, ich meine, ich kenne ihre blöden Tricks. Und der Typ war mal speziell blöd. „Bedrückt dich was?“, hat er gefragt. Und so ein Scheiß halt, und ich habe ihn die ganze Zeit nur angesehen. Der Mann war echt fett und unter seinem Hemd waren so Schwitzränder. Ich habe nicht über seine Fragen nachgedacht. Ich meine, was soll ich einem fremden dicken Mann irgendwas erzählen. Einem Mann, der sich selbst nicht unter Kontrolle hat. Der frisst. Ich bin weggegangen und habe den Psychologen sofort vergessen. Ich habe ein Ziel. Ich habe vor nichts mehr Angst. Ich denke nicht mehr nach.
Das ist das Beste.

aus: Berg, Ein paar Leute suchen das Glück und lachen sich tot, S. 9–10

KREATIV schreiben

- Stellen Sie sich vor, Nora wäre in Ihrer Klasse. Schreiben Sie einen Brief an Nora, in dem Sie ihr erklären, was Sie denken und fühlen, wenn Sie Nora sehen (s. S. 257).
- Schreiben Sie auf, welche Gedanken Nora am Ende einer Woche ihrem Tagebuch anvertrauen könnte (s. dazu S. 258).

1 *Welcher Problemkreis wird in diesem Text angesprochen?*
2 *Welches Ziel hat Nora? Was tut sie, um dieses Ziel zu erreichen?*
3 *Beschreiben Sie die Beziehungen zwischen Nora und den Erwachsenen.*

[1] **Kate Moss:** britisches Supermodel (*1974), das das „Dürr-Sein“ zur Mode machte

Sachliche Ergänzung zu „Nora hat Hunger“

Prinzessin Letizia von Spanien beim Besuch in Chile

Sorge um Prinzessin Letizia

Madrid (RP). **Sehr schlank war die spanische Prinzessin schon immer. Doch bei einem Staatsbesuch in Chile zeigte sich die 39-Jährige nun extrem dünn. Sie soll nur noch 44 Kilogramm wiegen und an Magersucht erkrankt sein.**

Mit Hochsteckfrisur, einem knielangen Chiffonkleid und eleganten High Heels entzückte die spanische Prinzessin Letizia bei einem Besuch in ihrer Heimatstadt Oviedo das spanische Volk. Das war vor einem Monat. Jetzt sorgte die 39-Jährige für Aufsehen anderer Art, das sich eher in Entsetzen denn Bewunderung äußerte. Bei einem Staatsbesuch in Chile (...) trug sie einen Minirock und ein ärmelloses Oberteil und gab so den Blick auf ihre extrem dünnen, knochigen Arme und Beine frei. (...) Die spanische Prinzessin soll bei einer Größe von 1,67 Meter nur noch 44 Kilogramm wiegen. (...) Wer bei seinem Body-Mass-Index (BMI: Gewicht geteilt durch Größe zum Quadrat) auf einen Wert unter 17,5 kommt, befindet sich im roten Bereich. Nach der BMI-Formel ergibt sich für Letizia für ihr angenommenes Gewicht ein Wert von 15,8. Bei einem BMI von unter zwölf wird es (...) extrem gefährlich, bestätigt Philipp Görtz, Oberarzt für Psychiatrie und Psychotherapie im LVR-Klinikum Düsseldorf: „Jeder sollte sein Essverhalten prüfen und eventuell auch mit einem Arzt darüber sprechen.“

Jedes Jahr erkranken in Deutschland von 100 000 Einwohnern etwa 20 an Magersucht (Anorexia nervosa). Allein in Düsseldorf wären das umgerechnet mehr als 100 Neuerkrankungen pro Jahr. Die Zahl der Ess-Brech-Süchtigen (Bulimiker) liegt ungleich höher. Mit etwa dem vierfachen Wert benennt der Düsseldorfer Oberarzt Philipp Görtz die Zahl der Bulimie-Erkrankungen. Dafür sei Magersucht oftmals wegen einer rapideren Gewichtsabnahme gefährlicher. „Magersucht ist eine lebensbedrohliche Erkrankung. Doch den meist Patienten ist gar nicht bewusst, dass sie krank sind. Es ist sehr schwierig, zu ihnen durchzudringen“, erklärt Görtz. Etwa sechs Jahre dauert eine Magersucht im Durchschnitt – manche endet tödlich.

Auch Letizia wird sich vermutlich, wenn sie denn tatsächlich an Magersucht leidet, nicht über ihre Erkrankung im Klaren sein. Im Gegenteil: Sie wird sich selbst nach dem geltenden Schönheitsideal als attraktiv empfinden. „Frauen, die an Magersucht erkranken, fühlen sich häufig in eine Rolle gedrängt, wollen alle Erwartungen erfüllen. Sie hinterfragen, wie sie sein müssen, damit sie anderen genügen“, erklärt Dieter Hermann Lucas, der als Heilpraktiker in Düsseldorf auch viele essgestörte junge Frauen behandelt.

Die spanische Prinzessin steht ständig im Fokus der Öffentlichkeit. „Viele Betroffene aus sehr leistungsbezogenen Familien stellen auch einen hohen Anspruch an sich selbst“, erläutert Oberarzt Philipp Görtz. (...)

Letizia, die immer schon sehr schlank war, ist in den vergangenen Jahren stetig dünner geworden. Sie soll, so heißt es, in ihrer Ehe mit Felipe nicht glücklich sein. (...) „Frauen mit Magersucht fühlen sich häufig nicht geliebt, das drückt sich aus in einer Verweigerung von Nahrung“.

Viele magersüchtige Frauen treten selbstbewusst auf, ergänzt Görtz. „Aber um ihr inneres Selbstwertgefühl ist es anders bestellt.“

aus: Brook: Sorge um Prinzessin Letizia, in: RP

1 *Welche Ursachen können dazu führen, dass jemand an Magersucht erkrankt? Die beiden Texte geben Ihnen Hinweise. Beziehen Sie auch andere Ihnen bekannte Fälle ein, z. B. Skispringer, Models. Stellen Sie die Ursachen in einer anschaulichen Mindmap zusammen (s. S. 15 f.).*

2 *Informieren Sie sich über Bulimie. Diskutieren Sie in der Klasse Gemeinsamkeiten und Unterschiede der beiden Erkrankungen.*

3 *Stellen Sie die Informationen über Essstörungen für einen Informationsflyer zusammen (Querformat und gefaltet). Gestalten Sie den Flyer aus. Fragen Sie die Schulleitung, ob Sie ihn in der Pause an Schülerinnen und Schüler verteilen dürfen. Versuchen Sie beim Verteilen ins Gespräch über diese Krankheiten zu kommen.*

Rafik Schami (*1946)
Geboren in Damaskus, lebt seit 1971 in Deutschland. Aushilfsarbeiter auf dem Bau und in Fabriken, studierte Chemie. Seit 1982 lebt er als freier Schriftsteller in Kirchheimbolanden, schreibt regelmäßig Kolumnen in überregionalen Zeitungen.

Andere Sitten

Rafik Schami

In Damaskus fühlt sich jeder Gastgeber beleidigt, wenn seine Gäste etwas zu essen mitbringen. Und kein Araber käme auf die Idee, selber zu kochen oder zu backen, wenn er bei jemandem eingeladen ist.

Die Deutschen sind anders. Wenn man sie einlädt, bringen sie stets etwas mit: Eingekochtes vielleicht oder Eingelegtes, manchmal auch selbst gebackenen Kuchen und in der Regel Nudelsalat. Warum Nudelsalat, mit Erbsen und Würstchen und Mayonnaise? Auch nach zweiundzwanzig Jahren in Deutschland finde ich ihn noch schrecklich.

In Damaskus hungert ein Gast am Tag der Einladung, weil er weiß, dass ihm eine Prüfung bevorsteht. Er kann nicht bloß einfach behaupten, dass er das Essen gut findet, er muss es beweisen, das heißt eine Unmenge davon verdrücken. Das grenzt oft an Körperverletzung, denn keine Ausrede hilft. Gegen die Argumente schüchterner, satter oder auch magenkranker Gäste halten Araber immer entwaffnende, in Reime gefasste Erpressungen bereit.

Deutsche einzuladen ist angenehm. Sie kommen pünktlich, essen wenig und fragen neugierig nach dem Rezept. Ein guter arabischer Koch kann aber gar nicht die Entstehung eines Gerichts, das er gezaubert hat, knapp und verständlich beschreiben. Er fängt bei seiner Großmutter an und endet bei lauter Gewürzen, die kein Mensch kennt, weil sie nur in seinem Dorf wachsen und ihr Name für keinen Botaniker ins Deutsche zu übersetzen ist. Die Kochzeit folgt Gewohnheiten aus dem Mittelalter, als man noch keine Armbanduhr hatte und die Stunden genüsslich vergeudete. Ein unscheinbarer Brei braucht nicht selten zwei Tage Vorbereitung, und das unbeeindruckt von aller modernen Hektik.

Deutsche Gäste kommen nicht nur pünktlich, sie sind auch präzise in ihren Angaben. Wenn sie sagen, sie kommen zu fünft, dann kommen sie zu fünft. Und sollten sie wirklich einmal einen sechsten Gast mitbringen wollen, telefonieren sie vorher stundenlang mit dem Gastgeber, entschuldigen sich dafür und loben dabei die zusätzliche Person als einen Engel der guten Laune und des gediegenen Geschmacks.

So großartig Araber als Gastgeber sind, als Gäste sind sie dagegen furchtbar. Sie sagen, sie kommen zu dritt um zwölf Uhr zum Mittagessen. Um sieben Uhr abends treffen sie ein. Und vor Begeisterung über die Einladung bringen sie Nachbarn, Cousins, Tanten und Schwiegersöhne mit. Aber das bleibt ihr Geheimnis, bis sie vor der Tür stehen. Sie wollen dem Gastgeber doch eine besondere Überraschung bereiten.

Einmal zählten wir in Damaskus eine Prozession von 29 Menschen vor unserer Tür, als meine Mutter ihre Schwester eingeladen hatte, um mit ihr nach dem Essen in Ruhe zu reden.

Ein leichtfertiges arabisches Sprichwort sagt: Wer vierzig Tage mit Leuten zusammenlebt, wird einer von ihnen.

Seit über zweiundzwanzig Jahren lebe ich inzwischen mit den Deutschen zusammen, und ich erkenne Veränderungen an mir. Aber die Mitbringsel der Gäste? Wein kann ich in der Zwischenzeit annehmen, aber Nudelsalat – niemals.

aus: Schami, Gesammelte Olivenkerne, S. 133–135

1. *Beschreiben Sie, wie sich Araber als Gastgeber und als Gäste verhalten.*
2. *Welche Eigenschaften schätzt der Autor bei den Deutschen?*
3. *Was bringen Sie Ihren Gastgebern mit, wenn Sie eingeladen sind? Diskutieren Sie in der Klasse über die Vor- und Nachteile von Geschenken an Gastgeber.*
4. *Beschreiben Sie, wie Menschen aus anderen Kulturkreisen sich als Gäste oder als Gastgeber verhalten.*

Das Geräusch der Grille

Frederik Hetmann

Eines Tages verließ ein Indianer die Reservation und besuchte einen weißen Mann, mit dem er befreundet war.

In einer Stadt zu sein, mit all dem Lärm, den Autos und den vielen Menschen um sich – all dies war ganz neuartig und auch ein wenig verwirrend für den Indianer.

Die beiden Männer gingen die Straße entlang, als plötzlich der Indianer seinem Freund auf die Schulter tippte und ruhig sagte: „Bleib einmal stehen. Hörst du auch, was ich höre?"

Der weiße Freund des roten Mannes horchte, lächelte und sagte dann: „Alles, was ich höre, ist das Hupen der Autos und das Rattern der Omnibusse. Und dann freilich auch die Stimmen und die Schritte der vielen Menschen. Was hörst du denn?"

„Ich höre ganz in der Nähe eine Grille zirpen", antwortete der Indianer.

Wieder horchte der weiße Mann. Er schüttelte den Kopf.

„Du musst dich täuschen", meinte er dann, „hier gibt es keine Grillen. Und selbst wenn es hier irgendwo eine Grille gäbe, würde man doch ihr Zirpen bei dem Lärm, den die Autos machen, nicht hören."

Der Indianer ging ein paar Schritte. Vor einer Hauswand blieb er stehen. Wilder Wein rankte an der Mauer. Er schob die Blätter auseinander, und da – sehr zum Erstaunen des weißen Mannes – saß tatsächlich eine Grille, die laut zirpte.

Nun, da der weiße Mann die Grille sehen konnte, fiel auch ihm das Geräusch auf, das sie von sich gab.

Als sie weitergegangen waren, sagte der Weiße nach einer Weile zu seinem Freund, dem Indianer: „Natürlich hast du die Grille hören können. Dein Gehör ist eben besser geschult als meines. Indianer können besser hören als Weiße."

Der Indianer lächelte, schüttelte den Kopf und erwiderte: „Da täuschst du dich, mein Freund. Das Gehör eines Indianers ist nicht besser und nicht schlechter als das eines weißen Mannes. Pass auf, ich will es dir beweisen!"

Er griff in die Tasche, holte ein 50-Cent-Stück hervor und warf es auf das Pflaster. Es klimperte auf dem Asphalt und die Leute, die mehrere Meter von dem weißen und dem roten Mann entfernt gingen, wurden auf das Geräusch aufmerksam und sahen sich um. Endlich hob einer das Geldstück auf, steckte es ein und ging seines Weges.

„Siehst du", sagte der Indianer zu seinem Freund, „das Geräusch, das das 50-Cent-Stück gemacht hat, war nicht lauter als das der Grille, und doch hörten es viele der weißen Männer und drehten sich danach um, während das Geräusch der Grille niemand hörte außer mir. Der Grund dafür liegt nicht darin, dass das Gehör der Indianer besser ist. Der Grund liegt darin, dass wir alle stets das gut hören, worauf wir zu achten gewohnt sind."

Hetmann, Kindergeschichten der Indianer, S. 111–112

Frederik Hetmann (1934–2006)
Lebte als freier Schriftsteller in Limburg/Lahn, schrieb Fantasyromane, zeitkritische Jugendbücher und Biografien bekannter Persönlichkeiten für Kinder und Jugendliche, sammelte und übersetzte Märchen, Mythen und Sagen, stiftete 1977 den Hans-im-Glück-Preis für Nachwuchsautoren.

1. *Machen Sie sich Stichworte für eine mündliche Inhaltsangabe.*
2. *Begründen Sie Freunden, warum es sich lohnt, sich mit dieser Geschichte zu beschäftigen.*
3. *Worauf hören Sie? Was weckt Ihre Aufmerksamkeit?*

KREATIV schreiben

Der weiße Mann kommt nach Hause und erzählt seinen Kindern von seinem Erlebnis. Schreiben Sie seine Erzählung auf.

4

Themenkreis Aggression und Gewalt

Die Teilung der Beute

Äsop

Äsop
siehe Seite 259

1 Der Löwe, der Esel und der Fuchs schlossen einen Bund und gingen zusammen auf die Jagd. Als sie Beute gemacht hatten, befahl der Löwe dem Esel, er solle diese teilen.
5 Der Esel machte darauf drei gleiche Teile und sagte dem Löwen, er möge sich seinen Teil selbst wählen. Der Löwe geriet darüber in Zorn und zerriss den Esel. Sodann verlangte er vom Fuchs, nun solle er teilen.
10 Da schob der Fuchs fast die ganze Beute auf einen Haufen zusammen und ließ für sich selbst nur ein paar kleine Stücke übrig. Der Löwe lächelte zufrieden und fragte den Fuchs: „Nun sage, was hat dich gelehrt, so richtig zu teilen?" Der Fuchs antwortete:
15 „Das Schicksal des Esels!"

aus: Binder (Hrsg.), Fabeln von Äsop, S. 252

1. *Aus welchen drei Teilen besteht die Handlung der Fabel[1]? Geben Sie den Inhalt in Ihren Worten wieder.*
2. *In vielen Fabeln verhalten sich Tiere so wie Menschen. Welche menschlichen Eigenschaften und Charakterzüge lassen sich den verschiedenen Tieren zuordnen?*
3. *Die Fabel behandelt das Problem der gerechten Teilung. In welchem Verhältnis stehen die Tiere zueinander? Warum teilt der Fuchs dem Löwen den „Löwenanteil" zu?*
4. *Formulieren Sie die von dieser Fabel vermittelte Lehre in einem Satz. Diskutieren Sie darüber, ob diese Lehre heute noch eine Bedeutung hat.*

[1] Merkmale der Fabel siehe Seite 259

Und die Taube jagte den Greif

Josef Reding

Das Mädchen lehnt das Mofa an den mürben Putz des Hochhauses. Es schließt das Hinterrad an eine Strebe des vergitterten Kellerfensters. Dann nimmt das Mädchen eine sackleinene Tasche vom Gepäckträger und hängt sie über die Schulter.

Der junge Mann, der das Mädchen von der Bratwurstbude gegenüber beobachtet, kann gerade noch die Aufschrift der Sacktasche lesen: „Jute statt Plastik". Dann geht das Mädchen an einer Reihe von verbeulten und angerosteten Postkästen vorbei in das Hochhaus.

Der junge Mann wirft den Pappdeckel mit dem Rest Senf in den Abfallkorb und schlendert über die Straße. Einige schnell fahrende Autos bringen ihn nicht dazu, stehen zu bleiben oder schneller zu gehen. Er geht so gemächlich wie über eine einsame Wiese.

Der junge Mann trägt Schnürstiefel, eine blaue Hose aus grobem Kord und eine Lederjacke. Die schwarz glänzende Jacke zeigt auf dem Rückenteil einen Nieten-Adler, der vom Halskragen bis zum Bund reicht. Die Nieten des Adlers stehen heraus wie weiße Pocken.

Jetzt zieht der Mann einen Steigbügel aus der Jackentasche. Er lässt den Steigbügel an einem Lederriemen um seinen Kopf kreisen. So folgt er dem Mädchen ins Hochhaus. Im zwölften Stock steht der Adler-Mann vor der Tür mit dem Messingschild „Elisabeth Besekow". Die Tür ist nur angelehnt. Der Mann stupst sie mit dem Zeigefinger der linken Hand weiter auf und geht in den Korridor. Der Steigbügel kreist ununterbrochen.

Plötzlich hört der Adler-Mann eine Stimme: „Arno! Wir sind im Schlafzimmer. Beim Essen!"

Der Adler-Mann geht der Stimme nach und öffnet die Schlafzimmertür, die auch einen Spalt breit offen steht. Er sieht das Mädchen, das er auf der Straße beobachtet hat. Das Mädchen füttert eine Greisin.

„Begrüßung!", sagt der Adler-Mann. Der kreisende Steigbügel schlägt heftig gegen die Türfüllung. Abblätternde Farbe und Holzsplitter rieseln auf die Fußmatte.

Die Greisin presst ihre Lippen zusammen. Speisebrei rinnt im Mundwinkel herunter.

Das Mädchen tupft mit einem Waschlappen das Kinn der alten Frau sauber. Dann erst dreht es sich dem Adler-Mann zu. „Wir erwarten Arno", sagt das Mädchen ruhig. „Weiß ich, Täubchen", sagt der Mann. „Wegen Arno bin ich gekommen. Und über Arno möchte ich mit dir sprechen, Täubchen."

„Jetzt habe ich aber keine Sprechstunde, Herr ...?"

„Nenn mich Erster, Täubchen. In unserer Steigbügel-Gang bin ich einfach der Erste."

„Das Füßchen im Bügel, das Pferdchen am Zügel, reit zu den Elfen, die werden dir helfen!", sagt das Mädchen.

„Was soll das?", fragt der Adler-Mann und lässt den Steigbügel auspendeln.

„Ein Vers aus meiner Kindheit", sagt das Mädchen. „Haben meine Geschwister und ich oft aufgesagt, wenn wir keinen Rat mehr wussten."

„Nicht schlecht. Mach ich vielleicht zum Leitspruch der Steigbügel-Gang."

„Hat jeder bei Ihnen so einen Steigbügel?", fragt das Mädchen.

„Nur der Erste, der Zweite und der Dritte", sagt der Adler-Mann.

„Und warum gerade Steigbügel?"

„Ist doch schicker als so altmodische Fahrradketten", sagt der Mann. „Macht mehr her."

„Und Sie kriegen den Tag und die halbe Nacht herum, indem Sie Steigbügel kreisen lassen? Ist das nicht ein bisschen monoton?"

„Manchmal schlagen wir auch mit dem Steigbügel zu!", sagt der Adler-Mann.

„Ich weiß", sagt das Mädchen. „Und manchmal knacken Sie auch Autos damit."

„Aha, Täubchen", sagt der Adler-Mann interessiert. „Woher weißt du, Täubchen?"

„Von Arno. Er soll doch der Nächste sein, der mit der Mutprobe dran ist. Schöne Mutproben, die Sie sich da ausdenken."

„Also, Täubchen, das alles ist nicht dein Bier. Und ich bin hier, um dir das nochmal klarzumachen. Wo ich mit dem Steigbügel meine Markierung setze, da ist mein Beritt[1]. Und wer in meiner Gang ist, der gehört mir."

„Auch Arno?"

„Auch Arno!"

„Geht nicht", sagt das Mädchen. „Arno wird hier gebraucht!"

„Gut, quatschen wir noch kurz darüber, warum Arno mir gehört und nicht mehr dieser – dieser alten Frau da."

„Diese alte Frau ist Arnos Großmutter, die ihn als Kind nach dem Tod seiner Eltern zu sich nahm. Arno ist bei ihr aufgewachsen wie bei einer Mutter."

„Hab ich nicht gewusst", sagt der Adler-Mann. „Aber interessiert mich auch nicht. Ich will Ihnen nur noch verklickern[2], warum Sie Arno meiner

Josef Reding (*1929)
Als Sohn eines Filmvorführers im Ruhrgebiet geboren, wurde mit sechzehn zur Panzerabwehr eingezogen, kam in amerikanische Kriegsgefangenschaft. Studierte zeitweise in Amerika. Dort lebte er in den Slums von Harlem und New Orleans.

[1] **Beritt:** [Forst-]Bezirk
[2] **verklickern:** umgangssprachlich für erklären

Gang nicht abspenstig machen können. Aber das kann ich ja auf'm Korridor mit Ihnen besprechen."
„Sie sagen auf einmal ‚Sie' zu mir statt ‚Du' und ‚Täubchen'? Dankeschön dafür. Aber Sie gehen nicht auf den Korridor. Sondern Sie bleiben hier, bis Frau Besekow zu Ende gegessen hat. Was zu besprechen ist, können wir hier besprechen!"
Das Mädchen sagt diese Sätze so bestimmt, dass der Adler-Mann sich auf einen Stuhl neben der Tür setzt und brummig einwilligt: „Muss sowieso warten, bis Arno kommt!"
Das Mädchen wendet sich wieder Frau Besekow zu. Es taucht den Löffel in den Speisebrei und führt ihn vorsichtig zum Mund der Greisin. Die Frau versucht, den Mund zu öffnen. Aber es gelingt nicht. Das Mädchen muss mit den Fingern helfen und die Wangen der Frau sanft eindrücken. Dann erst kann Frau Besekow wieder langsam essen und kauen.
Der Adler-Mann sieht, wie sich das Mädchen um die Greisin müht. Als von dem Essen etwas herunterschlabbert, senkt er den Blick.
Mit dem geneigten Kopf fragt er: „Was hat denn die alte Frau – ich mein', Frau Besekow?"
„Halbseitig gelähmt. Seit Wochen. Ohne Hilfe würde sie verhungern und verkommen. Ohne Arnos Hilfe, zum Beispiel."
„Aber Sie sind doch hier", sagt der Adler-Mann.
„Ja, ich bin hier, heute, für eine halbe Stunde. Und morgen wieder, weil Arno die ganze Zeit bei der Steigbügel-Gang herumgammelt. Aber ich habe mehrere solcher Menschen, die hilflos sind. Und es gibt Tage, da schaffe ich nicht alle meine Pflegefälle."
„Warum machen Sie das überhaupt?", fragt der Adler-Mann. „Sind Sie von der Stadt[1]?"
„Muss man von der Stadt sein, um Menschen zu helfen?", fragt das Mädchen zurück. „Nein, ich helfe so, weil man mir auch geholfen hat, als ich es selbst nicht konnte."
„Sie sehen so – so sicher und so gesund aus – als hätten Sie nie Hilfe gebraucht", sagt der Adler-Mann. Er traut sich wieder hinzuschauen, wie das Mädchen Löffelspitze um Löffelspitze des Breis in den ledrigen Mund der Frau schiebt. „Von meinem fünften Lebensjahr an hatte ich eine Gehirnlähmung. Sie führte zum Veitstanz[2]. Kennen Sie das? Mein Körper, meine Glieder waren ständig in heftigen Zuckungen, rudernden Bewegungen. Ich konnte keinen Schreibstift halten, meine Kleider nicht zuknöpfen, oft nicht allein essen. Das ging vier Jahre lang so."
„Und dann?"
„Fragen Sie besser: bis dann? Denn bis dann war ich die ständig Kranke in der Familie. Meine Eltern und Geschwister hatten eine Engelsgeduld mit mir. Sie ließen mich untersuchen, holten außer den Ärzten auch Krankenheiler, wie es sie manchmal noch auf dem Lande gibt. Und dann wurden die Zwangsbewegungen allmählich langsamer, ich konnte meine Muskeln wieder steuern. Aber das dauerte noch über drei Jahre, bis ich wieder gesund war."
„Ich hatte mal 'ne schwere Rachendiphtherie als Kind. Da war ich sechs. Dauerte auch lange, bis die aus'm Blut war. Durfte zwei Jahre nicht Fußball spielen oder Turnen mitmachen."
„Bei dieser Diphtherie hat man Ihnen doch auch geholfen?", fragt das Mädchen.
„Ja", sagt der Adler-Mann leise.
Das Mädchen gibt der Frau den Rest des Essens. Dann sagt es zu dem Adler-Mann: „Und jetzt können Sie auf den Korridor gehen und auf mich oder Arno warten. Ich muss Frau Besekow noch waschen und ihr Bett frisch beziehen."
Der Adler-Mann steht auf „Ach, wissen Sie ..." Er druckst und sucht seine Lässigkeit wiederzufinden. „Ach, weißt du, Täubchen, das alles ist hier nichts für mich."
„Und was ist was für Sie? Das Herumschwingen eines Steigbügels?" Der Mann zuckt mit den Schultern. „Ich verschwinde jetzt von hier. Sie machen mich – irgendwie – kleiner oder was."
„Und Arno ...?"
Der Adler-Mann bleibt stehen, die Hand an der Türklinke. „Arno?", fragt er, als höre er den Namen zum ersten Mal. „Ach Arno! Den überlasse ich Ihnen."
Das junge Mädchen lächelt: „Und die Taube jagt den Greif", sagt es nachdenklich.
„Wer jagt wen?", fragt der Mann.
„Die Taube jagt den Greif! Ist ein Satz aus dem Alten Testament."
„Aus dem Testament von Frau Besekow?", fragt der Mann.
„Aus der Bibel", sagt das Mädchen. „Da steht, dass eines Tages alles anders, umgedreht sein wird. Die Angreifer werden zahm und man folgt den Wehrlosen."
„Ist hier das Wort zum Sonntag?", fragt der junge Mann und grinst.
Das Mädchen sagt nichts. Zwischen den drei Menschen im Schlafzimmer ist Verlegenheit, die der Adler-Mann nach einigen Sekunden bricht: „Jetzt hau ich ab!"
„Und Sie kommen nicht wieder", sagt das Mädchen. Es ist eine Feststellung, keine Frage.
„Vielleicht doch", sagt der Mann zögernd.
„Wegen Arno?"
„Nein", sagt der Mann und geht schnell durch den Korridor.
Das Mädchen blickt zum Stuhl an der Tür und ruft dem Mann nach: „Sie haben Ihren Steigbügel

[1] **von der Stadt:** gemeint ist die Stadtverwaltung
[2] **Veitstanz:** Nervenleiden

vergessen!“ Wieder Schritte auf dem Korridor. „Sie haben Ihren Steig ...!“ Das Mädchen hört mitten im Satz auf. In der Tür steht Arno.
220 „Bleibst du hier?“, fragt das Mädchen.
„Kann sein“, sagt Arno.
Das Mädchen taucht den Badeschwamm in eine Schüssel mit warmem Wasser. Da weiten sich die Augen der Greisin voller Schrecken. Die Frau
225 beginnt zu beben. „Aber Frau Besekow, Sie haben doch sonst keine Angst vor Schwamm und Wasser ...“
Da hämmert es gegen den Türrahmen. Das Mädchen dreht sich um.
In der Türfüllung steht der Erste, der Adler-Mann. 230
Er hat seine Steigbügelschleuder vom Stuhl gegriffen. „Alles Murks“, sagt er.
Und er schlägt zu, wobei er auf die Kerben zielt, die schon von seinem ersten Besuch stammen.

aus: Reding, Und die Taube jagt den Greif, S. 7

1 *Schildern Sie Ihre Eindrücke nach dem ersten Lesen.*

2 *In welchen Schritten verläuft die Handlung? Wo spitzt sie sich zu? Stellen Sie den Spannungsverlauf optisch dar (Visualisierung).*

3 *Geben Sie den Inhalt der Geschichte wieder.*

4 *Was für ein Typ ist der Adler-Mann? Ist er so, wie er sich äußerlich gibt, oder hat er auch andere Seiten?*

5 *Vergleichen Sie die Wesensmerkmale dieser beiden jungen Menschen.*

6 *Wie erklären Sie sich das ruhige und gelassene Auftreten des Mädchens? Welche Wirkung hat es auf den Adler-Mann?*

7 *Wie verändert sich das Verhalten des Adler-Mannes im Laufe der Begegnung? Nennen Sie dabei die Stellen im Text, an denen das deutlich wird. Ist diese Veränderung von Dauer?*

8 *Fassen Sie die Aussageabsicht des Autors zusammen.*

KREATIV *schreiben*

- Formulieren Sie, was der Adler-Mann seiner Gang über diese Begegnung sagen wird, um das Ausbleiben von Arno zu erklären.
- Das Mädchen führt ein Tagebuch. Schreiben Sie auf, was es zu dieser Begebenheit eintragen könnte (siehe dazu S. 258).

Ernest Hemingway (1899–1961)
Geboren in den USA, riss mit 17 Jahren von zu Hause aus, wurde Lokalreporter und lebte bis 1927 in Europa. Wieder zurück in Amerika lebte er als Abenteurer, Seefahrer, Fischer und Jäger. Über den spanischen Bürgerkrieg und den Zweiten Weltkrieg berichtete er aus eigener direkter Erfahrung. 1954 erhielt er den Nobelpreis für Literatur.

Alter Mann an der Brücke

Ernest Hemingway

Ein alter Mann mit einer Stahlbrille und sehr staubigen Kleidern saß am Straßenrand. Über den Fluss führte eine Pontonbrücke[1] und Karren und Lastautos und Männer, Frauen und Kinder überquerten sie. Die Maultier-Karren schwankten die steile Uferböschung hinter der Brücke hinauf und Soldaten halfen und stemmten sich gegen die Speichen der Räder. Die Lastautos arbeiteten schwer, um aus alledem herauszukommen, und die Bauern stapften in dem knöcheltiefen Staub einher. Aber der alte Mann saß da, ohne sich zu bewegen. Er war zu müde, um noch weiter zu gehen. Ich hatte den Auftrag, über die Brücke zu gehen, den Brückenkopf auf der anderen Seite auszukundschaften und ausfindig zu machen, bis zu welchem Punkt der Feind vorgedrungen war. Ich tat das und kehrte über die Brücke zurück. Jetzt waren dort nicht mehr so viele Karren und nur noch wenige Leute zu Fuß, aber der alte Mann war immer noch da.

„Wo kommen Sie her?“, fragte ich ihn.

„Aus San Carlos“, sagte er und lächelte.

Es war sein Heimatort und darum machte es ihm Freude, ihn zu erwähnen, und er lächelte.

„Ich habe Tiere gehütet“, erklärte er.

„So“, sagte ich und verstand nicht ganz.

‚Ja“, sagte er, „wissen Sie, ich blieb, um die Tiere zu hüten. Ich war der Letzte, der die Stadt San Carlos verlassen hat.“

Er sah weder wie ein Schäfer noch wie ein Rinderhirt aus und ich musterte seine staubigen, schwarzen Sachen und sein graues, staubiges Gesicht und seine Stahlbrille und sagte: „Was für Tiere waren es denn?“

„Allerhand Tiere“, erklärte er und schüttelte den Kopf „Ich musste sie dalassen.“

Ich beobachtete die Brücke und das afrikanisch aussehende Land des Ebro-Deltas und war neugierig, wie lange es jetzt wohl noch dauern würde, bevor wir den Feind sehen würden, und ich horchte die ganze Zeit über auf die ersten Geräusche, die immer wieder das geheimnisvolle Ereignis ankündigen, das man ‚Fühlung nehmen‘ nennt, und der alte Mann saß immer noch da.

„Was für Tiere waren es?“, fragte ich.

„Es waren im ganzen drei Tiere“, erklärte er. „Es waren zwei Ziegen und eine Katze und dann noch vier Paar Tauben.“

„Und Sie mussten sie dalassen?“, fragte ich.

„Ja, wegen der Artillerie. Der Hauptmann befahl mir, fortzugehen wegen der Artillerie.“

„Und Sie haben keine Familie?“, fragte ich und beobachtete das jenseitige Ende der Brücke, wo ein paar letzte Karren den Uferabhang hinunterjagten.

„Nein“, sagte er, „nur die Tiere, die ich angegeben habe. Der Katze wird natürlich nichts passieren. Eine Katze kann für sich selbst sorgen, aber ich kann mir nicht vorstellen, was aus den andern werden soll.“

„Wo stehen Sie politisch?“, fragte ich.

„Ich bin nicht politisch“, sagte er. „Ich bin sechsundsiebzig Jahre alt. Ich bin jetzt zwölf Kilometer gegangen und ich glaube, dass ich jetzt nicht weiter gehen kann.“

„Dies ist kein guter Platz zum Bleiben“, sagte ich. „Falls Sie es schaffen können, dort oben, wo die Straße nach Tortosa abzweigt, sind Lastwagen.“

„Ich will ein bisschen warten“, sagte er, „und dann werde ich gehen. Wo fahren die Lastwagen hin?“

„Nach Barcelona zu“, sagte ich ihm.

„Ich kenne niemand in der Richtung“, sagte er, „aber danke sehr. Nochmals sehr schönen Dank.“

Er blickte mich ganz ausdruckslos und müde an, dann sagte er, da er seine Sorgen mit jemandem teilen musste: „Der Katze wird nichts passieren, das weiß ich; man braucht sich wegen der Katze keine Sorgen zu machen. Aber die andern; was glauben Sie wohl von den andern?“

„Ach, wahrscheinlich werden sie heil durch alles durchkommen.“

„Glauben Sie das?“

„Warum nicht?“, sagte ich und beobachtete das jenseitige Ufer, wo jetzt keine Karren mehr waren.

„Aber was werden sie unter der Artillerie tun, wo man mich wegen der Artillerie fortgeschickt hat?“

„Haben Sie den Taubenkäfig unverschlossen gelassen?“, fragte ich. „Ja.“

„Dann werden sie wegfliegen.“

„Ja, gewiss werden sie wegfliegen. Aber die andern? Es ist besser, man denkt nicht an die andern“, sagte er.

„Wenn Sie sich ausgeruht haben, sollten Sie gehen“, drängte ich. „Stehen Sie auf und versuchen Sie jetzt einmal zu gehen.“

„Danke“, sagte er und stand auf, schwankte hin und her und setzte sich dann rücklings in den Staub.

„Ich habe Tiere gehütet“, sagte er eintönig, aber nicht mehr zu mir. „Ich habe doch nur Tiere gehütet.“

[1] **Pontonbrücke:** auf Schiffen gelagerte Brücke

105 Man konnte nichts für ihn tun. Es war Ostersonntag und die Faschisten rückten gegen den Ebro vor. Es war ein grauer, bedeckter Tag mit tiefliegenden Wolken, darum waren ihre Flugzeuge nicht am Himmel. Das und die Tatsache, dass Katzen für sich selbst sorgen können, war alles an Glück, was 110 der alte Mann je haben würde.

aus: Hemingway, 49 Storys, S. 73

Spanischer Bürgerkrieg (1936–1939): General Franco, der einen autoritären, rechtskonservativen Staat schaffen will, kämpft mit seinen aufständischen Truppen („Faschisten") gegen die linksgerichtete republikanische Regierung, die unter kommunistischer Führung steht. Der Bürgerkrieg endet, nicht zuletzt wegen der militärischen Hilfe aus Deutschland und Italien, mit dem Sieg Francos und der internationalen Anerkennung seines Regimes.

1. *Hemingway hat den spanischen Bürgerkrieg als Berichterstatter amerikanischer Zeitungen erlebt. Diese Kurzgeschichte schrieb er 1938 unmittelbar unter dem Eindruck des Kriegsgeschehens. An welchen Textstellen sind Ort und Zeit der Handlung erkennbar?*
2. *Was erfährt der Leser über den alten Mann und sein Schicksal?*
3. *Wie ist die Beziehung des Soldaten zu dem alten Mann?*
4. *„Ich bin nicht politisch." Welchen Sinn hat diese Antwort des alten Mannes?*
5. *Was meint der Autor, wenn er vom Glück des alten Mannes spricht?*
6. *In der Person des alten Mannes und in dem Kriegsgeschehen um ihn herum stehen sich zwei gegensätzliche Welten gegenüber. Suchen Sie im Text Ausdrücke, die das verdeutlichen. Welche Bedeutung hat dabei die Brücke?*
7. *Erläutern Sie die Merkmale einer modernen Kurzgeschichte, die in diesem Text zu finden sind (siehe dazu S. 273).*

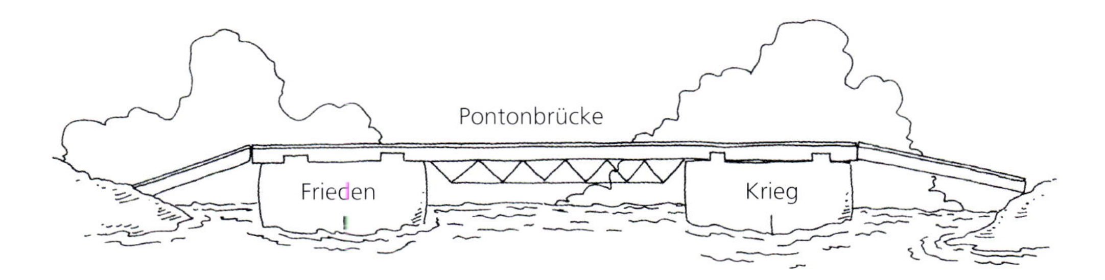

KREATIV *schreiben*

- Der Soldat schreibt einen Brief nach Hause. Was könnte er darin von der Begebenheit an der Brücke erzählen?

Ingeborg Görler (*1937)
Geboren in Dessau. Journalistin und Schriftstellerin, lebt in Berlin und São Paulo (Brasilien).

Krieg und Frieden

Ingeborg Görler

Krieg ist etwas
im Fernsehen
man kann es abschalten
Krieg ist etwas
in der Zeitung
man kann Salat darin einwickeln
Krieg ist etwas
das die Alten erlebt haben
man kann's nicht mehr hören
Krieg ist meistens weit weg
Frieden ist nichts
was man mal
anschalten kann
Frieden ist nichts
was sich schnell
auswickeln lässt
Frieden ist nichts
was man Jüngeren oder Älteren
überlassen sollte
Frieden beginnt immer ganz nah

aus: Wohlgemuth (Hrsg.), Mehr als ein Wort, S. 16

1. *Lesen Sie das Gedicht laut und notieren Sie erste Eindrücke.*
2. *Welche Merkmale schreibt Ingeborg Görler dem Krieg zu?*
3. *Wie charakterisiert sie den Frieden?*
4. *Welche Auffälligkeiten zeigt das Gedicht in sprachlicher Hinsicht?*
5. *Was will Ingeborg Görler bei der Leserin/beim Leser erreichen?*
6. *Schreiben Sie ein Gedicht mit dem Titel „Frieden beginnt ganz nah". Beginnen Sie jede Strophe mit der Zeile „Frieden ist etwas ...". Überlegen Sie dabei, worauf Sie die Leser aufmerksam machen wollen.*
7. *Lesen Sie Ihr Gedicht in der Klasse laut vor. Vergleichen Sie die Wirkung Ihrer Gedichte mit der des Textes von Ingeborg Görler.*
8. *In welchen Bereichen Ihres Lebens erleben Sie Spannungen und Unfrieden? Wie können Sie durch Ihr Verhalten zu mehr Frieden beitragen?*
9. *Wo gibt es heute Kriege und Konflikte auf der Welt? Recherchieren Sie online. Was könnte man tun, damit in diesen Regionen Frieden einkehrt?*

Gotthold Ephraim Lessing (1729–1781)
Geboren in Kamenz (Oberlausitz). Er begann mit 17 Jahren in Leipzig zu studieren, scheiterte und wurde Schriftsteller in Berlin, Dramaturg am Theater in Hamburg und Bibliothekar in Wolfenbüttel. Lessing ist auch als Fabeldichter bekannt geworden.

5

Themenkreis Werte

Der Besitzer des Bogens

Gotthold Ephraim Lessing

Ein Mann hatte einen trefflichen Bogen von Ebenholz, mit dem er sehr weit und sehr sicher schoss, und den er ungemein wert hielt. Einst aber, als er ihn aufmerksam betrachtete, sprach er: „Ein wenig zu plump bist du doch! Alle deine Zierde ist die Glätte. Schade!" – Doch dem ist abzuhelfen, fiel ihm ein. Ich will hingehen und den besten Künstler Bilder in den Bogen schnitzen lassen. – Er ging hin und der Künstler schnitzte eine ganze Jagd auf den Bogen und was hätte sich besser auf einen Bogen geschickt als eine Jagd?

Der Mann war voller Freuden. „Du verdienest diese Zieraten, mein lieber Bogen!" – Indem will er ihn versuchen; er spannt und der Bogen – zerbricht.

aus: Lessing, Vollständige Ausgabe, Teil 1: Gedichte und Fabeln, S. 159

1 *Beschreiben Sie die von Lessing erzählte Begebenheit.*
- *Welche Eigenschaften besitzt der Bogen zuerst?*
- *Warum ist er für seinen Besitzer von hohem Wert?*
- *Warum ist der Besitzer mit dem Bogen unzufrieden?*
- *Aus welchem Grund zerbricht der Bogen?*

2 *Vergleichen Sie den inneren und den äußeren Wert des Bogens.*

3 *Erläutern Sie, was mit dieser Geschichte gemeint ist und übertragen Sie die Bildebene auf die Bedeutungsebene.*

4 *Welche Lehre für Ihren Alltag vermittelt diese Parabel?*
Können Sie selbst ein Beispiel dafür geben? Erzählen Sie es Ihren Mitschülerinnen und Mitschülern.

KREATIV schreiben

- Erzählen Sie diese Parabel in der Weise um, dass im Mittelpunkt eine Person steht, die einen anderen Menschen „ungemein wert hält", aber mit ihm nicht völlig zufrieden ist (z. B. Vater / Sohn oder Tochter, Ausbilder / Auszubildender, Freundin / Freund, Trainer / Sportler).

Merkmale der Parabel: siehe Seite 290

Wenn die Haifische Menschen wären

Berthold Brecht

„Wenn die Haifische Menschen wären“, fragte Herrn K. die kleine Tochter seiner Wirtin, „wären sie dann netter zu den kleinen Fischen?“ „Sicher“, sagte er. „Wenn die Haifische Menschen wären, würden sie im Meer für die kleinen Fische gewaltige Kästen bauen lassen, mit allerhand Nahrung drin, sowohl Pflanzen als auch Tierzeug. Sie würden sorgen, daß die Kästen immer frisches Wasser hätten, und sie würden überhaupt allerhand sanitäre Maßnahmen treffen. Wenn zum Beispiel ein Fischlein sich die Flosse verletzen würde, dann würde ihm sogleich ein Verband gemacht, damit es den Haifischen nicht wegstürbe vor der Zeit. Damit die Fischlein nicht trübsinnig würden, gäbe es ab und zu große Wasserfeste; denn lustige Fischlein schmecken besser als trübsinnige. Es gäbe natürlich auch Schulen in den großen Kästen. In diesen Schulen würden die Fischlein lernen, wie man in den Rachen der Haifische schwimmt. Sie würden zum Beispiel Geographie brauchen, damit sie die großen Haifische, die faul irgendwo liegen, finden könnten. Die Hauptsache wäre natürlich die moralische Ausbildung der Fischlein. Sie würden unterrichtet werden, daß es das Größte und Schönste sei, wenn ein Fischlein sich freudig aufopfert und daß sie alle an die Haifische glauben müßten, vor allem, wenn sie sagten, sie würden für eine schöne Zukunft sorgen. Man würde den Fischlein beibringen, daß diese Zukunft nur gesichert sei, wenn sie Gehorsam lernten. Vor allen niedrigen, materialistischen, egoistischen und marxistischen Neigungen müßten sich die Fischlein hüten und es sofort den Haifischen melden, wenn eines von ihnen solche Neigungen verriete. Wenn die Haifische Menschen wären, würden sie natürlich auch untereinander Kriege führen, um fremde Fischkästen und fremde Fischlein zu erobern. Die Kriege würden sie von ihren eigenen Fischlein führen lassen. Sie würden die Fischlein lehren, daß zwischen ihnen und den Fischlein der anderen Haifische ein riesiger Unterschied bestehe. Die Fischlein, würden sie verkünden, sind bekanntlich stumm, aber sie schweigen in ganz verschiedenen Sprachen und können einander daher unmöglich verstehen. Jedem Fischlein, das im Krieg ein paar andere Fischlein, feindliche, in anderer Sprache schweigende Fischlein tötete, würden sie einen kleinen Orden aus Seetang anheften und den Titel Held verleihen. Wenn die Haifische Menschen wären, gäbe es bei ihnen natürlich auch eine Kunst. Es gäbe schöne Bilder, auf denen die Zähne der Haifische in prächtigen Farben, ihre Rachen als reine Lustgärten, in denen es sich prächtig tummeln läßt, dargestellt wären. Die Theater auf dem Meeresgrund würden zeigen, wie heldenmütige Fischlein begeistert in die Haifischrachen schwimmen und die Musik wäre so schön, daß die Fischlein unter ihren Klängen, die Kapelle voran, träumerisch, und in allerangenehmste Gedanken eingelullt, in die Haifischrachen strömten. Auch eine Religion gäbe es da, wenn die Haifische Menschen wären. Sie würden lehren, daß die Fischlein

Bertolt Brecht (1898–1956)
Geboren in Augsburg, wurde durch den Ersten Weltkrieg zum Kriegsgegner. Brecht floh 1933 vor den Nationalsozialisten und lebte ab 1946 in Ostberlin. Er schrieb Gedichte, Erzählungen und entwickelte das „Epische Theater“[1].

Die **Parabel** ist eine meist kurze Erzählung, die als Beispiel für eine Erkenntnis dient. Wie bei der Fabel wird sie nicht direkt genannt, sondern die Begebenheit auf der **Bildebene** muss übertragen werden auf eine **Bedeutungsebene**. Der Leser soll im Vergleich mit seinen eigenen Ideen und Lebenserfahrungen Schlussfolgerungen ziehen. Die Erkenntnis ist weniger festgelegt als bei der Fabel und gibt persönlichen Deutungen Raum.

[1] Das **„Epische Theater“** will die Unterhaltungsfunktion des Dramas durch Musik, Liedeinlagen u.a. stärker betonen und zugleich die Kritikfähigkeit der Zuschauerinnen und Zuschauer wecken.

erst im Bauch der Haifische richtig zu leben begännen. Übrigens würde es auch aufhören, wenn die Haifische Menschen wären, daß alle Fischlein, wie es jetzt ist, gleich sind. Einige von ihnen würden Ämter bekommen und über die anderen gesetzt werden. Die ein wenig größeren dürften sogar die kleineren auffressen. Das wäre für die Haifische nur angenehm, da sie dann selber öfter größere Brocken zu fressen bekämen. Und die größeren, Posten habenden Fischlein würden für die Ordnung unter den Fischlein sorgen, Lehrer, Offiziere, Ingenieure im Kastenbau usw. werden. Kurz, es gäbe überhaupt erst eine Kultur im Meer, wenn die Haifische Menschen wären."

aus: Brecht, Kalendergeschichten, S. 394

1. *Teilen Sie den Text in Sinnabschnitte ein und finden Sie für jeden Sinnabschnitt eine Überschrift. (Der Text lässt sich in neun Sinnabschnitte einteilen.)*
2. *Welche Wirkung erreicht der Autor beim Leser dadurch, dass er den Text nicht in Abschnitte einteilt?*
3. *Erklären Sie die Bedeutung der Wörter „Haifische", „Fischlein", „Kästen". Begründen Sie Ihre Aussagen mit einigen Beispielen aus dem Text.*
4. *Deuten Sie die verwendeten Bilder und stellen Sie eine Beziehung zwischen Bild und Wirklichkeit her. Warum ist die Übertragung von der Bildebene auf die Bedeutungsebene bei diesem Text relativ einfach?*
5. *Mit welchen Argumenten kann man die Aussagen des Textes unterstützen bzw. ihnen widersprechen?*
6. *In der von Herrn K. erzählten Welt werden Handlungsmuster vorgestellt. Vergleichen Sie diese mit Ihren eigenen Erfahrungen.*
7. *Erklären Sie, was im Text unter „Kultur" verstanden wird. Können Sie aufgrund der Definition dem Schlusssatz des Textes zustimmen?*
8. *Namen haben in Erzählungen oft eine hinweisende Aufgabe. Bertolt Brecht, der Schwabe war, gab dem Erzähler den Namen „Keuner". Deuten Sie diesen Namen.*

(Text aus urheberrechtlichen Gründen in alter Rechtschreibung)

Eva Strittmatter (1930–2011)
In Neuruppin geboren, studierte Germanistik und arbeitete beim DDR-Schriftstellerverband. Sie wurde zu einer der bekanntesten Lyrikerinnen der ehemaligen DDR.

Werte

Eva Strittmatter

1 Die guten Dinge des Lebens
Sind alle kostenlos:
Die Luft, das Wasser, die Liebe.
Wie machen wir das bloß,
5 Das Leben für teuer zu halten,
Wenn die Hauptsachen kostenlos sind?
Das kommt vom zu frühen Erkalten.
Wir genossen nur damals als Kind
Die Luft nach ihrem Werte
10 Und Wasser als Lebensgewinn,
Und Liebe, die unbegehrte,
Nahmen wir herzleicht hin.
Nur selten noch atmen wir richtig
Und atmen die Zeit mit ein,
15 Wir leben eilig und wichtig
Und trinken statt Wasser Wein.
Und aus der Liebe machen
Wir eine Pflicht und Last.

20 Und das Leben kommt dem zu teuer,
Der es zu billig auffasst.

aus: Strittmatter, Die eine Rose überwältigt alles

1 *Warum wählt Eva Strittmatter Luft, Wasser und Liebe als Beispiele für die „guten Dinge des Lebens"?*
2 *Welche Ursachen nennt die Autorin dafür, dass Menschen „die guten Dinge des Lebens" nicht mehr richtig einschätzen können?*
3 *Zeigen Sie an Beispielen, dass die „guten Dinge" zwar kostenlos sind, dass wir sie aber dennoch nicht völlig umsonst erhalten.*
4 *Wie kann Liebe zur Pflicht und zur Last werden?*
5 *Nennen Sie andere „Hauptsachen", die kostenlos sind, auf die Sie in Ihrem Leben Wert legen. Überlegen Sie, warum auch diese Dinge nicht „billig" zu erhalten sind.*
6 *Welchen Sinn haben die beiden letzten Zeilen des Gedichts?*

Kaffee verkehrt[1]

Eine zu wahre Geschichte

Irmtraud Morgner

Als neulich unsere Frauenbrigade[2] im Espresso am Alex Kapuziner trank, betrat ein Mann das Etablissement, der meinen Augen wohl tat. Ich pfiff also eine Tonleiter rauf und runter und sah mir den Herrn an, auch rauf und runter. Als er an unserem Tisch vorbeiging, sagte ich „Donnerwetter". Dann unterhielt sich unsere Brigade über seine Füße, denen Socken fehlten, den Taillenumfang schätzten wir auf siebzig, Alter auf zweiunddreißig. Das Exquisithemd zeichnete die Schulterblätter ab, was auf Hagerkeit schließen ließ. Schmale Schädelform mit rausragenden Ohren, stumpfes Haar, das irgendein hinterweltlerischer Friseur im Nacken rasiert hatte, wodurch die Perücke nicht bis zum Hemdkragen reichte, was meine Spezialität ist. Wegen schlechter Haltung der schönen Schultern riet ich zu Rudersport. Da der Herr in der Ecke des Lokals Platz genommen hatte, mussten wir sehr laut sprechen. Ich ließ ihm und mir einen doppelten Wodka servieren und prostete ihm zu, als er der Bedienung ein Versehen anlasten wollte. Später ging ich zu seinem Tisch, entschuldigte mich, sagte, dass wir uns von irgendwoher kennen müssten und besetzte den nächsten Stuhl. Ich nötigte dem Herrn die Getränkekarte auf und fragte nach seinen Wünschen. Da er keine hatte, drückte ich meine Knie gegen seine, bestellte drei Lagen Sliwowitz und drohte mit Vergeltung für den Beleidigungsfall, der einträte, wenn er nicht tränke. Obgleich der Herr weder dankbar noch kurzweilig war, sondern wortlos, bezahlte ich alles und begleitete ihn aus dem Lokal. In der Tür ließ ich meine Hand wie zufällig über eine Hinterbacke gleiten, um zu prüfen, ob die Gewebestruktur in Ordnung war. Da ich keine Mängel feststellen konnte, fragte ich den Herrn, ob er heute Abend etwas vorhätte, und lud ihn ein ins Kino „International". Eine innere Anstrengung, die zunehmend sein hübsches Gesicht zeichnete, verzerrte es jetzt grimassenhaft, konnte die Verblüffung aber doch endlich lösen und die Zunge, also dass der Herr sprach: „Hören Sie mal, Sie haben ja unerhörte Umgangsformen." – „Gewöhnliche", entgegnete ich, „Sie sind nur nichts Gutes gewöhnt, weil Sie keine Dame sind."

aus: Morgner, Leben und Abenteuer der Trobadora Beatriz nach Zeugnissen ihrer Spielfrau Laura, S. 165

1. *Warum erzielt Ihrer Meinung nach dieser Text bei Leserinnen eine andere Wirkung als bei Lesern?*
2. *Auf welches Problem will der Text aufmerksam machen? Welche Mittel setzt die Autorin ein, um das Problem bewusst zu machen?*
3. *Wie der erste Satz erkennen lässt, entstand der Text in der Zeit der ehemaligen DDR. Hat er heute an Aussagekraft verloren?*

Irmtraud Morgner (1933–1990)
In Chemnitz geboren. Nach dem Germanistikstudium in Leipzig arbeitete sie in der ehemaligen DDR als Redakteurin und wurde danach freie Schriftstellerin.

KREATIV schreiben

- Welche Wirkung hätte ein Wechsel der Männerrolle und der Frauenrolle in diesem Text? Erzählen Sie die Geschichte in dieser Weise um.

Die **Satire** greift Ideen, Vorstellungen, Denk- und Verhaltensweisen an, die aus der Sicht des Dichters verantwortlich sind für Missstände oder Ungerechtigkeiten. Das Gemeinte wird nicht direkt gesagt, sondern oft genau das Gegenteil. Der Satiriker verwendet Übertreibungen, macht lächerlich, was er kritisiert, und will erreichen, dass der Leser aufmerksam wird und nachdenkt. Satire kann in allen literarischen Textsorten vorkommen.

[1] **Kaffee verkehrt:** Kaffee, der mit mehr Milch als Kaffee serviert wird.
[2] **Frauenbrigade:** kleine Arbeitsgruppe in einem Betrieb in der ehemaligen DDR

Franz Hohler (*1943)
Franz Hohler lebt in Zürich. Er reist zu Lesungen, Liederabenden und kabarettistischen Aufführungen durch die Welt, spielt im Rundfunk und Fernsehen und hat Geschichten, Theaterstücke und Tonträger veröffentlicht. Er gilt als einer der bedeutendsten zeitgenössischen Erzähler der Schweiz und wurde mit vielen Preisen ausgezeichnet.

Der Verkäufer und der Elch

Franz Hohler

Kennt Ihr das Sprichwort: „Dem Elch eine Gasmaske verkaufen"? Das sagt man im Norden von jemandem, der sehr tüchtig ist, und ich möchte jetzt erzählen, wie es zu diesem Sprichwort gekommen ist.

Es gab einmal einen Verkäufer, der war dafür berühmt, dass er allen alles verkaufen konnte.

Er hatte schon einem Zahnarzt eine Zahnbürste verkauft, einem Bäcker ein Brot und einem Blinden einen Fernsehapparat.

„Ein wirklich guter Verkäufer bist du aber erst", sagten seine Freunde zu ihm, „wenn du einem Elch eine Gasmaske verkaufst."

Da ging der Verkäufer so weit nach Norden, bis er in einen Wald kam, in dem nur Elche wohnten.

„Guten Tag", sagte er zum ersten Elch, den er traf. „Sie brauchen bestimmt eine Gasmaske.

„Wozu?" fragte der Elch. „Die Luft ist gut hier."

„Alle haben heutzutage eine Gasmaske", sagte der Verkäufer.

„Es tut mir leid", sagte der Elch, „aber ich brauche keine."

„Warten Sie nur", sagte der Verkäufer, „Sie brauchen schon noch eine."

Und wenig später begann er mitten in dem Wald, in dem nur Elche wohnten, eine Fabrik zu bauen.

„Bist du wahnsinnig?", fragten seine Freunde.

„Nein" sagte er, „ich will nur dem Elch eine Gasmaske verkaufen." Als die Fabrik fertig war, stiegen so viel giftige Abgase aus dem Schornstein, dass der Elch bald zum Verkäufer kam und zu ihm sagte: „Jetzt brauche ich eine Gasmaske."

„Das habe ich gedacht", sagte der Verkäufer und verkaufte ihm sofort eine.

„Qualitätsware!" sagte er lustig.

„Die anderen Elche", sagte der Elch, „brauchen jetzt auch Gasmasken. Hast du noch mehr?" (Elche kennen die Höflichkeitsform mit „Sie" nicht.)

„Da habt ihr Glück", sagte der Verkäufer, „ich habe noch Tausende."

„Übrigens", sagte der Elch, „was machst du in deiner Fabrik?"

„Gasmasken", sagte der Verkäufer.

aus: Hohler, Der Granitblock im Kino, S. 84/85

Der Verkäufer trifft seine Freunde und sie sprechen von seinem gelungenen Coup. Schreiben Sie auf, was er seinen Freunden erzählt.

1. *Verfassen Sie eine Inhaltsangabe.*
2. *Wie beurteilen Sie das Verhalten des Verkäufers?*
3. *Was erwarten Sie von einem guten Verkäufer?*
4. *Bilden Sie Gruppen zu vier bis sechs Schülern. Stellen Sie „Ratschläge für einen erfolgreichen Verkäufer" zusammen und diskutieren Sie diese in der Klasse.*

6 Themenkreis Liebe

Was es ist

Erich Fried

1 Es ist Unsinn
sagt die Vernunft
Es ist was es ist
sagt die Liebe

5 Es ist Unglück
sagt die Berechnung
Es ist nichts als Schmerz
sagt die Angst
Es ist aussichtslos
10 sagt die Einsicht
Es ist was es ist
sagt die Liebe

Es ist lächerlich
sagt der Stolz
15 Es ist leichtsinnig
sagt die Vorsicht
Es ist unmöglich
sagt die Erfahrung
Es ist was es ist
20 sagt die Liebe

aus: Fried, Vorübungen für Wunder, S. 73

Erich Fried (1921–1988)
Wurde in Wien geboren, floh 1938 vor den Nationalsozialisten nach London. Er war Mitarbeiter beim britischen Rundfunk, schrieb politische Gedichte und wurde deshalb angefeindet, hatte erst spät literarischen Erfolg.

1 *Lesen Sie dieses Gedicht mehrmals aufmerksam durch.*

2 *Schreiben Sie die Aussagen des Verfassers der Reihe nach heraus. Bilden Sie einfache Sätze. Lassen Sie unter jedem Satz zwei Zeilen frei.*

Die Vernunft sagt, die Liebe ist Unsinn.

Die Liebe sagt, es ist, was es ist.

3 *Schreiben Sie jetzt in die Leerzeile unter jeden Satz in einer anderen Schriftfarbe, was Sie dazu meinen, z. B.*

Meine Vernunft sagt, Liebe ist wichtig.

4 *Verwandeln Sie Ihre Aussagen in ein Gedicht, in dem Sie die Form des Gedichts von Erich Fried nachahmen.*

5 *Schreiben Sie Ihr Gedicht in schöner Schrift auf ein besonderes Papier. Geben Sie ihm eine Überschrift, z. B. Was die Liebe für mich ist (in Anlehnung an Erich Fried).*

6 *Lesen Sie Ihr Gedicht einem Menschen vor, den Sie lieben oder zu dem Sie großes Vertrauen haben. Sprechen Sie mit dieser Person über Ihre Gefühle und Empfindungen, die Sie beim Verfassen des Gedichtes hatten.*

Rainer Jerosch (*1936)
Studierte Jura und war in der Entwicklungspolitik tätig. Acht Jahre lang lebte er in Indien. 2003 verfasste er eine Biografie über die indische Freiheitskämpferin Rani von Jhansi.

Lächeln im Regen

Rainer Jerosch

Regen fiel, und die Luft war voller warmer Feuchtigkeit. Lächeln müßtest du, sagte er zu sich, während er die Allee entlang ging, lächeln wie die Weisen im Orient es tun. Es ist nicht wert, daß du mehr tust als lächeln. Und er lächelte auch, ein gezwungenes Lächeln, aber er lächelte. Vor zehn Minuten hatte er sie noch gesehen. Es hatte schon zu regnen begonnen.

„Wirklich nicht?“, fragte er. „Nein“, sagte sie. Ihre Augen hatten keinen Ausdruck. Es war, als sehe sie ihn am anderen Ende der Straße, und als wäre er dort und nicht neben ihr.

„Du bist so merkwürdig“, sagte er. „Ich weiß nicht, was los ist.“

„Es ist gar nichts los“, entgegnete sie widerwillig. Sie sah die Straße hinunter, und ihre Augen waren stumpf und ohne Glanz. An beiden Seiten der Straße standen Bäume, und der Regen fiel, und die Blätter glänzten.

„Was ist nur mit dir los?“, sagte er. „Du bist schon voriges Mal so komisch gewesen.“

„Ich weiß gar nicht, wovon du sprichst“, sagte sie. Sie stand am Hauseingang an die Tür gelehnt. Er stand zwei Stufen tiefer auf den nassen Fliesen vor dem Haus.

„Ich möchte jetzt wissen, was dich so verändert“, sagte er. „Ich möchte das endlich mal rauskriegen. Willst du mir nicht sagen, was los ist?“

„Nein“, sagte sie. „Ich weiß nicht, wovon du redest.“

„Das weißt du sehr genau“, sagte er.

Sie antwortete nicht, und es entstand eine Pause. Es regnete, und sie blickte die Straße hinunter auf die Blätter, und es war ein geheimnisvolles Rauschen in der Luft.

„Ich verstehe dich nicht“, sagte er. „Bin ich dir zu langweilig geworden, oder was ist los?“

„Ich weiß nicht, was du immer hast.“ Sie war sehr ungeduldig.

„Ich habe überhaupt nichts“, sagte er, „aber du tust so, als wäre ich Luft und als langweilte ich dich.“

Sie sagte nichts und blickte an ihm vorbei. Der Asphalt auf der Straße spiegelte den Regenhimmel, und die Erde zwischen Kantstein und Fußgängerweg war weich und moorig.

„Und morgen?“, fragte er.

„Ich sage dir doch, ich kann nicht!“ Sie sah auf die Häuser, die hinter den Bäumen hervorblickten und in großen grünen Gärten standen.

„Gut“, sagte er und fühlte sich elend. „Gut, dann also nicht. Ich gebe die Theaterkarten zurück.“

Sie rührte sich nicht, und er fühlte sich scheußlich elend. „Auf Wiedersehn!“, sagte er. „Leb wohl“, entgegnete sie. Dann klappte die Tür, und er wusste, daß er jetzt fortgehen mußte. Er drehte sich langsam um und ging die Straße hinunter.

Du solltest es nicht so ernst nehmen, sagte er sich. Es lohnt sich nicht. Es lohnt sich wirklich nicht. Man müßte darüber lächeln können, wirklich nur lächeln. Und er lächelte das gezwungene Lächeln, und es regnete durch die Bäume vom grauen Himmel.

aus: Noack (Hrsg.), Wie wir es sehen, S. 143–144

(Text folgt aus urheberrechtlichen Gründen alter Rechtschreibung)

1. Notieren Sie stichwortartig Ihre ersten Eindrücke vom Text. Diskutieren Sie diese mit Ihrer Nachbarin / Ihrem Nachbarn.
2. Überprüfen Sie, ob es sich bei dem Text um eine Kurzgeschichte handelt (Merkmale der Kurzgeschichte, s. S. 273).
3. Verfassen Sie eine Inhaltsangabe des Textes.
4. Untersuchen Sie die Beschreibung der Natur im Text. Was fällt Ihnen beim Satzbau, bei den Satzarten und bei den sprachlichen Besonderheiten (s. S. 157) auf? Welche Wirkung haben die jeweiligen sprachlichen Mittel?
5. Analysieren Sie das folgende Zitat nach dem Prinzip der vier Botschaften einer Nachricht (s. S. 55). Übertragen Sie das Quadrat auf ein Blatt. Ergänzen Sie jeweils die vier Botschaften.

   Untersuchen Sie nach diesem Muster auch das folgende Zitat der Frau: „Leb wohl.“ (Z. 53)

6. Beschreiben Sie auf der Basis Ihrer Ergebnisse aus Aufgabe 5 die Beziehung zwischen dem Mann und der Frau.
7. Wie erklären Sie sich das Lächeln des Mannes?
8. Deuten Sie den Titel des Textes. Was könnte der Regen symbolisieren?
9. Was möchte der Autor Jerosch mit diesem Text aussagen?
10. Im Text geht es um das Ende einer Beziehung. Tauschen Sie sich in der Klasse über ihre eigenen Erfahrungen zu diesem Thema aus.

- Erzählen Sie die Geschichte weiter.

Wladimir Kaminer (*1967)
Wurde in Moskau geboren, machte eine Ausbildung zum Toningenieur und studierte Dramaturgie.
Er lebt seit 1990 in Berlin als freier Schriftsteller und kreatives Multitalent. Kaminer schreibt regelmäßig für verschiedene Zeitungen und arbeitet an Theaterprojekten. 2005 erhielt er den Literaturpreis der Stahlstiftung Eisenhüttenstadt.

Die russische Braut

Wladimir Kaminer

In den letzten zehn Jahren, die ich in Berlin verbrachte, habe ich viele russisch-deutsche Ehepaare kennen gelernt und kann nun behaupten: Wenn es überhaupt ein universales Mittel gibt, das einen Mann von all seinen Problemen auf einen Schlag erlösen kann, dann ist es eine russische Braut. Kommt dir dein Leben langweilig vor? Bist du arbeitslos? Hast du Minderwertigkeitskomplexe oder Pickel? Beschaff dir eine russische Braut und bald wirst du dich selbst nicht mehr wiedererkennen. Erst einmal ist die Liebe zu einer Russin sehr romantisch, weil man viele Hindernisse überwinden muss, um sie zu bekommen. Man muss beispielsweise bei der Ausländerbehörde seine Einkommenserklärung einreichen, also beweisen, dass man sich eine russische Braut überhaupt leisten kann. Sonst bekommt die Frau keine Aufenthaltserlaubnis. Ein Bekannter von mir, der als BVG-Angestellter anscheinend nicht genug verdiente, um seine russische Geliebte heiraten zu dürfen, schrieb Dutzende von Briefen an den Bundeskanzler und bombardierte außerdem das Auswärtige Amt mit Beschwerden. Es war ein harter Kampf. Aber er hat sich gelohnt: Jetzt hat der Mann eine Braut und eine Gehaltserhöhung dazu.

Ich kenne daneben viele Deutsche, die sich nach einer langen Zeit der Arbeitslosigkeit und Depression ganz schnell einen Job besorgten und sogar erfolgreich Karriere machten, nur weil sie sich in eine Russin verliebt hatten. Sie hatten aber auch keine andere Wahl, weil die russischen Bräute sehr, sehr anspruchsvoll, um nicht zu sagen teuer sind. Sie wollen nicht nur selbst immer anständig aussehen, sie bestehen auch darauf, dass der Mann immer nach dem letzten Schrei gekleidet ist, sodass er sich laufend neue teure Sachen kaufen muss. „Ist das wirklich nötig?", fragen die Männer anfangs noch, aber dann fügen sie sich doch. Es muss eben alles stimmen. Zur Hochzeit will die russische Braut ein weißes Kleid, eine Kirche, ein Standesamt und anschließend ein gutes Restaurant mit möglichst vielen Gästen. Dann will sie sich voll dem Familienleben hingeben, aber gleichzeitig auch was Schönes studieren. Zum Beispiel Gesang an einer Privatschule. Das ist bei den russischen Bräuten sehr populär. Allein in Berlin kenne ich drei Frauen, die auf eine Gesangschule gehen, und das ist richtig teuer!

Die russische Braut ermutigt einen Mann, bringt neuen Sinn in sein Leben, beschützt ihn vor Feinden, wenn er welche hat, und hält immer zu ihm, auch wenn er Mist baut. Doch im täglichen Umgang mit ihr ist Vorsicht geboten. Sie braucht eine besondere Pflege und ist empfindsam.

Einen Konflikt mit ihr kann man leider nicht einfach mit einem Blumenstrauß beilegen. Es gehört etwas mehr dazu. Sollte es zu einer wirklichen Auseinandersetzung kommen, dann ist es am besten, schnell wegzulaufen. Im Zorn gleicht die russische Braut einem Tiger. Aus all dem folgt, dass es ganz wichtig ist, die Rechtsgrundlagen für die Existenz einer russischen Braut in der Bundesrepublik genau zu kennen. Die russische Redaktion des Senders SFB 4 „Radio MultiKulti" widmet sich oft diesem Thema, unter anderem in ihrem Programm „Ratschläge eines Juristen".

„Ich habe vor kurzem einen jungen Deutschen geheiratet und bin zu ihm gezogen", schreibt beispielsweise eine Russin aus Celle, „und nun habe ich eine Aufenthaltserlaubnis für drei Jahre von der deutschen Behörde bekommen. Wenn meinem Mann plötzlich etwas zustößt, zum Beispiel, wenn er bei einem Autounfall ums Leben kommt, wird mir dann mein Aufenthaltsrecht entzogen oder nicht?" „Sehr geehrte Frau aus Celle", antwortet der Jurist, „in diesem Fall wird Ihnen das Aufenthaltsrecht nicht entzogen, aber es wäre trotzdem besser, wenn Ihr Mann noch ein paar Jahre länger leben würde."

aus: Kaminer, Russendisko, S. 62–64

1 *Beschreiben Sie das Bild, das der Erzähler von einer russischen Braut hat.*

2 *In diesem Text werden menschliche Eigenschaften verallgemeinert.*
Oft ist die Rede von den Schwaben, den Türken, den Berlinern, den Ostfriesen. Welche Eigenschaften verbinden Sie mit diesen verallgemeinernden Bezeichnungen?

3 *Warum sind solche Typisierungen problematisch?*

4 *Schreiben Sie fünf Eigenschaften auf, die eine Partnerin oder ein Partner besitzen sollte, mit der bzw. mit dem Sie zusammenleben möchten. Vergleichen Sie anschließend Ihre Angaben mit denen Ihrer Mitschülerinnen und Mitschüler und stellen Sie eine „Hitliste" der Eigenschaften auf, die am häufigsten genannt worden sind.*

5 *„Misch-Ehen" mit ausländischen Partnern sind in der Bundesrepublik seit Langem etwas ganz Normales. Welche Einstellung haben Sie selbst zu einer solchen Verbindung?*

Aufgabentypen für Klassenarbeiten und die schriftliche Abschlussprüfung

(Seite/Nummer der Aufgabe im Lehrbuch)

Aufgabentyp I: Inhaltsangabe

Inhaltsangabe von Sachtexten: 94/2, 95
Inhaltsangabe von literarischen Texten: 97/2, 98, 294/1

Zusatzaufgaben:

- Literarische Figur charakterisieren: **99**, 273/1+5, 279/1, 280/1, 282/2, 285/4+5, 299/1
- Beurteilung des Verhaltens: 261/5, 263/4, 271/3+4, 280/3+4, 285/6+7
- Beziehungskonstellation: 273/2, 277/2+3, 278/3, 282/3, 287/3
- Konfliktbeschreibung: 263/2+3, 273/2, 275/3, 278/1, 285/2
- Wirkungsabsicht: 259/5, 261/6, 282/4, 285/8, 293/1, 297/9

Aufgabentyp II: Kreatives Schreiben

Erzählkern ausgestalten: **254**, 281, 289, 294
Literarische Erzählung fortsetzen: **255**, 263, 264, 275, 297
Persönliche Briefe: **257**, 261, 266, 271, 275, 278, 287
Tagebucheintrag: **258**, 266, 273, 277, 278, 285
Perspektivwechsel: **256**, 261, 263, 276, 285, 293
Dialog gestalten: **258**

Aufgabentyp III: Privater Geschäftsbrief

Beispiele und Aufgaben: **139 f.**, 141, 142, 143/1+2, 144, 145/3, 146, 185

Aufgabentyp IV: Schaubild

Beispiele und Aufgaben: 88, 89, 100–105

Aufgabentyp V: Stellungnahme

Schriftliche Stellungnahme: **204 ff.**
Stellungnahme zu dem in einem Text angesprochenen Problem:
z. B. in den Texten S. 88, 89, 92, 163, 165, 170

Aufgabentyp VI: Visualisierung

Textstrukturen visualisieren: 84–89
mit einem Diagramm visualisieren: 100–105

Stichwortverzeichnis

Textquellenverzeichnis

Äsop: Das Pferd und der Esel, in: Fabeln von Äsop, übertragen von W. Binder, Wilhelm Goldmann Verlag, München 1959.

Äsop: Die Teilung der Beute, in: Fabeln von Äsop, übertragen von W. Binder, Wilhelm Goldmann Verlag, München 1959.

Ballantine, Richard; Grant, Richard: BIKE Reparaturhandbuch, Delius Klasing Verlag, Bielefeld 1994.

Bayerisches Landesjugendamt – Zentrum Bayern Familie und Soziales, Jugendschutz, in: www.blja.bayern.de/themen/jugendschutz (26.04.2010).

Bayerisches Landesjugendamt – Zentrum Bayern Familie und Soziales, Jugendmedienschutz, in: ww.blja.bayern.de/themen/jugendschutz/jugendmedienschutz/index.html (07.05.2010).

Berg, Sybille: Nora hat Hunger, in: Ein paar Leute suchen das Glück und lachen sich tot, Reclam Verlag, Leipzig 2001.

Bernhard, Thomas: Die Maschine, in: Ereignisse, Literarisches Colloquium, Berlin 1969.

Böll, Heinrich: Anekdote zur Senkung der Arbeitsmoral, in: Heinrich Böll, Erzählungen 1950-1970, Verlag Kiepenheuer & Witsch, Köln 1972.

Brecht, Bertolt: Wenn die Haifische Menschen wären, in: Kalendergeschichten, Gesammelte Werke, Band 12, Suhrkamp Verlag, Frankfurt a. M. 1967.

Brook, Leslie: Sorge um Prinzessin Letizia, in: RP, 25.11.2011, unter: http://nachrichten.rp-online.de/panorama/sorge-um-prinzessin-letizia-1.2616034 (30.11.2011)

Brown, Dan: Sakrileg, übersetzt von Piet van Poil, Lübbe Verlagsgruppe, Bergisch Gladbach 2004.

Bundeszentrale für gesundheitliche Aufklärung (Hrsg.): Studie zur Drogenaffinität Jugendlicher in der Bundesrepublik Deutschland 2008, Köln 2009.

Cesco, Federica de: Spaghetti für zwei, in: Freundschaft hat viele Gesichter, Rex Verlag, Luzern und Stuttgart1986.

dpa: Waschmaschine für viele unverzichtbar, in: Stuttgarter Zeitung, 30.12.2003.

Fried, Erich: Was es ist, in: Erich Fried, Vorübungen für Wunder, Gedichte vom Zorn und von der Liebe, Wagenbach, Berlin 1999.

Englert, Sylvia: Die Anrede – ein glattes Parkett, Süddeutsche Zeitung, 16.01.2001.

Fontane, Theodor: John Maynard, in: Helmuth Nürnberger (Hrsg.): Theodor Fontane. Werke, Schriften und Briefe, Carl Hanser Verlag, München 1995.

GfK Panel Services Consumer Research GmbH: Studie über die urheberrechtlich relevante Nutzung von PCs in privaten Haushalten sowie am Arbeits-/Ausbildungsplatz und in der Schule (im Auftrag der VG Wort), www.vgwort.de/qfk.php (07.05.2010).

Görler, Ingeborg: Krieg und Frieden, in: Frieden: Mehr als ein Wort. Gedichte und Geschichten, hrsg. von Hildegard Wohlgemuth, Rowohlt Taschenbuch Verlag (rotfuchs 287), Reinbek bei Hamburg 1981.

Grieshaber, Kirsten: Zocker auf Entzug – Im Heim für medienabhängige Kinder, in: Fluter, Magazin der Bundeszentrale für politische Bildung, Nr. 37 – Spiele, Mai 2005, www.fluter.de/de/spiele/ thema/3871l?tpl=87 (26.04.2010).

Hauptverband der gewerblichen Berufsgenossenschaften (Hrsg.): Blickpunkt Arbeitssicherheit 12/1986.

Hemingway, Ernest: Alter Mann an der Brücke, in: 49 Storys, übersetzt von Annemarie Horschitz-Horst, Rowohlt Verlag, Reinbek bei Hamburg 1977.

Hetmann, Frederik: Das Geräusch der Grille, in: Frederik Hetmann (Hrsg.): Kindergeschichten der Indianer, Fischer-Taschenbuch-Verlag, Frankfurt am Main 1979.

Hohler, Franz: Der Granitblock im Kino, Luchterhand, Darmstadt und Neuwied 1997.

Hurst, Harald: Freidagnachmiddagfeierobend, Fächerverlag, Karlsruhe 1981.

Kaminer, Wladimir: Russendisko, Wilhelm Goldmann Verlag, München 2000.

Kunze, Reiner: Fünfzehn, in: Reiner Kunze: Die wunderbaren Jahre, Fischer Verlag, Frankfurt 1976.

Kurbjuweit, Dirk: Zweier ohne, Verlag Kiepenheuer & Witsch, Köln 2003.

Jerosch, Rainer: Lächeln im Regen, in: Wie wir es sehen, hrsg. von G. H. Novak, Signal-Verlag, Baden-Baden 1964.

Lessing, Gotthold Ephraim: Der Besitzer des Bogens, in: Lessing, Gotthold Ephraim: Vollständige Ausgabe in 25 Teilen, hrsg. von Julius Petersen und Waldemar von Olshausen, Berlin und Bonn 1925.

Ministerium für Wissenschaft, Wirtschaft und Verkehr des Landes Schleswig-Holstein: Hintergrund zum Begleiteten Fahren ab 17, http://www.schleswig-holstein.de/MWV/DE/Verkehr/Strassenverkehr/BegleitetesFahren/HintergrundBegleitetesFahren/HintergrundBegleitetesFahren_node.html (31.08.2011)

Molcho, Samy: Körpersprache, Goldmann Verlag, München, 1996.

Morgner, Irmtraud: Kaffee verkehrt. Eine zu wahre Geschichte, in: Leben und Abenteuer der Trobadora Beatriz nach Zeugnissen ihrer Spielfrau Laura, Sammlung Luchterhand, Darmstadt 1976.

Pfisterer, Helmut: Weltsprache Schwäbisch, Verlag Karl Knödler, Reutlingen 1980.

Reding, Josef: Und die Taube jagt den Greif, Verlag Herder, Freiburg 1984.

Oberverwaltungsgericht Lüneburg: Beschluss vom 26.01.2010 – 2ME 444/09.

Roth, Eugen: Der eingebildet Kranke, in: Heiter und nachdenklich, Gedichte, Verse, Anekdoten, Carl Hanser Verlag, München und Wien 1979.

Satinsky, Thomas: Zwickmühle, in: Sonntag Aktuell, Nr. 35, 28.08.1988.

Schabel, Michaela: Und sie schaden doch. Langzeitstudien: Gewaltspiele und Horrorfilme machen aggressiv, in: WirtschaftsSpiegel, 5/2009, Deutscher Sparkassenverlag, Stuttgart.

Schami, Rafik: Andere Sitten, in: Gesammelte Olivenkerne – aus dem Tagebuch der Fremde, Carl Hanser Verlag, München 1997, S. 133–135.

Schmich, Theo: Die Kündigung, in: Texte aus der Arbeitswelt, hrsg. von Theodor Karst, Reclam Verlag, Stuttgart 1974.

Schmich, Theo: Geier, in: Texte aus der Arbeitswelt, hrsg. von Theodor Karst, Reclam Verlag, Stuttgart 1974.

Schräder-Naef, Regula: Schüler lernen lernen: Vermittlung von Lern- und Arbeitstechniken in der Schule (Fragebogen), Beltz-Verlag, Weinheim und Basel 1977, S. 34–44.

Strittmatter, Eva: Werte, in: Eva Strittmatter, Die eine Rose überwältigt alles, Aufbau-Verlag, Berlin und Weimar 1971.

Statistisches Bundesamt: Tabellenband I zur Zeitbudgeterhebung 2001/02, Wiesbaden 2006.

Stiftung Warentest (Hrsg.): Vorsicht beim Gebrauchtwagenkauf, in: Test: 11/2002.

Watchieee: Informatiker goes Möbelpacker, in: Der ultimative Azubi-Blog, http.//azubi.blog.de/ page/2/2 (26.04.2010).

Wißmann, Constantin: „Du stehst auf blonde Frauen, oder?" – Ein französisches Magazin googelt sich Porträts zusammen und veröffentlicht sie, in: Fluter. Magazin der Bundeszentrale für politische Bildung, Nr. 31 – Medien, Sommer 2009, www.fluter.de/heftpdf/issue81/artikel7823/pdCarticle 7823.pdf (26.04.2010).

Weber, Martin: Spezialitäten zum Billigpreis, Badische Neueste Nachrichten, 10.09.1991.

Weiler, Jan: Antonio im Wunderland, Kindler-Verlag, Berlin 2005.

Wolf, Christa: Störfall, Luchterhand Verlag, Darmstadt und Neuwied 1994.

ZEW: Pressemitteilung 12.10.2010 des Zentrums für Europäische Wirtschaftsforschung (ZEW), www.zew.de/dr/presse/1551.

Bildquellenverzeichnis

ADAC, München: S. 101; akg-images, Berlin: S. 264 (Brigitte Hellgoth); Axel Springer AG (BILD): S. 112; Bildarchiv Preußischer Kulturbesitz, Berlin: S. 260 links, 266 links (Gemälde von Carl Breitbach 1889), 268 (Jochen Moll), 289 oben, 290 oben (Gerda Goedhart, 1953), 295; Bilderbox Bildagentur GmbH, Thening/Österreich: S. 204; Bildungsverlag EINS GmbH, Köln: S. 43, 112, 188; CHIP Communications, München: S. 112; Deutsche Bahn AG, Frankfurt a. M.: 53 oben (8x); Deutsche Post AG, Bonn: S. 257; dpa Picture-Alliance GmbH, Frankfurt a. M.: S. 52 links oben (ZB), 73 (dpa), 102 (dpa Infografik), 103 unten (dpa Infografik), 111 (dpa), 112 iPhone (dpa), 112 links unten (picture alliance/allOver/TPH), 122 Mitte (Maximilian Schönher), 156 (dpa-tmn), 163 (dpa Infografik), 168 (Bildagentur-online/Ohde), 180 (dpa Infografik), 200 (dpa), 202 unten (ZB), 208 (DeFodi), 218 (dpa), 220 (dpa), 265 (Süddeutsche Zeitung Photo), 270 (dpa), 274 oben (dpa), 278, 279 (Cordon Press), 280 (dpa), 286 (dpa), 288 (dpa), 292 (dpa), 294 (dpa), 298 (dpa); Dudenverlag, Mannheim: S. 112; F. A. Brockhaus/wissenmedia: S. 112; FSK GmbH: S. 169; Fotolia.com: Umschlag rechts (pressmaster), S. 9 (Maksym Yemelyanov), 16 oben (Mellimage), 16 Mitte (Matthias Enter), 18 oben (Yuri Arcurs), 45 rechts (Eisenhans), 46 links (Aaron Amat), 46 rechts (M&M), 47 (Bob Davies), 51 links außen (Daniel Fuhr), 51 links Mitte (Amir Kaljikovic), 51 rechts Mitte (Bruce Shippee), 51 rechts außen (Ramona Heim), 52 links unten (Jake Hellbach), 52 unten Mitte (goldencow images), 52 rechts unten (Piotr Marcinski), 57 unten links außen (aggressor), 57 unten links Mitte (Herby (Herbert) Me), 57 unten Mitte (WoGi), 57 unten rechts Mitte (manu), 57 unten links außen (David Büttner), 59 (Klemens Oezelt), 60 (babsi w), 61 (Uwe Bumann), 70 oben (Paylessimages), 82 (Raluca Teodorescu), 86 (volker hammernick), 94 (Barbara Eckholdt), 108 (Izzzy), 109 rechts oben (Photo Ma), 109 rechts unten (Kati Neudert), 118 (gemenacom), 120 (nyul), 122 oben (Robert Paul van Beets), 124 (Peter Atkins), 129 links außen (Gabi Günther), 129 rechts Mitte (Prodakszyn), 131 (Denis Potschien), 134 rechts oben (flashpics), 134 rechts unten (Andrey Kiselev), 147 rechts (Marem), 150 Mitte (ondatra), 155 oben (Santi), 155 Mitte (indoor © lu-photo), 155 unten (Paylessimages), 170 (mirpic), 205 links oben (Leiftryn), 205 rechts oben (runzelkorn), 205 links Mitte (Janina Dierks), 205 rechts Mitte (Dron), 205 links unten (Franz Pfluegl), 205 rechts unten (Janina Dierks), 247 (bit.it), 255 (frenta), 256 (Klaus Eppele), 260 unten (nool), 263 (Kitty), 273 (Klemens Oezelt), 274 unten (angelo.gi), 282 (clickit), 289 unten (farbkombinat), 297 (yulia eniseyskaya); Huberman, Anne, Buffalo, NY (USA): S. 266 unten; imu Infografik, Duisburg: S. 44, 103 (2x); Jerosch, Rainer (Privatfoto): S. 296; Klaus Hanfstaengl Verlag GmbH, Geretsried: S. 147 links und unten; Maier, Kerstin (Privatfoto): S. 242; mauritius images GmbH, Mittenwald: S. 31, 150 links; MEV Verlag GmbH, Augsburg: Umschlag links und Mitte, 18 unten, 20, 23, [illegible] (3x), 39, 44 (2x), 45 (2x), 52 oben (2x), 57 oben, 58 (3x), 62, 63, 65 oben (3x), 70 unten, 88, 109 links oben, 109 links unten, 121, 122 unten, 127 (2x), 129 (3x), 130 (3x), 133, 134 links, 145, 150 rechts, 153, 178, 84; Peter Peitsch, peitschphoto.com: S. 272, 276, 283, 293; pixelio.de: S. 277; Project Photos GmbH Co. KG, Augsburg: S. 37, 38, 190; RESPE©T COPYRIGHTS: S. 167; Rock Hard Verlags- und Handelsgesellschaft mbH, Dortmund: S. 112; Schmich, Theo (Privatfoto): S. 262; SMART Technologies. All rights reserved: S. 35 unten (2x); Stuttgarter Zeitung: S. 112; SZ Photo, München: S. 281; TerraTec, Nettetal: S. 112

Karikaturen/Zeichnungen

Bildungsverlag EINS GmbH/Miklos Buttkai: S. 32, 251; Bildungsverlag EINS GmbH/Cornelia Kurtz: S. 69, 72; Bildungsverlag EINS GmbH/Oberhofer: S. 15; Bildungsverlag EINS GmbH/Marlene Pohle: S. 299; Bildungsverlag EINS GmbH/Adja Schwietring: S. 28, 244; Bildungsverlag EINS GmbH/Oliver Wetterauer: S. 11 (3x), 13, 35 (5x), 49, 50, 53 unten (4x), 56, 57 Mitte, 75, 84, 104, 106, 149, 162, 197, 198, 202 oben, 209, 248, 287, 290 unten; Bulls Pressedienst, Frankfurt a. M.: S. 215; Hegenbarth, Josef © VG Bild-Kunst, Bonn 2011: S. 259; Küstenmacher, Tiki/Baaske Cartoons, Müllheim: S. 65 unten; Liebermann, Erik: S. 8, 41, 193, 203; Löffler, Reinhold: S. 238; OL Schwarzbach, Berlin: S. 110 oben; Rauschenbach, Erich: S. 154; Thulke, Peter: S. 110 unten